Claus-Erich Boetzkes

Organisation als Nachrichtenfaktor

Claus-Erich Boetzkes

Organisation als Nachrichtenfaktor

Wie das Organisatorische den
Content von Fernsehnachrichten
beeinflusst

VS VERLAG FÜR SOZIALWISSENSCHAFTEN

Bibliografische Information Der Deutschen Nationalbibliothek
Die Deutsche Nationalbibliothek verzeichnet diese Publikation in der
Deutschen Nationalbibliografie; detaillierte bibliografische Daten sind im Internet über
<http://dnb.d-nb.de> abrufbar.

1. Auflage 2008

Alle Rechte vorbehalten
© VS Verlag für Sozialwissenschaften | GWV Fachverlage GmbH, Wiesbaden 2008

Lektorat: Monika Mülhausen / Frank Böhm

Der VS Verlag für Sozialwissenschaften ist ein Unternehmen von Springer Science+Business Media.
www.vs-verlag.de

Umschlaggestaltung: KünkelLopka Medienentwicklung, Heidelberg
Satz: Anke Vogel
Druck und buchbinderische Verarbeitung: Krips b.v., Meppel
Gedruckt auf säurefreiem und chlorfrei gebleichtem Papier
Printed in the Netherlands

ISBN 978-3-531-15489-3

Inhaltsverzeichnis

Vorwort

Organisation gilt vielen Journalisten als notwendiges Übel, das von den wirklich wichtigen Dingen und von kreativem Tun nur abhält. Wer dieses Buch liest, wird jedoch erkennen, welche enorme Bedeutung dem Organisatorischen bei der Produktion journalistischer Inhalte zukommt.

Die vorliegende Publikation ist, in der Sprache der Konstruktivisten, das Ergebnis einer anderthalb Jahre währenden Meta-Beobachtung zweiter Ordnung. Im Rahmen einer teilnehmenden Beobachtung beobachtete der Beobachter (Autor) professionelle Beobachter (Tagesschau-Redakteure) beim Beobachten. Eine derart ausgreifende teilnehmende Beobachtung wäre im Normalfall schon aus forschungsökonomischen Gründen kaum machbar. Und viele Redaktionen würden sich wahrscheinlich auch gar nicht so gerne genau in die Karten schauen lassen. Bei ARD-aktuell dagegen, wo die Tagesschau produziert wird, stieß das Vorhaben auf Zustimmung und wurde allseits mitgetragen. Eine Redaktion, deren Qualität außer Zweifel steht, kann sich diese Transparenz eben erlauben.

Die Untersuchung erbrachte, dass das Organisatorische den Inhalt, den Content maßgeblich beeinflusst. Das Organisatorische ist auf allen Ebenen ein wichtiger „bottle neck" bei der Selektion und Produktion von Nachrichten. Die Nachrichtenwert-Theorie muss daher um den Faktor „Organisation" als intervenierende Variable ergänzt werden. Die Idee zu dieser Arbeit hatte der Ilmenauer Kommunikationswissenschaftler Prof. Dr. Paul Klimsa, der sich seit Jahren mit dem wechselseitigen Einfluss von Organisation, Technik und Content befasst. Er gab wertvolle Anregungen und hat die Arbeit vorbildlich begleitet. Ihm gilt an dieser Stelle mein großer und besonderer Dank.

Wie ist das Buch aufgebaut? – Im ersten Teil wird synoptisch die bisherige Forschung dargestellt, die sich mit den vielfältigen Einflüssen bei der Nachrichtenauswahl und Nachrichtenproduktion beschäftigt. Außerdem werden die großen Theorien skizziert, die sich in der Kommunikationswissenschaft mit dem Phänomen „Organisation" beschäftigen. Der zweite Teil beschreibt die Organisation der ARD und ihres Nachrichtennetzwerkes. Im dritten Teil werden die Ergebnisse der empirischen Untersuchung präsentiert. Vieles deutet darauf hin, dass sich die Resultate auf Fernsehnachrichten generell und auch auf andere Medienarten übertragen lassen. Dies sollte jedoch durch weitere Untersuchungen verifiziert oder falsifiziert werden.

Noch ein paar persönliche Anmerkungen: Die Dissertation, die dieser Publikation zu Grunde liegt, habe ich über 20 Jahre nach meiner Magisterarbeit begonnen. Axel Wössner, ein guter Freund, hatte mich ermuntert, die Promotion anzugehen. Prof. Kurt Morneweg hatte den Kontakt zur Technischen Universität Ilmenau geschaffen und damit diese Arbeit erst ermöglicht. Mein Nachbar und Freund Prof. Dr. Olav Giere unterstützte mich mit Rat und Tat während der Promotion. Sein Wissen und seine akademische Erfahrung haben mir sehr geholfen. Auch hier habe ich zu danken.

Die wichtigste Kraft aber war meine Frau Viktoria-Luise, die ohne Wenn und Aber akzeptierte, dass viele Abende und fast alle Wochenenden der Arbeit zum Opfer fielen, ebenso wie der Urlaub in den vergangenen Jahren. Sie trug all dies in Liebe mit.

Claus-Erich Boetzkes
Hamburg, im August 2007

1 Einführung

Warum berichten Medien über bestimmte Ereignisse und über andere nicht? Warum wird das eine Thema „groß aufgemacht" und das andere nicht? Und wer entscheidet, was in welcher Form und welchem Umfang gedruckt oder gesendet wird? – Das sind seit Jahrzehnten Kernfragen kommunikationswissenschaftlicher Forschung. Die ursprüngliche Überzeugung war, der einzelne Journalist sei dabei der zentrale Faktor. Von seinen individuellen Prädispositionen hänge es ab, was in welcher Ausgestaltung den Rezipienten erreicht. Doch empirische Forschungen nach dem Zweiten Weltkrieg zeigten, dass auch noch zahlreiche andere Faktoren eine Rolle spielen.

Der Ilmenauer Kommunikationswissenschaftler Paul Klimsa verweist darauf, dass auch Technik und Organisation wichtige Determinanten medialer Inhalte sind. Den von ihm entwickelten *Ilmenauer Ansatz* fasst Klimsa so zusammen: „Intentionen von Contentproduzenten – z.B. Journalisten – werden durch die verwendete Technik und die jeweilige Organisation der Medienproduktion verändert. Am Ende entsteht kein Produkt nach den Intentionen des Journalisten, sondern ein Produkt, das durch die Technik und Organisation modifiziert ist" (Klimsa/Schneider 2006, 3). Im Rahmen eines breit angelegten Forschungsprogramms an der TU Ilmenau werden diese Zusammenhänge näher untersucht. Die vorliegende Arbeit ist Teil dieses Programms; sie fokussiert vor allem die Content-relevanten Einflüsse des Organisatorischen.

Die Forschung hat sich mit dieser Facette bislang nur wenig beschäftigt, denn die Modifikationen des Content durch Technik und Organisation werden, so Klimsa, in der Praxis meistens übersehen. Wenn aber „sogar dem Contentproduzenten diese Veränderungen nicht bewusst sind, werden sie natürlich auch von der Wissenschaft nicht hinreichend reflektiert. Kein Wunder, dass der Einfluss von Organisation bzw. Technik auf die Contentproduktion bislang von der Kommunikationswissenschaft nur marginal thematisiert wurde" (ebd.). Die Bedeutung der Technik für den Content erschließt sich unmittelbar. Zwei Beispiele: Beim Film machte die Computeranimation eine neue Ästhetik und neue Inhalte möglich (vgl. Klimsa 2005, 70). Beim Fernsehen hatte und hat die Live-Übertragungstechnik per Satellit Auswirkungen auf den Content. Doch welche Auswirkungen hat das Organisationale auf den Content?

Diese Frage zu beantworten, ist nicht ganz einfach, denn mediale Organisation spielt sich fast immer hinter den Kulissen ab. Sie ist dem Blick des Außenstehenden entzogen und auch für Forscher normalerweise invisibel. Der von Klimsa in die wissenschaftliche Diskussion eingeführte Zusammenhang zwischen Organisation und Content konnte deshalb bisher nur plausibel vermutet, aber nicht empirisch belegt werden. Da der Verfasser dieser Arbeit als Nachrichtenmoderator „Insider" ist, konnte er die Vorgänge im Inneren eines Nachrichtensystems beobachten und analysieren. Er war damit in der Lage, den Einfluss des Organisationalen auf den Content einer TV-Nachrichtensendung in der täglichen Praxis zu überprüfen. Als Forschungsmethode wurde, was sich in diesem Fall besonders anbot, die teilnehmende Beobachtung gewählt. Sie wurde ergänzt durch mehr als einhundert Interviews. Untersucht wurde der Zusammenhang zwischen Organisation und Content anhand der Nachmittagsausgaben der ARD-Tagesschau.

Wenn in dieser Arbeit nachfolgend immer von Content die Rede ist und nicht von Inhalt, dann deshalb, weil Content mehr ist. Content ist beim Fernsehen die Kombination aus Sprache, Ton, Bild, Gestaltungsform und intellektuellem Gehalt. Unter Inhalt wird dagegen landläufig vor allem das Geistig-Thematische verstanden. Um gleich beim Lexikalischen zu bleiben: Der Begriff „Organisation" ist außerordentlich breit gefasst. Organisation bezeichnet im Sprachgebrauch das Organisieren genauso wie die organisatorische Struktur. Um präzise sagen zu können, was jeweils gemeint ist, wurde der Terminus „Organisation" aufgefächert in

a.   formale Organisation
b.   strukturell-funktionale Organisation
c.   operationale Organisation.

Formale Organisation

Dieser Begriff wurde von Niklas Luhmann (1964/1999) entliehen, der Anfang der sechziger Jahre die „Funktionen und Folgen formaler Organisation" beschrieb. Unter formaler Organisation soll, so Luhmann, „die Zugehörigkeit zu einer bestimmten Systemstruktur verstanden werden, die formal ist, weil sie die Identität des Systems gegenüber wechselnden Personen und Orientierungsinhalten sichert" (ebd., 29). Für diese Arbeit soll unter der Rubrik „formale Organisation" die Verfasstheit der ARD als öffentlich-rechtliches System ebenso subsumiert werden wie die Funktionen und Strukturen ihrer Kontroll- und Aufsichtsgremien, die hierarchische Gliederung des Systems ARD insgesamt, aber auch die der beobachteten Tagesschau-Redaktion.

Strukturell-funktionale Organisation

Hierunter soll all das eingeordnet werden, was an personellen, aber auch an technischen Strukturen für das Funktionieren eines Mediums erforderlich ist. Bei der Tagesschau zum Beispiel die Auslandsstudios, die zur Verfügung stehenden Satelliten-Übertragungseinheiten, aber auch die festgesetzten Sendezeiten und Sendelängen. Dass Technik hier unter einer organisatorischen Rubrik aufgeführt wird, mag zunächst irritieren. Doch die Produktionstechnik ist nur vorhanden, weil die formale Organisation irgendwann die Anschaffung und den Betrieb beschlossen und damit die technischen Strukturen geschaffen hat. Außerdem ist der Einsatz von Technik in unserem Fall organisationsgebunden. Die vorhandenen technischen Strukturen sind ja an sich passiv, wirkungsneutral, tote Materie. Erst durch die Aktivierungsentscheidung innerhalb der Organisation kann die Technik lebendig werden und dann auch Content-relevante Wirkung entfalten. Ohne Auftrag durch die Redaktion steht beispielsweise der Übertragungswagen funktions- und wirkungslos in der Garage.

Operationale Organisation

Damit soll all das bezeichnet werden, was täglich an organisatorischer Aktivität geleistet werden muss, um eine Nachrichtensendung wie die Tagesschau termin- und formatgerecht fertig zu stellen. Dazu gehört die Themenvorplanung genauso wie die kurzfristige technische und personelle Organisation eines Reportereinsatzes im Ausland.

> Die vorliegende Arbeit untersucht, ob und wenn ja, wie konkret und direkt sich formale, strukturell-funktionale und operationale Organisation auf Inhalt und Gestaltung von Fernsehnachrichten auswirken. Damit soll die Ilmenauer These von der Relevanz des Organisationalen für den Content empirisch überprüft werden.

Beim Studium der Literatur zeigte sich, dass bereits empirische Erhebungen aus der kommunikationswissenschaftlichen Frühzeit organisatorische Aspekte beinhalteten, ihnen allerdings keine weitere Bedeutung beimaßen. Nachfolgend eine Synopse der bisherigen Forschungen und theoretischen Konzepte.[*] Eine Synopse allerdings, die großen Mut zur Lücke hat.

---

[*] Zitate aus der englischsprachigen Literatur wurden vom Verfasser übersetzt.

2 Synopse bisheriger Forschung

2.1 Individualistischer Ansatz

Die theoretisch-wissenschaftliche Auseinandersetzung mit dem, was Journalisten tun, beginnt im 19. Jahrhundert. Der Literaturhistoriker Robert Eduard Prutz (1816-72) war nach eigener Darstellung der Erste, der sich in größerem Umfang mit dem Thema „Journalismus" beschäftigte (vgl. Prutz 1845/1971, 11). Er war aus heutiger Sicht erstaunlich fortschrittlich, denn er betrachtete schon damals nicht isoliert den journalistischen Akteur mit seinen persönlichen Vorlieben, Meinungen und Aktivitäten, sondern stellte die gesellschaftliche, vor allem die politische Bedeutung „der Tagespresse und die praktische Wichtigkeit ihrer künftigen Entwicklung" (ebd., 17) in der Vordergrund. Prutz war seiner Zeit weit voraus (vgl. Kreutzer 1971, 453).

2.1.1 Normativer Individualismus

Im Gegensatz zu Prutz konzentrierten sich die meisten frühen Journalismus-Theoretiker vorwiegend auf den Journalisten als Individuum. Auf seine Persönlichkeitsstrukturen und vor allem auf seine journalistische Begabung, die als entscheidend galt für das publizistische Ergebnis. Diese normativ individualistische Sichtweise fand sich in besonderem Maße bei dem Zeitungswissenschaftler Emil Dovifat (1890-1969) wieder, der von 1928 an und auch während des Nationalsozialismus in Berlin lehrte. Er schreibt: „Die journalistische Begabung liegt gleich der künstlerischen in der Persönlichkeit. Sie kann durch Studium und Erfahrung zur Entfaltung gebracht werden, ist jedoch nicht anzulernen oder zu erarbeiten. (...) Dazu gehören das Bewusstsein und der Wille, dem öffentlichen Leben aus einer festen Gesinnung heraus dienstbar zu sein und dabei über sich selbst hinauszukommen. Eigenschaften des Charakters, des Willens, des Verstandes und des Temperamentes verbinden sich in der journalistischen Eignung" (Dovifat 1967, 33 f.).

Dieser normative Individualismus prägte auch den theoretischen Zugang von Wissenschaftlern wie Karl Bücher, Otto Groth, Karl Jäger oder Hans Amandus Münster (vgl. beispielhaft Bücher 1920, 62). „Gesellschaftliche und organisatorische Bezüge, wie Arbeitsteilung und redaktioneller Arbeitsprozeß" (Löffelholz 2001, 7) wurden dabei ausgeblendet.

2.1.2   Analytischer Empirismus

Diese normativistisch-axiomatische Betrachtung des Journalisten wird abgelöst von wissenschaftlichem Vorgehen auf der Grundlage empirischer Erhebungen. Vor allem in den USA begründet sich hierauf nach dem Zweiten Weltkrieg die Tradition der modernen Kommunikationsforschung. Im Mittelpunkt stand allerdings weiterhin der Journalist als Person. Untersucht wurde zunächst das Entscheidungsverhalten des journalistischen Individuums.

2.1.3   Gatekeeper-Theorie

2.1.3.1   Geschichte der Gatekeeper-Theorie

Die Gatekeeper-Theorie ist der Klassiker unter den Theorien zur Nachrichtenauswahl. *Was* kommt *warum* in die Medien und *was* aus welchen Gründen nicht? – Der Journalistik-Professor David Manning White von der Universität Boston näherte sich 1949 diesem Problemfeld als einer der ersten empirisch. Er bezog sich dabei auf Arbeiten des Psychologen Kurt Lewin. Weil diese Arbeiten gleichsam zu einer Initialzündung für die empirische Kommunikationsforschung führten, sollen sie ausführlicher dargestellt werden.

Noch während des Krieges kam Lewin auf Vermittlung der amerikanischen Ethnologin Margret Mead in Kontakt mit dem US-Ministerium für Landwirtschaft. Dort war man in jenen Jahren bemüht, die vorhandenen Nahrungsmittel besser zu verwerten, um Versorgungsengpässen vorzubeugen. Mit wissenschaftlicher Hilfe sollten der Bevölkerung Innereien schmackhaft gemacht werden. Herz, Niere, Hirn – die meisten Leute mochten das nicht (vgl. Lewin 1943, 60). Lewin sollte nun geeignete, psychologische Methoden finden, um den Hausfrauen und ihren Familien das ungeliebte Essen nahe zu bringen. Lewin führte dazu Gruppenexperimente durch.

Insgesamt wurden sechs Gruppen gebildet. Je zwei Gruppen bestanden aus Frauen, die „aus den besten Wohngegenden" (ebd.) einer 60.000-Einwohner-Stadt kamen. Zwei weitere Gruppen setzten sich aus Teilnehmerinnen der Mittelschicht zusammen. Und die restlichen beiden Gruppen wurden von Hausfrauen aus wirtschaftlich schlechter gestellten Familien gebildet. Um die Effizienz verschiedener Beeinflussungsmethoden vergleichen zu können, teilte Lewin die drei Doppelgruppen in zwei Lager auf. Das eine Lager wurde von einer Ernährungswissenschaftlerin in einem halbstündigen Vortrag über den Nährwert, den Vitamingehalt und die Zubereitungsmöglichkeiten von Herz, Hirn und Nieren informiert. Das andere Lager bekam nur eine sieben- bis zehnminütige Grundinformation, anschließend hatten die Teilnehmerinnen Gelegenheit miteinander zu diskutieren. Sie besprachen unter anderem die Schwierigkeiten, die es geben würde, wenn sie solche Gerichte zuhause auftischten und sie besprachen mögliche Zubereitungsarten. Das Ergebnis war eindrucksvoll. Von den Teilnehmerinnen der „Vortragsgruppe" hatten sieben Tage später nur ganze drei Prozent Innereien gekocht. Bei den Frauen der „Diskussionsgruppe" waren es 32 Prozent (vgl. ebd., 62).

Lewin hatte damit gezeigt, wozu gruppendynamische Prozesse fähig sind, doch sein Verdienst für die Kommunikationswissenschaft entstand bei dieser Untersuchung auf einem anderen Feld. Er hatte nämlich im Zuge der Studie eine neue Theorie entwickelt. Eine Theorie von Kanälen und Schleusenwärtern („channels and gatekeepers"). Er beschrieb damit systematisch-analytisch den Prozess der Nahrungsmittelbeschaffung, um so verstehen zu können, wie Ernährungsgewohnheiten entstehen und wie man diese verändern kann (vgl. ebd., 36 ff.). Lewin, der nicht nur Psychologe, sondern auch studierter Physiker war, stellte die Abläufe vier Jahre später als physikalischen Prozess grafisch dar, der von gegenläufigen Kräften bestimmt wird (Lewin 1947b, 149). Er selbst war davon überzeugt, dass sein theoretisches Modell generelle Gültigkeit habe und auch Kommunikationsprozesse zutreffend beschreibe (vgl. Lewin 1951, 187).

Einer der „Kanäle" für die Nahrungsbeschaffung ist das Lebensmittelgeschäft, in dem die Esswaren gekauft werden. Ein anderer Kanal ist der heimische Garten. Die Kanäle sind jeweils in verschiedene Abschnitte unterteilt. Im Kanal „Lebensmittelgeschäft" umfassen die drei ersten Abschnitte das Finden der Ware im Laden, die Kaufentscheidung und das anschließende Nachhausebringen.

Der Kanal „eigener Garten" beginnt mit den Abschnitten „Saatguthandel", Kauf von Samen und Stecklingen und dem Anpflanzen daheim. Wenn Obst und Gemüse dann reif sind, wird einiges aussortiert und weggeworfen, anderes wird von Insekten und Kindern verzehrt, wieder anderes verkümmert, weil zu wenig gedüngt oder gewässert wurde. Von dem, was übrig bleibt, wird auch nur ein Teil geerntet, der Rest bleibt an den Sträuchern oder im Boden.

Jetzt kommen die Nahrungsmittel aus beiden Quellen, aus dem Geschäft und dem Garten, zusammen. Jetzt muss entschieden werden, was davon in die Vorratskammer und was in den Kühlschrank wandert. Einiges verschwindet danach auf Nimmerwiedersehen in den Tiefen von Kühlschrank und Speisekammer, anderes verdirbt, weil es falsch gelagert wurde. Nun steht die Entscheidung an, ob und wie das Verbliebene zubereitet wird. Am Schluss steht es auf dem Tisch und wird gegessen. Ein langer, hürdenreicher Weg von der Quelle bis zum Konsumenten. Und in jedem Abschnitt findet jedes Mal aufs Neue eine Entscheidung für oder gegen ein Lebensmittel statt. Oder die Entscheidung, es anders zu verwenden. Aus Äpfeln etwa Apfelkuchen oder Apfelkompott zu machen (vgl. Lewin 1943, 37 ff., Shoemaker 1991, 5 ff.).

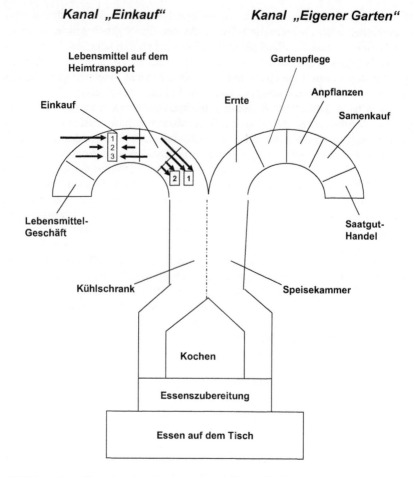

Abbildung 1:   Kurt Lewins Ausgangsmodell für die Gatekeeper-Theorie,
                 vereinfacht und modifiziert. Quelle: Lewin (1947b, 149).

Alles, was nachfolgend also über die Auswahl von Obst, Fleisch und Gemüse
und über dessen Weg bis auf den heimischen Tisch gesagt werden wird, gilt im
Prinzip auch für die Selektion von Nachrichten und für deren Weg vom Ereignis
zum Rezipienten. Abbildung 1 stellt das Lewin'sche Modell grafisch dar.

    Am Eingang eines jeden Kanals und auch zwischen den einzelnen Ab-
schnitten befinden sich Tore oder Schleusen („gates"). Diese wiederum werden

entweder kontrolliert und bedient von einem oder mehreren Wächtern oder Schleusenwärtern („gatekeeper"). Oder sie öffnen und schließen sich nach festen Regeln. Oder es findet beides in Kombination statt. Diese Gates und Gatekeeper muss ein Produkt (oder eine Nachricht) erfolgreich passieren. So schaffen es bestimmte Waren nicht, über den Kanal „Lebensmittelgeschäft" bis nach Hause auf den Tisch zu kommen, weil etwa der Ladeninhaber als Gatekeeper auf Grund seiner Geschäftspolitik diese Produkte einfach nicht anbietet oder weil die Käufer sie in den Regalen einfach übersehen. Aber damit nicht genug. Produkte erreichen auch aus anderen Gründen nicht ihr Ziel. Gerade gekaufte Lebensmittel werden zum Teil schon auf dem Nachhauseweg verspeist. Und andere, besonders empfindliche Lebensmittel wiederum überstehen den Transport nicht.

Von zentraler Bedeutung ist Lewins (1943, 37; 1947b, 145 f.) Erkenntnis, dass an jeder Stelle innerhalb eines Kanals gegenläufige Kräfte wirken, die die Entscheidung für oder gegen ein Produkt beeinflussen. Beispiel: Jemand steht im Geschäft und will einkaufen, dann gibt es eine positiv und eine negativ wirkende Kraft, in der Abbildung oben als gegenläufige Pfeile dargestellt. Die Qualität von Ware 1 ist sehr gut, das macht die Entscheidung zu kaufen leichter, das ist die positive Kraft (Pfeil oben links). Aber dann die Kosten, der hohe Preis – das ist die negative Kraft, die vom Kauf möglicherweise abhält (gegenläufiger Pfeil oben rechts). Wenn der Kunde jetzt trotzdem kauft, dann kehren sich die Vorzeichen um. Dann verwandelt sich die zunächst negative Gegenkraft zur positiven Schubkraft, die dazu beiträgt, alle nachfolgenden Schleusen zu überwinden. Das sündhaft teuere Stück Filet wird besonders rasch nach Hause getragen, damit es nicht verdirbt, und wird dort mit besonders großer Sorgfalt gelagert und zubereitet.

Diese lebensnahe Beschreibung macht deutlich, wie Entscheidungs- und Selektionsprozesse ablaufen. Auf die Medien übertragen, steht der Lebensmittelladen dann zum Beispiel für die Nachrichtenagentur, der eigene Garten für selbst recherchierte Reporterberichte. Und Gatekeeper sind diejenigen, die entscheiden, ob und in welcher Form eine Nachricht, eine Meldung, ein Bericht veröffentlicht wird.

Lewins Modell enthält implizit auch die organisationale Dimension. Der Gemüseladen wird zum Beispiel wegen eines Verkehrsstaus zu spät beliefert, die Ware ist deshalb nicht rechtzeitig zur Verfügung. Sie wäre andernfalls wegen ihrer guten Qualität und wegen des günstigen Preises wahrscheinlich gekauft worden. So aber kommt sie wegen dieses organisatorischen Problems nicht durch das entscheidende „Gate". Oder: Der Käufer verzichtet auf die frische Gans, weil im Kühlschrank daheim kein Platz mehr ist. Lewin (1947b, 146): „Wenn die Speisekammer und der Kühlschrank fast schon überfüllt sind, dann verstärken sich die Kräfte gegen den Kauf weiterer Lebensmittel". Ein Effekt, der auch im Zusammenhang mit redaktioneller Arbeit auftritt. Wenn für eine

Sendung oder eine Zeitung bereits genügend Beiträge vorliegen, nimmt die Bereitschaft, neu eintreffende Meldungen aufzugreifen, stark ab.

Der erste Kommunikationswissenschaftler, der das Gatekeeper-Modell Lewins aufgriff und auf die Selektion von Nachrichten übertrug, war David Manning White (1950).

2.1.3.2   Whites Studien-Design

White beschränkte sich allerdings nur auf einen Aspekt des Lewin'schen Gate-
keeping-Modells. Lewin hatte angemerkt, es sei nicht nur wichtig herauszufinden, wer die jeweiligen Schleusenwärter sind und wo sie sitzen, sondern auch
auf Grund welcher Kriterien sie die Schleusen öffnen oder nicht. Doch White
will sich nicht mit diesen Kriterien beschäftigen, sondern lediglich mit dem Gatekeeper selbst und seiner Art, das „gate" zu bedienen (vgl. ebd., 383). White
interessierte sich explizit für das letzte Glied in der Nachrichtenkette. Nicht für
den Reporter vor Ort, der als erster Gatekeeper ein Thema aufbereitet, auch nicht
für die bearbeitenden Redakteure, sondern für denjenigen, der entscheidet, ob
eine Nachricht ins Blatt kommt oder nicht.

Für seine Zwecke wählte er den „wire editor" einer Provinz-Zeitung aus, die
in einer 100.000 Einwohner zählenden Industriestadt im Mittleren Westen erscheint. Mr. Gates, wie er ihn der Einfachheit halber nannte, hatte bei diesem
Blatt die Aufgabe, „aus der Flut von Tickermeldungen, die jeden Tag über Associated Press, United Press und dem International News Service hereingespült
werden, das auszuwählen, was 30.000 Familien anderentags auf der Titelseite
ihrer Morgenzeitung lesen. (...) Es ist der gleiche Job, den Zeitungsleute land-
auf, landab in hunderten von Provinzzeitungen machen" (White 1950, 384). Mr.
Gates selektiert die nationalen und die internationalen Nachrichten und er formuliert auch die Schlagzeilen. Er ist bei dieser kleinen Zeitung der letzte und damit
entscheidende Schleusenwärter im Nachrichtenfluss.

Eine Woche lang, vom 06. bis zum 13. Februar 1949, untersuchte White,
welche Nachrichten Mr. Gates auswählte und welche nicht. Die Themen, die
Gates ins Blatt hob, waren durch eine Inhaltsanalyse leicht festzustellen. Aber
was war mit den aussortierten Nachrichten? Mr. Gates wurde gebeten, alle Fern-
schreibermeldungen, die sonst in den Papierkorb gewandert wären, aufzubewah-
ren und auf der Rückseite die Gründe zu notieren, weshalb die Meldung nicht
zum Zuge kam. Immer nachts, nach Redaktionsschluss, gegen ein Uhr morgens,
setzte sich Gates hin und schrieb seine Ablehnungsgründe auf. Diese Notizen
wurden ergänzt durch eine Input-Output-Analyse. White verglich dabei die
Themenstruktur der gedruckten und der abgelehnten Meldungen miteinander und

setzte beides in Bezug zum Gesamtangebot, das die drei Nachrichtenagenturen geliefert hatten. Am Schluss führte er noch ein halbstrukturiertes Interview mit Mr. Gates.

2.1.3.3 Ergebnisse der „Gatekeeper"-Studie

Und das waren die wichtigsten Resultate, die erste, allerdings wenig beachtete Hinweise darauf gaben, welche Bedeutung organisatorische Details auf das haben, was veröffentlicht wird:

- Es zeigte sich, dass allein aus Platzgründen nur zehn Prozent der eintreffenden Meldungen überhaupt eine Chance hatten, gedruckt zu werden. Bei 543 aussortierten Meldungen schrieb Gates auf die Rückseite entweder den Vermerk „Kein Platz" oder „Würde ich nehmen, wenn ich Platz hätte" oder „Wäre gut, wenn Platz da wäre". Der zur Verfügung stehende Platz – ein Teil der strukturell-funktionalen Organisation – beeinflusst so die Zusammensetzung des Content. Hätte die Zeitung beispielsweise mehr Seiten gehabt, hätten zusätzliche Themen veröffentlicht werden können. Die Mischung, die Vielfalt des Angebotes hätte sich verändert.
- Auch das nächste Forschungsergebnis illustriert die Bedeutung organisationaler Faktoren. Je später eine Nachricht eintraf, so stellte White fest, desto geringer war die Wahrscheinlichkeit, dass sie noch ins Blatt kam. Ein Thema, das es um 19 Uhr 30 oder um 20 Uhr noch problemlos auf die Titelseite schaffte, hatte um 23 Uhr kaum mehr eine Chance. Denn die meisten Seiten waren um diese Zeit bereits mit Text gefüllt und der restliche, noch zur Verfügung stehende Platz wurde für ganz besonders wichtige Meldungen freigehalten.
- Andere Ablehnungsgründe, die Mr. Gates nannte, waren subjektiver Natur. So fand Gates 61 Meldungen einfach „nicht interessant", 51 erschienen ihm „zu langweilig geschrieben", 29 „zu trivial". „Braucht kein Mensch" oder „würde ich nie nehmen" oder „geschmacklos" lauteten weitere Vermerke.
- Inhaltlich war Gates vor allem an politischen Themen interessiert. Meldungen, die er gut fand, durften auf keinen Fall sensationsheischend sein und keine Unterstellungen enthalten. Geschichten, in denen zu viele Namen vorkamen oder statistisches Zahlenmaterial, mochte er gar nicht.

White erwähnt die organisatorischen Aspekte nur am Rande. Sein Augenmerk, seine Aufmerksamkeit gilt der Person des „wire editors" und seinen Motiven. Das Ergebnis seiner Studie fasst er, seinem Schwerpunkt entsprechend, so zusammen: „Wir haben gesehen, wie hochgradig subjektiv das Nachrichtenge-schäft wirklich ist. Wie sehr es von den persönlichen Erfahrungen, Einstellungen und Erwartungen des ‚Gatekeepers' abhängt" (White 1950, 390).

Whites Studie hat einige methodische Schwächen: Der Untersuchungszeit-raum von nur einer Woche war für aussagekräftige Ergebnisse zu kurz. In dieser Zeit traten beispielsweise, wie White selbst einräumt, keine spektakulären Kri-minalfälle auf (White 1950, 388). Trotzdem hält er als ein Ergebnis fest, Mr. Gates habe eine Abneigung gegen Themen aus dem Bereich „Crime". Es fehlt außerdem der Vergleich mit anderen „wire editors" und mit dem, was andere Medien im entsprechenden Zeitraum veröffentlicht haben. Lag Mr. Gates auf einer Linie mit den anderen oder selektierte er möglicherweise völlig andere Themen und Nachrichten? Mit der bewussten Fokussierung auf nur eine einzige Stelle im Nachrichtenfluss (siehe oben), eben auf den „wire editor", wird in Kauf genommen, dass nur ein kleiner Ausschnitt aus dem Gesamtbild betrachtet wer-den kann.

White geht an seine Studie mit naivem Empirismus heran. Er schließt vom besonderen Einzelfall, dem Verhalten von Mr. Gates, auf das Allgemeine, das Gesetzmäßige bei der Nachrichtenselektion. Er nähert sich seinem Untersu-chungsgegenstand ohne theoretische Vorstellungen und Konzeptionen und zieht hinterher seine Schlüsse aus dem Beobachteten, kommt so, auf dem Wege der Induktion, am Ende zu einer Hypothese. „Auch wenn es so aussieht, Wissen-schaft funktioniert *nicht* nach dem Induktionsprinzip. Ohne eine Hypothese über die Realität zu haben, kann man Realität gar nicht wahrnehmen. (…) Erst kommt die Hypothese über die Realität, dann die Wahrnehmung von Ausschnitten über die Realität" (Brosius/Koschel 2005, 43).

Trotz solcher Schwächen gab Whites Arbeit den Startschuss für eine ganze Serie von Studien über die Kriterien und die Mechanismen der Nachrichtenaus-wahl (vgl. Robinson 1973, 344). Immer wieder wurde Whites Gatekeeper-Modell von anderen Wissenschaftlern überprüft, überarbeitet und auch verwor-fen. Die Begriffe „Gatekeeper" und „Gatekeeping" sind jedoch fester Bestandteil der Kommunikationswissenschaft geworden.

2.1.3.4   Gatekeeper-Nachfolgestudien

Walter Gieber (1956), damals Assistenz-Professor für Journalistik an der Uni-versität von Kalifornien, überprüfte als Erster Whites Ergebnisse in einem größe-ren Rahmen. Er untersuchte dafür das Selektionsverhalten der „telegraph editors" bei 16 kleineren Tageszeitungen in Wisconsin. Gieber listet in seiner Publikati-on, wohl noch beeinflusst von der normativ-individualistischen Denktradition, fünf Punkte auf, die beschreiben, was – seiner Meinung nach – einen idealen Redakteur auszeichnet. Er müsse, erstens, eine klare Vorstellung davon haben, was seine Leser interessiert. Er müsse, zweitens, effizient den Nachrichtenfluss steuern können. Er müsse, drittens, die Meldungen sehr gut bearbeiten können. Er müsse, viertens, blitzschnell entscheiden können, was Nachrichten sind und was keine. Und er müsse, fünftens, ausgestattet mit einem wachen Verstand, in der Lage sein, aus einem Thema einen Artikel von Bedeutung zu machen (ebd., 423 f.). Mit seiner Studie wollte Gieber unter anderem herausfinden, inwieweit Redakteure in der Realität diesem Ideal entsprechen.

Die Ergebnisse waren desillusionierend. Die Untersuchung erbrachte nämlich, anders als bei White, keine zentrale Rolle eines subjektiv selektierenden Gatekeepers. Nicht dessen Fähigkeiten oder Vorlieben standen im Vordergrund. Auch nicht das Interesse der Leser oder die Blatt-Linie waren entscheidend, sondern es waren die Sachzwänge. Erneut, wie bei White, klingen organisationale Aspekte an, die jedoch nicht weiter beachtet wurden. Was letztlich in der Zeitung stand, so fand Gieber heraus, hing von drei Faktoren ab: Vom Platz, der zur Verfügung stand, von dem was zeitlich und personell machbar war und außerdem davon, was die Nachrichtenagentur lieferte. Dabei muss allerdings erwähnt werden, dass die Zeitungsmacher in Giebers Studie jeweils nur auf die Meldungen einer einzigen Nachrichtenagentur zurückgreifen konnten. Mr. Gates hatte dagegen die Auswahl unter drei Agenturen. Er musste deshalb nicht einfach nehmen, was kam. Die untersuchten Zeitungen in Wisconsin hatten vermutlich aus wirtschaftlichen Gründen nur eine Agentur abonniert, waren deshalb wahrscheinlich auch personell knapp besetzt, womit sich Giebers Resultate plausibel erklären. Faktoren der strukturell-funktionalen Organisation hatten auch hier direkten Einfluss auf den Content.

Die Redakteure selbst, das soll noch erwähnt werden, sahen die Sache anders, jedenfalls sagten sie das. Gieber hatte mit ihnen lange Interviews geführt, in deren Verlauf er jeweils 111 Fragen stellte. Dabei gaben die Interviewten zu Protokoll, ihr zentrales Selektionskriterium sei die Bedeutung einer Meldung für möglichst viele Leser. Gieber bleibt jedoch dabei, auch aufgrund seiner Beobachtungen in einigen Nachrichtenredaktionen und nach Analyse der Themenstrukturen: „Der durchschnittliche Redakteur („desk-man") steckt in einer Zwangsjacke aus technischen Notwendigkeiten, wobei die Nachrichtenagenturen die Hauptrolle spielen bei der Nachrichtenauswahl" (ebd., 423).

Und Gieber wird noch deutlicher: Für ihn besteht die Arbeit der Journalisten bei den untersuchten kleinen Zeitungen weitgehend aus Routine und beschränkt sich vielfach auf das Kürzen des einlaufenden Agenturmaterials. Die deutlichen Hinweise auf die Wirkungen des Organisatorischen greift er nicht auf.

Durch seine Konzentration auf kleine Blätter mit nur einer abonnierten Nachrichtenagentur besitzt auch Giebers Untersuchung nur begrenzten Aussagewert.

Die Ergebnisse der Studie machen dennoch deutlich, dass bei der Nachrichten- und Themenselektion über die persönliche Entscheidung des Redakteurs hinaus noch andere Faktoren relevant sind. Giebers Befunde einer routinegeprägten, von äußeren Gegebenheiten determinierten journalistischen Arbeit, wurden durch eine spätere Untersuchung von Ralph D. Casey und Thomas H. Copeland (1958) teilweise bestätigt. Hierbei wurde ebenfalls das Selektionsverhalten von Redakteuren analysiert, dieses Mal bei 19 Tageszeitungen in Minnesota. Und es wurde auch dieses Mal erhoben, aus welchen Gründen Meldungen abgelehnt wurden.

Das Ergebnis ist nicht allzu überraschend: Allein 20 Prozent der aussortierten Meldungen hatten aus Platzgründen keine Chance. Weitere 18 Prozent fanden keine Gnade, weil sie als uninteressant für das Publikum eingestuft wurden. 17 Prozent waren nach Einschätzung der Redakteure ohne wirklichen Neuigkeitswert oder einfach belanglos. 16 Prozent kamen erst nach Redaktionsschluss über den Ticker und konnten deshalb nicht mehr berücksichtigt werden. Acht Prozent hätte man zwar gerne im Blatt gehabt, doch technische Probleme zum Beispiel in der Setzerei standen dem im Wege. Weitere acht Prozent fielen durch, weil es zu schwierig war, das Thema attraktiv aufzubereiten. Sechs Prozent der abgewiesenen Meldungen konnten keinem Ressort oder keiner Rubrik eindeutig zugeordnet werden. Fünf Prozent waren zu schlecht geschrieben. Zwei Prozent wurden für den nächsten Tag aufbewahrt.

Auch diese Resultate zeigen den Content-determinierenden Einfluss des Organisationalen. Addiert man nämlich die Prozentzahlen jener Meldungen, die aus organisatorischen Gründen nicht publiziert wurden – weil kein Platz mehr war, weil sie nach Redaktionsschluss eintrafen, weil es Probleme in der Setzerei gab – dann kommt man auf 44 Prozent.

2.1.4   News Bias-Forschung

Trotz der Erkenntnis, dass es sich bei der Content-Selektion um mehr als nur die Entscheidung des einzelnen Redakteurs handelt, blieb der individualistische Ansatz weiter aktuell. Im Hintergrund stand wohl der unausgesprochene Verdacht, Journalisten nutzten ihre Sonderstellung aus, um die Darstellung der Realität nach ihren Vorstellungen zu manipulieren, um mit Hilfe einer entsprechenden Berichterstattung auch Politik zu machen. Diese Vorstellung führte zu den News Bias-Studien. „Bias" – wörtlich übersetzt: „Neigungen, Vorurteile, Voreingenommenheiten". Die Wissenschaftler wollten mit Hilfe experimenteller

Studien sowie mit Befragungen und Inhaltsanalysen herausfinden, ob und wie stark Journalisten von persönlichen Einstellungen und Neigungen bei ihrer Themenauswahl und Berichterstattung geleitet werden.

Roy E. Carter (1959) unternahm beispielsweise ein Experiment mit 142 amerikanischen Studenten von fünf Universitäten, die er einen Artikel über einen Raubüberfall schreiben ließ. In der einen Version wurde den Probanden mitgeteilt, der mutmaßliche Täter sei ein Weißer. In der anderen Version war der Beschuldigte ein Farbiger. Die Political Correctness führte dazu, wie von Carter erwartet, dass alle Studenten, die die „colored version" als Ausgangspunkt bekommen hatten, den Verdächtigen und seine Schuld erkennbar milder beurteilten als die Studenten der „white version" (vgl. ebd., 284). Carter kam zu dem Ergebnis, dass subjektive Einstellungen einen relevanten Einfluss auf die Nachrichtengestaltung haben.

Ein späteres Laborexperiment, bei dem Studenten Kommentare über die diplomatische Anerkennung der Volksrepublik China schreiben mussten, erbrachte ein für künftige Journalisten nicht gerade schmeichelhaftes Ergebnis. Journalistik-Studenten, die bereits in einem höheren Semester waren, wurden gebeten, politische Kommentare zu schreiben, einmal zum Thema „Diplomatische Anerkennung der Volksrepublik China" und einmal zur Nixon-Abhöraffäre. Dabei wurde jeweils vorher mitgeteilt, welche Linie die Zeitung vertritt, in der dieser Kommentar – fiktiv – erscheinen sollte. Das erstaunliche Ergebnis war, dass sich die Autoren bei ihrer Argumentation und Bewertung streng an die vorgegebene Blatt-Linie hielten. Und gerade diejenigen, die in einer zuvor durchgeführten Befragung eine völlig andere persönliche Meinung vertreten hatten, verleugneten diese in den geschriebenen Kommentaren nachhaltig und vertraten besonders eifrig die politische Linie ihres Mediums (vgl. Kerrick/Anderson/Swales 1964, 215).

Beide Untersuchungen sind aufschlussreich. Untersuchung eins zeigt, dass persönliche Dispositionen ihren Niederschlag finden. Untersuchung zwei zeigt, dass zumindest Journalistik-Studenten beeinflussbar sind. Die Übertragbarkeit der Studienergebnisse ist allerdings begrenzt, da die Experimente nur mit Studenten und nicht mit richtigen, im Beruf stehenden Journalisten durchgeführt wurden.

Dieses Manko versuchten Flegel und Chaffee (1971) zu vermeiden. Sie befragten in den siebziger Jahren acht Journalisten einer progressiven und neun einer konservativen Zeitung nach ihren politischen Einstellungen und nahmen außerdem eine Inhaltsanalyse der Berichterstattung vor. Nicht der selektierende Redakteur, der „wire editor" oder „telegraph editor" stand hierbei im Focus, sondern der Reporter als, wie White es schon formuliert hatte, „erstes ‚Gate' im Kommunikationsprozess". Flegel und Chaffee stellen in ihrem Summary fest: „Die Reporter lassen sich sehr von ihrer persönlichen Meinung leiten und sie sind sich dessen, überraschenderweise, auch bewusst (...). Die Vorstellungen ihrer Redakteure und Leser interessieren sie weit weniger" (ebd., 645). Die Autoren schwächen die Brisanz allerdings ab, in dem sie anmerken, ein professioneller Reporter sei durchaus in der Lage, mit seinen persönlichen Einstellungen und Vorurteilen so umzugehen, dass trotzdem eine objektive Arbeit zu Stande kommt. Im Übrigen sei die Redaktion ein Korrektiv (vgl. ebd., 651). Auch für diese Studie gilt: Sie greift sich nur eine Station im Nachrichtenfluss heraus und bietet so ebenfalls nur einen Ausschnitt aus dem Gesamtbild. (Ergänzend zum Abschnitt „News Bias-Forschung" siehe auch 2.2.3).

2.1.5   Legitimistischer Empirismus

2.1.5.1   Thesen der Mainzer Schule

Die Mainzer Schule unter Elisabeth Noelle-Neumann, Hans Mathias Kepplinger und Wolfgang Donsbach ist eine späte Vertreterin der auf den Journalisten als Individuum zentrierten Forschung. Der große Einfluss der Massenmedien, so Noelle-Neumanns Leitgedanke, sei nur zufrieden stellend zu erklären, wenn sich die Medienwirkungsforschung auch den Kommunikatoren zuwende. Während der siebziger und achtziger Jahre beschäftigte man sich in Mainz vor allem damit, welche politischen Einstellungen die Medienakteure in Deutschland haben, wie sich das auf die Berichterstattung auswirkt und inwieweit die Rezipienten dadurch politisch beeinflusst werden. Die Forschungsergebnisse führten zu teilweise erregten Debatten, nicht nur innerhalb der Disziplin, sondern auch in Politik und Öffentlichkeit. Nach einer zentralen These der Mainzer Schule verfügen vor allem TV-Journalisten über enorme, vor allem auch politisch wirkende Macht, die jedoch nicht legitimiert sei (vgl. Donsbach 1979, Kepplinger 1979). Achim Baum (1994, 208 ff.) verwendete daraufhin im Zusammenhang mit der Mainzer Schule den Begriff *Legitimismus*, woraus die Etikettierung *legitimistischer Empirismus* entstand – die Überschrift dieses Kapitels.

    Keine andere kommunikationswissenschaftliche Denkrichtung dürfte die deutsche Medienpolitik so beeinflusst und die Medienlandschaft in der Folge so verändert haben, wie die Mainzer Schule (vgl. auch Weischenberg 2002b, 229). Mit Auswirkungen bis heute – auch auf den Gegenstand dieser Arbeit, auf die formale Organisation von ARD-aktuell und damit auch der Tagesschau. Was machte die Mainzer Studien so brisant? – Die Mainzer Schule veröffentlichte drei Befunde, die sie als wissenschaftlich erhärtet betrachtete und die vor allem im politisch konservativen Lager zu heftigen Reaktionen führten.

Befund I: *Deutsche Journalisten sind mehrheitlich als politisch progressiv einzuordnen und berichten entsprechend ihrer politischen Einstellung.*

Befund II: *Rezipienten, die im deutschen Fernsehen häufig politische Magazine sehen, werden von den „linken" Ideen der jeweiligen Journalisten in ihrer politischen Einstellung beeinflusst. Das wiederum wirke sich auf die Wahlentscheidung aus.*

Befund III: *Die Medien, allen voran das Fernsehen, schaffen durch ihre politisch konsonante Berichterstattung ein Meinungsklima, das Andersdenkende verstummen lässt. Wegen des Mitläufer-Effekts ist auch diese „Schweigespirale" bei politischen Wahlen relevant.*

Begründet wurde die Mainzer Schule von Elisabeth Noelle-Neumann, die bei Emil Dovifat in Berlin studiert hatte und später auch dessen wissenschaftliche Privatbibliothek testamentarisch vermacht bekam. Dovifat sah, wie bereits oben (vgl. 2.1.1) erwähnt, im Zentrum medialen Schaffens den Journalisten als Person mit seinen individuellen Einstellungen und Begabungen. Noelle-Neumann promovierte bei Dovifat 1940 über „Meinungs- und Massenforschung in den USA". In ihrer Dissertation zitiert sie unter anderem den damaligen Reichsminister für Volksaufklärung und Propaganda, Joseph Goebbels, wonach die öffentliche Meinung „zum größten Teil das Ergebnis einer willensmäßigen Beeinflussung ist" (vgl. Weischenberg 2002b, 230).

1947 gründete Noelle-Neumann gemeinsam mit ihrem Mann, dem Journalisten und späteren CDU-Bundestagsabgeordneten Erich Peter Neumann, das Institut für Demoskopie in Allensbach. Ihre spätere wissenschaftliche Karriere an der Uni Mainz verdankte sie unter anderem dem späteren CDU-Bundeskanzler Helmut Kohl (vgl. Wilke 2005, 10ff.). Für Kohl wurde sie zu einer wichtigen Beraterin, zumal sie nicht nur das Institut für Publizistik, sondern auch das Institut für Demoskopie in Allensbach (IfD) leitete, welches Wahlforschung betreibt und Wahlprognosen erstellt (vgl. Frankfurter Hefte 2000, 11). Die Mainzer Thesen von der Wahlen entscheidenden Einflussmacht der Journalisten stießen in den siebziger Jahren auf erhebliches öffentliches Interesse vor dem Hintergrund des damaligen politischen Misserfolgs der Union in Deutschland. Noelle-Neumann glaubte belegen zu können, dass die Union unter Helmut Kohl die Bundestagswahl 1976 verloren habe, weil die mehrheitlich politisch links orientierten Medienvertreter das sozial-liberale Lager unterstützt hätten.

Sie bezog sich dabei auf eine Umfrage des IfD unter 100 Journalisten, davon 66 Presse- und 34 Rundfunkleute. Auf die Frage: „*Was glauben Sie, wer die kommende Bundestagswahl gewinnt, wer die meisten Stimmen bekommt: die*

CDU/CSU oder die SPD/FDP?" antworten 76 Prozent der Journalisten, sie hielten die regierende SPD-FDP-Koalition für den Wahlsieger. Unter der Gesamtbevölkerung waren es nur 33 Prozent. Nur 10 Prozent der Journalisten sahen die Union vorne, aber 40 Prozent der Gesamtbevölkerung (vgl. ebd., 105). Ergänzend wurden auch die persönlichen Partei-Neigungen der Journalisten abgefragt. Von den Rundfunkredakteuren gaben 62 Prozent an, der SPD nahe zu stehen, weitere 19 Prozent nannten die FDP – insgesamt also 81 Prozent, die mit der sozialliberalen Koalition sympathisierten. Dieses Ergebnis stützte sich auf die Befragung von 32 Rundfunkjournalisten (vgl. ebd., 108).

Die politischen Präferenzen der Journalisten wurden nun ins Verhältnis gesetzt zur politischen Einstellung der Zuschauer. 43 Prozent derer, die nach eigenen Angaben „sehr oft" oder „oft" politische Sendungen (wie Report, Monitor, Panorama) sahen, erwarteten einen Wahlsieg der sozialliberalen Koalition. Aber nur 34 Prozent waren es in der Gruppe, die solche Sendungen nur „selten" oder „nie" sah. In einem Interview stellte Noelle-Neumann den Zusammenhang deutlich heraus: „Und dann haben wir (…) geprüft, ob sich das Meinungsklima im Wahljahr bei denen, die viel politisches Fernsehen sehen, anders geändert hat als bei denen, die mittel oder wenig politisches Fernsehen sehen. Und dann haben wir (…) festgestellt – und das ist das Wichtige: Nur bei denen mit viel politischem Fernsehen hat sich das Meinungsklima geändert" (Aktueller Mediendienst 1977, 7).

Durch dieses TV-induzierte Meinungsklima entstehe am Ende, kurz vor der Wahl, in Folge der Schweigespirale, ein Sog, der vor allem Menschen mit schwachem Selbstbewusstsein politisch umschwenken lasse. Die Theorie der Schweigespirale besagt kurz gefasst: Menschen trauen sich nicht, ihre Meinung anderen gegenüber kundzutun, wenn sie glauben, dass sie mit ihrer Ansicht allein dastehen (vgl. Noelle-Neumann 1980a). Shoemaker, Breen und Stamper (2000) überprüften die Theorie der Schweigespirale. Sie befragten dafür am Telefon 403 Erwachsene in einer mittelgroßen amerikanischen Stadt. Das Ergebnis: „Wie viele andere Studien in den USA, die diese Theorie nachprüften, erbrachte auch unsere Erhebung nur eine äußerst bescheidene Bestätigung dieser Theorie" („the most modest support of the theory'; ebd., 71).

2.1.5.2   Relativierung des Mainzer Ansatzes

Der Mainzer Ansatz wurde auch von den politischen Geschehnissen relativiert. Vor der Bundestagswahl 2005 wurde in fast allen Medien konsonant dahingehend berichtet und kommentiert, dass eine schwarz-gelbe Koalition die rot-grüne Regierung ablösen würde. Das von den Medien und Demoskopen gespiegelte

Meinungsklima deutete auf einen haushohen Sieg von Union und FDP hin (vgl.
Ulrich 2006, 59). Doch es kam anders. SPD und Union lagen am Ende fast
gleichauf. Die Union hatte viel weniger Stimmen bekommen als vorhergesagt,
die SPD sehr viel mehr. Für Schwarz-gelb reichte es nicht, stattdessen übernahm
eine Große Koalition die Regierung. Nach der Theorie der Schweigespirale hätte
das Meinungsklima zu einem klaren Sieg von Schwarz-gelb führen müssen.

Das von der Mainzer Schule als so wirkungsstark angesehene Fernsehen hat
inzwischen einen Bedeutungsverlust erlitten. Unter den „Vielkanalbedingungen"
(Schulz 1998) mit über 30 TV-Sendern hat es „viel von seiner Faszination und
Glaubwürdigkeit verloren. (…) Unter diesen Bedingungen dürfte das spezifische
Einflusspotential jedes einzelnen Mediums – insbesondere einzelner Fernsehpro-
gramme – nur noch relativ gering sein" (ebd., 387).

2.1.5.3 Medienpolitische Folgen

In den achtziger Jahren aber war man in der Union von der ungeheuren Macht
des Fernsehens überzeugt. Peter Radunski (1980), langjähriger Wahlkampfma-
nager der CDU, schreibt in seinem Buch über moderne Wahlkampfführung:

> „Das Fernsehen ist einfach zu allumfassend, als dass es keine Bedeutung haben
> könnte". (…) „Unter den vorherrschenden Bedingungen in der modernen Kommu-
> nikation werden die Wahlkämpfer ihre Planung, ihre Kreativität und ihre organisato-
> rische Energie auf das Fernsehen richten müssen. Wahlkämpfe können im Fernsehen
> gewonnen oder verloren werden" (ebd., 86f.).

Und dieses Machtinstrument befand sich in der Hand „linker" Journalisten. Die
zeitlichen Abläufe zeigen, wie sehr die Thesen der Mainzer Schule das medien-
politische Handeln in Deutschland beeinflussten (vgl. auch Schulz 1994, 318).
So wurde unmittelbar nach der Regierungsübernahme 1982 Bundespostminister
Schwarz-Schilling (CDU) beauftragt, Deutschland zu verkabeln, um die technischen Voraussetzungen für privates Fernsehen zu schaffen (vgl. SPIEGEL 1982).
Nach der gewonnenen Bundestagswahl 1983 setzte die Regierung Kohl umgehend die Zulassung privatwirtschaftlich organisierter elektronischer Medien
durch. Auf der Jahrestagung des Bundesverbandes Deutscher Zeitungsverleger
am 28. September 1983 in Bonn legte der neue Kanzler seine Pläne dar. In einem
Bericht des Hamburger Abendblattes (1983) hieß es: „Kohl verspricht sich von
der Medienvielfalt ein wachsendes Informationsangebot, das allen zugute komme. Ein nach seiner Ansicht bestehender ‚Nachrichtenfilter der verfassten öffentlichen Meinung', den viele Meldungen heute nicht durchdringen würden, werde
durchlässiger".

Bereits am 01. Januar 1984 nahm in Ludwigshafen die PKS ihren Sendebe-
trieb auf, die „Programmgesellschaft für Kabel- und Satellitenrundfunk", aus der
1985 SAT 1 wurde. Nur einen Tag später, am 02. Januar 1984 startete RTL plus
sein kommerzielles TV-Programm für Deutschland (vgl. Kurp 2004).

Auch für ARD-aktuell hatte der Vorwurf, TV-Journalisten seien politisch
einseitig, Konsequenzen. Unter der Überschrift „Der Kanzler und die Medien.
(…) Wie die Kohl-Koalition mit Presse, Funk und Fernsehen umgeht" berichtete
die ZEIT am 14. Oktober 1983 über die redaktionelle Fusion von Tagesschau und
Tagesthemen. Von Januar 1978 bis September 1983 hatte es bei ARD-aktuell
nur einen Chefredakteur gegeben und unter ihm je einen Verantwortlichen für
Tagesschau und Tagesthemen. In der letzten Phase dieser Konstellation wurden
zwei der drei Amtsinhaber als politisch links betrachtet. Günter Müggenburg, der
Chefredakteur, kam vom WDR und damit von einem Sender, der der SPD zuge-
rechnet wurde. Tagesthemen-Chef Manfred Buchwald war SPD-Mitglied. Lediglich der Chef der Tagesschau, Edmund Gruber, vertrat als Unions-Mitglied die
konservative Seite (vgl. Jaedicke 2002, 98).

Diese formale Organisation wurde geändert. Seit dem 01. Oktober 1983 sind
bei ARD-aktuell zwei Chefredakteure gemeinsam für alle Formate zuständig (vgl.
Jaedicke 2002, 210). Edmund Gruber wurde damals Erster Chefredakteur, Heiko
Engelkes vom WDR Zweiter. Diese Doppel-Chefredakteurs-Regelung gilt bis
heute. Und es wird nach wie vor darauf geachtet, dass die beiden Chefredakteure
jeweils unterschiedlichen politischen Lagern zuzuordnen sind. Der Erste Chefredakteur wird seit dieser formal-organisatorischen Änderung traditionell vom Bayerischen Rundfunk gestellt, wobei es Ausnahmen gab und gibt.

Auch bei der Neugründung des ARD-Hauptstadtstudios 1999 in Berlin
wurde strikt auf diese Form des politischen Pluralismus geachtet. Auch hier gibt
es zwei Studioleiter mit unterschiedlicher politischer Zuordnung. Außerdem
werden die Reporter des Hauptstadtstudios von allen neun Landesrundfunkanstalten der ARD nach Berlin entsandt, womit auch dem Föderalismus in
Deutschland Rechnung getragen wird. Die von der Mainzer Schule ausgelöste
Diskussion wirkt bis heute nach. So achtet die Redaktion der Tagesschau, das
konnte während der teilnehmenden Beobachtung dokumentiert werden, strikt,
zum Teil sogar formalistisch, auf parteipolitische Neutralität bei ihrer Berichterstattung.

2.1.5.4   *Vier-Sphären-Modell*

Die Mainzer Schule beschäftigte sich nicht nur mit der politischen Haltung deutscher Journalisten, sondern auch mit ihrem Selbstverständnis und ihrer Be-

rufsauffassung. Denn auch solche Aspekte sind, so wurde vermutet, relevant beim Entstehen von Content. Wolfgang Donsbach trug dafür Ergebnisse der empirischen Kommunikationsforschung zusammen und entwickelte auf der Basis dieses Datenmaterials sein „Vier-Sphären-Modell". Vier Sphären, die nach Donsbach Einfluss haben auf die Medieninhalte. Er unterscheidet dabei (Abb. 2) nach Subjekt-, Professions-, Institutions- und Gesellschafts-Sphäre. Dem Sphärenmodell liegen Forschungsresultate zu Grunde, die vor allem aus Deutschland und dem angloamerikanischen Raum stammen. Hier eine stark verkürzte Zusammenfassung der Ergebnisse:

- *Subjekt-Sphäre*: Deutsche Journalisten verstehen ihren Beruf eher als politische Rolle, sie setzen sich für bestimmte Werte und Ideen ein. Der gründlichen Recherche wird tendenziell weniger Bedeutung beigemessen als der Möglichkeit, Ereignisse und Fakten zu bewerten. Subjektive Einstellungen haben erheblichen Einfluss auf die Nachrichtenselektion. Deutsche Journalisten veröffentlichen eher Themen, die ihre eigene Sicht der Dinge bestätigen. Sie wissen wenig über ihr Publikum und interessieren sich auch nicht sonderlich für dessen Kommunikationswünsche und -Bedürfnisse.

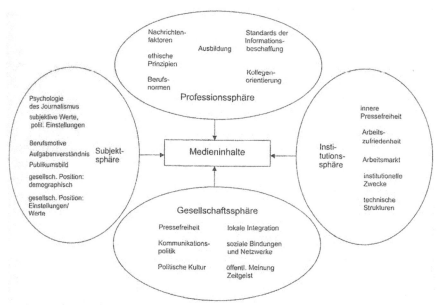

Abbildung 2:   Vier-Sphären-Modell von Donsbach (1987, 112). Quelle: Pürer (2003, 125).

- *Professions-Sphäre:* Deutsche Journalisten sind stark Kollegen-orientiert. Bei großem Zeit- und Aktualitätsdruck sind sie durchaus bereit, die journalistische Sorgfaltspflicht zu vernachlässigen. Die Forderung nach Objektivität hat keinen besonders hohen Stellenwert. Es gibt eine deutliche Bereitschaft, auch unbewiesene Kritik, insbesondere an Personen der Zeitgeschichte, zu veröffentlichen.
- *Institutions-Sphäre:* Im deutschen Journalismus gibt es eine relativ geringe Arbeitsteilung. Die Entscheidung über die Veröffentlichung, das Zusammentragen der Fakten und das Bewerten von Ereignissen liegt häufig in einer Hand. Die publizistische Eigenständigkeit ist sehr hoch, die redaktionelle Kontrolle durch Vorgesetzte und Management ist gering.
- *Gesellschafts-Sphäre:* Die Pressefreiheit genießt in Deutschland einen hohen Stellenwert. Journalisten besitzen Vorrechte und Schutzgarantien.

Diese Darstellungen wurden teilweise heftig kritisiert. Moniert wurden unter anderem die Methode, worauf hier nicht näher eingegangen werden soll, und die geringe Zahl der Befragten. Sogar Addierfehler, die die Ergebnisse verzerren, haben sich nach Weischenberg (2002b, 501) eingeschlichen. Auch Donsbach selbst räumt ein, dass viele der Journalismus-Studien, auf die er sich bezieht, methodisch nicht rundherum befriedigend sind (vgl. Donsbach 1987, 106 f.).

Die entscheidende Schwäche des Sphärenmodells, aber auch des legitimistischen Empirismus insgesamt, besteht in der einseitigen Betrachtung der journalistischen Persönlichkeit, „die auf der Annahme basiert, der Journalist arbeite mehr oder weniger allein" (Bonfadelli/Wyss 1998, 25). Ein solches Konzept lasse außer Acht, dass Medienarbeit nicht nur von persönlichem Wollen abhängig sei, sondern durch eine Vielzahl von Sachzwängen bestimmt werde. Ökonomische, technisch-strukturelle und organisatorische Determinanten, aber auch Zeit- und Quellenabhängigkeit würden beim individualistischen Empirismus ausgeblendet (vgl. Löffelholz 2001, 10). Auch hier wieder ein Hinweis auf die Relevanz des Organisationalen. Die gerade geforderte breitere Sichtweise findet sich beim institutionellen Ansatz.

2.2   Institutioneller Ansatz

2.2.1   Modell von Westley/MacLean

Westley und MacLean (1957) haben in ihrem Kommunikationsmodell sehr früh einen institutionellen Ansatz berücksichtigt und erweiterten damit das Newcomb'sche Grundmodell der Kommunikation. Bei Newcomb (1953) berichtet

„A" seinem Gegenüber „B" über ein Thema oder einen Gegenstand „X".
Westley und MacLean schalteten nun „C" dazwischen.

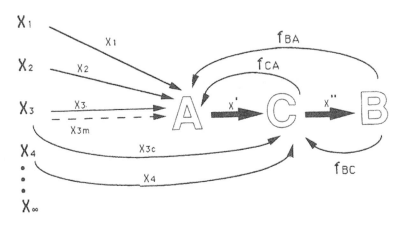

Abbildung 3: Erweitertes Gatekeeper-Modell nach Westley/MacLean (1957, 35). Quelle: Shoemaker (2001, 12).

C ist ein Gatekeeper, der die mediale Kommunikation steuert, die B erreicht. C kann ein Individuum, ein Journalist sein, C kann aber auch eine Organisation sein. Ist C eine Organisation, dann wird sie in diesem Modell als Einheit („monolithic") betrachtet, innerhalb derer verschiedene Gatekeeper als Team agieren. Das Individuum ist dabei unwichtig. Es ist nur noch ein austauschbares Rädchen in der Medienmaschine (vgl. Shoemaker 1991, 13). Das Modell von Westley und MacLean vereinfacht, trotz eines komplexeren Ansatzes, die Abläufe stark. Die Ereignisse werden als unabhängige Variable dargestellt, die Selektionsentscheidungen des Journalisten beziehungsweise der Organisation als intervenierende Variable und die daraus resultierende Berichterstattung als abhängige Variable. Die Journalisten fungieren als mehr oder minder passive Vermittler, die sich in erster Linie an der faktischen Realität orientieren. „Der erkenntnistheoretische Optimismus dieses Modells unterstellt, dass Journalisten die Realität so darstellen, wie sie tatsächlich ist. Das Ziel der Gatekeeper-Forschung bestand deshalb darin, Einflussfaktoren, die eine ereignisadäquate Berichterstattung beeinflussen oder verhindern, aufzudecken und zu analysieren" (Staab 1990, 15).

2.2.2   Quelle-Medium-Relation

Mit diesen Einflüssen beschäftigte sich Walter Gieber (1960), in dem er das
Verhältnis zwischen Nachrichtenquelle und Journalisten untersuchte. Er befragte
in vier kalifornischen Städten Bürgerrechtsgruppen und die Journalisten, die über
deren Anliegen berichteten. Das Ergebnis war: Die Vertreter der Bürgerrechtsgruppen waren mit der Berichterstattung unzufrieden. Sie empfanden sie als
einseitig, sensationsheischend und wenig gehaltvoll. Die Journalisten rechtfertig-
ten sich mit einer Reihe professioneller Schwierigkeiten beim Abfassen der Artikel. Die Reporter kleinerer Zeitungen sagten, sie seien einfach zu wenige Leute,
deshalb sei jeder überlastet und stehe unter Zeitdruck. Das verhindere, dass man
sich mit einem Thema angemessen auseinandersetze. Die Reporter der großen
Blätter führten zwar keine Personalprobleme an, beklagten aber einen ständigen
Termindruck und verwiesen zum Teil auf die generelle Linie ihres Blattes. Das
mache eine adäquate Berichterstattung schwierig (vgl. ebd., 201). Auch diese
Studie liefert einen Fingerzeig auf die Relevanz organisatorischer Aspekte, die
sich in diesem Fall auf die Qualität des Content auswirken.

2.2.3   Verlegerischer Einfluss

Warren Breed (1955/1973) versuchte herauszufinden, wie stark die Verleger den
Content ihrer Blätter bestimmen und inwieweit sie Einfluss auf die Nachrichtenauswahl nehmen. Breed befragte etwa 120 Zeitungsleute – vor allem Redakteure
und Reporter. Sie alle waren bei kleineren und mittelgroßen Blättern im amerikanischen Nordosten beschäftigt (vgl. Breed 1973, 359 f.). Die Untersuchung
ergab keinen direkten Einfluss in Form von Anweisungen, dennoch wurde die
Linie der jeweiligen Zeitung in der Regel konsequent umgesetzt. Wie erklärt sich
das? Nach Breed spielt die berufliche Sozialisation dabei eine wichtige Rolle.
„Im Grunde findet dabei ein Lernprozeß statt, bei dem der Neuling die Rechte
und Verpflichtungen seines Status sowie dessen Normen und Werte entdeckt und
internalisiert. Er lernt, an ihn gestellte Erwartungen zu antizipieren, um damit
Belohnungen zu gewinnen und Strafe zu vermeiden" (ebd., 361). Der Rotstift
des Chefredakteurs oder auch nur das Kopfschütteln eines Vorgesetzten, die
Gespräche mit Kollegen, das regelmäßige Lesen des eigenen Blattes – das alles
trägt nach Breed dazu bei, dass die Leitlinien der Zeitungspolitik langsam und
weitgehend unbewusst übernommen werden (vgl. ebd., 361 ff.).
　　Das Datenmaterial der gerade geschilderten Untersuchung hat Breed dann
noch einmal unter einem anderen Aspekt ausgewertet. Ihm war der hohe Grad an
Uniformität unter den amerikanischen Zeitungen aufgefallen. Die verschiedenen

Blätter enthielten, so Breed, fast alle die gleichen Themen, die überdies in gleicher oder ähnlicher Weise präsentiert würden. Dies zeige sich vor allem an der Neigung, mit den jeweils gleichen Geschichten aufzumachen. Einer der Gründe ist dafür aus Breeds Sicht die große Bedeutung der Nachrichtenagenturen, die alle ihre Abonnenten mit demselben Material versorgen. Er führt dies aber auch auf die Orientierung vieler Journalisten an Prestige- und Leitmedien zurück. Die von ihm befragten Reporter gaben an, pro Tag im Schnitt fünf Zeitungen zu lesen, Redakteure sogar sieben. Und die Interviewten räumten ein, sich dabei Anregungen und Entscheidungshilfen zu holen, betonten aber, man kopiere nicht. Breed stellte fest, dass sich die kleineren Zeitungen an den großen ausrichteten (vgl. Breed 1955a, 277 f.) Das geschähe wahrscheinlich aus Unsicherheit. Die Journalisten der kleineren Blätter hielten die Kollegen der großen Konkurrenz für kompetenter bei der Einschätzung und Auswahl von Nachrichten und Themen (ebd., 281 f.)

2.2.4 Nachrichtenfluss nach McNelly

Beim Entstehen von journalistischem Content spielen also auch intra- und intermediäre Faktoren eine Rolle. Psychologische Aspekte kommen ebenso zum Tragen wie soziologische. Und McNelly (1959) wies darauf hin, dass eine Nachricht, bis sie zu publiziertem Content wird, häufig nicht nur einen, sondern eine ganze Reihe von Gatekeepern überwinden muss.

John T. McNelly schildert den langen, hürdenreichen Weg einer Auslandsmeldung durch die verschiedenen medialen Instanzen. Er beschreibt, wie sich Form und Inhalt dabei verändern können. Jeder einzelne Gatekeeper spielt in diesem Fall eine – im Wortsinne – „entscheidende" Rolle, denn jeder kann seine Schleuse dichtmachen und damit den Nachrichtenfluss an einer der Stationen vorzeitig beenden (siehe Abb. 4).

Am Anfang steht der Bericht eines Auslandskorrespondenten, der für eine Nachrichtenagentur arbeitet. Der Korrespondent hat von einem Ereignis „E" erfahren – persönlich, über einen einheimischen Mitarbeiter oder aus der lokalen Presse. Er verfasst darüber einen Bericht, der dann auf die Reise geht. Im zuständigen Regionalbüro beschäftigt sich ein Mitarbeiter das erste Mal mit der Story „S", kürzt den Text und schreibt ihn möglicherweise um, bevor er ihn weiterschickt in die Zentrale der Nachrichtenagentur. Dort wird der Bericht ergänzt und vielleicht ein weiteres Mal umformuliert. Dieses Material geht an die Agenturbüros in den verschiedenen Empfängerländern. Auch hier wird die Meldung noch einmal überarbeitet, bevor sie an die Redaktionen, welche die Agentur abonniert haben, gesendet wird. Und auch dort sitzen wieder Redakteure, die die

Nachricht bearbeiten, bevor sie schließlich veröffentlicht wird und beim Rezipienten „R" ankommt. Der erzählt dann, falls er das Thema zur Kenntnis nimmt,
anderen davon, wodurch die Nachricht in Form und Inhalt ein weiteres Mal verändert wird. Zwischen den einzelnen Stationen sind auch rückwärts gewandte
Pfeile eingezeichnet. Sie sollen Nachfragen und Feedback-Aktionen symbolisieren, die aber, so McNelly, nicht häufig vorkommen. (vgl. McNelly 1959, 25).
Auch die McNelly-Kette zeigt, wie sehr das Organisationale den Content determinieren kann.

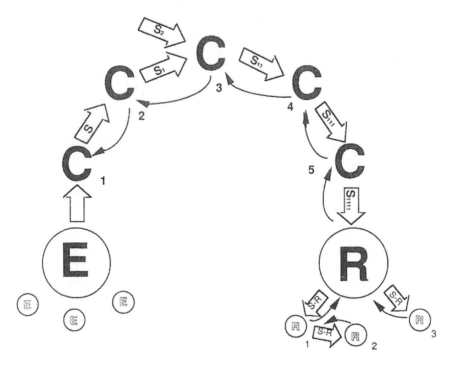

Abbildung 4:   Die zwischengeschalteten Kommunikatoren „C" im
                  Nachrichtenfluss nach McNelly. Quelle: Shoemaker (2001, 14).

Bass (1969, 72) kritisierte McNellys Darstellung. Hier werde jeder Gatekeeper in
der Kette als gleichbedeutend angesehen. McNelly habe nicht einmal versucht,
zwischen den verschiedenen Funktionen zu differenzieren. Der Rezipient am
Ende der Kette werde genauso gewertet wie die Gatekeeper davor. „Das Publi-

kum wird als weiterer Kommunikator betrachtet, gerade so, als sei das Publikum fester Bestandteil des Nachrichtenprozesses" (ebd.). Diese Kritik ist im Grundsatz berechtigt, doch sie geht an McNellys Intention vorbei. Er wollte, sein Aufsatz macht das deutlich, ganz schematisch aufzeigen, wie sehr eine Nachricht auf ihrem Weg vom Ursprung bis zum Empfänger verändert, vielleicht sogar deformiert wird.

2.2.5   Selektionsfunktionen nach Bass

Bass hält Differenzierungen zwischen den einzelnen Positionen für nötig. Für die Bewertung sei entscheidend, welche Funktionen der jeweilige Gatekeeper ausübe und wo innerhalb der Organisation er seine Arbeit mache: Ganz vorne, wo die Nachrichtenkette beginnt, oder weiter hinten. „Beim Nachrichtenprozess sollte unterschieden werden zwischen Nachrichtenbeschaffung und Nachrichtenbearbeitung. Die Forschung sollte sich auf diejenigen konzentrieren, die die Nachrichten beschaffen, denn sie treffen die wirklich bedeutsamen Entscheidungen" (Bass 1969, 69). Als „Nachrichtenbeschaffer" definiert er Reporter und Autoren, aber auch Redakteure und Büroleiter, die Informationen sammeln und daraus Berichte fertigen. Wer nur redigiert oder – bei Auslandsmeldungen – übersetzt, zählt zu den Bearbeitern. Die Nachrichtenbeschaffer sind ihm deshalb so wichtig, weil sie die Entscheidung treffen, ob etwas in die Nachrichtenkanäle eingespeist wird oder nicht.

Auch Bass unterscheidet allerdings nicht präzise: Reporter haben bei der Nachrichtenbeschaffung eine andere Aufgabe und andere Kompetenzen wie etwa ein Büroleiter. Wer ist wichtiger? – Derjenige, der den Nachrichtenstoff in die Redaktion bringt oder derjenige, der anschließend Kraft seiner formalorganisatorischen Kompetenzen entscheidet, ob daraus ein Thema wird. Oder sitzen die relevanten Entscheider möglicherweise ganz am Ende – dort, wo die letzte redaktionelle Entscheidung fällt über den Content, über Veröffentlichung oder Nicht-Veröffentlichung? Und es wäre, wenn man Bass' strenge Maßstäbe anlegte, auch zu differenzieren zwischen selbst recherchierenden Reportern und solchen, die eine Pressemitteilung oder eine Agenturmeldung zum Anlass nehmen, um daraus einen Bericht zu machen.

Bis jetzt wurden Forschungsansätze vorgestellt, die sich entweder mit dem journalistischen Individuum und seiner Bedeutung für den Content beschäftigten oder mit dem Einfluss publizistischer Organisationen auf den Content. Pamela Shoemaker führte beides in einem integrativen Modell zusammen.

2.2.6   *Integratives Selektionsmodell nach Shoemaker*

2.2.6.1   Modell-Funktionen

Shoemaker (1991, 70 ff.) berücksichtigt in ihrem integrativen Ansatz die funktionale Koexistenz von Institution und Individuum. Bei ihr ist die Organisation von zentraler Bedeutung, das Individuum wird jedoch nicht marginalisiert, sondern mit seinen Prädispositionen einbezogen. Shoemaker rekurriert bei ihrem Ansatz auf das „Ursprungsmodell" von Kurt Lewin und kombiniert es mit späteren Denkmodellen anderer Forscher. Drei Schaubilder verdeutlichen Shoemakers Ansatz.

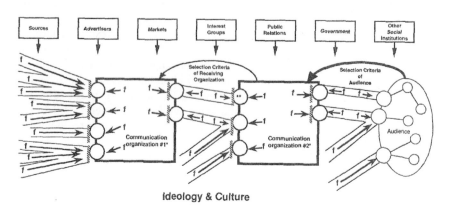

Abbildung 5:   Gatekeeper-Modell von Pamela J. Shoemaker (1991, 71)

Die beiden großen Quadrate symbolisieren Medienorganisationen, in deren Rahmen Gatekeeper tätig sind, dargestellt als Kreis und davor, als gestrichelte Wand, das Gate. Die kleineren Rechtecke oben stehen für andere Organisationen wie Regierung, Anzeigenkunden, PR-Agenturen, Interessengruppen oder auch Nachrichtenagenturen. Sie alle wirken mit ihren Informationen und Mitteilungen auf die Medienakteure ein. Über die eingezeichneten Kanäle sind die Gatekeeper zahlreichen „Kräften" ausgesetzt, die versuchen, Nachrichten ins Mediensystem hineinzudrücken und bis zum Rezipienten durchzuschieben. Aber es gibt auch gegenläufige Kräfte, die verhindern, dass sich eine Nachricht durchsetzt. Im Zusammenhang mit medialen Prozessen spräche man wahrscheinlich besser von „Einflüssen", aber wir wollen beim Original bleiben. Auch organisatorische Determinanten sind solche Kräfte.

Die Medienorganisationen stehen auch untereinander in Kontakt. So geben etwa Hörfunk- oder Zeitungsberichte thematische Stimuli, die vom Fernsehen aufgegriffen werden. Dort nimmt dann zum Beispiel ein Politiker zu einem solchen Thema Stellung. Seine Aussagen werden anschließend wieder im Radio und in den Zeitungen zitiert. Der eigentliche Gatekeeper-Prozess beginnt mit dem Eintreffen einer Vielzahl von Meldungen. Sie erreichen zunächst die Gatekeeper und die Gates, die ganz vorne positioniert sind. Die Nachricht muss sozusagen wie ein Virus zunächst die mediale Zellmembran durchdringen, um ins Innere zu kommen. Die Inhaber dieser Grenzstellen entscheiden was hinein darf und was nicht.

2.2.6.2 Intra-organisationale Prozesse

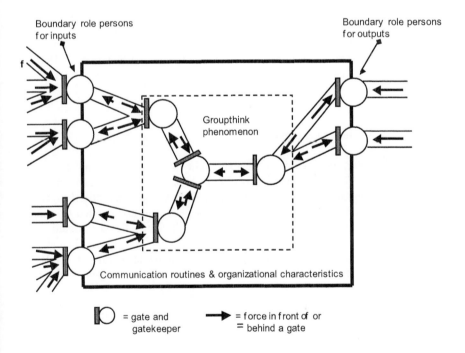

Abbildung 6: Ausschnitt I: Die Abläufe im Inneren der Organisation (nach Shoemaker 1991, 73).

Der Grafik-Ausschnitt in Abbildung 6 zeigt, was innerhalb der Organisation passiert. Die Gatekeeper vorne, auf der Zeichnung links außen, leiten die Meldungen weiter an die Gatekeeper der nächste Stufe im Inneren der Organisation. Diese selektieren erneut und verändern die Meldungen, die sie gebilligt haben, in vielfältiger Weise. Die Nachrichten, die dieses Aussieben überlebt haben, gehen weiter an die Grenzstellen, auf der Zeichnung ganz rechts, die abschließend entscheiden, welcher Content den Rezipienten zugänglich gemacht wird.

Shoemakers Modell würde auf unseren Untersuchungsgegenstand, die Tagesschau, übertragen, folgendes bedeuten: Die Universitätsklinik Hamburg informiert die ARD-Zulieferredaktion des NDR über ein neues Operationsverfahren. Die Zulieferredaktion wäre in diesem Fall der Grenz-Gatekeeper links außen. Sie leitet, nachdem sie das Thema selbst für gut befunden hat, einen entsprechenden Themenvorschlag an die Planungsredaktion bei ARD-aktuell weiter. Wird das Thema auch dort akzeptiert und von der Planungskonferenz gutgeheißen, wird ein Bericht in Auftrag gegeben. Der „Chef vom Dienst" der Sendung, in welcher der Beitrag laufen soll, wäre der Grenz-Gatekeeper ganz rechts. Er trifft die letzten Entscheidungen. Er kann Kürzungen anordnen oder den Text neu sprechen lassen. Er legt fest, wo innerhalb der Sendung der Bericht platziert wird. Er ist der letzte Gatekeeper, bevor das Thema die Öffentlichkeit erreicht.

2.2.6.3   Individuelle Faktoren

Shoemaker (1991, 70 ff.) fokussiert aber nicht nur die Abläufe innerhalb der Organisationen. Für den nächsten Ausschnitt (Abb. 7) zoomt sie gewissermaßen in die Köpfe der Gatekeeper. Denn bei allen Sachzwängen, bei aller Eingebundenheit in größere institutionelle Einheiten, bei allen professionellen Routinen, spielt die Persönlichkeit des Individuums eben doch eine Rolle. Die Organisation als abstraktes Gebilde kann nicht entscheiden. Das müssen die Menschen an den jeweils relevanten Stellen tun. Sie agieren dabei unter anderem auf der Basis ihrer beruflich Sozialisation, ihrer persönlichen Vorstellungen und ihrer Wertmaßstäbe.

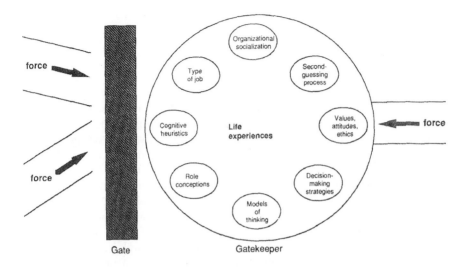

Abbildung 7: Ausschnitt II: Die intrapersonalen Faktoren, eingebettet in die „Lebenserfahrung" (Shoemaker 1991, 74).

2.3   Kognitive Selektionsmechanismen

Shoemaker (1991, 34 ff.) nimmt in diesem Kontext auch Anleihen bei der psychologischen Forschung und überträgt deren Erkenntnisse auf Gatekeeping-Prozesse. Einige Auszüge:

2.3.1   *Assoziatives Denken*

Beim assoziativen Denken löst ein Stimulus, ein Gedanke, ein Bild, eine Idee bestimmte Vorstellungen oder Erinnerungen aus. Die eintreffende neue Idee verknüpft sich mit anderen, bereits vorhandenen. So betrachtet wäre Gatekeeping eine Reihe von mentalen Verknüpfung zwischen einem neu eintreffenden Thema und ähnlichen anderen, die bereits im Erinnerungssediment gespeichert sind. Wurden ähnliche Meldungen in der Vergangenheit schon einmal ausgewählt, dann hat eine aktuell eintreffende Meldung eine erhöhte Chance akzeptiert zu werden. Die Schwäche dieses Ansatzes sieht Shoemaker allerdings darin, dass er nicht ausreichend erklären kann, was mental passiert, wenn ein völlig neues

Thema auftaucht, für das es noch keine hinreichenden Assoziationsstrukturen gibt.

2.3.2   Informationsverarbeitendes Denken

Beim informationsverarbeitenden Denken wird ein Problem in eine Reihe kleiner logischer Schritte gegliedert. Dabei werden die einzelnen Schritte soweit reduziert, dass sie mit einem Minimum an kognitivem Aufwand bewältigt werden können. Ähnlich einem Computer, der menschliches Denken simuliert. Umgekehrt lassen sich, so Shoemaker, viele einzelne Dinge besser im Gedächtnis behalten, wenn es gelingt, sie zu größeren, sinnhaltigen Einheiten zusammenzufassen. Also nicht Kochlöffel, Stuhl, Pfanne, Messer, sondern Küche. Journalisten scheinen bei der Kategorisierung eintreffender Meldungen nach einer ähnlichen Methode zu arbeiten, meint Shoemaker unter Verweis auf Tuchman (1973/74), um eine im Prinzip unlösbare Aufgabe zu bewältigen, nämlich aus einer riesigen Zahl von Meldungen die relativ wenigen herauszufiltern, die schließlich veröffentlicht werden (vgl. Shoemaker 1991, 35; vgl. auch 2.5.3).

2.3.3   Urteils-Heuristiken

Zu den weiteren psychologischen Mechanismen, die beim schnellen Entscheiden und Validieren von Informationen ablaufen, gehören nach Shoemaker auch die Urteilsheuristiken, wie sie von Tversky und Kahneman (1974) herausgearbeitet wurden. Heuristiken „sind kognitive ‚Eilverfahren‘, die bei der Reduzierung des Bereichs möglicher Antworten oder Problemlösungen nützlich sind, indem sie ‚Faustregeln‘ als Strategie anwenden. Heuristiken erhöhen im Allgemeinen die Effizienz der Denkprozesse" (Zimbardo/Gerrig, 2003, 303). Die Psychologen unterscheiden dabei zwischen „Verfügbarkeitsheuristik" und „Repräsentativitätsheuristik".

2.3.3.1   Verfügbarkeitsheuristik

Die *Verfügbarkeitsheuristik* besagt, dass ein Urteil auf der Basis von Informationen gebildet wird, die bereits im Gedächtnis vorhanden – verfügbar – sind. Ob Drachenfliegen gefährlicher ist als Kegeln lässt sich mit Hilfe der Verfügbarkeitsheuristik blitzschnell und auch zutreffend bewerten. Ob die Kollision zweier Nahverkehrszüge eher ein Unglück ist oder ein Anschlag, lässt sich ebenfalls mit dieser Technik rasch und wahrscheinlich auch richtig einschätzen. Das verfüg-barkeitsheuristische Vorgehen kann allerdings zu Fehleinschätzungen führen. Doch im Normalfall, wenn uns dieses kognitive Verfahren kein Schnippchen schlägt, hilft die Verfügbarkeitsheuristik ein schnelles Ersturteil zu fällen, was gerade für Gatekeeper in Nachrichtenmedien wichtig ist. Die eintreffende Eil-meldung etwa muss sofort bewertet werden. Es muss sofort entschieden werden, ob – gerade beim Fernsehen – eine aufwändige operational-organisatorische Maschinerie in Gang gesetzt und die nächste Sendung oder gar das Gesamtpro-gramm entsprechend geändert werden. Von der schnellen, zutreffenden Bewer-tung hängt es ab, ob journalistisch richtig gehandelt wird. Die Verfügbarkeits-heuristik lässt eine rasche, intuitive Einschätzung auf dem Hintergrund der vorhandenen – verfügbaren – professionellen Erfahrung zu. Die Heuristik „ist sinnvoll, da in vielen Fällen die Informationen aus dem Gedächtnis zu richtigen Urteilen führen" (ebd., 304).

2.3.3.2   Repräsentativitätsheuristik

Die Repräsentativitätsheuristik ist, wie die Verfügbarkeitsheuristik, ein probater geistiger Abkürzungsweg, der es ermöglicht, vernünftige, erfahrungsbasierte Erstentscheidungen zu treffen. Übertragen auf journalistische Entscheidungssitu-ationen meint Shoemaker (1991, 39) im Kontext mit der Repräsentativitätsheu-ristik: Sie „hilft Gatekeepern Nachrichten in vielerlei Weise einzuordnen. Sie hilft aber nicht zuletzt zwischen zwei zentralen Kategorien zu unterscheiden: Zwischen Meldungen, die wir normalerweise akzeptieren und solchen, die wir nicht nehmen". Oder ganz praktisch: Schon die ersten eintreffenden Meldungen scheinen alle Ingredienzien für einen großen politischen Skandal zu haben. Noch liegen zwar nicht alle nötigen Informationen vor, aber vieles an dieser Meldung ist „repräsentativ" für Entwicklungen, für Ereignisse, die hinterher in den Me-dien und in der Politik große Wellen schlugen.

Soweit die stark vereinfachte und verkürzte Darstellung dessen, was in Journalisten bei Entscheidungsnotwendigkeit kognitiv vor sich geht. Shoemakers Modell, aber auch andere Modelle wie das von McNelly gehen davon aus, dass jeder Gatekeeper innerhalb des Nachrichtenflusses eine ähnlich starke Position besitzt. Jeder kann, wie in McNelly's Beispiel, sein Gate schließen und damit die Karriere einer Nachricht beenden. Die Kritik an dieser Gleichbewertung wurde oben (Abschnitt 2.2.5) bereits kurz erwähnt. Auch die Beobachtungen für diese Arbeit deuten darauf hin, dass unterschieden werden muss zwischen Gatekee-pern, die ganz am Anfang oder ganz am Ende einer Nachrichtenkette sitzen und denen, die ihre Arbeit auf der Strecke dazwischen verrichten. Die Gatekeeper am

Anfang und am Ende müssen nämlich nicht nur entscheiden, sondern Probleme lösen.

2.4   Nachrichtenselektion als komplexes Problem

Das lässt sich mit Beobachtungen aus der Praxis begründen, wie sie im empirischen Teil ausgeführt werden, und mit Hilfe der Psychologie. Die Psychologen differenzieren sehr genau zwischen Entscheiden und Problemlösen. Beim „Entscheiden" wird unter Alternativen ausgewählt, was am Ende zu einem binären Ja-Nein führt. Die Wohnung wird angemietet oder nicht angemietet, das Auto wird gekauft oder nicht gekauft. Das „Problemlösen" umfasst dagegen eine ganze Serie von Entscheidungen, die in einem größeren Kontext stehen. Das Problemlösen beinhaltet neben binären Entscheidungen auch „die Suche nach problemlösenden Mitteln, die Sammlung und Bewertung von Informationen, das Prüfen intendierter Wirkungen getroffener Entscheidungen und das Tragen von Verantwortung für die Konsequenzen von Entscheidungen" (Funke 2003, 23).

2.4.1   Alpha- und Beta-Gatekeeper

Für die unterschiedliche Bewertung von Gatekeeper-Funktionen bedeutet das, Gatekeeper am Anfang und am Ende der Nachrichtenkette haben problemlösende Funktion. Die Gatekeeper dazwischen entscheiden lediglich, ob sie eine Nachricht weiterreichen oder nicht. Sie wählen lediglich zwischen Alternativen. Deshalb wird vorgeschlagen zwischen α - und β-Gatekeepern zu differenzieren. Alpha-Gatekeeper sitzen am Anfang oder am Ende, Beta-Gatekeeper sitzen dazwischen (siehe dazu auch Abschnitt 4.3.3.1).

2.4.2   Kennzeichen komplexer Probleme

Alpha-Gatekeeper lösen, um es in der Sprache der Psychologen zu sagen, komplexe Probleme, die mit Dynamik, Intransparenz und Polytelie zu tun haben.

2.4.2.1   Dynamik

Ein Ereignis tritt plötzlich und unerwartet auf. Es kann eine Eigendynamik mit schwer abzuschätzenden Folgen entwickeln. Und es kann sich schneller entwickeln als zunächst erwartet. Der Alpha-Gatekeeper muss in eine dynamische Entwicklung hinein entscheiden. Diese besondere Herausforderung spiegelt sich auch in jener journalistischen Handwerksregel wider, wonach Journalismus „die Kunst des Möglichen innerhalb einer vorgegebenen Zeit" ist (Jürgs 2006, 31).

2.4.2.2 *Intransparenz*

In einer komplexen Problemsituation liegen nicht alle zur Beurteilung nötigen Informationen vor. Die Lage ist somit unübersichtlich – intransparent – und Entscheidungen zu treffen ist schon aus diesem Grund schwierig. Deshalb müssen zusätzliche Informationen beschafft werden.

2.4.2.3   Polytelie (= Vielzieligkeit)

Darunter ist zu verstehen, dass der problemlösende Akteur nicht nur ein Ziel berücksichtigen muss, sondern mehrere Ziele gleichzeitig. Polytelie erfordert das Abwägen und Austarieren von möglicherweise sogar kontradiktorischen Zielen. An einem Beispiel aus der journalistischen Praxis wird deutlich, was gemeint ist. Die Nachrichtenagenturen melden wenige Minuten vor Beginn einer Tagesschau-Ausgabe mit dem Vermerk „Eilt" – „Vorrang" – „Dringend" eine schwere Explosion. Über mögliche Opfer, Schäden und Hintergründe liegen zu diesem Zeitpunkt noch keine Informationen vor. Es herrscht weitgehende Intransparenz. Es kann sich um ein Unglück handeln, aber auch um einen Terroranschlag. Der Alpha-Gatekeeper, bei der Tagesschau der Chef vom Dienst (CvD) des Sendeteams, muss in dieser Situation entscheiden wie reagiert werden soll. Wird sofort in der jetzt beginnenden Sendung darüber berichtet oder wird abgewartet, bis weitere Informationen eine bessere Beurteilung ermöglichen. Der CvD ist mit einer schwer zu lösenden Polytelie konfrontiert.

Geht er nicht sofort ins Programm, muss er sich später möglicherweise vorhalten lassen, zu zögerlich reagiert zu haben. Entsprechende Presseberichte schaden dem Image der Redaktion und dem Image der gesamten Organisation. Geht er trotz der unklaren Meldungslage ins Programm und der Vorfall stellt sich hinterher als wenig spektakulärer Unfall heraus mit Sachschaden und zwei Leichtverletzten, muss er sich Aktionismus vorhalten lassen, der ebenfalls dem Ansehen der Sendung schadet. Außerdem gilt es, die operational-organisatorischen Determinanten zu bedenken. Innerhalb weniger Minuten ist wahrscheinlich keine Bild-Ton-Verbindung zum zuständigen Korrespondenten aufzubauen. Bestenfalls ein Telefongespräch wäre möglich, was in einer TV-Nachrichtensendung mediuminadäquat ist. Darüber hinaus müssten andere, möglicherweise teuer produzierte Beiträge gestrichen werden, um Platz zu schaffen. Auch die Komposition der Sendung gerät unter Umständen erheblich durcheinander. Viele Aspekte sind also zu berücksichtigen. Außerdem muss unter gewaltigem Zeitdruck und auf der Basis unzureichender Information entschieden werden. Um ein Scheitern zu verhindern, „wird das Anspruchsniveau in polytelischen Situationen rasch gesenkt werden müssen: An Stelle der (unmöglichen) Suche nach der optimalen Lösung für alle Kriterien werden Relaxationen (kleine oder auch größere Verstöße gegen Kriterien) vorgenommen" (Funke 2003, 133).

Vieles hängt in solchen Fällen von der Persönlichkeit des Alpha-Gatekeepers ab. Ist er risikofreudig, beginnt er die Sendung mit einem Korrespondenten-Telefonat und nimmt dabei in Kauf, dass die Übermittlungsqualität schlecht und die dargebotenen Informationen unbefriedigend sind, dass außerdem die Sendung in ihrem Ablauf nicht den gewohnten professionellen Ansprüchen genügt. Ein vorsichtiger Alpha-Gatekeeper „fährt" die Sendung stattdessen wie ursprünglich geplant und transportiert die Nachricht an einer im Ablauf geeigneten Stelle als kurze Wortmeldung. Das weitere Vorgehen macht er abhängig von neuen, Klarheit schaffenden Informationen. Ein wieder anderer wartet zunächst ab, versucht so rasch wie möglich eine technisch befriedigende Bild-Ton-Leitung zu organisieren und geht mit etwas mehr Informationen gegen Ende der Sendung ins Programm. Dabei in Kauf nehmend, dass er seine Sendezeit möglicherweise überschreitet und damit den Ablauf des Gesamtprogramms beeinträchtigt.

Ein Alpha-Gatekeeper am Anfang der Nachrichtenkette hat mit den Faktoren Dynamik, Intransparenz und Polytelie genauso zu kämpfen. Er erfährt zum Beispiel von Korruption im politischen System. Ob die ihm zugetragenen Informationen verlässlich sind, kann er nicht mit letzter Gewissheit beurteilen. Gleichzeitig besteht die Gefahr, dass andere Journalisten von diesem „Scoop" in Kürze ebenfalls Wind bekommen. Berichtet er nun trotz bestehender Restzweifel mit der Chance einer sensationellen, auch Karriere fördernden Enthüllung? Oder wartet er noch und versucht weiter zu recherchieren auf die Gefahr hin, dass andere vor ihm die Story veröffentlichen? Und wenn er den Korruptionsfall darstellt, stellt er dann all seine Erkenntnisse in einem einzigen großen Bericht dar oder hält er wichtige Fakten bewusst zurück, um nach der ersten Aufregung mit weiteren Enthüllungen nachlegen zu können? Wen kann er im Vorfeld um Einschätzung des Sachverhalts bitten und wen nicht?

Problemlösendes Denken findet statt, so die Psychologen, „um Lücken in einem Handlungsplan zu füllen, der nicht routinemäßig eingesetzt werden kann" (Funke 2003, 25). Und weiter: „Der Hinweis auf die nicht vorliegende Handlungsroutine betont (...) die Notwendigkeit zu konstruktiven im Unterschied zu reproduktiven Prozessen". Sind konstruktiv zu füllende Lücken im Ablauf vorhanden, so wird von „Problemen" gesprochen, gibt es jedoch genügend Routinen, dann ist die Rede von „Aufgaben". Die Anwendung von Routinen wird als „reproduktives Verhalten" bezeichnet, das Lösen von Problemen dagegen als „produktives Verhalten" (vgl. ebd.).

Journalisten üben nach dieser Definition eine Tätigkeit aus, die zwischen den beiden Polen „produktiv" und „reproduktiv" oszilliert. Grund ist eine Paradoxie, der Journalisten ausgesetzt sind: Sie müssen zum einen ein serielles Massenprodukt herstellen und zum anderen permanent Sonderanfertigungen liefern. Oder, um es angelehnt an Bonfadelli/Wyss (1998) zu formulieren: Journalismus ist die Massenproduktion von Unikaten unter hohem Zeitdruck. Um diese Herausforderung meistern zu können, haben sich redaktionelle Routinen herausgebildet. Diese wiederum sind nach Tuchman (1973/74, 112) nötig, um die Produktion von Nachrichtencontent innerhalb gegebener organisatorischer Strukturen bewältigen zu können (vgl. auch 2.5.3).

2.5 Journalistische Routinen

2.5.1 Objektivitätswahrende Routinen

Nach Shoemaker und Reese (1991, 85), sind Routinen „musterhafte, eingeschliffene, sich stets wiederholende Vorgehensweisen in der journalistischen Arbeit". Diese ständigen Wiederholungen (Iterationen) hält Frerichs (2004) für eine Stärke des Nachrichtenjournalismus, da sie es ermöglichen, Nachrichten auf einfache und einheitliche Weise herzustellen. Gleichzeitig sind „solche Iterationen (…) eine Erklärung für die auffallende Selbstähnlichkeit von Nachrichten und deren fraktale Strukturen" (ebd., 356). Im Folgenden sollen einige der wichtigsten Routinen (vgl. Tuchman 1971/72) dargestellt werden. Zum Beispiel jene, mit deren Hilfe mediale Objektivität hergestellt wird und die gleichzeitig verhindert, dass ein Journalist innerhalb oder außerhalb seiner Organisation in die Kritik gerät.

- Man lässt bei Berichten über strittige, polarisierende Themen immer beide Seiten zu Wort kommen. So können kritische Aussagen transportiert werden, ohne dass sich die Redaktion Einseitigkeit oder Parteilichkeit vorwerfen lassen muss.
- Man ergänzt eine Nachricht mit Informationen, deren Wahrheitsgehalt von niemandem angezweifelt wird. In einem Nachruf wird ein namentlich nicht allgemein bekannter Musiker als „Künstler von Weltgeltung" bezeichnet. Um diese Aussage nicht als reine Wertung der Redaktion erscheinen zu lassen, wird als untermauernde Information erwähnt, dass der Verstorbene mit

einem international bekannten Star eng zusammengearbeitet hat, was sich auch mit einer Filmsequenz belegen lässt.

- Wenn sich der Wahrheitsgehalt einer Meldung nicht vollständig überprüfen lässt, wird die Quelle zitiert (…nach Angaben des Gesundheitsministeriums…). Die Verantwortung für die Richtigkeit der Information trägt dann der Urheber und nicht mehr der mediale Übermittler. Nachrichtenjournalisten überbrücken so die Kluft zwischen bestehender Intransparenz und seriöser Berichterstattung.
- Es wird auf eine strenge Trennung zwischen Nachricht und Kommentar geachtet, um als unvoreingenommener, distanzierter Berichterstatter wahrgenommen zu werden.

2.5.2   Lead-Satz-Prinzip

Eine weitere journalistische Routine, die bis heute gilt, ist die „umgekehrte Pyramide" (ebd., 670) der Information, auch „Lead-Satz-Prinzip" genannt. Danach beginnt eine Nachricht immer mit dem wichtigsten Inhalt, mit der zentralen Botschaft einer Meldung. Dieses Prinzip „stammt noch aus Zeiten der Telegrafie. Wenn die Übertragung aus technischen Gründen unterbrochen wurde, war wenigstens die Kernaussage der Nachricht abgesetzt" (Ordolff 2005, 167). Die Zeitungen haben diese Vorgehensweise auch aus einem organisatorischen Grund übernommen – um nämlich bei Platzmangel einen Bericht problemlos von hinten kürzen zu können. Auch bei den Wortmeldungen des Fernsehens wird vielfach so verfahren, dort allerdings weniger, um kürzen zu können, sondern um den Zuschauer für den nachfolgenden Inhalt der Meldung zu interessieren. Frerich (2004, 356) sieht in diesem Routine-Prinzip der umgekehrten Informationspyramide einen Hauptgrund für die Selbstähnlichkeit von Nachrichtenseiten und -Sendungen. Als weiteren Grund nennt er den generell gebrauchten Nachrichtenstil mit einfacher Wortwahl, knappem Satzbau und übersichtlicher Satzfolge.

2.5.3   Selektionserleichternde Kategorisierungen

Redaktionelle Routinen dienen auch dazu, die Nachrichtenselektion zu erleichtern. Gitlin (1980, 7) spricht in diesem Zusammenhang von „Rahmen, die es Journalisten ermöglichen, mit einer großen Menge an Informationen schnell und routiniert umzugehen: Zu erkennen, was eine Nachricht ist, sie entsprechenden Kategorien zuzuordnen und sie anschließend so aufzubereiten, dass eine wirkungsvolle Botschaft für das Publikum daraus wird". Gaye Tuchman (1973/74,

113 ff.) schlüsselt die erwähnten Kategorien auf, mit deren Hilfe Nachrichten aus der enormen Menge des eintreffenden Materials herausgefiltert und in einem ersten Schritt sortiert werden. Solche Kategorien seien „harte Nachrichten", „weiche Nachrichten", „Eilmeldungen", „Nachrichten, die sich entwickeln" und „Nachrichten, die fortgeschrieben werden". Als Tuchman während ihrer teilnehmenden Beobachtung die Journalisten befragte, wie sie die fünf Kategorien definierten, wurden „die Nachrichtenleute nervös, denn sie setzen diese Kategorien als so selbstverständlich voraus, dass sie Schwierigkeiten hatten, sie näher zu beschreiben" (ebd.). Doch sie nannten Beispiele für die jeweilige Typisierung, die hier kurz wiedergegeben werden sollen.

Im Zusammenhang mit „harten Nachrichten" wurden vor allem politische Sachverhalte erwähnt, Gesetzesinitiativen etwa. Aber auch schwere Unglücksfälle und Katastrophen. Als Beispiele für „weiche Nachrichten" wurden das einsame Bärenweibchen im Zoo genannt, das jetzt einen Partner bekommt oder jener Busfahrer, der seine Fahrgäste bei jeder Frühschicht mit einem freundlichen „Guten Morgen" begrüßt. „Um es einfach auf den Punkt zu bringen. Harte Nachrichten beschäftigen sich mit wichtigen, weiche Nachrichten mit interessanten Dingen" (ebd., 114). Die Eilmeldungen sind eine Variante der harten Nachrichten. Das Großfeuer wurde nach Tuchman immer als Paradebeispiel angeführt, aber auch spektakuläre Anschläge, Mordfälle oder Erdbeben. Das Spezifikum der Eilmeldung besteht darin, dass ihr völlig unerwartete Ereignisse zu Grunde liegen, die ohne jede Vorwarnung auftreten. Bei „Nachrichten, die sich entwickeln" sind die Medien vorinformiert, können deshalb das Ereignis beobachten und ihre Berichterstattung planen – bei einem nationalen Streiktag zum Beispiel oder bei einem zerstörerischen Hurrikan, dessen Auftreffen an Land Tage im Voraus bekannt ist. Im Zusammenhang mit „Nachrichten, die fortgeschrieben werden", wurden Kriege, spektakuläre Prozesse oder Gesetzgebungsverfahren genannt. Das Thema ist eingeführt und wird in seiner Entwicklung verfolgt. Für die Nachrichtenleute ist diese Art von Nachrichten ein „Segen": Man ist in das Thema bereits eingearbeitet, man kennt geeignete Interviewpartner, man verfügt über reichlich Hintergrundwissen und kann präzise planen und organisieren.

Tuchman fügt noch eine sechste Kategorie hinzu, die sie die „What-a-story"-Kategorie nennt. Das Etikett ist so prägnant, das es nicht übersetzt zu werden braucht. Gemeint ist damit eine völlig überraschende, selbst für Insider unerwartete Entwicklung, die alle journalistischen Planungen und Vorbereitungen über den Haufen wirft. Die missglückte Ministerpräsidentenwahl am 17. März 2005 in Schleswig-Holstein war eine solche Story, die Tuchman meint. Bei der Landtagswahl hatte die oppositionelle CDU die meisten Stimmen bekommen. Doch der amtierenden Ministerpräsidentin Heide Simonis (SPD) gelang es nach schwierigen Verhandlungen, eine Koalition aus Sozialdemokraten, Grünen und dem

Südschleswigschen Wählerverband zu zimmern. Die Koalitionäre hatten im Landtag eine Mehrheit von nur einer Stimme. Damit sollte Simonis gewählt werden. Da die Mehrheit so knapp war, wurde die Wahl zwar mit einer gewissen Spannung erwartet, doch man ging allgemein davon aus, dass Heide Simonis schon im ersten Durchgang zur neuen Ministerpräsidentin gekürt werden würde.

Die Tagesschau schaltete live in den Kieler Landtag. Es war der richtige Zeitpunkt, denn just in dieser Minute teilte der Landtagspräsident das Ergebnis des ersten Wahldurchgangs mit. Ein Ergebnis, das eine politische Sensation war: Ein Abgeordneter aus den eigenen Reihen hatte Simonis nicht gewählt. Auch im zweiten Wahlgang, die Tagesschau war erneut live dabei, verwehrte der Abtrünnige der bisherigen Ministerpräsidentin seine Stimme. Die ARD gab daraufhin der Tagesschau-Redaktion freie Hand, das laufende Programm jederzeit für eine Extra-Ausgabe der Tagesschau zu unterbrechen, um das politische Drama mit immer neuen Wahlgängen, mit Krisensitzungen und Tränen der Kandidatin live weiterzuverfolgen. Der Ausgang des Wahldebakels ist bekannt: Simonis konnte keine Mehrheit erzielen und trat schließlich zurück. Der CDU-Kandidat Harry Peter Carstensen wurde Chef einer Großen Koalition in Schleswig-Holstein.

Tuchman verweist darauf, dass bei „What-a-story" wie auch bei Eilmeldungen Zeitungen und Fernsehen meist unterschiedlich reagieren. Die Zeitung muss vorbereitete Kommentare, Berichte und das Layout weitgehend ändern. Das Fernsehen dagegen macht aus der neuen Lage sehr rasch eine „Nachricht, die sich entwickelt". In jeder neuen Sendung wird, wie oben beschrieben, über den Fortgang der Ereignisse berichtet. Neue Fakten und Einschätzungen werden dem Zuschauer mitgeteilt. Die Rezipienten werden Zeugen der Entwicklung (vgl. ebd., 122).

Routinen erleichtern, gerade in schwierigen, turbulenten Situationen die Auswahl, die Bewertung und die Präsentation von Nachrichten. Sie ermöglichen „den routinierten Umgang mit der Nichtroutine" (ebd., 129). Dabei handelt es sich allerdings nicht, so Manfred Rühl (1979), der eine Nürnberger Zeitungsredaktion beobachtete, um einen schriftlich fixierten Verhaltenskodex oder um explizit festgelegte Selektionskriterien – also um Vorschriften –, sondern um „elastische Entscheidungsprämissen, die das redaktionelle Handeln nach der Formel ‚Wenn-Dann' regulieren. Wenn bestimmte Ereignisse oder Mitteilungen von Ereignissen (Ursachen) eintreffen, dann reagiert die Redaktion nach bestimmten, vorher generell festgesetzten Prämissen" (ebd., 277).

2.5.4   Routinen versus individuelle Dispositionen

Welche Faktoren die Berichterstattung letztlich stärker prägen – die journalistischen Routinen oder die persönlichen Prädispositionen der Journalisten – das wollten Shoemaker, Eichholz, Kim und Wrigley (2001) herausfinden. Mit Hilfe von Inhaltsanalysen untersuchten sie, wie überregionale amerikanische Zeitungen im Zeitraum zwischen 1996 und 1998 über 50 Gesetzesvorlagen des US-Kongresses berichteten. Wie umfangreich die Berichte waren und wie prominent sie platziert wurden.

Die Autoren der jeweiligen Berichte wurden nach ihrer politischen Einstellung befragt, auch danach, welchem Präsidentschaftskandidaten sie 1996 ihre Stimme gegeben hatten. Sie sollten außerdem angeben, wie lange sie schon hauptberuflich als Journalisten arbeiteten und welche formale Bildung sie hatten. Das alles, die persönlichen Merkmale der Autoren und die Art und Weise der Berichterstattung, wurde in Relation zueinander gesetzt. Das Ergebnis war, zusammenfasst, „dass sich die professionelle Routine stärker auf Inhalt und Aufmachung auswirkt als individuelle Faktoren. Der Routinefaktor ‚Nachrichtenwert' stand in einem positiven Verhältnis zum Umfang der Berichterstattung über die Kongress-Vorlagen, während die Charakteristika der einzelnen Journalisten keinerlei Einfluss darauf hatten, wie umfangreich und exponiert in den US-Zeitungen berichtet wurde" (ebd., 240). Am Schluss ihrer Veröffentlichung regten Shoemaker et al. allerdings noch an: „Künftige Forschung (…) sollte auch noch andere Analyse-Ebenen mit einbeziehen, zum Beispiel *organisationale Faktoren*" (ebd., 242).

Der gerade angesprochene Routinefaktor „Nachrichtenwert" gehört im Zusammenhang mit der Themenselektion zu den zentralen journalistischen Routinen. Der Nachrichtenwert setzt sich zusammen aus den Nachrichtenfaktoren, die ein Ereignis auf sich vereint.

2.6 Nachrichtenwert und Nachrichtenfaktoren

2.6.1 Geschichte der Nachrichtenwert-Theorie

Am Nachrichtenwert bemisst sich, kurz gesagt, die mediale Bedeutung eines Themas. Je mehr Nachrichtenfaktoren eine Meldung beinhaltet und je stärker die einzelnen Faktoren dabei ausgeprägt sind, desto größer ist die Wahrscheinlichkeit der Veröffentlichung. Die Theorie des Nachrichtenwerts geht auf Walter Lippmann (1922) zurück, der als Erster solche publikationsfördernden Ereignismerkmale, so genannte „news values", identifizierte (vgl. Staab 1990, 41).

2.6.1.1   Lippmanns „news values"

Lippmann beschäftige sich mit dem Thema im Zusammenhang mit erkenntnis-
theoretischen Überlegungen. Die Wirklichkeit sei viel zu komplex, um in vollem
Umfang erkannt zu werden. Die Wahrnehmung erfolge deshalb grundsätzlich
über Stereotype, also über Wahrnehmungsmuster und Vorurteile. Auch die Medien, folgerte Lippmann, würden in gleicher Weise verfahren. Nachrichten würden nicht die Realität wiedergeben, sondern nur einen spezifischen und stereoty-
pisierten Realitätsausschnitt vermitteln. Nachrichten seien das, was die Medien
als Nachrichten betrachteten und auswählten. Und jetzt stellte sich die Frage
nach den Kriterien. Was unterscheidet die veröffentlichungswürdige Nachricht
von der nicht veröffentlichungswürdigen? Lippmann machte eine Reihe von
Faktoren aus, die von anderen Forschern später immer wieder überarbeitet und
ergänzt wurden, die sich aber bis heute im Kern erhalten haben. Nach Lippmann
sind folgende Ereignisaspekte selektionsrelevant:

- *Ungewöhnlichkeit* eines Ereignisses im Sinne von Überraschung oder Sensation.
- *Etablierung* eines Themas. Ereignisse, über die bereits berichtet wurde,
  haben schon dadurch einen höheren Nachrichtenwert.
- *Dauer* eines Ereignisses. Kurze, aufregende Episoden sind medienadäquater
  als Ereignisse, die lange Zeit andauern.
- *Einfachheit* erleichtert die mediale Darstellung. Komplizierte, schwer zu
  erklärende Sachverhalte haben einen Selektionsmalus.
- *Bedeutung* bezieht sich auf den möglichen Schaden oder den Nutzen, der
  den Rezipienten durch ein Ereignis entstehen kann.
- *Prominenz* signalisiert die Beteiligung bekannter oder einflussreicher Indi-
  viduen an einem Ereignis.
- *Räumliche Nähe* bezieht sich auf die Entfernung des Ereignisortes vom
  Verbreitungsgebiet des jeweiligen Mediums.

In Europa beschäftigten sich Mitte der sechziger Jahre drei norwegische Friedensforscher mit den Nachrichtenfaktoren. Das war zum einen Einar Östgaard,
das waren zum anderen Johan Galtung und Mari Holmboe Ruge. Ihre Aufsätze
wurden gleichzeitig und auch in derselben Publikation veröffentlicht, nämlich im
„Journal of Peace Research" Nr. 2 des Jahres 1965. Beginnen wir mit Einar
Östgaard.

2.6.1.2 Nachrichtenfaktoren nach Östgaard

Er beschäftige sich – ähnlich wie McNelly – mit der Frage, wie und wodurch der Inhalt von Auslandsmeldungen verändert und verzerrt wird, etwa durch regierungsamtliche Zensur in den Ursprungsländern oder durch die Geschäftspolitik der Nachrichtenagenturen. In diesem Kontext erwähnte Östgaard auch jene Faktoren, die seiner Einschätzung nach die Publikationswürdigkeit einer Nachricht ausmachten. Er reduzierte die Nachrichtenfaktoren auf die drei Oberbegriffe „Simplifikation, Identifikation, Sensationalismus" (Östgaard 1965, 45 ff.).

Mit *Simplifikation* bezeichnet er die Vorliebe der Medien für einfach strukturierte Nachrichten. Bei Lippmann war das der Faktor „Einfachheit". Unter *Identifikation* sind nach Östgaard Faktoren zu verstehen, die den Rezipienten die Möglichkeit geben, sich mit Medieninhalten zu identifizieren. Dazu gehören die räumliche, kulturelle und zeitliche Nähe des berichteten Geschehens, dazu gehören auch der Status der Ereignisnation sowie der soziale Rang und die Prominenz der Akteure und jede Form der Personifizierung. *Sensationalismus* bezieht sich auf die Neigung der Medien, durch die Berichterstattung über möglichst dramatische und emotional erregende Ereignisse die Aufmerksamkeit ihrer Rezipienten zu gewinnen. Das gilt sowohl für Meldungen über Verbrechen und Unglücksfälle, als auch für Konflikte, Krisen oder Naturkatastrophen im nationalen und internationalen Rahmen.

2.6.1.3 Faktorenkatalog von Galtung/Ruge

Direkt im Anschluss an Östgaards Aufsatz, beginnend auf der nächsten Seite, stellten die beiden Friedensforscher Johan Galtung und Mari Holmboe Ruge (1965) ihre Liste mit Nachrichtenfaktoren vor. Sie kamen auf zwölf publikationsrelevante Kriterien, die sie zum Teil noch weiter untergliederten (ebd., 70 ff.). Diese Faktoren waren das Ergebnis einer Inhaltsanalyse. Untersucht worden war die Auslandsberichterstattung in vier norwegischen Tageszeitungen über die Kongo-, Kuba- und Zypern-Krise. Und das sind die zwölf Faktoren:

1. *Frequenz:* Jedes Ereignis benötigt eine gewisse Zeitspanne, um sich zu entfalten und an Bedeutung zu gewinnen. Je besser diese Zeitspanne mit der Aufnahme und Wiedergabefrequenz der Medien übereinstimmt, also mit der Periodizität der Ausgaben und Sendungen, desto wahrscheinlicher wird das Ereignis zu einer Nachricht. Da Medienfrequenzen relativ kurz sind, haben vor allem kurze und nach kurzer Zeit abgeschlossene Ereignisse den größten Nachrichtenwert. Entwicklungen, die lange andauern, werden kaum oder nur in der Phase ihrer größten Intensität medial wahrgenommen.

2. *Schwellenfaktor:* Ein Ereignis, über das berichtet werden soll, muss eine bestimmte Aufmerksamkeitsschwelle überschreiten. Es muss sich in seiner absoluten Intensität oder im Intensitätszuwachs von vergleichbaren Ereignissen abheben. Beispiel: Je größer das Flugzeug (Airbus A 380), desto umfangreicher die Berichterstattung über den Jungfernflug.

3. *Eindeutigkeit:* Je klarer, einfacher und überschaubarer ein Ereignis ist, desto eher wird es zur Nachricht.

4. *Bedeutsamkeit:* Je größer die Auswirkungen eines Ereignisses auf die Rezipienten sind und je mehr persönliche Betroffenheit es auslöst, desto wahrscheinlicher wird es zur Nachricht.

5. *Konsonanz:* Je mehr ein Ereignis den Erwartungen und Wünschen oder Bedürfnissen des Publikums entspricht, desto eher wird es zur Nachricht.

6. *Überraschung:* Unvorhergesehenes, Seltenes, Kurioses hat die größte Chance, zur Nachricht zu werden, allerdings nur in Kombination mit den Faktoren „Bedeutsamkeit" und „Konsonanz". Unvorhergesehene und seltene Ereignisse werden dann besonders beachtet, wenn sie Teil des vertrauten und erwarteten Geschehens sind.

7. *Kontinuität:* Wenn über ein Ereignis schon einmal berichtet wurde, wird es von den Medien wahrscheinlich auch weiterhin beachtet, selbst wenn sein Nachrichtenwert im Vergleich zu anderen, noch nicht als Nachrichten definierten Ereignissen, sinkt.

8. *Variation:* In einer Nachrichtensendung oder einer Zeitung muss die Mischung stimmen. Wenn an einem Tag alle wichtigen Meldungen aus dem Ausland kommen, dann wird auch ein weniger bedeutsames innenpolitisches Thema eine Chance haben, einfach aus Gründen der thematischen Mischung.

9. *Bezug zu Elite-Nationen:* Ereignisse, die einflussreiche, politisch, wirtschaftlich und militärisch mächtige Staaten betreffen, werden überdurchschnittlich oft zu Nachrichten, da solches Geschehen im Allgemeinen größere Konsequenzen nach sich zieht.

10. *Bezug zu Elite-Personen:* Je stärker prominente, einflussreiche, politisch wichtige Personen bei einem Ereignis involviert sind, desto eher berichten die Medien darüber. Auch hier gilt das Argument der größeren Konsequenzen. Gleichzeitig sind Eliteangehörige Identifikationsobjekte für weniger bedeutende Individuen.

11. *Personalisierung:* Es werden Ereignisse bevorzugt, bei denen Menschen als handelnde Subjekte hervortreten. Abstraktes, strukturelles Geschehen hat im Vergleich dazu kaum Nachrichtenwert. Galtung/Ruge erklären diesen Mechanismus unter anderem damit, dass das Publikum Identifikationsobjekte sucht und die Medien für ihre Nachrichtenpräsentation Menschen brauchen, die man interviewen, filmen und fotografieren kann.

12. *Negativität:* Medien haben die Tendenz, negative Ereignisse wie Verbre-
    chen, Unglücksfälle, Kriege, Krisen und Katastrophen besonders hervorzu-
    heben. Je negativer das Ereignis, desto größer wird berichtet.

Negativität betrachten Galtung/Ruge dabei als besonders medienadäquaten Fak-
tor. Das habe unter anderem damit zu tun, dass sich negative Ereignisse schneller
vollzögen als positive. „Vergleichen Sie die lange Zeit, die nötig ist, um einen
Menschen großzuziehen und auszubilden mit der kurzen Zeit, in der er bei einem
Unfall getötet werden kann. Oder die lange Zeit, die nötig ist, um ein Haus zu
bauen und die kurze Zeit, um es abbrennen zu lassen. Oder die Zeit, um ein
Flugzeug herzustellen und die Minuten des Absturzes" (Galtung/Ruge 1965, 69).
Die Medien täten sich deshalb, siehe den Faktor „Frequenz", mit negativen Er-
eignissen leichter. Hinzukommt nach Galtung/Ruge die Eindeutigkeit der Nega-
tivität: Dass ein Ereignis negativ ist, darüber sind sich alle einig. Ob ein positives
Ereignis wirklich positiv ist, hängt dagegen vom Blickwinkel des Betrachters ab.
Ein größerer Automobil-Absatz ist für Aktionäre möglicherweise positiv, für
Umweltschützer stellt sich das anders dar. Außerdem sei Negativität eng mit
dem Faktor „Überraschung" verbunden. Negative Ereignisse kämen nämlich
relativ seltener vor als positive – man vergleiche etwa die Zahl der gebauten
Flugzeuge mit der Zahl der abgestürzten. Außerdem träten negative Ereignisse in
aller Regel unvorhergesehen auf (vgl. ebd., 70).

   Inwieweit die zwölf Nachrichtenfaktoren zusammenspielen, dazu haben
Galtung/Ruge fünf Hypothesen aufgestellt. Nach der *Selektionshypothese* wird
ein Ereignis umso wahrscheinlicher zur Nachricht, je intensiver die genannten
Nachrichtenfaktoren auf das Geschehnis zutreffen. Nach der *Additivitätshypothe-
se* wird umso wahrscheinlicher über ein Ereignis berichtet, je mehr Nachrichtenfaktoren ihm zugeordnet werden können. Nach der *Komplementaritätshypothese*
kann das Fehlen eines Faktors durch einen anderen ausgeglichen werden. Die
Verzerrungshypothese weist daraufhin, dass bei der Berichterstattung die Merkmale, die den Nachrichtenwert ausmachen, akzentuiert werden und das Ereignis
dadurch in verzerrter Weise wiedergegeben wird. Und schließlich die *Wiederho-
lungshypothese*, wonach die Akzentuierungen auf allen Selektionsstufen wiederholt vorgenommen werden. Auf dem langen Weg vom Ereignis bis zur Veröffentlichung können die Verzerrungen immer größer werden. Ein Effekt, der
gerade bei der Auslandsberichterstattung mit ihren vielen Gatekeepern verstärkt
auftritt, wie McNelly anschaulich beschrieben hat (siehe 2.2.4).

2.6.1.4   Theorie-Kritik an Östgaard und Galtung/Ruge

Staab (1990, 64) kritisiert, die Additivitäts- und die Komplementaritätshypothese seien logisch äquivalent, die von Galtung/Ruge vorgenommene Differenzierung sei nicht haltbar. Durch eine kleine Ergänzung wird allerdings deutlich, dass die Unterscheidung sehr wohl berechtigt ist. Wenn bestimmte Nachrichtenfaktoren fehlen, können sie durch andere ausgeglichen werden, aber diese – und das ist die Ergänzung – müssen dann in umso größerer Intensität vorhanden sein. Sind zum Beispiel keine prominenten Personen beteiligt, dann führt eine besonders gravierende Negativität dennoch zur Berichterstattung. Diese Konstellationen treten in der Praxis regelmäßig auf. Galtung/Ruge dürften damit korrekt interpretiert sein.

Staab (1990, 58 f., 64) merkt außerdem kritisch an, Östgaard ebenso wie Galtung/Ruge hätten unterschiedliche Faktorendimensionen mit einander vermischt. Einige der genannten Nachrichtenfaktoren – etwa „Negativismus, Prominenz, Bezug zu Elitenationen" – seien Ereignisaspekte. Andere wie „Eindeutigkeit, Frequenz oder Personalisierung" seien dagegen Meldungscharakteristika. Und Staab macht noch eine dritte Kategorie aus, die Relationen, womit er Faktoren wie räumliche, zeitliche und kulturelle Nähe meint. Die von Staab monierte Vermischung der unterschiedlichen Aspekte verursacht zwar eine theoretische Unschärfe, spiegelt aber gleichzeitig die Komplexität der Nachrichtenauswahl wider, bei der eben auch professionelle Determinanten selektionsrelevant sind. Der klassischen Gatekeeper-Theorie Lewins folgend, sind Nachrichtenfaktoren all jene Kräfte, die einer Nachricht, einem Thema das Überwinden der verschiedenen medialen „gates" erleichtern oder erschweren. Ein weiterer Faktor – der Faktor „Organisation" nämlich, das Thema dieser Arbeit – wird bisher nur im Rahmen des *Ilmenauer Ansatzes* von Paul Klimsa explizit erwähnt (vgl. Klimsa/Schneider 2006).

2.6.2   Nachrichtenfaktor „Organisation"

Die Galtung/Ruge-Aspekte „Frequenz", „Eindeutigkeit" und „Variation" sind Hinweise auf die Bedeutung mediuminhärenter Determinanten. Die teilnehmende Beobachtung für diese Arbeit ergab, dass zumindest bei den Fernsehnachrichten der bislang nicht beschriebene Faktor „Organisation" eine beträchtliche Rolle bei der Nachrichtenselektion spielt und damit bei der Generierung von Content. Eine geringere Intensität anderer Faktoren kann durch den Faktor „Organisation", entsprechend der Komplementaritätshypothese von Galtung/Ruge, ausgeglichen werden.

Der Faktorenkatalog von Galtung und Ruge wurde immer wieder überprüft, zum Teil bestätigt, zum Teil auch relativiert. Raymond F. Smith (1971), um einen herauszugreifen, analysierte die Berichterstattung der „New York Times" über den indisch-chinesischen Grenzkonflikt 1962 und stellte unter anderem die verzerrende Wirkung der Nachrichtenfaktoren „Frequenz, Intensität, Eindeutigkeit und Konsonanz" fest. Sophia Peterson (1979) wiederum bat schriftlich Redakteure der Londoner „Times", die für die Auslandsberichterstattung zuständig waren, sowie Korrespondenten und freie Auslandsreporter um eine Bewertung verschiedener Meldungen. Sie legte den Katalog von Galtung/Ruge zu Grunde und konstruierte für jeden Faktor zwei fiktive Nachrichten. Der Faktor „Eindeutigkeit" wurde zum Beispiel mit folgenden Nachrichten verbunden:

1. „Es wird von einem großen Fischsterben berichtet. Ursache ist austretende Radioaktivität bei einem Atom-U-Boot von Nation A, das in den Hoheitsgewässern von Nation B ankert".
2. „Nation C und D sind sich uneinig darüber, wie gefährlich die Verunreinigung des ozeanischen Meerwassers ist, die durch ein Leck bei einer Atomanlage verursacht wird".

Die Journalisten sollten angeben, welche der beiden Meldungen sie für eher publikationswürdig hielten. 93 Prozent entschieden sich für Version eins, nur fünf Prozent für Version zwei (vgl. ebd., 122). Der schriftliche Test zeigte insgesamt eine bemerkenswerte Übereinstimmung bei der Bewertung von Nachrichten.

Die deutschen Kommunikationswissenschaftler Winfried Schulz und der bereits mehrfach erwähnte Joachim Friedrich Staab überarbeiteten und erweiterten den Katalog von Galtung/Ruge.

2.6.3   Faktoren-Theorie nach Schulz

2.6.3.1   Journalistische Realitäts-Hypothesen

Schulz (1976, 30) betrachtet die Nachrichtenfaktoren dabei nicht mehr als Merkmale der in der Wirklichkeit geschehenen Ereignisse, sondern als „journalistische Hypothesen von Realität". Sozusagen also Vehikel, um die Wirklichkeit journalistisch zu definieren und zu interpretieren. Der Nachrichtenwert ist für Schulz eine „journalistische Hilfskonstruktion zur Erleichterung der notwendigen Selektionsentscheidungen". Die Ausgangshypothese für seine Arbeit lautete: „Je mehr eine Meldung dem entspricht, was Journalisten für wichtige und mithin berichtenswerte Eigenschaften der Realität halten, desto größer ist ihr Nachrichtenwert" (ebd.). Als Indikatoren für den Nachrichtenwert betrachtet Schulz zum einen, dass eine Nachricht überhaupt veröffentlicht wird und zum anderen, wie sie veröffent-licht wird. In welcher Aufmachung, in welchem Umfang und wo platziert. Schulz nennt das den Beachtungsgrad. Kepplinger/Rouwen (2000a, 465) kritisieren diese Umkehrung der Analyselogik. Sie „verleitet zu der nahe liegenden, aber irrigen Annahme, die Nachrichtenfaktoren wären die unabhängige, der Nachrichtenwert die abhängige Variable in der Nachrichtenwert-Theorie" (ebd.).

Für seine Arbeit nahm Schulz Inhaltsanalysen vor, die er relativ breit anleg-te. Er wertete dazu die Nachrichtenbeiträge von fünf verschiedenen Tageszeitun-gen aus, darunter die Frankfurter Allgemeine Zeitung und BILD. Er untersuchte die Nachrichtensendungen von drei Radioprogrammen, außerdem die ARD-Tagesschau und die ZDF-„heute"-Sendung sowie den Basisdienst der Deutschen Presseagentur dpa (ebd., 46 ff.). Dabei stellte Schulz unter anderem fest, dass vor allem sechs Faktoren den Nachrichtenwert eines Ereignisse bestimmen: *Komple-xität* (Umfang und Detailreichtum der Nachricht), *Thematisierung* (langfristig eingeführtes Thema), *Persönlicher Einfluss, Ethnozentrismus* (ein Ereignis findet in Deutschland statt, nur Deutsche sind beteiligt), *Negativismus* und *Erfolg* (Er-eignisse, die einen Fortschritt zum Beispiel auf wissenschaftlichem oder politi-schem Gebiet bringen). Je mehr dieser Faktoren auf ein Ereignis zuträfen, desto größer sei die Wahrscheinlichkeit, dass es von den Medien in auffälliger Weise herausgestellt werde. Dabei sei die relative Bedeutung der einzelnen Faktoren je nach Medium verschieden" (ebd., 106).

Beim Fernsehen scheint der Faktor *Überraschung* eine besondere Rolle zu spielen. „Überraschung hängt bei den Fernsehnachrichten teils recht stark mit den Faktoren Relevanz und Thematisierung zusammen. Das heißt, dass es offen-bar die überraschenden Wendungen innerhalb des bedeutsamen und langfristig thematisierten Geschehens sind, die vom Fernsehen besonders herausgestellt werden" (ebd., 105). Außerdem fand Schulz eine ausgeprägte Tendenz bei den Nachrichtensendungen des Fernsehens, über Ereignisse der „großen Politik" zu berichten (vgl. ebd., 64). Dass dies auch in hohem Maße organisational begrün-det ist, wird im empirischen Teil dieser Arbeit dargestellt.

Dass Schulz als einen wichtigen Faktor „Komplexität" nennt, während Östgaard und Galtung/Ruge die Einfachheit von Nachrichten herausstellen, ist nur scheinbar ein Widerspruch. Die Nachricht an sich muss einfach strukturiert sein, um den Gatekeeping-Prozess zu überstehen. „Das Renteneintrittalter wird auf 67 Jahre erhöht" – die Meldung ist kurz und eindeutig. Da viele Menschen betroffen sind, wird über diesen Regierungsbeschluss breit berichtet. Im Fernse-hen werden ein Beitrag und ein Experteninterview gesendet. Die Zeitungen brin-gen ergänzende Hintergrundinformationen über die demografische Entwicklung insgesamt, über die Auswirkungen auf den Arbeitsmarkt und anderes mehr. Die ursprünglich so einfache Nachricht wird damit komplex.

2.6.3.2   Nachrichtenfaktoren im Vergleich

Schulz erhöht die Zahl der Nachrichtenfaktoren auf 18, um auch nationale und unpolitische Ereignisse bewerten zu können. Galtung/Ruge hatten sich nur auf außenpolitische Inhalte konzentriert. Staab nimmt neun Jahre später eine ähnlich strukturierte und breit angelegte Inhaltsanalyse wie Schulz vor und kommt am Schluss auf 22 Nachrichtenfaktoren. Maier et al. (2006) kombinieren und modifizieren die früheren Faktorenlisten und kommen am Ende ebenfalls auf 22 Faktoren. Tabelle 1 zeigt die Faktoren im Vergleich. Dabei wird evident, dass viele Nachrichtenfaktoren übereinstimmen und zum Teil in ähnlicher Weise auch schon bei Walter Lippmann vorkamen.

Einige der von Staab (1990, 216 ff.) neu eingeführten Faktoren müssen erläutert werden. Unter „Zusammenhang mit Themen" versteht Staab die inhaltliche Verbindung zwischen berichteten Ereignissen oder Sachverhalten und eingeführten Themen wie Arbeitslosigkeit, Konjunktur, Staatsverschuldung oder anderes. Mit „Faktizität" meint er die Ereignishaftigkeit einer Meldung. Es wird nicht nur über etwas gesprochen, über ein politisches Vorhaben etwa in einer Pressekonferenz, sondern es ist etwas passiert, ein Flugzeugabsturz oder ein Attentat. Die „Reichweite" beschreibt, wie viele Personen an einem Geschehnis teilnahmen (z.B. Sitzblockaden bei Castor-Transporten) oder von einem Ereignis direkt betroffen sind (Einsturz einer Mehrzweckhalle). Der Faktor „Demonstration" bezieht sich auf Demonstrationen im Sinne kollektiver Darstellung von Zielen. Staab vermeidet bei seinem Faktorenkatalog das, was er bei Östgaard und Galtung/Ruge kritisiert, nämlich die Vermischung verschiedener Dimensionen. Die Faktoren „Variation", „Frequenz" und „Eindeutigkeit" werden bei Staab nicht mehr berücksichtigt. Er blendet durch dieses puristische Vorgehen allerdings wichtige Selektionskriterien aus (siehe oben).

Christiane Eilders (1997) brachte zwei weitere Faktoren ins Spiel: Emotion sowie Sex und Erotik. Beides wird von Maier et al. (2006, 14 ff.) adaptiert, außerdem wird als neuer Faktor „Visualität" hinzugefügt. Gemeint ist damit, dass Fernsehnachrichten-Redakteure bei der Themenauswahl berücksichtigen, ob sich ein Thema gut in Bilder umsetzen – visualisieren – lässt.

Tabelle 1: Nachrichtenfaktoren im Vergleich

Galtung/Ruge (1965)	Schulz (1976)	Staab (1990)	Maier et al. (2006)
Frequenz	Zeitliche Ausdehnung		
Schwellenfaktor			
Eindeutigkeit	Struktur		
Bedeutsamkeit	Relevanz	Reichweite	Reichweite
	Erfolg	Möglicher Erfolg/Nutzen	Nutzen/Erfolg
		Tatsächlicher Erfolg/Nutzen	
	Schaden	Möglicher Schaden/Misserfolg	Schaden/Misserfolg
		Tatsächlicher Schaden/Misserfolg	
Konsonanz	Ethnozentrismus		Deutsche Beteiligung
	Räumliche Nähe	Räumliche Nähe	Räumliche Nähe
	Politische Nähe	Politische Nähe	Politische Nähe
	Kulturelle Nähe	Kulturelle Nähe	Kulturelle Nähe
		Wirtschaftliche Nähe	Wirtschaftliche Nähe
Überraschung	Überraschung	Überraschung	Überraschung
Kontinuität	Thematisierung	Etablierung von Themen	Etablierung von Themen
		Zusammenhang von Themen	
Variation			
Bezug zu Elitenationen	Nationale Zentralität	Status der Ereignisnation	Status der Ereignisnation
	Regionale Zentralität	Status der Ereignisregion	Ortsstatus
		Institutioneller Einfluss	Einfluss
Bezug zu Elitepersonen	Persönlicher Einfluss	Persönlicher Einfluss	
	Prominenz	Prominenz	Prominenz
Personalisierung	Personalisierung	Personalisierung	Personalisierung
Negativität	Konflikt	Kontroverse	Kontroverse
	Kriminalität	Aggression	Aggression
		Faktizität	Faktizität
		Demonstration	Demonstration
			Emotionen im Bild
			Sexualität/Erotik
			Visualität

2.6.4 Nachrichtenfaktoren und Publikum

Eilders und Wirth (1999) näherten sich dem Thema „Nachrichtenfaktoren" einmal von der anderen Seite. Sie legten die Nachrichtenfaktoren von Staab zu Grunde und wollte dann wissen, ob diese Faktoren auch die Rezeption beim Publikum steuern. Ob also die Nachrichtenfaktoren nur ein kognitiver Leitfaden für die Gatekeeper, für die Journalisten sind oder ob auch das Interesse der Leser und Zuschauer von diesen Faktoren gesteuert wird. Eilders verglich dafür veröffentlichte Medienbeiträge und deren Rezeption. Das Ergebnis war: Die Nachrichtenfaktoren steuern gleichermaßen das journalistische Selektionsverhalten und das Interesse der Medienkonsumenten. Dieses Resultat war eigentlich erwartbar, denn die Nachrichtenfaktoren, zumal die ereignisinhärenten, sind eben keine medialen Artefakte, wie Schulz annimmt, sind keine von den Medienakteuren erdachten Kriterien, sondern erfahrungsbasierte Indikatoren für das Publikumsinteresse. Diese Indikatoren sind historisch gewachsen und lassen sich zum Teil schon sehr früh nachweisen.

2.6.5 Nachrichtenfaktoren in der Historie

Wilke (1984) untersuchte die Nachrichtenauswahl und die Medienrealität in vier Jahrhunderten. Die älteste von ihm analysierte Zeitung war dabei die in Hamburg erscheinende „Wöchentliche Zeitung auß mehrerley Örther" mit Ausgaben aus dem Jahre 1622. Das „jüngste" von ihm untersuchte Blatt war der „Hamburgische Unpartheyische Correspondent" mit Ausgaben von 1906 (vgl. ebd., 81). Einiges war bei der Analyse nicht mehr nachzuvollziehen. Ob beispielsweise eine Nachricht im 17. Jahrhundert den Faktor „Überraschung" beinhaltete, war im historischen Rückblick schwer zu beurteilen. Doch die Faktoren – Wilke orientierte sich an Galtung/Ruge – „Negativismus", „Prominenz" oder „Personalisierung" hielten sich stabil über die Zeiten hinweg (vgl. ebd., 230 f.).

Die Nachrichtenfaktoren gelten als die Kriterien, anhand derer Journalisten ihre Selektionsentscheidungen treffen. Doch die klare Benennung und Katalogisierung solcher Faktoren erfolgte vor allem auf Grund von Inhaltsanalysen. Publizierte Meldungen wurden auf gemeinsame Merkmale hin untersucht, die selektionsrelevanten Nachrichtenfaktoren wurden damit „ex post" festgestellt.

2.6.6   Nachrichtenselektion als intuitiver Prozess

Ex ante – also vor der Veröffentlichung, während des Selektionsprozesses, sind die Nachrichtenfaktoren keineswegs so präzise auszumachen. Die Beobachtungen für diese Arbeit zeigten, dass die Nachrichtenauswahl in aller Regel intuitiv erfolgt. Typisch sind dafür Aussagen zuständiger Redakteure wie „Ich glaube, das wird man wohl machen müssen" oder „Das interessiert die Leute doch – da müssen wir ran".

Die Nachrichtenselektion ist nach diesen Beobachtungen kein bewusst ablaufender, intellektuell-abstrahierender Prozess, sondern in hohem Maße gefühlsinduziert. Ein mathematisches Addieren von Nachrichtenfaktoren, ergänzt durch eine Bewertung der Faktorenintensität und eine darauf basierende Publikationsentscheidung – das findet so nicht statt. Vinzenz Wyss beschreibt dieses Phänomen so: „Die Bedeutung des praktischen Bewusstseins kann für den Journalismus am Beispiel der Anwendung der Nachrichtenfaktoren gut exemplifiziert werden. Die dabei zur Anwendung gelangenden Kriterien und Schemata (…) müssen den Journalisten keineswegs bewusst sein. Journalisten wenden Nachrichtenfaktoren in Routinen aus Gewohnheit an. Die Routine wird erst durch die im Prozess der Sozialisation angeeigneten Wissensbestände ermöglicht, die als Erinnerungsspuren angelegt sind" (Wyss 2004, 310).

2.6.7   Mediuminhärente Nachrichtenfaktoren

Dies gilt allerdings nicht für jene Faktoren, die mit den medialen Rahmenbedingungen zusammenhängen. Es gilt beispielsweise nicht für die Faktoren „Variation" oder „Eindeutigkeit" (um noch einmal auf Galtung/Ruge zurückzugreifen) oder für den oben erwähnten neuen Faktor „Organisation". Diese mediuminhärenten Nachrichtenfaktoren werden bei der Entscheidungsfindung – in der beobachteten Redaktion jedenfalls – häufig diskursiviert. Da sagt ein CvD: „Uns fehlt sowieso noch was Ausländisches. Das Thema könnten wir in einer Schalte gut machen" (Variation) oder „Das ist zu schwierig. Das kann man in Einszwanzig nicht darstellen" (Eindeutigkeit) oder „Unser Korrespondent ist ja dort, schalten können wir auch, lass uns ruhig noch mal hinschauen" (Organisation).

Die Nachrichtenfaktoren und ihre Bedeutung im journalistischen Alltagsgeschäft, die Nachrichtenauswahl als Prozess, der Journalist als Individuum, die Bedeutung der medialen Institutionen – bis hierher wurden Forschungsergebnisse mit hohem Praxisbezug referiert. Die zu Grunde liegenden Studien hatten keinen allzu komplexen theoretischen Unterbau, doch der Erkenntnisbeitrag war meistens hoch. Ab dem Ende der sechziger Jahre interessierte sich die deutschsprachige Kommunikationswissenschaft dann zunehmend für theoretische Konzepte, die in der Lage waren, abstrakt zu erklären, was Massenkommunikation ist und wie sie funktioniert.

In dieser Zeit begann in der Kommunikationswissenschaft die Karriere der Systemtheorie, die auf den Soziologen Niklas Luhmann zurückgeht. Hinzu kamen seit den achtziger Jahren weitere, zum Teil hochkomplexe Theorien wie etwa die Strukturationstheorie (vgl. Löffelholz 2001, 7 ff.). Im Folgenden sollen einige theoretische Ansätze abgebildet werden, bei denen organisationale Aspekte eine Rolle spielen. Beginnen wir mit der Systemtheorie.

2.7   Funktionalistische Systemtheorie

Der Kommunikationswissenschaftler Manfred Rühl (1969/1979) adaptierte Luhmanns Systemtheorie, um eine Nürnberger Zeitungsredaktion als organisiertes soziales System zu beschreiben. Er war der Erste, der sich einer solchen systemtheoretisch abstrakten Betrachtungsweise zuwandte (vgl. Pürer 2003, 166). Rühl beschäftigte sich allerdings nicht damit, wie sich das Organisatorische auf den Content auswirkt.

2.7.1   Redaktion als soziales System

Rühl behandelte in seiner ersten Arbeit unter anderem die Frage: Welche Leistung erbringt das System „Zeitungsredaktion"? Er beantwortete das so: Es ist „die permanente Erarbeitung, Bearbeitung und Verarbeitung von Mitteilungen aus der ereignishaften Welt und deren Bereitstellung für die ereignishafte Welt" (Rühl 1979, 234). In den folgenden Jahrzehnten entwickelte Rühl daraus eine Funktionsbeschreibung des Journalismus insgesamt. Dessen Primärfunktion sei die „organisatorische Herstellung und Bereitstellung durchsetzungsfähiger thematisierter Mitteilungen zur öffentlichen Kommunikation" (Rühl 1992, 129). Und 2004 beschreibt er die Funktion folgendermaßen:

> „Das Journalismussystem ist ein Kommunikationssystem, ausgerichtet auf die öffentliche Persuasion, das heißt auf das Überreden und Überzeugen weltgesellschaftlicher Öffentlichkeiten. Ohne Zentrum, aber mithilfe heterarchisch vernetzter Organisationen, Märkte und Haushalte, re-produziert und re-rezipiert das Journalismussystem der Weltgesellschaft, rund um die Uhr, vorprogrammierte Programme über durchsetzungsfähige Themen des Alltags, zur besseren Lesbarkeit der Welt, auf dem Verstehensniveau des Bescheidwissens" (Rühl 2004, 82).

Doch zurück zu Rühl's Analyse einer Zeitungsredaktion. Für diese Studie beobachtete er von Anfang Oktober 1966 bis Ende Februar 1967, also rund fünf Monate lang, die Abläufe in der von ihm ausgewählten Redaktion. Im Anschluss an die fünfmonatige Beobachtungsphase führte er strukturierte Leitfadengespräche mit Redakteuren und Volontären, mit dem Verleger und dem Verlagsleiter. Doch Rühl wollte sich nicht darauf beschränken, die verschiedenen Ressorts und deren Arbeit darzustellen oder die Meinungen, Einstellungen und das Selbstverständnis der beobachteten Journalisten zu beschreiben. Rühl hatte sich zum Ziel gesetzt, „die Zeitungsredaktion im Ganzes zu identifizieren und zu deuten" (Rühl 1979, 14). Dazu suchte er einen passenden Theoriehintergrund. Den fand er bei Niklas Luhmann, der 1964 ein funktional-strukturelles Modell entwickelt hatte.

2.7.2   *Forschungstheoretischer Perspektivenwechsel*

Rühl leitete mit seiner systemtheoretisch orientierten Arbeit einen Perspektivenwechsel ein. Das systemtheoretische Konzept brachte es unter anderem mit sich, dass die einzelnen Akteure – also die Redakteure – plötzlich nicht mehr, wie bei vielen anderen Studien, im Mittelpunkt standen. Redaktionelles Handeln erfolge, so Rühl, eben „nicht nur durch Nachrichten sammelnde und redigierende und sie kommentierende Redakteure", sondern vollziehe sich als durchrationalisierter Produktionsprozess in rationalisierten und differenzierten Organisationen. Redakteure handelten dabei lediglich durch „Rollen". „In ihre Tätigkeit geht nicht die Gesamtheit der Handlungen und Erwartungen, Gefühle, Ausdrucksmöglichkeiten, Bedürfnisse, Einstellungen und Motive ein, deren sie als Menschen fähig sind. Redaktionen bestehen aus einer Struktur von Erwartungen, aus einer elementaren Ordnungsform sozialen Zusammenlebens, in die der Einzelne durch sein Rollenverhalten nur partial einbezogen ist" (ebd., 18).

Die Zeitungsredaktion – es könnte auch eine TV-Nachrichtenredaktion sein – ist nach diesem Verständnis ein soziales System, das mit seiner Umwelt in „wechselseitigem Verkehr" (ebd., 19) steht und das sich dabei stets stabilisieren und selbst erhalten muss. Die Redaktion muss sich innerhalb einer komplexen, durch sie selbst nicht kontrollierbaren Umwelt abgrenzen, um als bedeutsam und nicht austauschbar wahrgenommen zu werden. Auch andere Systeme, etwa das System „Politik" oder das System „Wissenschaft" nehmen Informationen auf, verarbeiten sie und reichen sie später wieder in modifizierter Weise an andere Systeme oder an das Gesamtsystem zurück. Doch für die Zeitungsredaktion sei dieser Umgang mit Informationen zusätzlich „Zweck des Handelns" (vgl. ebd., 77).

Die Zeitungsredaktion muss sich in seiner Umwelt behaupten. Aber worin besteht diese Umwelt? Nach Rühl besteht sie zum einen, im konkreten Fall der

Nürnberger Zeitungsredaktion, aus der „Gesamtheit der Umweltsysteme" der hoch industrialisierten sozialen, politischen und kulturellen Ordnung Deutschlands. Sie besteht darüber hinaus aus der Welt der Ereignisse. Selbst Bereiche, die mit der Redaktion räumlich und funktional eng verbunden sind, wie etwa die Druckerei, die Anzeigenabteilung, das Redaktionsarchiv und sogar die Redaktionsmitglieder gehören danach zur Umwelt (vgl. ebd., 177 f.). Um solche Einordnungen verstehen zu können, muss man sich die zu Grunde liegende Luhmann'sche Systemtheorie näher ansehen.

2.7.3   Systemtheorie nach Niklas Luhmann

Luhmann entwickelte seine Theorie unter anderem in Gesprächen und Auseinandersetzungen mit dem amerikanischen Soziologen und Systemtheoretiker Talcott Parsons. Er holte sich außerdem, wie er selbst schreibt, „reiche Anregungen" bei der amerikanischen Organisationsforschung. Luhmann wollte in erster Linie das Wesen moderner Verwaltungen beschreiben, kommt doch „dem Verwalten durch private wie auch öffentliche Stellen ein gesteigerter Einfluss auf die allgemeinen Daseinsformen zu" (Luhmann 1999, 7). Sein Ziel war es, eine theoretische Aussage über formale (Verwaltungs-)Organisationen zu versuchen, wobei dieses Ziel nur erreicht werden konnte, so räumt Luhmann ein, „auf dem Wege einer scharfen Abstraktion" (ebd., 5). Seine so entstandene Theorie lasse sich nicht nur auf Verwaltungsstrukturen anwenden, sondern auch auf andere Systeme. Seine Theorie hat Luhmann bis zu seinem Tod im Jahre 1998 immer weiter ausgebaut und verfeinert. Mit seinen Überlegungen hat er die soziologische Theoriediskussion der letzten dreißig Jahre wie kein anderer geprägt (vgl. Schimank 2003, 7). Seine Theorie sozialer Systeme stellt heute nicht nur „das umfassendste Theoriegebäude der Soziologie dar" (ebd.), sie bestimmt auch die aktuelle Journalismustheorie (vgl. Kohring 2004, 187).

2.7.3.1   System-Umwelt-Paradigma

In seinen Arbeiten bricht Luhmann (1964/1999) zunächst mit der traditionellen Definition dessen, was als System bezeichnet wird. Nach alter Lesart besteht ein System aus Teilen, aus Einheiten, aus Substanzen, die durch Beziehungen untereinander zu einem Ganzen verbunden werden. Und die Art, wie die einzelnen Teile zu einem Ganzen geordnet sind, macht die Systemstruktur aus. Nach Luhmann hat diese Definition einen entscheidenden Mangel: Sie betrachtet das jeweilige System unabhängig von seiner Umgebung, von seiner Umwelt. Sie konzentriert sich lediglich auf die Beziehungen, die Interdependenzen innerhalb des Systems. Für Luhmann dagegen ist der Umweltbezug wesentlich.

Nach Luhmann ist der Bestand eines Systems in einer sich verändernden Umwelt stets gefährdet. Um zu überleben, um sich stabil halten zu können, bedarf das System einer inneren Ordnung. In dem Maße, in dem sich eine solche Ordnung ausbildet und verdichtet, ist eine klare Grenzziehung zwischen System und Umwelt möglich und nötig. Die innere Ordnung verhindert eine beliebige Ausdehnung des Systems und macht gleichzeitig eine Abgrenzung zwischen System-Innen und System-Außen möglich. Dadurch ist auch gewährleistet, dass sich das System mit stabilen Grenzen innerhalb einer sich wandelnden Umwelt behaupten kann. Die Grenzen können so „relativ invariant" bleiben (vgl. ebd., 24).

Systeme sind in dieser Theorie Handlungssysteme mit abgrenzbarem Handlungszusammenhang. Ein solcher Zusammenhang besteht, wenn Handlungen durch einen gemeinsamen Sinn miteinander verbunden sind und aufeinander verweisen. Zeitliche oder räumliche Nähe ist dabei nicht ausschlaggebend. Am Beispiel von „ARD-aktuell" lässt sich plastisch zeigen, was gemeint ist: Die Nachrichtenredaktion arbeitet mit den Auslandsstudios zusammen, um eine Nachrichtensendung herzustellen. Man ist durch einen gemeinsamen Sinn verbunden. Man gehört zu einem Handlungssystem, obwohl es keine räumliche Nähe gibt, einige Korrespondenten sind viele tausend Kilometer von der Zentrale entfernt.

2.7.3.2   Akteure als Systemumwelt

Als Handlungssysteme betrachtet, schließen soziale Systeme nicht alle Handlungen der beteiligten Personen mit ein. „Sozialsysteme bestehen nicht aus konkreten Personen mit Leib und Seele, sondern aus konkreten Handlungen. Personen sind – sozialwissenschaftlich gesehen – Aktionssysteme eigener Art, die durch einzelne Handlungen in verschiedene Sozialsysteme hinein geflochten sind, als System jedoch außerhalb des jeweiligen Sozialsystems stehen. Alle Personen, auch die Mitglieder, sind daher für das Sozialsystem Umwelt" (ebd., 25). Mit dem Handlungssystem „Nachrichtenredaktion" stehen die Redakteure also auf Grund ihrer Arbeit in engem Kontakt. Da sie aber als Person auch Vater oder Mutter sind, Mitglied im Fußballverein oder Gewerkschaftsmitglied, stehen sie als Persönlichkeitsganzes eben doch außerhalb des Handlungssystems und sind insofern folgerichtig Umwelt.

2.7.3.3 Formale Rolle und Organisationen

Zutritt zum System bekommt man nicht einfach so. Man kann sich nicht mehr oder minder unbemerkt dazugesellen, sondern muss eine sichtbare Schwelle überschreiten, muss sich präsentieren, muss etwas über sich und seine Absichten und Vorstellungen aussagen. Und vor allem: Man muss seine Bereitschaft glaubhaft machen, die Systemerwartungen anzuerkennen. Wenn die Systemerwartungen soweit gefestigt sind, dass eine Nichtanerkennung oder Nichterfüllung dieser Erwartungen mit der Fortsetzung der Mitgliedschaft unvereinbar ist, dann sind diese Erwartungen nach Luhmann formalisiert. „Ein soziales System ist formal organisiert in dem Maße, in dem seine Erwartungen formalisiert sind. Formale Organisation ist der Komplex dieser formalen Erwartungen" (ebd., 38). Die Mitgliedschaft bei einem System kann man wählen, deshalb gehört man ihm auch nie voll und ganz an – im Gegensatz zur Mitgliedschaft in einer Familie, in die man hineingeboren wird.

Wenn jemand eine formale Rolle übertragen bekommt, hat das für das System, für die formale Organisation, einen großen Vorzug: „Durch Übernahme einer Mitgliedsrolle erklärt sich eine Person bereit, in bestimmten Grenzen Systemerwartungen zu erfüllen. Das System kann dann mit dieser Bereitschaft rechnen, ohne sie von Fall zu Fall ermitteln und motivieren zu müssen. Es kann deshalb die Abwicklung systeminterner Zusammenhänge an rein sachlichen Gesichtspunkten ausrichten und die Handlungsbereitschaft unterstellen, ohne die persönlichen Gründe für die Rollenübernahme jeweils erneut prüfen zu müssen" (ebd., 42). Dafür, dass das Mitglied die formalen Erwartungen erfüllt und sich der formalen Autorität der Vorgesetzten unterwirft, ist es „berechtigt zum Genuss gewisser Systemvorteile, namentlich zum Bezuge eines Geldgehaltes, dessen Verwendung (…) offen gelassen bzw. in anderen sozialen Systemen (Familie, Markt) geregelt wird" (ebd., 93). Mit anderen Worten: Wer eine Stelle als Nachrichtenredakteur annimmt und dafür monatlich sein Geld bekommt, macht das, was ihm aufgetragen wird. Er muss darum nicht in aller Form gebeten und jedes Mal aufs Neue vom Sinn der Sache überzeugt werden.

Luhmann beschreibt abstrakt-analytisch die Abläufe in einem Unternehmen, einer Verwaltung oder eben in einer Redaktion: Von „Rangfragen" über „Führer und Vorgesetzte" bis hin zum Kapitel „Takt und Höflichkeit". Seine Darstellung formaler Organisationen und ihrer Funktionen war zunächst als System-Umwelt-Theorie angelegt und wurde später, Ende der siebziger Jahre, zu einer Theorie autopoietischer Systeme fortentwickelt. Doch das zentrale Paradigma bleibt unverändert – der Gegensatz von System und Umwelt. „Der Letztbezug aller funktionalen Analysen liegt in der Differenz von System und Umwelt" (Luhmann 1987, 242). Die einzelnen Systeme operieren sozusagen auf Augenhöhe,

haben sich im Wechselspiel Gleichrangiges zu bieten, sind „funktional äquivalent". Die Wirtschaft etwa liefert Produkte, die Politik sorgt für Planungssicher-
heit (oder sollte es zumindest tun) und macht durch entsprechende Gesetze einen
vernünftigen Warenaustausch möglich.

Umwelt ist dabei nicht nur eine Restgröße, sozusagen eine Hülle innerhalb
derer sich die Systeme bewegen, sondern Umwelt ist konstitutiv für die Herausbildung von Systemen. Die Umwelt ist „vielmehr Voraussetzung der Identität des
Systems, weil Identität nur durch Differenz möglich ist" (ebd., 243). Ohne Abgrenzung gegenüber anderen Systemen und gegenüber seiner Umwelt kann sich
kein System behaupten. Gleichzeitig gehört alles, was immer es sein mag, zu
einem oder mehreren Systemen und gehört damit gleichzeitig zur Umwelt anderer
Systeme. Der Polizeibeamte gehört zu den Systemen „Verwaltung" und „Politik",
für die Systeme „Wirtschaft" oder „Wissenschaft" ist dieser Polizist dagegen Teil
der Umwelt. Die Beispiele wurden hier bewusst nicht aus dem Medienbereich
gewählt, weil später noch darüber zu reden sein wird, wie das System „Medien"
überhaupt einzuordnen ist. Hier ergeben sich Probleme – anders als etwa bei der
Zuordnung des Systems „Öffentliche Verwaltung" oder „Wirtschaft".

2.7.3.4   Systemkategorien nach Luhmann

Bevor wir darauf eingehen, welche Rolle die Massenmedien in der Systemtheorie spielen, müssen noch einige Basisüberlegungen Luhmanns nachgezeichnet
werden. Er unterscheidet drei Arten von sozialen Systemen:

1. *Interaktionssysteme.* Das ist die unterste Ebene der sozialen Systembildung.
    Sie beginnt, sobald sich mindestens zwei psychische Systeme wechselseitig
    wahrnehmen. Konkret kann das ein Gespräch zwischen zwei Menschen auf
    der Straße sein.
2. *Organisationssysteme.* Sie begründen sich über Mitgliedschaftsentschei-
    dungen (siehe oben). Das kann zum Beispiel eine Nachrichtenredaktion sein
    oder ein Ministerium.
3. *Die Gesellschaft.* Sie ist das alles umfassende soziale System, welches alle
    Kommunikationen und Handlungen einschließt.

Die Gesellschaft ist nach Luhmanns Verständnis „ein vollständig und ausnahmslos geschlossenes System" (ebd., 557). Die Gesellschaft kann nur *über* ihre Umwelt kommunizieren, aber nicht *mit* ihrer Umwelt. Dennoch hat die Gesellschaft
als soziales System eine Umwelt. Die Grenze zu dieser Umwelt wird durch
Kommunikation gezogen. Alles was Kommunikation ist, gehört zur Gesellschaft,

alle „nichtkommunikativen Sachverhalte und Ereignisse" gehören zur Umwelt. Doch wie groß ist diese Gesellschaft? Welche Nationalitäten gehören dazu, welche Länder? – Luhmanns Antwort: Als Resultat von Evolution und auf Grund der globalen kommunikativen Erreichbarkeit, zum Beispiel durch das Internet, gebe es nur noch eine, nämlich die Weltgesellschaft (vgl. Luhmann 1987, 557; Schimank 2003, 10 f.).

Die Kommunikation sowohl der „kleineren" Systeme als auch des „großen" Systems Gesellschaft wird dabei über drei Medien transportiert. Medium I ist die Sprache, verbal und nonverbal, allgemeiner beschrieben als „konsentierter Zeichenvorrat". Medium II sind die technischen Verbreitungsmittel wie Schrift, Druck, Rundfunk oder Internet. Medium III sind die von Luhmann unter Rückgriff auf Parsons so genannten „symbolisch generalisierten Kommunikationsmedien". Darunter subsumiert Luhmann so unterschiedliche Dinge wie Macht, Geld, Liebe oder Wahrheit (vgl. Luhmann 1987, 222).

2.7.3.5   Journalismus als Funktionssystem

Im Folgenden weiter einfach nur von „Medien" zu sprechen, würde Verwirrung stiften, da Luhmann den Begriff, wie gerade dargestellt, in ganz eigener Weise gebraucht. Wir verwenden deshalb zur klaren Unterscheidung jetzt das Wort „Journalismus" und meinen damit das Herstellen und technisch massenhafte Verbreiten fakten- und aktualitätsbasierter Informationen. Wo genau liegt die System-Umwelt-Grenze des Funktionssystems „Journalismus"? Worin besteht die Leistung von Journalismus für die Gesellschaft? Drei Antworten darauf von Manfred Rühl haben wir oben schon zitiert. Luhmann selbst hält die Massenmedien für die Dirigenten der gesellschaftlichen Selbstbeobachtung und für Garanten „der Beteiligung aller an einer gemeinsamen Realität" (Luhmann 1991, 320). Luhmann spricht von der „Selbstbeobachtung" der Gesellschaft, weil es in seiner Theorie für die „Gesellschaft" kein kommunikatives Außen gibt. Ohne Außen aber kann die Gesellschaft auch nicht von außen beobachtet werden kann, sie kann sich lediglich selbst beobachten.

Die Gesellschaft als alles integrierendes Übersystem beobachtet sich selbst, die anderen Systeme beobachten sich wechselseitig. Dabei hilft ihnen der Journalismus. Als Kriterium der Zugehörigkeit zum System „Journalismus" nennt Luhmann die technische Verbreitung. Also nicht die verbreiteten Inhalte wären demnach das Entscheidende, sondern die Art der Informationsverbreitung. Hier wird erneut evident, wie problematisch eine systemtheoretische Zuordnung ist. In der systemtheoretisch orientierten Kommunikationswissenschaft ist die Frage bis heute nicht abschließend geklärt (vgl. Kohring 2004, 192).

Den Sinn und die Systemgrenze von Journalismus präzise und theorielo-
gisch zu beschreiben ist deshalb so schwierig, weil Journalismus ein System sui
generis ist. Eine Systemgrenze ist zwar theoretisch vorhanden, sie ist aber wegen
des intersystemischen Charakters so filigran und verästelt, dass eine Abgrenzung
extrem schwierig, wenn nicht sogar unmöglich ist. Luhmann selbst schreibt in
seiner letzten Veröffentlichung: „Vieles spricht dafür, dass hier ein besonderes
Funktionssystem entstanden ist, noch ohne klaren Begriff (...) und ohne aner-
kannte Funktionszuweisung. Gegen die Annahme eines eigenständigen Funktionssystems könnte sprechen, dass die Massenmedien dicht mit der Kommunikation ihrer gesellschaftlichen Umwelt verbunden sind; und mehr noch: dass
gerade darin ihre gesellschaftliche Funktion liegt" (Luhmann 1998, 1102 f.).

Einen angesichts dieser Prämissen so schwierigen Beschreibungsversuch
macht Matthias Kohring (2004, 196 ff.): Durch die funktionale Differenzierung
der Gesellschaft bilden sich unterschiedliche Funktionssysteme aus, deren Sys-
temrationalitäten inkompatibel sind. Dabei kann zwar jedes Funktionssystem
Unabhängigkeit für seinen Zuständigkeitsbereich beanspruchen, doch letztlich ist
auch jedes System auf seine Umwelt, also auf andere Systeme und deren Leistung angewiesen. Deshalb haben sich komplexe wechselseitige Abhängigkeiten
(„Interdependenzen") herausgebildet. Um mit diesen Interdependenzen erfolgreich umgehen zu können, aber auch, um Entwicklungen rechtzeitig zu erkennen,
die für das eigene System bedrohlich werden könnten, dafür bedarf es einer kon-
tinuierlichen Umweltbeobachtung. Das System „Wirtschaft" gerät durch einen
hohen Ölpreis unter Druck, das System „Bank" kann auf Grund rechtzeitiger
Information an der Börse darauf reagieren und herbe Verluste vermeiden. Oder:
Das System „Politik" plant Lebensversicherungen stärker zu besteuern. Durch
entsprechende Informationen wird das System „Versicherung" frühzeitig ge-
warnt und kann neue, marktgängige Produkte entwickeln.

Die einzelnen Systeme wären überfordert, wenn sie die intensive Beobachtung ihrer Umwelt selbst durchführen wollten. Deshalb hat sich ein eigenes
Funktionssystem herausgebildet, dessen Aufgabe „in der Generierung und
Kommunikation von Beobachtungen über die Interdependenzen, d.h. die wechselseitigen Abhängigkeits- und Ergänzungsverhältnisse einer funktional ausdifferenzierten Gesellschaft" (Kohring 1997, 248) besteht. Das System „Politik"
unterhält zusätzlich noch eigene, nichtöffentliche Beobachtungssysteme in Form
von Geheimdiensten oder Botschaften im Ausland.

Kohring bezeichnet das für die Beobachtung und Informierung der Systeme
zuständige Funktionssystem als „Öffentlichkeit", dessen wichtigstes Leistungs-
system dabei der Journalismus sei. Für Kohring gehört das Publikum dabei nicht
zur Umwelt des Systems Journalismus, sondern ist dessen integraler Bestandteil.
Dass er das gesellschaftliche Beobachtungs- und Informationssystem „Öffent-

lichkeit" nennt, ist so plausibel. Dennoch ist die Wahl des Begriffs nicht ganz glücklich. Mit „Öffentlichkeit" wird eher ein rezipierender, passiver Systemverbund assoziiert. Luhmann selbst sprach bis zuletzt einfach von „Massenmedien". Altmeppen (1999, 29) hält diese Begriffswahl allerdings wegen Online und Multimedia für „zunehmend problematisch".

Das System „Massenmedien/Journalismus" hat die Aufgabe übernommen, als professioneller Dienstleister die anderen Systeme zu beobachten und diese Beobachtungen den Systemen wieder mitzuteilen. Gleichzeitig hilft der Journalismus, siehe oben, der Gesellschaft bei der Selbstbeobachtung. Welche Rolle das Organisatorische bei der Bewältigung dieser Aufgabe spielt, dazu mehr im empirischen Teil dieser Arbeit.

2.7.3.6   Journalismus und Mehrsystemzugehörigkeit

Entscheidend ist, dass nur solche Beobachtungen verbreitet werden, die, wie es Kohring nennt, „Mehrsystemzugehörigkeit" besitzen. Über einen Vorgang, über ein Ereignis wird nicht berichtet, wenn es nur das eine System angeht, in dem es stattfindet. Die Beförderung eines Abteilungsleiters im Landwirtschaftsministerium ist an sich kein journalistisch relevantes Thema, es sei denn, der Betreffende hat in der Vergangenheit beim Ausbruch einer Tierseuche gravierende Fehler gemacht, wodurch bäuerlichen Betrieben Millionenschäden entstanden sind. Jetzt wird die schwer nachvollziehbare Beförderung öffentlich thematisiert, denn jetzt ist nicht nur das Funktionssystem „Agrarministerium" betroffen, sondern auch das System „Landwirtschaft". Und sogar das System „Gesellschaft" ist auf Grund empörter Verbraucher einbezogen. Für Kohring ist das professionelle Kommunizieren über mehrbereichszugehörige Ereignisse der Sinn des Systems „Öffentlichkeit/Journalismus".

Für Kohring stellt die Beschreibung der Sinngrenzen erst den Anfang der wissenschaftlichen Analyse dar (vgl. ebd., 197). Näher untersucht werden müsse auch, auf Grund welcher Kriterien Ereignisse als potentiell umweltrelevant eingestuft werden. Und „genauso muss man nach den Bedingungen und Konsequenzen der organisierten Nachrichtenproduktion fragen" (ebd., 197). Was zum Beispiel die vorliegende Arbeit tun will.

Die Systemtheorie spielt, zumindest im deutschsprachigen Raum, noch immer eine Rolle. Luhmann selbst nannte sie „eine besonders eindrucksvolle Supertheorie" (1987, 19). Doch es „soll abschließend nicht verschwiegen werden, daß die Systemtheorie auch in der engeren Fachdiskussion keineswegs unumstritten ist" (Burkart 2002, 464). Zum einen, so sagen Kritiker wie Michael Kunczik (1984), sei die Systemtheorie zu breit angelegt. Sie schließe zu viele

Sachverhalte ein und zu wenige aus. Damit werde „das Wissen um die Bedingungen, wann bestimmte Ereignisse auftreten oder nicht, nicht erhöht" (ebd., 102). Der Informationsgehalt der Systemtheorie sei sehr gering (vgl. ebd.), eine empirische Überprüfung im Grunde unmöglich (vgl. ebd., 92).

Zum anderen gibt es grundsätzliche Kritik daran, dass der systemtheoretische Ansatz das Individuum weitgehend ausblendet. Oder wie es Neuberger (2004, 288) formuliert: „Es herrscht ein Unbehagen in der Journalismusforschung. Kritik am systemtheoretischen ‚Mainstream' entzündet sich vor allem an der Vernachlässigung des journalistischen Akteurs, der sich in den Strukturvorgaben aufzulösen droht". Auch der Soziologe Anthony Giddens (1997, 335) benennt diese Schwäche: „Alle menschlichen Wesen sind bewusst handelnde Subjekte. (…) Die Bewusstheit, die ins praktische Bewusstsein eingebettet ist, entfaltet eine außerordentliche Komplexität – eine Komplexität, die oft in orthodoxen soziologischen Ansätzen vollkommen unerforscht bleibt, insbesondere in solchen objektivistischer Prägung". Wozu die Systemtheorie gehört.

Auch in der Kommunikationswissenschaft wurde deshalb intensiv nach brauchbaren Integrationstheorien gesucht. Als eine solche gilt die inzwischen klassische „Theorie der Strukturierung", auch „Strukturationstheorie" genannt, von Anthony Giddens (1984/1997). Hier stehen System, Struktur und Akteur in einem engen Wechselverhältnis. Die Strukturationstheorie lässt sich, wie Ortmann et. al. (1997) zeigen, auf Organisationen anwenden und passt somit zu unserem Thema.

2.8   Strukturationstheorie

Der Kerngedanke der Strukturationstheorie lautet: „In und durch ihre Handlungen reproduzieren die Handelnden die Bedingungen, die ihr Handeln ermöglichen" (Giddens 1997, 52). Indem Menschen beispielsweise Waren produzieren und konsumieren entsteht ein Wirtschaftsleben, das es Menschen ermöglicht Geld zu verdienen und damit Waren zu kaufen, wodurch es Unternehmen wiederum möglich ist, Waren herzustellen und an den Mann zu bringen. Ein zirkuläres Geschehen also. Giddens spricht hier von einer „Dualität der Struktur", wonach „die Strukturmomente sozialer Systeme sowohl Medium wie Ergebnis der Praktiken (sind), die sie rekursiv organisieren" (ebd., 77). Die Bedeutung des Akteurs innerhalb von Kollektiven und Systemen macht Giddens unter anderem deutlich, in dem er darauf verweist, dass die Existenz eines Kollektivs zwar „augenscheinlich nicht von den Aktivitäten irgendeines besonderen Individuums abhängt", die Kollektive oder Gesellschaften aber aufhören würden „zu existieren, wenn alle betreffenden Akteure verschwänden" (ebd., 76).

Menschen handeln, so Giddens, in der Regel intentional, also mit Ziel und Absicht. Doch dabei entstehen ständig auch nicht-intentionale, also nicht beabsichtigte Folgen. Das Unbeabsichtigte kann jedoch auf Grund der Rückkopplungsprozesse das weitere Handeln beeinflussen und Strukturen verändern (vgl. ebd., 79). Uwe Schimank (2002, 9 ff.), der Giddens' Ansatz erweitert hat, illustriert das Konzept der Strukturation am Beispiel des Massensports.

2.8.1   Sport als Erklärungsmuster

Millionen Menschen in aller Welt sind sportbegeistert. Die Motive dafür sind, so Schimank, hochgradig sozial geprägt. Das hänge zum Beispiel damit zusammen, dass das Leben in modernen, ausdifferenzierten Gesellschaften weitgehend routinisiert sei. Das habe einerseits Vorteile, weil dadurch vieles vorhersehbar sei und böse Überraschungen in der Regel ausblieben. Das habe andererseits jedoch ein wachsendes Maß an Langeweile zur Folge. Sportereignisse seien ein probates Mittel dagegen. Ein weiteres Motiv sei die Möglichkeit, bei Sportveranstaltungen, vor allem bei Fußballspielen, Emotionen auszuleben. Anders als im normalen Leben, wo affektive Selbstkontrolle gefordert sei, werde hier Begeisterung erwartet. Der Fan solle anfeuern, solle mit „la o la"-Wellen im Stadion Stimmung und ein Gemeinschaftsgefühl erzeugen. Schon aus diesen wenigen, genannten Motiven werde deutlich: „Soziale Strukturen prägen Motive, Gelegenheiten und Ausdrucksformen des Handelns" (ebd., 11).

Doch das moderne Leben hat noch weitere Strukturbesonderheiten. Durch das Fernsehen und durch Verkehrsmittel wie Auto, Flugzeug, Eisenbahn können Sportbegeisterte ihre Leidenschaft ausleben. Sie können spannende Fußballbegegnungen im TV mitverfolgen oder von weit her zum Stadion reisen und das Spiel selbst vor Ort sehen. Außerdem hat die moderne Arbeitswelt durch verringerte Arbeitszeiten für viele Menschen überhaupt erst die zeitlichen Voraussetzungen für eine Sportbegeisterung geschaffen. Auch diese Strukturentwicklungen haben das Interesse an Sportereignissen gefördert.

Die Strukturen haben also das Handeln – etwa den Besuch von Fußballspielen – ermöglicht und beeinflusst. Doch jetzt kommt der Umkehreffekt. Handeln beeinflusst und prägt wiederum die Strukturen. Im Fußballstadion kommt es immer häufiger zu Gewalttätigkeiten. Hooligans richten erhebliche Schäden an und verletzen Menschen. Darauf reagiert die Politik. Es wird zum Beispiel ein Alkoholverbot in den Spielstätten erlassen. Das durch Sportbegeisterung ausgelöste Handeln hat so die rechtlichen Strukturen verändert. Wenn zehntausende von Fans mit dem Auto zum Stadion fahren, dann hat das jedes Mal einen Verkehrsstau zur Folge. Die Anwohner sind zunehmend verärgert darüber. Auch der

Straßenverkehr im weiten Umkreis wird durch die an- und abfahrenden Stadion-besucher zum Erliegen gebracht. Die Stadt beschließt daraufhin, ein Verkehrs-leitsystem einzurichten und eine neue S-Bahn-Verbindung zu schaffen. Auch hier die Wechselwirkung zwischen sozialem Handeln und Struktur.

2.8.2   Schema: Struktur-Handlung

Schematisiert bedeutet das (vgl. ebd., 14): Die zum Zeitpunkt Z 1 vorhandenen Strukturen S 1 (moderne Zivilisation mit Freizeit, Langeweile, Auto) prägen das Handeln H 1 (Fußballbegeisterung, Randale, Staus vor dem Stadion). Über eine gewisse Zeit hinweg bilden sich dann bis zum Zeitpunkt Z 2 neue Strukturen S 2 (mehr Anreisemöglichkeiten zum Stadion, Alkoholverbot). Diese prägen dann wiederum das Handeln H 2. Um im Beispiel zu bleiben: Wegen der günstigen Zufahrtsmöglichkeiten (S 2) sind die Tickets noch begehrter als zuvor. Der Fuß-ballclub erhöht daraufhin massiv die Eintrittpreise (H 2). Dadurch verändert sich die Struktur des Präsenzpublikums. Es kommen vor allem wohlhabende Fans, die aber höhere Ansprüche stellen. Deshalb wird zum Zeitpunkt Z 3 die VIP-Tribüne erheblich erweitert und der Cateringbetreiber baut ein zusätzliches Re-staurant (S 3).

Das Prinzip soll noch mit einem ARD-Beispiel illustriert werden. Nach dem Börsencrash 1987 wollte auch das Erste über die Entwicklung an der Aktienbör-se berichten. Der Privatsender n-tv war hier Vorbild (Lehmann 2006). Als 1989 das gemeinsame Mittagsmagazin von ARD und ZDF aus der Taufe gehoben wurde, richtete man in den Räumen der Frankfurter Börse ein TV-Studio ein, das von ARD und ZDF gemeinsam genutzt wurde. 1996 ging, flankiert von einer groß angelegten PR-Kampagne, die Deutsche Telekom an die Börse. Das war der Anfang einer mehrjährigen Börse-Hausse. Weltweit waren damals Medien-, Internet- und Biotechnologie-Aktien gefragt. Wer solche Papiere rechtzeitig gekauft hatte, konnte seinen Einsatz zum Teil mehr als verzehnfachen. In den Wirtschaftszeitungen wurde ein neues Börsenzeitalter ausgerufen. Die sagenhaf-ten Gewinnchancen an der Börse waren mit einem Mal Thema im Taxi, auf Partys, am Arbeitsplatz. „Selbst Leute, die bis dahin nie eine Aktie gekauft hat-ten, gingen plötzlich zu ihrer Bank und eröffneten ein Depot" (ebd.). Dieses soziale Handeln bewirkte, dass die ARD ihre Börsenberichterstattung ausweitete. Seit 1997 wird werktäglich in der „Tagesschau um fünf" nach Frankfurt geschal-tet. 2001 kam die ebenfalls werktägliche Rubrik „Börse im Ersten" direkt vor der 20-Uhr-Tagesschau dazu. Auch in der „Tagesschau um zwölf" ist die Börsen-schalte fester Bestandteil. In den Räumen der Frankfurter Börse richtete die ARD jetzt ein eigenes Studio ein und trennte seine Technik von der des ZDF ab.

Nach einem weiteren Börsencrash haben sich die Gewinnchancen an der Börse wieder normalisiert, über Aktien sprechen wie früher vor allem die wirtschaftlich Interessierten, doch die Berichtsstrukturen sind geblieben. Diese Strukturen wirken jetzt auf das Handeln zurück: Über die Jahreshauptversammlungen großer Aktiengesellschaften wird inzwischen regelmäßig im allgemeinen Nachrichtenumfeld berichtet und werden dann mit einer Börsenschalte kombiniert. Frank Lehmann (2006), der Chef der Börsenberichterstattung, sagt: „Früher kamen Wirtschaftsthemen in der Tagesschau nur dann zum Zug, wenn sie einen direkten politischen Bezug hatten und zwar über die Arbeitsplätze hinaus. Das hat sich klar geändert, seitdem es uns gibt".

Die Fernsehstruktur „Börsenberichterstattung" wirkt sich teilweise auch direkt auf das Handeln der Anleger aus. Frank Lehmann: „Wir haben am Freitag über die geplante Übernahme von Schering durch den Pharmakonzern Merck berichtet. Am Montag sind die Papiere um über 25 Prozent gestiegen, von 68 auf über 82 Euro. Ich habe bei den Maklern nachgefragt – das waren vorwiegend Kleinanleger, die da gekauft haben. Und das sind die, die sich bei uns informieren". Handeln von Anlegern sorgte also dafür, dass in der ARD Berichtsstrukturen für Börseninformationen geschaffen wurden. Durch die ständige Berichterstattung verfestigten sich diese Strukturen und prägen ihrerseits wiederum das Handeln von Nachrichtenredakteuren, von PR-Mitarbeitern in der Wirtschaft und von Rezipienten. Die Strukturen, die durch soziales Handeln initiiert werden, sind nicht nur materialisierter Art wie etwa neue Parkplätze oder eine neu installierte TV-Technik an der Börse. Solche Strukturen können auch „unsichtbare" Handlungsmuster sein.

2.8.3   Soziale Strukturen als „Medium"

Strukturen sind nach Giddens (1997, 77), wie oben schon kurz erwähnt, das „Medium", in dem Handeln stattfindet. Eine Norm wird dadurch zum Leben erweckt, indem man sie befolgt oder auch missachtet. Das bedeutet, „dass soziales Handeln die sozialen Strukturen als ,outcomes' hervorbringt – und zwar beständig aufs Neue. Weil soziale Strukturen sich immer erst im Gebrauch manifestieren, werden sie nur so produziert und reproduziert" (Schimank 2002, 15). Die Tagesstruktur mit festgesetzten Konferenzzeiten bei ARD-aktuell wird erst zur erkennbaren, gelebten Struktur, wenn eine Reihe von Redakteuren die Konferenztermine wahrnimmt. Wenn keiner mehr kommt, ist auch die Struktur nicht mehr vorhanden. Und wenn man sich darauf verständigt, künftig jeweils erst eine halbe Stunde später zu konferieren, dann ist damit die Struktur verändert worden.

Auch die Sendestruktur der ARD realisiert sich dadurch, dass Mitarbeiter den formalen Vorgaben folgen und beispielsweise zu den festgesetzten Zeiten Tagesschau-Ausgaben produzieren. Durch die erwartbar stattfindenden Sendungen wird die Struktur begründet und verfestigt. Die seit Jahren tägliche reproduzierte Struktur prägt das Handeln, indem sie Druck erzeugt und die Redaktion veranlasst, ohne Unterlass immer neue Sendung herzustellen.

An einem konkreten Beispiel aus der Tagesschau-Redaktion lässt sich auch illustrieren, wie eine Struktur zu entstehen beginnt. Ganz am Anfang steht – das dürfte generell gelten – eine Struktur schaffende Idee. Ein Chef vom Dienst legte vor Jahren, als die moderierte „Tagesschau um fünf" konzipiert wurde, fest: „Keine Sendung beginnt mit einem Schaltgespräch. Das ist für den Zuschauer optisch nicht attraktiv". Diese Regel wurde von da an, mit nur seltenen Ausnahmen, beachtet und gilt noch heute. Durch das Befolgen der Regel, aber auch durch den gelegentlichen Verstoß in begründeten Ausnahmefällen, wurde aus dieser gestalterischen Idee eine Struktur.

2.8.4   Akteur-Struktur-Dynamiken

Uwe Schimank (2002) hat die gerade vorgestellte Strukturationstheorie von Giddens zu einer Theorie der Akteur-Struktur-Dynamiken ausgebaut. Wodurch unterscheiden sich die beiden Ansätze? – Giddens zeigt die Zusammenhänge zwischen Akteur, Struktur und System sozusagen in einem großen Panoramaschwenk. Er beschreibt die Abhängigkeit von Raum und Zeit. Er benennt die Bedeutung der Strukturation für Evolution und Geschichte. Schimank dagegen rückt näher an das Geschehen heran und befasst sich im Gegensatz zu Giddens auch mit den Handlungsmotiven der Akteure. Er nutzt dafür Erkenntnisse über Handlungsmuster und Handlungsantriebe von Menschen. Schimank stellt in diesem Kontext vier Modelltypen vor: Den *Homo Sociologicus*, der normorientiert handelt; den *Homo Oeconomicus*, der vor allem auf seinen Vorteil bedacht ist; den *emotional man*, der von seinen Gefühlen gesteuert wird und den *Identitätsbehaupter*, bei dem „die Behauptung der je persönlichen Identität zum dominanten Handlungsantrieb werden kann" (ebd., 122). Die vier genannten Modelltypen treten jedoch so gut wie nie in Reinform auf, sondern meist als Mischtypen, wobei das Mischungsverhältnis akzidentiell schwankt (vgl. ebd., 148). Die Modelltypen lassen sich nach Schimank nicht nur auf individuelle Akteure anwenden, sondern auch auf kollektive und korporative Akteure (vgl. ebd., 117; 126; 136). „Kollektive Akteure sind z.B. soziale Bewegungen, korporative Akteure sind vor allem formale Organisationen" (ebd., 54).

Sobald nun Akteure mit ihren je unterschiedlichen Motiven handelnd aufeinander treffen, entsteht eine so genannte Akteurkonstellation. „Das handelnde
Zusammenwirken in einer Akteurkonstellation bringt soziale Dynamiken hervor,
die soziale Strukturen aufbauen, erhalten oder verändern" (ebd., 173). Dadurch,
dass Akteure unterschiedliche Vorstellungen, Wünsche, Absichten haben, entstehen im Zusammenwirken unvorhergesehene und ungewollte Struktureffekte.
Ein praktisches Beispiel: In der Redaktion plädiert die eine Gruppe von Redakteuren für eine möglichst früh angesetzte Konferenz, die andere Gruppe präferiert eine Zusammenkunft am späten Vormittag. Am Ende entscheidet der Chefredakteur, zwei kurze Konferenzen einzuführen. Eine sehr frühe und eine kurz
vor Mittag. Und alle haben an beiden Konferenzen teilzunehmen. „Je inkompa-
tibler die Intentionen der in einer ‚Figuration' verflochtenen Akteure und je geringer die Einflussdifferenzen zwischen ihnen sind, desto weniger vorhersehbar
fallen die Struktureffekte aus – und desto größer ist die Wahrscheinlichkeit, dass
diese Effekte auch nicht annähernd den Intentionen irgendeines der involvierten
Akteure entsprechen" (ebd., 187).

Die strukturellen Effekte handelnden Zusammenwirkens bestehen, wie oben
erwähnt, nicht nur im Aufbau und in der Veränderung sozialer Strukturen, sondern auch im Erhalt. Doch auch der Erhalt erfordert Dynamik, denn das Konstel-
lationsgleichgewicht beruht darauf, „dass kontinuierlich Kräften, die es verschie-
ben wollen, andere Kräfte entgegengesetzt werden. Es ist also kein statisches,
sondern ein dynamisches Gleichgewicht" (ebd., 189).

Ähnlich wie die Akteurstypen werden die Akteurkonstellationen modellhaft
differenziert. Nach Schimank gibt es *Konstellationen wechselseitiger Beobachtung*. In solchen Konstellationen nimmt jeder Akteur „das, was der jeweils andere tut oder nicht tut, als gegeben hin, zieht daraus seine Schlüsse und passt das
eigene Handeln dem an (…)" (ebd., 207). Bei der *Konstellation wechselseitiger
Beeinflussung* versuchen Akteure zum Beispiel mit Geld oder Drohungen ihre
Intentionen durchzusetzen (vgl. ebd., 247 ff.). Bei der *Konstellation wechselseitiger Verhandlung* arbeiten Akteure auf bindende Vereinbarungen hin. Diese
Konstellation tritt immer dann auf, wenn Akteure erkennen, dass sie so „mehr
erreichen können als durch wechselseitige Beobachtung oder Beeinflussung"
(ebd., 287). Wie schon bei den Modelltypen des individuellen Akteurs stellen
auch die realen Akteurkonstellationen „letztlich immer Gemengelagen aller drei
Konstellationsarten dar" (ebd., 325).

Die Akteur-Struktur-Dynamiken von Schimank stellen ein spannendes Ana-
lysewerkzeug dar, das es bei intimer Kenntnis zum Beispiel einer Redaktion ermöglicht, zu erkennen und nachzuvollziehen, warum in der formalen Organisation
welche Entscheidung getroffen wurde. Warum die operationale Organisation an
einem Tag genau so abläuft und nicht anders. Warum die strukturell-funktionale

Organisation diese oder jene bekannte Schwäche aufweist und dennoch nicht verändert wird. Doch hierfür ist eine sehr intensive Nahkenntnis erforderlich. Ein
teilnehmender wissenschaftlicher Beobachter hätte hier kaum eine Chance, ihm
blieben zu viele wichtige Parameter verborgen, um Schimanks Theorie mit Leben
zu erfüllen. Und die Analyse dessen, was sich zwischen zwei oder mehr korporati-
ven Akteuren abspielt, ist so gut wie unmöglich. Zu viele im Dunkeln bleibende
Einflüsse und Intentionen wirken hier zusammen. Insofern ist Schimanks Ansatz
für die theoretische Unterfütterung einer praktisch-empirischen Arbeit nicht sonderlich geeignet. In der Journalismustheorie sieht das anders aus. Christoph Neuberger
(2004, 287) hat hier die Akteur-Struktur-Dynamiken mit systemtheoretischen Überlegungen kombiniert, um so den „systemtheoretisch ‚halbierten' Journalismus" zu
überwinden und eine „Renaissance des Akteurs" herbei zu führen.

Die Theorie der Akteur-Struktur-Dynamiken und die Strukturationstheorie
von Giddens wurden nur schlaglichtartig und in stark verkürzter Weise dargestellt. Auch diese beiden Theorien, die Strukturationstheorie vor allem, gehen
weit ins Detail, wenn auch längst nicht so weit wie die von Niklas Luhmann über
Jahrzehnte hinweg entwickelte und immer weiter ausgebaute Systemtheorie. Alle
drei Theorien beschäftigen sich mit sozialen Systemen. Sie gelten in ihrem An-
wendungsbereich auch für formale Organisationen und halten somit auch Erklä-
rungen für Phänomene parat, die weiter unten beschrieben werden. Allerdings ist
keine von ihnen so passgenau, dass sie gezielt und in größerem Umfang für diese
Arbeit eingesetzt werden könnte.

2.9   Konstruktivistischer Ansatz

In der Synopse bisheriger Forschung haben wir neben den drei Theorien jene
Aspekte fokussiert, die sich mit dem journalistischen Akteur als Individuum
beschäftigten, mit der Selektion von Nachrichten, mit dem Zusammenspiel von
Individuum und medialer Organisation. Doch ist das, was aus diesen Aktivitäten
und aus diesem Zusammenspiel entsteht, ist das, was die Medien berichten,
überhaupt eine verlässliche Wiedergabe von Realität? Unter anderem mit dieser
Frage beschäftigt sich ein traditionsreiches Paradigma – der Konstruktivismus.

2.9.1   Tradition des Konstruktivismus

Der Grundgedanke geht bereits auf die Skeptiker des dritten vorchristlichen
Jahrhunderts zurück, die es für unmöglich hielten, Wirklichkeit und Wahrheit zu
erkennen. Der griechische Arzt und Philosoph Sextus Empiricus stellte die antike

Skepsis im zweiten Jahrhundert unserer Zeitrechnung ausführlich dar. Dieses Werk wiederum beeinflusste im 17. und 18. Jahrhundert die Wissenschaftskritik und inspirierte auch Immanuel Kant (1724-1804). Kant hielt Raum und Zeit für eine Erfindung menschlichen Denkens und beschäftigte sich mit den Bedingungen, unter denen objektive Erkenntnis möglich ist (vgl. Kant 1992, 71 ff.). In den siebziger Jahren des vergangenen Jahrhunderts aktualisierte der Neurobiologe Humberto R. Maturana diese Denkschule (vgl. Schmidt 1987, 7). Nach Maturanas Verständnis ist ein objektives Erfassen unmöglich. „Wir leben (…) in einem Bereich subjektabhängiger Erkenntnis und subjektabhängiger Realität. Dies bedeutet, daß die Fragen ‚Was ist der Gegenstand der Erkenntnis?' oder ‚Was ist die objektive Realität des Gegenstandes?' sinnlos werden, wenn sie durch einen absoluten Beobachter beantwortet werden sollen, denn ein derartiger absoluter Beobachter ist in unserem kognitiven Bereich grundsätzlich unmöglich" (Maturana 1982, 268). Gerhard Roth, der Maturanas Ansatz fortentwickelt hat, begründet, warum die Erkenntnis objektiver Realität unmöglich ist. Es liege daran, „daß das Gehirn, anstatt weltoffen zu sein, ein kognitiv in sich abgeschlossenes System ist, das nach eigenentwickelten Kriterien neuronale Signale deutet und bewertet, von deren wahrer Herkunft und Bedeutung es absolut nichts Verläßliches weiß" (Roth 1987, 235). Die Decodierung der im Gehirn eintreffenden Reize findet unter anderem durch „Zuhilfenahme angeborener und erworbener Gestaltungsmuster" (ebd., 231) statt.

Wie begründen die Neurobiologen ihre Abgeschlossenheitsthese? – Das Gehirn, so Roth, bekommt von den Sinnesorganen wie Auge, Nase und Ohr lediglich elektrische Impulse angeliefert. Diese Impulse sind immer gleich. Erst im Gehirn wird das Signal, je nach dem in welcher Gehirnregion es eintrifft, als Geruch, Geräusch oder als Farbeindruck gewertet. „Das Gehirn arbeitet also nach einem rigorosen *topologischen* Prinzip, ebenso wie der Ingenieur vor einem Kontrollpult urteilt: wenn die Lampe in der Reihe und der Spalte aufleuchtet, dann bedeutet das einen Schaden genau in der und der Maschine" (ebd., 234, kursiv d. Roth).

Maturana, Roth, aber auch der Professor für kognitive Psychologie, Ernst von Glasersfeld (1987), um nur diese drei zu nennen, stehen für den „Radikalen Konstruktivismus". Glasersfeld schreibt unter Verweis auf Kant: „Macht man sich diese Anschauung einmal zu eigen, dann kommt man gar nicht mehr in die Versuchung, über die ontologische Realität irgendwelche Aussagen zu machen" (ebd., 48). Der konstruktivistische Gedanke fand Eingang in die Kommunikationswissenschaft.

2.9.2   Basistheorem des Konstruktivismus

Das Basistheorem des Konstruktivismus lässt sich nach Merten (2005, 136) folgendermaßen formulieren:

> „Menschen konstruieren ihre Wirklichkeit subjektiv und eigenverantwortlich. Es gibt demnach so viele Wirklichkeiten, wie es Menschen gibt".

Das konsentiert auch mit den Erkenntnissen der Psychologie, wonach zwei Menschen eine Situation niemals auf genau dieselbe Art und Weise wahrnehmen und auslegen, denn „unsere persönliche Konstruktion der Wirklichkeit ist immer eine einzigartige Interpretation der momentanen Situation. Diese Interpretation beruht auf einem grundlegenden Schema bzw. Modell der Realität, das aus unserem allgemeinen Wissen, aus Erinnerungen an vergangene Erfahrungen, aus momentanen Bedürfnissen, aus Werten und Überzeugungen sowie aus in die Zukunft weisenden Zielen besteht" (Zimbardo/Gerrig 2003, 175). Besucher eines alten Schlosses zum Beispiel nehmen diesen Besuch in ganz unterschiedlicher Weise wahr. Der Antiquitätenliebhaber betrachtet das reich intarsierte Mobiliar, der Silbersammler bewundert die schweren Kandelaber, ein Dritter wird durch den Geruch aus Staub, Bohnerwachs und alten Stoffen an den cholerischen Großvater von einst erinnert.

Zwei Zahlen veranschaulichen, warum und wie sehr die Wahrnehmung von Individuum zu Individuum abweichen kann. Die fünf Sinne des Menschen nehmen zusammen in jeder Sekunde schätzungsweise elf Millionen Bits an Information auf. Aber nur ganze 40 Bits davon kann unser Gehirn in dieser einen Sekunde bewusst verarbeiten (vgl. Myers 2005, 246). Welche 40 das sind und welche 10.999.960 Bits wir nur unterbewusst irgendwie oder auch gar nicht zur Kenntnis nehmen, das ist von Mensch zu Mensch verschieden. Um mit dieser ungeheuren Flut an Informationen umgehen zu können, müssen wir Reize selektieren. Die Psychologie spricht in diesem Zusammenhang von „selektiver Aufmerksamkeit".

2.9.3   Bedeutung der Selektivität

In der Theorie des Konstruktivismus kommt der Selektivität entscheidende Bedeutung zu. Sie unterscheidet nach Merten (2005) den Menschen vom Tier. Das Tier reagiert auf einen Stimulus mit einem vorhersagbaren Verhalten, es reagiert reflektorisch. Beim Menschen ist dagegen die Kopplung zwischen Reiz und Reaktion aufgehoben. Der Mensch selegiert unter den Stimuli und entscheidet, wie er darauf reagiert. Die Selektion aus einem Riesenangebot an Signalen erfolgt auf dem Muster früher erworbener Erfahrungen, denn die „Reizunspezifität des Gehirns nötigt ihm Selbstexplikativität auf" (Schmidt 1987a, 17). Diese Wissens-, Erfahrungs- und Einstellungsbestände verweben sich zu einem Filter, der dem künftigen Input vorgeschaltet ist. „Daraus ergibt sich genau das, was das Basistheorem behauptet: Wirklichkeit kann nur immer subjektiv erzeugt werden" (Merten 2005, 139).

2.9.4 Prinzip der Viabilität

Der Radikale Konstruktivismus geht soweit zu sagen, die wirkliche Wirklichkeit sei letztlich unerheblich. Da Wirklichkeiten immer konstruiert würden, komme es auf Authentizität nicht mehr an. „Wirklichkeitskonstruktionen sind daher nicht auf Wahrheit, sondern nur auf Viabilität verpflichtet" (Merten 2005, 140). „Viabilität" wurde als Begriff von Glasersfeld geprägt, der das Wort in zwei Bedeutungen gebrauchte. Viabilität einmal als „Gangbarkeit" und einmal, aus dem Englischen „viability" abgeleitet, als „Überlebensfähigkeit" oder als das „Sichern des Überlebens". Wenn die Realitätskonstruktion des Gehirns mit den ontischen Gegebenheiten nicht gefährlich konfligiert, wenn die subjektive Realitätskonstruktion mit den Realitätskonstruktionen anderer kompatibel ist, wenn somit soziales und individuelles Überleben gesichert sind, dann sind die Realitätskonstrukte viabel. Und das hat nach Glasersfeld (1987, 57 f.) folgende Konsequenz: „Da in der konstruktivistischen Perspektive (...) jede Beschreibung oder Repräsentation einer ontischen Welt, die nicht als Märchen, sondern als Realität hingestellt wird, aus rein logischen Gründen eine unzulässige Fiktion ist, während die Erfahrungswelt, die wir uns konstruieren, das Einzige ist, zu dem wir Zugang haben, wäre es unsinnig, diese Wirklichkeit nicht als *wirklich* zu betrachten. Insofern unsere Konstruktion sich als *viabel* erweist, müssen wir uns auf sie verlassen (...)" (kursiv d. Glasersfeld).

Lebensnah übersetzt bedeutet das, für eine Maus ist es letztlich irrelevant, ob sie ein herannahendes Tier auf Grund ihrer Wirklichkeitskonstruktion für einen Fuchs hält, obwohl es sich um eine Katze handelt. Wichtig ist nur, dass sich die Maus rechtzeitig in ihrem Mauseloch in Sicherheit bringt. Ist ihr Hör- und Sehvermögen allerdings so eingeschränkt, dass sie die Katze mit einem harmlosen Schaf verwechselt und deshalb nicht flüchtet, dann ist ihre Wirklichkeitskonstruktion nicht mehr viabel – sie wird gefressen, das Überleben wurde nicht gesichert.

2.9.5   Wirklichkeitskonstruktion der Medien

Da insbesondere auch die Medien Wirklichkeit konstruieren, führt das nach
Merten in der Mediengesellschaft zu einer Verdreifachung der Welt. Da ist zum
einen die Welt des Ontischen (die ja eigentlich aus konstruktivistischer Sicht gar
nicht feststellbar ist) und da ist die Welt des konstruierten Fiktionalen. Da aber
die Rezipienten die medial vermittelte Fiktion für real halten und entsprechend
darauf reagieren, schafft das Fiktionale wiederum Fakten. Durch die „Transzen-
denz der Grenzen zwischen beiden Welten etabliert sich eine neue, dritte Welt, in
der Fakten und Fiktionen einander wechselseitig und viabel substituieren können" (Merten 2005, 142). Diese Wechselwirkung zwischen tatsächlicher und
medial konstruierter Wirklichkeit lässt sich am Beispiel der Rinderseuche BSE
(Bovine Spongiforme Enzephalopathie) darstellen.

Die wirkliche Wirklichkeit dieser Krankheit entwickelte sich im Verborgenen, wobei die Anfänge weit zurückreichen. Schon seit dem 18. Jahrhundert war
in England eine BSE-ähnliche Erkrankung namens „Scrapie" bekannt. Scrapie
tritt bei Schafen auf und verursacht zunächst einen extremen Juckreiz, den die
Tiere durch kontinuierliches Kratzen, Scheuern und Benagen loszuwerden versuchen. Dabei schaben sie sich die Wolle vom Leib. Die erkrankten Tiere magern
ab, bekommen einen traberartigen Gang, stolpern und brechen ein. Scrapie endet
ausnahmslos tödlich, weil Scrapie das Gehirn zerstört (vgl. Ackermann 1999, 7
f.). Die Krankheit ist, wie die Beschreibung zeigt, außerordentlich auffällig, dennoch hatte sich offenbar mehr als 200 Jahre niemand näher damit befasst.

Etwa ab dem Jahr 1970 wurden in Großbritannien verendete Schafe, auch
solche, die an Scrapie zu Grunde gingen, zu eiweißhaltigem Kraftfutter verarbeitet. Das kadaverhaltige Tiermehl wurde in großem Stil auch an Rinder verfüttert.
Anfang der achtziger Jahre änderte man das Produktionsverfahren und arbeitete
mit geringeren Temperaturen (vgl. BMELV 2006, 1). Das war nach heutigem
Kenntnisstand der Anfang einer Katastrophe, denn krankheitsauslösende Prionen
sind extrem hitzebeständig und schon in winzigen Mengen hochinfektiös. So
wurden Rinder von Scrapie-Prionen befallen, die Tiere starben und wurden hinterher ebenfalls zu Tiermehl verarbeitet. Futter, das nun auch Bestandteile veren-
deter Rinder enthielt, wurde wiederum an Rinder verfüttert. Das Infektionsge-
schehen beschleunigte sich dadurch dramatisch, doch auch davon nahm zunächst
niemand Notiz. Nach allem was sich rückblickend feststellen lässt, war das die
wirkliche Wirklichkeit.

Im November 1986 wurde BSE dann zum ersten Mal wissenschaftlich beschrieben und von den Medien als Thema entdeckt. In diesem Jahr erkrankten
160 Rinder an der damals noch völlig rätselhaften, unerforschten Seuche. Die
Fallzahl schnellte von Jahr zu Jahr nach oben, insgesamt wurden bis heute mehr

als 180 000 britische Rinder befallen (vgl. Britische Botschaft 2006, 2). In den Fernsehnachrichten waren immer öfter torkelnde, hilflos zusammenbrechende Kühe und Bullen zu sehen. Und die große Frage in den Medien war: Ist BSE auf den Menschen übertragbar mit möglicherweise tödlichen Folgen? Die Wissenschaft hatte darauf keine Antwort, was die Spekulationen anheizte.

Der Mikrobiologe Richard Lacey goss Öl ins Feuer, als er 1990 – noch war niemand erkrankt – öffentlich die Befürchtung äußerte, dass „wir eine ganze Generation von Menschen verlieren" könnten (vgl. Sotschek 1998). Dann, im April 1996, kam die schon lange erwartete Hiobsbotschaft: Zehn Menschen waren an einer neuartigen Form der Creutzfeldt-Jakob-Krankheit (vCJK) gestorben. Alle zehn hatten BSE-verseuchtes Rindfleisch verzehrt. Die Gehirnuntersuchungen hatten einen an Gewissheit grenzenden Zusammenhang zwischen vCJK und BSE ergeben (vgl. NZZ 1997).

Die permanente mediale Aufmerksamkeit setzte Politiker, Wissenschaftler und Landwirte unter gewaltigen Druck und bewirkte einen entschlossenen Kampf gegen die Krankheit. Die Forschung suchte mit großer Intensität nach den Ursachen, die Politik erließ strenge Schutzmaßnahmen. Wurde in einem Stall ein BSE-krankes Rind entdeckt, musste sofort der gesamte Bestand geschlachtet und verbrannt werden. Kadaverhaltiges Tiermehl durfte nicht mehr an Wiederkäuer verfüttert werden. Risikoorgane wie Hirn oder Milz mussten auch bei der Schlachtung gesunder Rinder vernichtet werden. Diese Vorschriften sorgten in der realen Wirklichkeit für mehr Sicherheit als in den Jahren zuvor, als noch niemand etwas von BSE wusste. Doch die Bilder der kranken Rinder vor Augen, erschien das Risiko jetzt in der konstruierten medialen Wirklichkeit sehr viel höher. Die Reaktionen in der Realität waren entsprechend: Mehr als 8 Millionen Rinder wurden aus Sicherheitsgründen getötet und verbrannt. In ganz Europa durfte kein britisches Rindfleisch mehr eingeführt werden, die britische Landwirtschaft erlitt horrende Verluste.

Von 1993 an, dem Höhepunkt der Seuche, nahm in Großbritannien die Zahl der an BSE erkrankten Rinder stark ab. Doch nicht der starke Rückgang der Erkrankungszahlen von über 36 000 Rindern im Jahr 1993 auf knapp 1300 im Jahr 1998 wurde in der Berichterstattung thematisiert, sondern das verbliebene Restrisiko. Damit galt britisches Rindfleisch in den Augen der Verbraucher auch weiterhin als gesundheitliches Risiko. Als die EU 1998 britisches Fleisch wieder für den Export in die europäischen Mitgliedsländer freigeben wollte, gab es vor allem auch in den deutschen Medien heftigen Widerstand. Die *Tageszeitung* schrieb über ihren Artikel die Zeile: „Pfanne frei für Briten-Beef trotz immer neuer BSE-Fälle". Und unter dem Bild einer Kuh stand im gleichen Artikel „Auf geht's – bald dürft ihr BSE wieder in ganz Europa übertragen" (Urbach 1998). Ein gutes Beispiel für die Hypothese der Verzerrung, wonach in der medialen

Darstellung jene Merkmale besonders akzentuiert werden, die den Nachrichtenwert eines Ereignissen ausmachen (vgl. Hagen 2005, 93; auch 2.6.1.3). Das Me-
dienecho sorgte dafür, dass die Exportfreigabe für britisches Rindfleisch unter-
blieb. Winfried Schulz (2005, 55) beschreibt diesen Zusammenhang so:
„Nachrichten (sind) eine Definition gesellschaftlicher Realität mit realen Folgen.
(…) Auch wenn die Medien nur eine unvollkommene oder gar verzerrte Annähe-
rung an die wirkliche Wirklichkeit präsentieren (…), sind die gesellschaftlichen
Folgen der Medienrealität doch sehr real (…)".

BSE, so lässt sich rückblickend feststellen, beschäftigte die Medien und
damit die Öffentlichkeit fast 20 Jahre lang. BSE hatte alle Ingredienzien eines
großen Themas: Alle Rezipienten waren in ihrer Eigenschaft als Fleischkonsu-
menten direkt betroffen, strikte Vegetarier wurden in ihrer Haltung noch einmal
bestärkt. Der Nachrichtenfaktor „Bedeutsamkeit" oder „möglicher Schaden" war
in hoher Intensität gegeben. BSE war anfangs überraschend und rätselhaft, danach als Thema etabliert. BSE ist zwar eine merkwürdige Krankheit, doch nicht
so kompliziert, dass Zusammenhänge nicht mehr erklärt werden können (Faktor
„Eindeutigkeit"). Durch die rapide steigende Zahl erkrankter Rinder war auch
der Faktor „Negativität" von Bedeutung. Eine Elite-Nation mit großer politischer
und wirtschaftlicher Nähe zu Deutschland war betroffen. Und auch der Nachrichtenfaktor „Organisation", um den es in dieser Arbeit geht, unterstützte die
lang anhaltende Karriere des Themas BSE. Das ARD-Studio London war und ist
technisch und personell gut ausgestattet und konnte so zum Beispiel der Tagesschau jederzeit aktuelle Berichte liefern. Das britische Fernsehen, allen voran die
BBC, versorgte auch die ausländischen TV-Nachrichten mit gutem Bildmaterial.
Pressekonferenzen und Statements britischer Politiker und Wissenschaftler waren dadurch stets aktuell verfügbar. Solche organisationalen Aspekte können ein
Thema durchaus fördern oder bremsen, wie später noch zu zeigen sein wird.

Deutschland war in all den Jahren von der BSE-Krise verschont geblieben,
doch die Angst vor BSE war groß. Sie wurde noch gesteigert, als die BBC Anfang November 2000 berichtete, das Gesundheitsministerium in London gehe in
einem „worst case"-Szenario von bis zu 250 000 Menschen aus, die an vCJK
erkranken und sterben könnten. Der damalige Bundeslandwirtschaftsminister
Funcke sagte in dieser aufgeheizten Situation, um die Gemüter zu beruhigen, am
20. November 2000: „Ich bin der felsenfesten Überzeugung, dass deutsches
Rindfleisch sicher ist" (vgl. Bollwahn 2003, 1). Vier Tage später trat in Deutschland bei einem Rind der erste BSE-Fall auf. In der medial konstruierten Wirklichkeit wurden jetzt die Verhältnisse in Deutschland mit denen in Großbritannien gleichgesetzt. Und die Reaktionen in der tatsächlichen Realität waren
gewaltig. Der Konsum von Rind- und Kalbfleisch ging innerhalb kurzer Zeit um
40 Prozent zurück (vgl. ZMP 2006).

In den Medien war von schlampigen Futtermittelkontrollen die Rede, von warnenden EU-Gutachten, die nicht genügend berücksichtigt worden waren, von Kompetenzwirrwarr bei den zuständigen Behörden (vgl. Deupmann et al. 2001). Als weitere BSE-Fälle in Deutschland auftraten, mussten sowohl Landwirtschaftsminister Funcke als auch die damalige Gesundheitsministerin Andrea Fischer zurücktreten. Wegen heftiger Medienreaktionen hatte Bundeskanzler Schröder beide Minister zum Amtsverzicht gedrängt (vgl. Busse et al. 2001, 11), anschließend rief er ein Verbraucherschutzministerium ins Lebens, zu dessen Zuständigkeiten auch die Landwirtschaft gehörte.

Verbraucherschutzministerin wurde Renate Künast von den „Grünen". Sie leitete eine Wende ein hin zur ökologischen Landwirtschaft und setzte unverzüglich durch, dass alle geschlachteten Rinder ab einem Alter von 24 Monaten auf BSE getestet werden mussten. Der Test wirkt zwar wegen der Inkubationszeit erst ab einem Alter von 30 Monaten wirklich zuverlässig (vgl. Ärzte Zeitung v. 15.01.2001), doch das ging in der öffentlichen Debatte unter. Im Jahr 2001 erkrankten 125 Rinder an BSE, im Jahr darauf waren es noch 106. Danach hörten die Journalisten auf zu zählen, es wurde ruhig um die Rinderseuche. Der Nachrichtenfaktor „Negativität" hatte an Intensität stark verloren. In den Medien setzte nach fast zwei Jahrzehnten BSE-Berichterstattung offenbar so etwas wie ein kollektiver Ennui ein. BSE war kein Thema mehr. Eine Tagesschau-Redakteurin antwortete Anfang 2006 auf die Frage: „Was glauben Sie, wie viele Rinder im letzten Jahr in Deutschland BSE hatten?" spontan: „Wahrscheinlich keines – sonst wäre darüber berichtet worden!".

Tatsächlich waren 32 Tiere im Jahr 2005 erkrankt (BMELV 2006a, 1). Sie wurden in der Mehrzahl entweder verbotswidrig mit Tiermehl gefüttert oder stammten von Müttern ab, die solches Tiermehl zu fressen bekommen hatten. In einigen wenigen Fällen konnten die Ursachen nicht mit letzter Gewissheit geklärt werden (Thiele 2006). In der medialen Konstruktion der Realität Anfang 2006 ist BSE nicht mehr existent. In der realen Realität erholt sich der Rindfleisch-Verbrauch von Jahr zu Jahr (vgl. ZMP 2006). Britisches Rindfleisch darf inzwischen, nach zehnjähriger Sperre, wieder in ganz Europa verkauft werden. Und das BSE-Testalter für deutsche Schlachtrinder wurde im Frühjahr 2006 von 24 auf 30 Monate angehoben.

Bei einer anderen Tierseuche, der Vogelgrippe, zeigte sich Anfang 2006 jener Effekt, den man „Wechselwirkung der zweiten Art" nennen könnte. Der Einfluss medial konstruierter Wirklichkeit auf die reale Wirklichkeit geht hier so weit, dass allein schon die vermutete, die antizipierte mediale Reaktion Auswirkungen auf das reale Verhalten hat. Im Februar 2006 wurden auf der deutschen Ostsee-Insel Rügen tote Schwäne geborgen, die den Vogelgrippe-Erreger H5N1 in sich trugen. Die zuständige Landrätin zögerte zunächst, den Katastrophenfall

auszurufen und die Insel großräumig zu sperren – aus Angst vor dem medialen
Echo. Man fürchtete um den Ruf Rügens als beliebtes Urlaubsziel. Man fürchtete
„von den Medien platt gemacht" zu werden, wie es ein Hotelier ausdrückte (vgl.
Boecker 2006).

2.9.6   Kritik am Konstruktivismus

Der Konstruktivismus ist oft und zum Teil auch recht heftig kritisiert worden.
Schon Kant wandte sich gegen den auf die Spitze getriebenen Skeptizismus
„welcher die Grundlagen aller Erkenntnis untergräbt, um, wo möglich, überall
keine Zuverlässigkeit und Sicherheit derselben übrig zu lassen" (Kant 1992,
412). Praktisch orientierte Kritiker der Neuzeit sagen, die Konstruktivisten in der
Journalistik und Kommunikationswissenschaft würden alle Objektivitätskriterien
außer Kraft setzen. Da Wirklichkeit nicht erkennbar und darstellbar sei und die
Realität geleugnet werde, könne es demnach auch keine Objektivität mehr geben.
Das führe zu fatalen Folgen für die journalistische Praxis. Der Konstruktivismus
legitimiere Beliebigkeit und Willkür in der Berichterstattung, er liefere für Fälschung und Manipulation die erkenntnistheoretische Basis (vgl. Pörksen 2004,
340 f.). Der ehemalige ZDF-Chefredakteur Klaus Bresser (1992, 17) weist konstruktivistische Ansätze komplett zurück:

> „Philosophen haben uns in den letzten Jahren weismachen wollen, die Medien in-
> formierten gar nicht, sondern sie erfüllten nur Erwartungen, lieferten marktgerechte
> Entwürfe von Wirklichkeiten. Ich beharre darauf, dass die Medien und auch das
> Fernsehen in der Lage sind, Wirklichkeit darzustellen. Der Anspruch auf Wahrheit
> ist nicht naiv".

Für Pörksen (2004) beruht solche Kritik auf einem Missverständnis, das er als
„Problem der referentiellen Konfusion" bezeichnet. Konstruktivisten nähmen mit
ihrer Behauptung, Wahrheit und Realität seien unerkennbar, bewusst eine theoretische Position der Absolutheit ein, die mit der Lebenswelt und der alltäglichen
Erfahrungswirklichkeit nichts tun habe. Um des Diskurses Willen konstruiere
man kommunikativ „ein Diskursjenseits im Diskursdiesseits" (ebd., 341). In der
Sphäre der journalistischen Erfahrungswirklichkeit sei selbstverständlich Kon-
sens herstellbar über das, was als Realität gelten könne und was nicht. Dem in
der Theorie bewusst auf die Spitze getriebenen Konstruktivismus mit seiner
Behauptung, Wirklichkeit sei niemals wirklich feststellbar, setzt Bentele (2005a)
seinen rekonstruktiven Ansatz entgegen. Dieser ist allerdings so neu nicht. Schon
Glasersfeld 1997, 58 ff.), Hejl (1987, 315 ff.), Roth (1987, 253 f.) oder Schmidt
(1987a, 35, 1998, 66) äußern ähnliche Überlegungen.

2.9.7 Rekonstruktivismus

Auch Bentele konzediert, dass wirkliche „Wirklichkeit" nicht wahrnehmbar ist, weil das jeweils erkennende System nur mit seinen eigenen Mitteln beobachten und erkennen kann. Jede Wahrnehmung ist insofern immer beobachtergebunden. Der Unterschied zwischen Konstruktivismus und Rekonstruktivismus bestehe darin, dass der Rekonstruktivismus das Vorhandensein einer realen Wirklichkeit anerkennt und den Bezug zu dieser Wirklichkeit herausstellt. Das beobachtergebundene Beobachten mag eingeschränkt sein, führt aber nach Bentele nicht zu irgendwelchen Phantasieprodukten, die als richtige Beobachtung ausgegeben werden, Es führt nicht zu Mitteilungen, die einfach aus der Luft gegriffen sind. Zwischen dem Wahrgenommenen und dem Wahrnehmungsgegenstand bestehe eine plausible Beziehung. Es gebe einen Zusammenhang zwischen Beschreibung und Beschriebenem, zwischen Medienwirklichkeit und Wirklichkeit. „In der Beobachtung von Wirklichkeit wird diese kognitiv rekonstruiert, im Prozess der kommunikativen Beschreibung von Wirklichkeit (durch Zeichen, Wörter, Texte und Themen) wird natürliche und soziale Wirklichkeit kommunikativ rekonstruiert" (ebd., 148).

2.9.7.1 Referenzwirklichkeit

Wenn andere Beobachter oder Systeme Wirklichkeit ähnlich und nachvollziehbar rekonstruieren, entsteht der Eindruck, dass man sich kollektiv auf dieselbe Wirklichkeit bezieht. Die Frage, was denn nun die wirkliche Wirklichkeit ist, wird nachrangig. Die rekonstruierte Referenzwirklichkeit wird zum allgemein akzeptierten, als Realität anerkannten Wirklichkeitssurrogat. Bentele hält diesen Wirklichkeitsbezug von kommunikativen Prozessen und Produkten für unerlässlich. Nur so könne man praxisrelevante Aspekte wie Wahrheit, Objektivität, Genauigkeit, Glaubwürdigkeit und Vertrauen in die wissenschaftliche Betrachtung einbeziehen (vgl. ebd., 151).

2.9.7.2 Realität und Medienwirklichkeit

Die kommunikativen Wirklichkeiten unterscheiden sich dabei von den materiellen oder sozialen Wirklichkeiten. Kommunikative Wirklichkeit kann ein Geschehen immer nur ausschnittweise übermitteln, die ganze Breite und Komplexität lässt sich nicht transportieren und würde auch, falls es gelänge, die Rezeptionsmöglichkeiten der Adressaten heillos überfordern. Die Reduktion

durch Selektion und Akzentuierung ist deshalb unabdingbar. Ist ein Kommunikationsprozess jedoch losgelöst vom Wirklichkeitsbezug, dann ist das eine unzulässige Reduktion. Die mediale Konstruktion der Realität verlöre dann ihren
Sinn, vorausgesetzt, es werde nicht aus propagandistischen Gründen bewusst die
Unwahrheit vermittelt. Lege man den Realitätsbezug zu Grunde und sei sich
gleichzeitig der Einschränkungen bewusst, denen ein Kommunikationsprozess
immer unterliege, dann komme man vom Konstruktivismus zum Rekonstruktivismus. „Medienwirklichkeit (…) ist eine kommunikativ konstruierte Wirklichkeit, in ihrer informativen Komponente (Nachrichten, Berichte, etc.) aber wesentlich eine nach vorhandenen Mustern nachkonstruierte oder rekonstruierte
Medienwirklichkeit" (ebd., 156).

Dabei besteht nach Bentele eine nicht aufhebbare Differenz zwischen sozialen und natürlichen Wirklichkeiten und den Medienwirklichkeiten. Je kleiner
diese Differenz allerdings sei, desto größer sei die Berichterstattungsqualität. Die
Rezipienten könnten durchaus erkennen, obwohl sie Wirklichkeit in aller Regel
nur als medial konstruierte Wirklichkeit erführen, wie realitätsadäquat mediale
Darstellungen seien. Das geschieht nach Bentele auf zwei Ebenen: Auf der persönlichen Ebene werden Geschehnisse selbst erlebt. Man hat ein Volksfest besucht und die Schlägerei selbst beobachtet. Das wird mit dem verglichen, was
anderentags darüber in der Lokalzeitung steht. Oder die Fernsehnachrichten
zeigen die Folgen eines Unwetters, das nur wenige Kilometer vom eigenen
Wohnort entfernt niederging. Der Vergleich zwischen selbst Erlebtem und medial Vermitteltem zeigt, wie groß oder wie klein die Diskrepanz zwischen natürli-
cher und medialer Wirklichkeit ist.

Auf der zweiten Ebene werden Medienberichte mit anderen Medienberich-
ten zum selben Sachverhalt verglichen. „Die Möglichkeit des Publikums, solche
Glaubwürdigkeitseinschätzungen der Medienwirklichkeit vorzunehmen, dürfte
historisch und funktional eine wichtige Ursache für die Entstehung von Adä-
quatheitsregeln (Wahrheit, Objektivität) auf der Kommunikatorseite sein" (ebd.,
157). Wenn die mediale Darstellung dabei einen bestimmten Realitätskorridor
verlasse, dann seien Glaubwürdigkeits- und Vertrauensprobleme die Folge.

2.9.8   Mediatisierung der Gesellschaft

Medien und Realität prägen und konstituieren sich aus konstruktivistischer Sicht
wechselseitig. Journalisten sind nicht nur externe Beobachter, die Wirklichkeit
konstruieren oder rekonstruieren. Wegen der Folgewirkungen ihres Handelns
(siehe 2.9.5) sind Journalisten immer auch Teil der Wirklichkeit, weil sie „unter
Umständen auch gegen ihren Willen die Realität verändern, über die sie berich-

ten" (Kepplinger 2004, 100). Umgekehrt passen sich die gesellschaftlichen Systeme, die auf Medienpräsenz angewiesen oder an Medienpräsenz in hohem Maße interessiert sind, zunehmend den medialen Erfordernissen an. Politik, Wirtschaft, Sport oder Kultur handelten früher vor allem den eigenen Gesetzen und Notwendigkeiten folgend, die Berichterstattung über ihr Handeln war eine „marginale Begleiterscheinung". Das hat sich geändert. Heute geben die Medien, zumal das Fernsehen mit seinen technischen und organisatorischen Zwängen und zeitlichen Strukturen, den Takt an. Die wichtigen gesellschaftlichen Systeme wurden dadurch mediatisiert (vgl. ebd., 104). Wie weitreichend vor allem das Fernsehen auf Grund seiner organisatorischen Notwendigkeiten die Gesellschaft mediatisiert, wird im empirischen Teil dargestellt.

Damit endet diese – bei weitem nicht vollständige – Übersicht über die zentralen theoretischen Konzepte und Forschungsergebnisse. Sie sollte in großen Strichen zeigen, in welche Richtungen bisher geforscht und gedacht wurden. Das Thema „Organisation" ist dabei immer wieder implizit oder auch explizit angeklungen. So dezidiert, wie im *Ilmenauer Ansatz* von Paul Klimsa (vgl. Klimsa/Schneider 2006), wird der Zusammenhang zwischen Organisatorischem und Content allerdings nirgendwo erwähnt. Insofern betritt die vorliegende Arbeit, die dem *Ilmenauer Ansatz* folgt, wissenschaftliches Neuland. Konstruktivisten wie Schmidt (2003) beschreiben eindrucksvoll, wie sehr die Medien und gerade das Fernsehen in die Gesellschaft eingebunden sind und welche Folgen die Berichterstattung auf die Wirklichkeitswahrnehmung, das Verhalten und das Funktionieren moderner Gesellschaften hat. Die Determinanten der Content-Entstehung bei den Fernsehnachrichten weiter zu erforschen, ist deshalb spannend und wichtig zugleich.

An dieser Stelle noch eine abschließende forschungstheoretische Anmerkung: Alle oben vorgestellten Theorien haben ihre Schwachpunkte. Keine Theorie genügt allen Anforderungen, keine kann alles plausibel und nachvollziehbar erklären. Und Löffelholz (2001, 22) resümiert in seinem Überblick über die Journalismusforschung im 21. Jahrhundert: „Die Herausbildung einer einzigen integrativen Supertheorie zur Beschreibung und Analyse aktueller Medienkommunikation (ist) unwahrscheinlich". Die Beschreibung des Journalismus werde weiterhin „multiperspektivisch erfolgen" müssen. Integrative Ansätze müssten weiterentwickelt und mit der empirischen Forschung stärker gekoppelt werden, denn „eine empirisch-analytische Orientierung bleibt für die Journalismusforschung zentral" (ebd.).

An diesem Punkt knüpft die vorliegende Arbeit an, die einen empirisch-analytischen Beitrag leisten will. Sie sieht sich zu Teilen in der Tradition der journalistischen Organisationsforschung, wie sie Manfred Rühl und Ilse Dygutsch-Lorenz (1971) begründet haben. Sie rekurriert auch auf eine Studie von

Philip Schlesinger (1978), der vor 30 Jahren die Arbeit der BBC-Nachrichtenredaktion beobachtete und zeigte, welche Bedeutung vor allem der operationalen
Organisation zukommt. Fernsehnachrichten seien in den meisten Fällen das
Ergebnis sorgfältiger Planung. „Die meisten Neuigkeiten sind gar nicht so neu,
in dem Sinne, dass sie lange vorhersehbar sind. Doch ein machtvoller Berufsmy-
thos spielt diese Tatsache herunter" (ebd., 80). Schlesingers Beschreibungen
beziehen sich auf die Arbeitsweise der BBC zwischen 1972 und 1976. In der
Zwischenzeit hat sich, vor allem auch technisch, vieles weiterentwickelt. TV-
Nachrichten müssen heute noch aktueller sein als damals. Die Möglichkeit, zumindest prinzipiell jederzeit live berichten zu können, hat neue Zwänge geschaffen. Fernsehnachrichten müssen deshalb sehr viel präziser geplant werden als
früher und gleichzeitig sehr viel flexibler und schneller auf Unvorhergesehenes
reagieren. Welche Konsequenzen das für den Inhalt hat und wie das Organisatorische ganz generell den Content von Tagesschau-Sendungen prägt, darum geht
es im empirischen Teil dieser Arbeit. Zunächst aber soll der Untersuchungsgegenstand beschrieben werden. Diese Beschreibung beginnt mit der Geschichte
der Tagesschau.

3 Beschreibung des Untersuchungsgegenstandes

3.1 Geschichte der Tagesschau

3.1.1 Von der Wochenschau zur Tagesschau

Die erste Tagesschau ging am 26. Dezember 1952 auf Sendung. Gezeigt wurde unter anderem die Rückkehr US-Präsident Eisenhowers von einem dreitägigen Staatsbesuch in Korea. Die Aufnahmen waren zwar schon drei Wochen alt, doch das störte damals niemanden (vgl. Jaedicke 2002, 9 f.). Nach dem Willen der Entscheidungsträger sollte die Tagesschau damals auch gar keine Nachrichtensendung sein (vgl. Garncarz 2005, 142). Die Tageschau war vielmehr die TV-Adaption der Wochenschau, die seinerzeit in den Kinos lief. Der Titel leitete sich auch direkt hiervon ab. Kreiert hatte ihn der Fernseh-Chefredakteur des NWDR, Heinz von Plato (vgl. Jaedicke 2002, 10). Die Wochenschau wurde jede Woche aktualisiert und dann in den Filmtheatern gezeigt, deshalb Wochenschau. Die TV-Sendung war an drei Tagen im Programm – montags, mittwochs, freitags – deshalb nannte man sie „Tagesschau" (vgl. ebd., 11).

Die Nähe zur Wochenschau ging über die Namensverwandtschaft weit hinaus. Das erste Tagesschau-Team um den Redakteur Martin S. Svoboda besorgte sich sein Sendematerial aus den Filmresten der „Neuen Deutschen Wochenschau", die ihren Sitz ebenfalls in Hamburg hatte. In der Heilwigstraße 116, einer Klinkervilla aus den 20er Jahren, residierten die Wochenschauleute. Im Keller desselben Gebäudes saß die Tagesschau-Mannschaft. Sie suchte sich aus dem, was ihr die Wochenschau zukommen ließ, ihr Filmprogramm zusammen und schrieb dazu Texte, die von einem Off-Sprecher gelesen wurden. Das Sendestudio befand sich zu jener Zeit in einem Flakbunker auf dem Hamburger Heiliggeistfeld (vgl. ebd., 12 ff.). Dieses Bauwerk gibt es heute noch.

3.1.2 Themenspektrum der Ur-Tagesschau

Die Themenauswahl war nicht an relevanter Information orientiert, sondern an Sensation und Unterhaltung. Svoboda selbst erläuterte in einem Brief an seinen Intendanten das Tagesschau-Konzept. Die Sendung „muss überzuckert sein mit Unterhaltung, Sport. (…) Sie benötigt die meist aus dem Ausland kommenden Modeschauen, Badeszenen, Pferderennen, usw. genau so bitter notwendig, wie

eine Wochenschau selbst. Ohne diese leichten und vom Publikum so gern gesehenen Zutaten können wir Politik und Kultur nicht lange verkaufen. Dann schau-
en die Leute nämlich weg oder schalten sich erst später ein. Es heißt dann
schnell: nicht interessant, langweilig" (Svoboda 1953). Und so war die Tagesschau eine Mischung aus Filmbildern, Musik und auf Pointe hin geschriebenem
Text (vgl. Garncarz 2005, 145).

Die erste Tagesschau, die am 26. Dezember 1952 ausgestrahlt wurde, enthielt neben dem oben erwähnt Filmbericht über Eisenhowers Rückkehr aus Korea Berichte über „die Eisrevue Baier, über das Fußballspiel Deutschland-
Jugoslawien sowie das Richtfest des ersten Fernsehstudio-Neubaus in Hamburg-
Lokstedt" (Ludes 1994, 18). Ein weiteres Tagesschau-Programm, willkürlich
herausgegriffen, sah am 19. Oktober 1953 so aus: Filmbeiträge über das dänisch-
deutsche Pressefest, die Verleihung des goldenen Erntekranzes an die Kleingärt-
nerstadt Dortmund, über den Gitarrenbau in Bologna, eine Pferdeauktion in
Deutschland und über die Deutsche Fechtmeisterschaft (vgl. Claßen/Leistner
1996, 82). „Gemessen am Nachrichtenbegriff brachte die Tagesschau der 1950er
Jahre also tatsächlich keine Nachrichten, da ihre Berichte weder aktuell noch
durchweg relevant waren" (Garncarz 2005, 144).

3.1.3   *Organisationsprobleme in der Frühzeit*

Doch schon in dieser Frühzeit zeigt sich der Einfluss des Organisatorischen auf
den Content. In der Tagesschau tauchte anfangs nur das auf, was man sich bei
der Wochenschau an Material beschaffen konnte. Exklusivberichte aus dem
Ausland waren im Programm, wann immer der leitende Redakteur Svoboda
einen solchen Bericht bekommen konnte. Er nutzte „jede Gelegenheit, Auslands-
reisende zu beauftragen, einen Bericht für die Tagesschau zu drehen, sobald er
sah, dass eine Kamera zu ihrem Gepäck gehörte" (Jaedicke 2002, 57). Hinzu
kamen zeitliche Probleme. Das Filmmaterial musste physisch vom Ereignis zum
Sender transportiert werden, per Auto, Bahn oder Flugzeug. „Ein Rückstand in
der Berichterstattung von ein bis zwei Tagen gegenüber der Tagespresse galt als
besondere Leistung" (Garncarz 2005, 142). Was wann im Programm war, hing
davon ab, was sich wann und wie organisieren ließ. Das hat sich bis heute nicht
geändert.

Auch dass die Tagesschau anfangs nur an drei Tagen der Woche gesendet
wurde, hatte organisatorische Gründe. In der „Steinzeit" des Fernsehens waren
die Rundfunkanstalten der Länder nur über eine eingleisige Funkstrecke miteinander verbunden. Nur wenn das auf die Tagesschau folgende Abendprogramm
aus Hamburg kam, war ein reibungsloser Programmablauf möglich. Ein Um-

schalten von Hamburg nach Berlin zum Beispiel hätte eine fünfminütige Sende-
pause verursacht. Zum Umpolen mussten damals „die Posttechniker auf die
Plattformen ihrer in Sichtweite gebauten Türme krabbeln und die Parabolspiegel
von Hand in die Gegenrichtung drehen (Jaedicke 2002, 58). Und deshalb war die
Tagesschau immer nur an Hamburg-Tagen im Programm.

Auch wenn sich die Umschalttechnik schon bald verbesserte, ohne Umschalten
ging es nicht. 1958 beauftragten die ARD-Intendanten „die Deutsche Bundespost
mit dem Aufbau eines sternförmig auf Frankfurt zulaufenden Bild- und Tondauer-
leitungsnetzes und den HR mit der Errichtung einer Schaltzentrale für dieses Netz,
des ersten Fernseh-‚Sternpunktes'. Mit dessen Inbetriebnahme gehörten die langen
Umschaltzeiten der Vergangenheit an (...)" (Wicke 2005, 100).

3.1.4   Beginn der ARD-Zulieferungen

Vom 01. November 1954 an wurde die Tagesschau – die Landesrundfunkanstalten der ARD hatten inzwischen einen Fernsehvertrag abgeschlossen – von den
Mitgliedssendern mit aktuellen Berichten beliefert (vgl. Ludes 1994, 18). Doch
das, was geliefert wurde, war enttäuschend mager. Die einzelnen Häuser waren zu
sehr mit sich selbst und ihrem Aufbau beschäftigt. Im Fernsehvertrag hatte sich
jede Anstalt dazu verpflichtet, einen bestimmten Anteil zuzuliefern. „Und auf
diesen Einbringungen bestanden die Lieferanten hartnäckig, auch wenn im eigenen Land nichts los war und in anderen Sendegebieten hochwertige Angebote
überschwappten. Es kam oft genug vor, dass die Redaktion das Belanglosere dem
Aufregenderen vorziehen musste, nur um der Monatsabrechnung zu genügen"
(Jaedicke 2002, 58). Anders als etwa die Nachrichtenabteilung der BBC (vgl.
Schlesinger 1978, 76), verfügte und verfügt die Tagesschau-Redaktion bis heute
über keine eigenen Kamerateams und Reporter. Damals wie heute muss sie die
Mitgliedsanstalten um Berichterstattung bitten. Diese strukturell-organisatorische
Besonderheit ist gewollt und so auch in der „Verwaltungsvereinbarung ARD-
aktuell" festgelegt (vgl. NDR 2005c, Abs. 1.1; 5.3; 6.1).

Am 1. April 1955 zog die Tagesschau-Redaktion um. Sie verließ die Keller-
räume der Wochenschau-Villa und ging nach Hamburg-Lokstedt in das neu
erbaute Fernsehstudio. In Lokstedt hat die Tagesschau bis heute ihren Sitz. Mit
dem Umzug änderte sich auch die Aufnahmetechnik. Bis dahin hatte man für die
Tagesschau auf 35 Millimeter Film gedreht, wofür klobige, schwere Kameras
nötig waren. Jetzt wurde auf 16-Millimeter-Film umgestellt, was den Kameraleuten beim Drehen größere Beweglichkeit bescherte. Doch das Herbeischaffen der
Berichte, der Transport per Bahn oder Flugzeug, blieb weiterhin die größte organisatorische Herausforderung (vgl. Jaedicke 2002, 69 ff.). Erst vom Sommer

1960 an wurden Berichte nicht mehr als Filmkassette angeliefert, sondern nach Hamburg überspielt (vgl. Ludes 1994, 20).

Ab dem 1. Oktober 1956 wurde die Tagesschau an allen Werktagen gezeigt. Die Inhalte der Tagesschau wurden im selben Jahr erstmals heftig kritisiert. Der Fernsehdirektor des Bayerischen Rundfunks, Clemens Münster, sprach von einem „kleinen Format" und einem „kleinen Horizont der Hamburger Redaktion". In der „Ständigen Fernsehprogrammkonferenz" am 16. und 17. Februar 1956 monierte er, dass in der Tagesschau umfassende Informationen über das, was auf der Welt geschehen sei, fehlten. Auf die „auflockernden Stories" sollte man verzichten. Die begleitenden Texte in der Tagesschau seien zu kommentierend und zu generalisierend. Nach längerer Diskussion einigten sich die Intendanten im Dezember 1957 darauf, die Tagesschau mit ernsthaften Nachrichten zu koppeln. Bei dieser Entscheidung zögerte man zunächst, weil man – nach den Erfahrungen mit der nationalsozialistischen Diktatur – Angst vor einer zentralen Nachrichtengebung hatte (vgl. Garncarz 2005, 147).

3.1.5   Inhaltlicher Wandel

Doch aus der bunt gemischten, an der Wochenschau orientierten Tagesschau wurde nicht sofort eine vollwertige Nachrichtensendung. Am 2. März 1959 wurde dem filmischen Kaleidoskop erstmals ein fünfminütiger Nachrichtenblock vorangestellt, der um 20 Uhr begann. Im Bild waren ein Sprecher und Standfotos zu sehen. Man hatte, so sah es aus und so war es auch beabsichtigt, Radionachrichten ins Fernsehen verpflanzt. Die abendlichen Hörfunknachrichten verloren zu diesem Zeitpunkt bereits rapide an Zuspruch, die Rezipienten bevorzugten in immer größerer Zahl das neue Medium Fernsehen (vgl. ebd., 148 f.). Eine Entwicklung, die sich in etwa zeitgleich auch in Großbritannien und anderen europäischen Staaten vollzog (vgl. Schlesinger 1978, 32). In Deutschland waren bereits Ende 1958 mehr als zwei Millionen Fernsehgeräte angemeldet, 1961 wurde die Fünfmillionengrenze überschritten (vgl. Ludes 1994, 32). Das Publikum versammelte sich in immer größerer Zahl abends vor dem TV-Apparat. Was lag also näher, als die Hörfunknachrichten einfach via Fernsehen zu übermitteln? Und da man Hörfunknachrichten im Fernsehen machte, stammten die Texte auch konsequenterweise von der Nachrichtenredaktion des NDR-Hörfunks (vgl. Garncarz 2005, 148). Das Konzept der von einem Sprecher gelesenen Nachrichten hat die Zeiten in der Hauptausgabe der Tagesschau bis heute überdauert.

Die Kombination aus vorgelesenen, seriösen Nachrichten am Anfang und boulevardesken Filmbeiträgen danach, stieß schon bald auf erneute Kritik. Auf einer Fernsehbeirats-Sitzung Mitte Juni hieß es, der Filmblock drohe zur Bildzeitung im Fernsehen zu werden. Gut anderthalb Jahre später wurde die aus zwei Teilen bestehende Tagesschau aufgelöst. Am 1. Dezember 1960 ging die erste reguläre Tagesschau über den Sender, die Trennung von Bild und Wort wurde aufgehoben (vgl. ebd., 151).

Dieser grundlegenden inhaltlichen Veränderung ging eine wichtige personelle voraus. Am 07. September 1960 erschien der bisherige Leiter der Tagesschau, Svoboda, in der Redaktion und räumte wortlos seinen Schreibtisch. Der Mann, der die bildzeitungsartigen Filmberichte zu verantworten hatte, wurde abgelöst und auf den Posten des Sendeleiters abgeschoben (vgl. Jaedicke 2002, 32). Der neue Chef hieß Hans Joachim Reiche, er kam vom NDR-Hörfunk und war „auf aktuelle Berichterstattung spezialisiert" (Garncarz 2005, 152). Reiche wurde beauftragt, ein neues, fernsehspezifisches Konzept für die Tagesschau zu entwickeln. Der Fernsehprogramm-Beirat forderte im Oktober 1960: „Nachrichten sollen in wirklich fernsehgerechter Form vermittelt werden. (Es soll) eine Verflechtung von Film- und Wortberichten erfolgen" (vgl. ebd.).

Die Tagesschau-Redaktion wurde personell aufgestockt. Die neuen Kollegen kamen mehrheitlich vom Hörfunk und mussten den Umgang mit Bildern erst noch lernen (vgl. ebd.). Die Struktur der Sendung ergab sich aus den vom Sprecher gelesenen Texten, die mit Standfotos und Filmberichten ergänzt wurden. Die Nachrichten wurden nicht mehr nach ihrer Verfügbarkeit zusammengestellt, sondern nach ihrer Relevanz. Deshalb wurde auch von Ereignissen berichtet, von denen es keine oder noch keine Bilder gab. In der Kaleidoskop-Tagesschau der Anfangsjahre hatte der Filmanteil 100 Prozent betragen. In der neuen Nachrichten-Tagesschau sank er auf unter sechzig Prozent. Nachricht und Kommentar wurden strikt getrennt. Im Hintergrund, während der Sprecher las, wurden Landkarten und Schautafeln eingesetzt, um zusätzliche Informationen zu geben. Die musikalische Untermalung von Filmbeiträgen fiel weg (vgl. ebd., 153). Dieses Konzept wurde bis heute im Prinzip beibehalten.

3.1.6   Beginn der „modernen" Tagesschau

Ab dem 03. September 1961 wurde die Tagesschau täglich, also auch am Sonntag, ausgestrahlt. Der 24. Oktober 1963 ist ein weiteres wichtiges Datum in der Geschichte der Tagesschau: Zum ersten Mal wird an diesem Tag über ein Ereignis live berichtet. In Lengede, westlich von Braunschweig, sind 43 Bergleute nach einem Wasser- und Schlammeinbruch unter Tage eingeschlossen. Mit einer Kapsel, in der jeweils eine Person Platz fand, wurden die Kumpel aus der Tiefe gerettet. Mit Hilfe einer fahrbaren Richtfunkanlage der Deutschen Bundespost gelangten die Live-Signale von Lengede nach Hamburg. Die Übertragungen in der Tagesschau wurden bis zum 07. November fortgesetzt. An diesem Tag konnte die letzte Gruppe von Bergleuten befreit werden (vgl. Jaedicke 2002, 72 u. 207).

Die Tagesschau ist von da an livefähig. „Das war der Moment, in dem die Tagesschau ihre Print-Konkurrenten überholte. Bisher konnte man am Abend sehen, was bereits morgens aus der Zeitung zu erfahren war. Jetzt durfte man am nächsten Tag nachlesen, was der Bildschirm am Abend zuvor gezeigt hatte" (ebd., 72 f.). Von da an entwickelte sich die Forderung nach immer größerer Aktualität. Die Livefähigkeit der Tagesschau und die erhöhte Aktualitätserwartung in der Folge hatten und haben – wie im empirischen Teil dieser Arbeit gezeigt werden wird – weitreichende Auswirkungen auf Organisation und Content.

Noch kurz einige weitere, wichtige Daten aus der Geschichte der Tagesschau (vgl. Jaedicke 2002, 208 ff.): Ab dem 29. März 1970 sendet die Tagesschau in Farbe, der Titelvorspann wird geändert, die gewohnten Antennen verschwinden. Am 01. Januar 1973 wird das Blue-Screen-Verfahren eingeführt, mit dessen Hilfe Illustrationen elektronisch hinter dem Präsentator eingeblendet werden können. Am 02. Januar 1997, und damit nähern wir uns dem eigentlichen Untersuchungsgegenstand, wird die moderierte „Tagesschau um fünf" etabliert. Die Sendung ist fünfzehn Minuten lang. Sie wird nicht mehr vom Blatt gelesen, sondern direkt in die Kamera gesprochen und enthält Live-Interviews mit Politikern, Experten, Reportern und Korrespondenten. Bereits am 09. Juni wird, wegen der Quotenerfolgs der „Tagesschau um fünf", eine „Tagesschau um drei" ins Programm genommen. Sie ist ebenfalls 15 Minuten lang und konzeptionell mit der Fünf-Uhr-Ausgabe identisch. Am 05. Januar 1998 wird bereits eine ebenfalls fünfzehnminütige „Tagesschau um zwölf" eingeführt, die aber nur in der ARD-Woche ausgestrahlt wird. ARD-Woche bedeutet, dass in dieser Woche die Tagesschau-Ausgaben bis 14 Uhr auch im ZDF ausgestrahlt werden. In der Woche darauf laufen die „heute"-Ausgaben des ZDF auch im Ersten. Beide Systeme teilen sich so die Arbeit.

Die „Tagesschau um zwölf" und die „Tagesschau um fünf" sind noch heute 15 Minuten lang. Die Tagesschau um drei wurde wegen des Programmumfeldes verkürzt. Hinzukamen moderierte Tagesschau-Ausgaben um 14 Uhr und um 16 Uhr. Nachmittags wird die Tagesschau also stündlich gesendet. Wie sich das Organisationale auf den Content von TV-Nachrichtensendungen auswirkt, soll am Beispiel dieser moderierten Ausgaben untersucht werden. Eine solche Untersuchung setzt eine genaue Kenntnis der bestehenden Organisation voraus. Doch was ist „Organisation" überhaupt? Hochabstrakte Definitionen wie die von Niklas Luhmann wurden oben (Kapitel 2.7) bereits wiedergegeben. Als Grundlage für das empirisch-analytische Vorgehen in dieser Arbeit sollen nun praxisaffine Definitionen herangezogen werden.

3.2   Die Organisation „ARD"

3.2.1   Definition des Begriffs „Organisation"

Renate Mayntz (1968, 77) ging Ende der sechziger Jahre davon aus, „dass eine vollentwickelte und funktionierende Organisation die Übersetzung eines Zieles in Struktur und Prozess darstellt, gleichgültig wie sie zustande kam und wie zweckmäßig diese Übersetzung ist". Walther Müller-Jentsch (2003, 12) formulierte seine Begriffsbestimmung 35 Jahre später so: „Unter Organisation verstehen wir das planmäßig koordinierte und zielorientierte Zusammenwirken von Menschen zur Erstellung eines gemeinsamen materiellen oder immateriellen Produkts". Alfred Kieser und Peter Walgenbach (2003, 6) wiederum definieren Organisationen als „soziale Gebilde, die dauerhaft ein Ziel verfolgen und eine formale Struktur aufweisen, mit deren Hilfe die Aktivitäten der Mitglieder auf das verfolgte Ziel ausgerichtet werden sollen".

Müller-Jentsch (2003) schränkt jedoch ein, eine allgemein gültige Definition sei nicht möglich. Unter anderem deshalb, weil Organisation historischem Wandel unterliege. Die Organisation beim Pyramidenbau sei eine andere gewesen als moderne Organisation heute. Außerdem müsse differenziert werden zwischen „Organisieren" als Tätigkeit und „Organisation" als „geronnene und reproduzierbare Form dieser Tätigkeit" (ebd., 13).

3.2.1.1   Differenzierung von Organisation

Neben „mannigfachen Definitionen" (ebd., 12), gibt es auch viele Überlegungen, welche Elemente und Komponenten eine Organisation ausmachen (vgl. ebd., 20 ff.). Richard Scott (1986, 35 ff.) zum Beispiel nennt die folgenden fünf:

- *Sozialstruktur:* Die Sozialstruktur beschreibt unter anderem, wer welche Aufgaben und welche Kompetenzen innerhalb einer Organisation hat.
- *Beteiligte und Mitglieder:* Mitarbeiter und Manager sind Mitglieder. Kunden, Zulieferer oder Aktionäre sind Beteiligte.
- *Ziele:* Bei den Zielen wird unterschieden zwischen Funktion und Ziel. Die Funktion eines Pharmakonzerns ist die Herstellung von Medikamenten. Ziel des Konzerns ist es, Geld zu verdienen.
- *Technologie:* Jene Ressourcen an Personal und Technik, die nötig sind um einen Input so zu bearbeiten, dass der gewünschte Output entsteht. Der Pharmakonzern kauft chemische Rohstoffe ein und fertigt daraus Tabletten.

Die Arzneimittelforscher, aber auch die Tablettenpressmaschinen, sind Teil der Technologie.

- *Umwelt:* Aus der Umwelt bezieht die Organisation ihren Input, an die Umwelt liefert sie ihren Output. Die Umwelt übt darüber hinaus, etwa durch Gesetze und kulturelle Werte, vielfältigen Einfluss auf die Organisation aus.

3.2.1.2   Forschungsfeld: Organisation in den Medien

In der deutschen Kommunikationswissenschaft beschäftigte sich, wie oben schon erwähnt, Manfred Rühl ab Mitte der sechziger Jahre empirisch mit dem Thema Organisation in den Medien. Er untersuchte eine Nürnberger „Zeitungsredaktion als organisiertes soziales System". Sein Ziel war es „die in einer Zeitungsredaktion stattfindenden sozialen Prozesse in Konfrontation mit den Forderungen der gesellschaftlichen Umwelt und den internen Bedürfnissen der Redaktion zu untersuchen" (Rühl 1979, 43). Dieser Pionierarbeit folgten weitere Untersuchungen, von denen nur einige beispielhaft herausgegriffen werden. Eine der ersten Folgestudien legte 1971 Ilse Dygutsch-Lorenz vor. Sie analysierte die Arbeitsabläufe und die hierarchischen Strukturen in der Hörfunkdirektion des Bayerischen Rundfunks. Der Titel ihrer Arbeit lautet: „Die Rundfunkanstalt als organisatorisches Problem". Die Studie erfolgte damals im Rahmen eines größeren Forschungsvorhabens der Universität Erlangen-Nürnberg; auch Manfred Rühls Arbeit war Teil dieses Projekts. Untersucht werden sollte die „Binnenstruktur der Massenmedien" (Dygutsch-Lorenz 1971, 11). In den Studien von Dygutsch-Lorenz und Rühl wurde das Verhältnis zwischen der Organisation und dem Individuum untersucht sowie die Abläufe innerhalb der Organisation. Rühl befasste sich darüber hinaus mit dem Verhältnis zwischen Organisation und Umwelt (vgl. auch 2.7.1).

Ulrich Hienzsch (1990) beschrieb fast zwanzig Jahre später das System einer nordrhein-westfälischen Zeitungsredaktion als kybernetischen Regelkreis. Er kam zu dem Ergebnis, die Arbeit sei durch genaue Handlungsprogramme stark rationalisiert. Es gebe nur noch wenig Zeit für kollegiale Gespräche, für Recherchen und Zeitungslektüre. Er machte außerdem eine „Monochromisierung" aus – eine Fixierung auf bestimmte Einzeltätigkeiten. Frank Esser (1998) verglich mit Hilfe teilnehmender Beobachtung und ergänzender Dokumentenanalyse eine deutsche und zwei britische Zeitungsredaktionen. Untersucht wurden Arbeitsweise und Organisationsstrukturen. Ausgangspunkt war „die Vermutung, dass organisatorische und rechtliche Rahmenbedingungen einen größeren Einfluss auf das journalistische Handeln einnehmen, als dies in der bisherigen Diskussion berücksichtigt wurde" (ebd., 39). Essers Vergleich zeigt, dass es ganz erhebliche Unterschiede zwischen britischem und deutschem Journalismus gibt.

Klaus-Dieter Altmeppen (1999) untersuchte fünf Privatradio-Redaktionen auf ihre Arbeitsweise. Die Erhebungen „fanden in Form der passiv teilnehmenden, strukturierten Beobachtung (...) statt. (...) Die Beobachtungen wurden von jeweils zwei Personen je zwei Wochen pro Sender durchgeführt" (ebd., 97). Altmeppen stellte fest, dass beim Privatfunk die Redaktionen nicht in herkömmliche journalistische Ressorts aufgeteilt sind und dass es weder für die Auswahl der Themen noch für die sonstige Arbeit klare Regeln gibt. Klaus Meier (2002) wiederum beschäftigte sich in seiner Dissertation mit Wahrnehmungsstrukturen und Redaktionsorganisation im Zeitungsjournalismus. Er untersuchte unter anderem „mit offener, passiv teilnehmender Beobachtung" (ebd., 15) die Arbeitsorganisation in drei Zeitungen. Er wollte herausfinden, wie effizient die Aufteilung in Ressort, Sparte oder Team ist und welche alternativen Organisationsformen vorhanden beziehungsweise denkbar sind. Für eine Diplomarbeit an der Uni Dortmund analysierte Ulrich Jansen (2006) in einem „Langzeitprojekt" die Organisation der ZDF-Nachrichtenredaktion „heute". Er verglich die Strukturen und Arbeitsweisen von 1996 mit denen von 2005. Jansens Arbeit basiert dabei „ganz wesentlich auf der eigenen Erfahrung als Teil des Teams, des ‚heute'-Teams" (ebd., 176).

Alle diese Studien, die in der Kommunikationswissenschaft laut Esser (2005, 176) „immer noch selten" sind, befassen sich mit der Struktur publizistischer Organisationen. Sie befassen sich damit, wie effizient die jeweilige Struktur ist und welche Folgen sie zum Beispiel für die Mitarbeiter hat. „In diesen Studien (...) entstand einerseits ein differenziertes Bild der Organisationsformen des Journalismus, andererseits ein stabiles theoretisches Gerüst, das den Journalismus als ein organisiertes soziales System beschreibt, das seine Funktionen anhand spezifischer Organisations- und Arbeitsprogramme erfüllt" (Altmeppen 2006, 555).

Die vorliegende Arbeit geht im Rahmen des *Ilmenauer Ansatzes* (vgl. Klimsa/Schneider 2006) weiter und sucht Antworten auf die Frage, wie sich organisatorische Strukturen und Abläufe auf das Endprodukt auswirken? Inwieweit die Organisation den Content, also etwa die Themenauswahl oder die Form der Darstellung beeinflusst und wie groß dieser Einfluss ist?

3.2.1.3   Drei Segmente der Tagesschau-Organisation

Eine Studie über den Einfluss der Organisation auf den Content setzt voraus, dass zunächst die Organisation, deren Einfluss untersucht werden soll, genau analysiert und dargestellt wird. Da sich die Perspektive nicht in erster Linie auf das „Relationale, auf das ‚Dazwischen' von Personen, Gruppen und/oder Organisationen" (Müller-Jentsch 2003, 114) richtet, sondern auf die Folgewirkungen, scheint eine nicht allzu differenzierende Einteilung in nur drei Segmente ausreichend. Diese Segmente sollen die formale, strukturell-funktionale und operationale Organisation sein.

Die *formale Organisation* lehnt sich begrifflich an Niklas Luhmann an. „Unter Formalität (soll) die Zugehörigkeit zu einer bestimmten Systemstruktur verstanden werden, die formal ist, weil sie die Identität des Systems gegenüber wechselnden Personen und Orientierungsinhalten sichert" (1999, 29). In der betriebswirtschaftlichen Organisationslehre wird damit praxisnäher „die Gesamtheit aller formalen Regelungen zur Arbeitsteilung und zur Koordination" bezeichnet (Kieser/Walgenbach 2003, 18). Unter anderem die hierarchischen Strukturen der ARD und ihrer Suborganisationen sollen hierunter subsumiert werden.

Die *strukturell-funktionale Organisation* soll in großen Teilen dem entsprechen, was Scott als „Technologie" bezeichnet. Gemeint ist die technische und personelle Infrastruktur, die für das Zustandekommen, für das Funktionieren einer Fernsehnachrichtensendung nötig ist.

Die *operationale Organisation* soll das beinhalten, was die tägliche Arbeit ausmacht. Was in der Redaktion, in der Technik, aber auch draußen bei den Reportern und Korrespondenten operational passiert, um eine Tagesschau-Ausgabe entstehen zu lassen.

Wie diese drei Organisationsbereiche ineinander greifen und wie sie sich während des Produktionsprozesses auf den Content der Tagesschau auswirken, soll dann im empirischen Teil beschrieben werden. Doch zunächst die Beschreibung der formalen Organisation.

3.3   Formale Organisation

Die formale Organisation der „Tagesschau" wird im Kleinen überwölbt von der formalen Organisation der zuständigen Redaktion „ARD-aktuell" und sie wird im Großen überwölbt von der formalen Organisation der ARD, in deren Gemeinschaftsprogramm die Tagesschau ausgestrahlt wird. Die Beschreibung soll deshalb im Großen, also bei der ARD, beginnen und im Kleinen, also beim Sendeteam, enden. Für das Verständnis der rechtlichen und hierarchischen Strukturen ist auch hier eine geschichtliche Rückblende sinnvoll.

3.3.1   *Geschichtlicher Rückblick*

3.3.1.1   Rundfunk nach dem Zweiten Weltkrieg

Die Geschichte der ARD ist zunächst die Geschichte des öffentlich-rechtlichen Rundfunks in Deutschland nach dem Zweiten Weltkrieg. Von erheblicher Bedeutung ist dabei ein Befehl des amerikanischen Militärgouverneurs Lucius D. Clay. Er verfügte im November 1947 für seine, die amerikanisch besetzte Zone, dass Presse und Rundfunk wegen ihres Einflusses auf die öffentliche Meinungsbildung „diffus verteilt sein" müssen und von jeder Regierungseinwirkung freizuhalten sind (vgl. Steinwärder 1998, 6). „Diffus verteilt" bedeutet: Ein zentraler Rundfunk wie die BBC in Großbritannien kommt für Deutschland nicht Frage. „Frei von Regierungseinwirkungen" schließt auch einen Staatsrundfunk nach französischem Muster aus. Und für private Betreiber wie in den USA fehlen im Nachkriegsdeutschland schlicht die wirtschaftlichen Voraussetzungen. Und so schuf man schließlich föderal strukturierte Anstalten des öffentlichen Rechts, die in der britischen, französischen und amerikanischen Zone eingeführt wurden. Die neuen Rundfunkanstalten erhielten das Recht zur Selbstverwaltung. Sie wurden von staatlicher Aufsicht freigestellt und waren auf Grund der Gebührenfinanzierung auch wirtschaftlich selbständig (vgl. ebd., 6 f.).

Etwas zentralistisch ging es in der britischen Zone zu. Dort entstand durch Verordnung der britischen Militärregierung am 01. Januar 1948 der NWDR, so etwas wie eine kleine BBC. Denn der NWDR war als zentrale Anstalt zuständig für die Länder Hamburg, Niedersachsen, Nordrhein-Westfalen und Schleswig-Holstein. Selbst im britischen Sektor Berlins wurde das NWDR-Programm ausgestrahlt. Die amerikanische Besatzung dachte föderalistischer und so erhielten Bayern, Hessen, Württemberg und selbst das kleine Bremen eigene Sender. Die Franzosen wiederum riefen den Südwestfunk ins Leben für die Länder Baden, Rheinland-Pfalz und Württemberg-Hohenzollern (vgl. ebd., 7).

3.3.1.2   Aufgaben des öffentlich-rechtlichen Rundfunks

Die öffentlich-rechtlichen Rundfunkanstalten in Deutschland waren von Beginn an untypische öffentlich-rechtliche Anstalten. „Wenn der Staat eine öffentlich-rechtliche Anstalt gründet, überträgt er ihr normalerweise eine Aufgabe, die er im Rahmen der staatlichen Verwaltung selbst zu erfüllen hat, aber aus Zweckmäßigkeitserwägungen nicht durch die eigenen Behörden abwickeln will" (ebd., 25). Da jedoch das Grundgesetz in Artikel 5, Abs. 1 Satz 2 die Rundfunkfreiheit gewährleistet, ist es staatlichen Stellen verboten, selbst Rundfunk zu veranstal-

ten. Aus verfassungsrechtlichen Gründen mussten deshalb staatsunabhängige
Organisationen geschaffen werden, die eine freie individuelle und öffentliche
Meinungsbildung sicherstellen (vgl. ebd., 25 f.). Dieser Gedanke wird in der
Präambel zu den Programmrichtlinien des Norddeutschen Rundfunks vom 15.
Mai 2004 zur Ausführung des Paragraphen 11 Rundfunk-Staatsvertrag so formuliert: „Rundfunk ist Medium und Faktor des Prozesses umfassender freier indivi-
dueller und öffentlicher Meinungsbildung. Demgemäß ist Rundfunkfreiheit primär eine der freien Meinungsbildung dienende Freiheit. Sie ist konstituierend für
die Demokratie" (NDR 2005a, 47).

Über den Programmauftrag des öffentlichen-rechtlichen Rundfunks hieß es
1959 etwa beim Bayerischen Rundfunk, die Sendungen „dienen der Bildung,
Unterrichtung und Unterhaltung" (vgl. Dygutsch-Lorenz 1971, 129). Und im
NDR-Staatsvertrag heißt es heute in § 5: „Der NDR hat den Rundfunkteilnehmern
und Rundfunkteilnehmerinnen einen objektiven und umfassenden Überblick über
das internationale, europäische, nationale und länderbezogene Geschehen in allen
wesentlichen Lebensbereichen zu geben. Sein Programm hat der Information,
Bildung, Beratung und Unterhaltung zu dienen" (NDR 2005a, 5). Dieser Auftrag
findet sich fast wortgleich in den Grundsätzen für die Zusammenarbeit im ARD-
Gemeinschaftsprogramm „Erstes Deutsches Fernsehen" (…) vom 30.03.2004:
„Die Programme und Angebote der ARD dienen der Information, Bildung, Beratung und Unterhaltung. (…). (Sie) haben der Allgemeinheit einen umfassenden
Überblick über das internationale, europäische, nationale und regionale Geschehen in allen wesentlichen Bereichen zu geben" (NDR 2005a, 48). Dieser Programmauftrag ist das Organisationsziel. Diesem kommt „insofern eine fundamen-
tale Bedeutung zu, als die Aktivitäten der Organisationsmitglieder mithilfe der
Organisationsstruktur auf die Erreichung eben dieses Organisationsziels ausgerichtet werden sollen" (Kieser/Walgenbach 2003, 7).

An erster Stelle steht heute im Programmauftrag und damit als Zielvorgabe
für die ARD die *Information* und diese muss sich auf das nationale und internationale Geschehen beziehen. Diese Aufgabenbeschreibung und Prioritätensetzung
sind der Grund für das umfassende ARD-Korrespondentennetz, für die zahlreichen Nachrichtensendungen im Gemeinschaftsprogramm und für die permanente
Weiterentwicklung der Übertragungstechnik. Doch wir sind mit dem letzten
Absatz der Zeit vorausgeeilt.

3.3.1.3   Genese der ARD

Im Jahr 1946 gab es im Nachkriegsdeutschland sechs Landesrundfunkanstalten –
NWDR, BR, HR, SR, SWR und Radio Bremen. Ihre Eigenständigkeit war politisch gewollt. Für die praktische Arbeit, so sah es Hans Bredow, der ehemalige

Rundfunkkommissar des Reichspostministers, wäre jedoch eine Kooperation hilfreich. Schon im September 1947 schlug Bredow deshalb vor, die Anstalten sollten eine Arbeitsgemeinschaft „Deutscher Rundfunk" gründen. Bredow hatte folgende Vorteile im Auge: Man könnte viel Geld sparen zum Beispiel durch einen gemeinsamen Einkauf, durch gemeinsame technische Entwicklungen, durch vereinheitlichte Betriebsführung. Doppelte Arbeit könnte vermieden werden, „Höchstleistungen des deutschen Rundfunks" sollten auf dem Wege eines engen Miteinanders angestrebt werden (vgl. Steinwärder 1998, 10 ff.). Bredow hatte in den Worten der modernen Organisationsforschung ein „interorganisationales Netzwerk" vor Augen. „Über die Bildung von Netzwerken können Unternehmen ihre Ressourcen bündeln sowie ihre Kapazitäten und ihr Leistungsspektrum erweitern. Sie bleiben dabei zwar formal unabhängig, geraten aber in eine funktionale Interdependenz" (Müller-Jentsch 2003, 114).

Bredows Idee, obwohl einleuchtend, wurde erst nach knapp drei Jahren verwirklicht. Am 05. August 1950, nach vielen Sitzungen, Briefwechseln, taktischen Spielchen und viel Überzeugungsarbeit wurde die „Arbeitsgemeinschaft der öffentlich-rechtlichen Rundfunkanstalten der Bundesrepublik Deutschland" im Rahmen einer konstituierenden Sitzung in München aus der Taufe gehoben (vgl. Steinwärder 1998, 43 ff.). Diese Arbeitsgemeinschaft war jedoch vor allem auf den Hörfunk konzentriert. Das Fernsehen spielte zunächst eine untergeordnete Rolle.

3.3.1.4 Anfänge des Deutschen Fernsehens

Eines allerdings war den Verantwortlichen schon damals klar: Das neue, noch unbedeutende Medium Fernsehen ist teuer. Während die Minute Hörfunk zu jener Zeit etwa 25 Mark kostete, lagen die NWDR-Schätzungen für eine Minute Fernsehen bei mindestens 500 Mark (vgl. Diller 1985, 127/134). NWDR-Generaldirektor Adolf Grimme hielt es deshalb für „fraglich und keineswegs wahrscheinlich", dass sein Sender ein reguläres TV-Programm allein finanzieren könnte. Er schlug deshalb im September 1950 vor, eine „Dachgesellschaft (...) für die praktische Durchführung des Fernsehgedankens" zu gründen (vgl. ebd.). Auch Bredow, seit Januar 1949 Verwaltungsrats-Vorsitzender des Hessischen Rundfunks, machte sich für eine Zusammenarbeit im Fernsehbereich stark. Zwei Modelle wurden dabei innerhalb der ARD diskutiert.

- Modell I: Eine Organisation mit eigener Rechtspersönlichkeit, also eine eigene Fernsehanstalt.
- Modell II: Eine gemeinsame Fernsehveranstaltung im Rahmen der ARD.

Wieder wurde ausführlich diskutiert, wieder wurden viele Briefe hin- und herge-
schickt, wieder konnte man sich nicht einigen. Auf einer ordentlichen Mitgliederversammlung der ARD am 05. Mai 1952 wurde die Entscheidung offiziell ver-
tagt. Auf der nächsten Mitgliederversammlung am 17. September 1952 beschloss
man, die Frage der Rechtsform zurückzustellen und sich erst später, im Lichte
praktischer Erfahrungen, zu entscheiden. Diese Erfahrungen sammelte ab Weihnachten 1952 der NWDR mit einem regelmäßigen täglichen Fernsehprogramm
(vgl. Steinwärder 1998, 93 ff.), zu dem auch, ab dem zweiten Weihnachtsfeiertag,
die Tagesschau gehörte (siehe oben). Die formal-organisatorischen Defizite
schlugen damals direkt auf den Content der Tagesschau durch. Denn, wie Grimme schon prophezeit hatte, es wurde finanziell eng. Für jede Tagesschau-Ausgabe
stand nur ein Etat von 300 Mark zur Verfügung. Deshalb musste eisern gespart
werden und das wirkte sich auf die Inhalte aus. Nur das nämlich, „was als Abfall
in die Schneidekörbe der *Wochenschau* fiel, war umsonst. Das andere kostete
zwei Mark pro Meter" (Jaedicke 2002, 16).

Nicht zuletzt auf Grund politischen Drucks befasste sich die ARD im Frühjahr 1953 erneut mit der Organisation des Fernsehens. Der vorliegende Entwurf
wurde von den Justiziaren noch einmal komplett überarbeitet, dann mussten
noch alle Aufsichtsgremien in allen Anstalten zustimmen, bevor schließlich am
12. Juni 1953 in Baden-Baden der Fernsehvertrag von allen ARD-Intendanten
und vom Generaldirektor des NWDR unterzeichnet wurde. Am 01. November
1954 begann offiziell das Gemeinschaftsprogramm Deutsches Fernsehen (vgl.
Steinwärder 1998, 95 f.).

3.3.2   Hierarchische Struktur

3.3.2.1   Ständige Programmkonferenz

Um das gemeinsame Fernsehprogramm zu gestalten, wurde eine so genannte
„Ständige Programmkonferenz" ins Leben gerufen. Ein Kollegialorgan, das sich
zusammensetzt aus den ARD-Intendanten oder ihren Vertretern und das in der
Regel monatlich zusammentritt (vgl. ebd., 131). Den Vorsitz hat der Programmdirektor Deutsches Fernsehen (vgl. ebd., 127). Die Ständige Programmkonferenz
ist für das Gemeinschaftsprogramm die höchste hierarchische Instanz. Die Intendanten tragen für ihre Anstalten jeweils die letzte Programmverantwortung (vgl.
ebd., 120). Durch einen juristischen Kunstgriff trägt jeder von ihnen auch die
letzte Verantwortung für das Gemeinschaftsprogramm. Jede Anstalt ist nämlich
berechtigt, „auf die Ausstrahlung von Teilen des Fernsehgemeinschaftspro-
gramms zu verzichten und es insoweit durch einen eigenen Beitrag zu ersetzen"

(NDR 2005b, Ziff. 6, Satz 1). Diese Bestimmung ermöglicht es formal, dass jeder Intendant innerhalb seines Sendegebietes die Verantwortung für das ARD-Programm übernimmt (vgl. Steinwärder 1998, 120).

Welche Funktion hat die Ständige Programmkonferenz? – Sie gestaltet in erster Linie das Gemeinschaftsprogramm. Sie legt fest, welche Programm-Vorschläge der einzelnen Rundfunkanstalten angenommen werden und bestimmt die Sendetermine. Sie wacht darüber, dass die Pflichtanteile der einzelnen Anstalten am Gemeinschaftsprogramm eingehalten werden. Und sie kann einzelne Häuser mit der Herstellung bestimmter Sendungen beauftragen, was dann allerdings nicht auf die Pflichtquote angerechnet wird (vgl. ebd., 130). Der Norddeutsche Rundfunk zum Beispiel wurde mit der Herstellung der Tagesschau betraut.

3.3.2.2   Programmdirektor Deutsches Fernsehen

Der Programmdirektor Deutsches Fernsehen hat die Befugnis, das von der Ständigen Programmkonferenz beschlossene Programm aus aktuellem Anlass zu ändern (vgl. ebd.). Diese formal-organisatorisch festgelegte Kompetenz hat direkten Einfluss auf den Content der Tagesschau. Entscheidet der Programmdirektor, etwa wegen eines Terroranschlags, das laufende Programm zu öffnen, dann werden Extra-Ausgaben der Tagesschau gesendet, zum Teil in einer Länge von zwei Stunden und mehr. Besteht er auf Beibehaltung des Regelprogramms, werden die Tagesschau-Sendungen völlig anders gestaltet.

Nach der Organisationstheorie von Windeler (2001) ist das ARD-Gemeinschaftsprogramm mit seinen Strukturen ein hierarchisch geprägtes Netzwerk. Bei hierarchischer Regulation „übernimmt ein von den Netzwerkunternehmen akzeptierter Netzwerkkoordinator maßgeblich und relativ dauerhaft die Koordinationsaufgaben (...)" (Müller-Jentsch 2003, 124). Diese Beschreibung trifft auf den Programmdirektor Deutsches Fernsehen zu.

Der Programmdirektor wird bei seiner Arbeit von insgesamt 14 „Koordinatoren" unterstützt. Zehn davon nehmen diese Aufgabe nebenamtlich wahr, es sind meist Fernsehdirektoren der Rundfunkanstalten. Vier Koordinatoren sind hauptamtlich tätig: Der Koordinator für Ausland und Festivals, der für Sport, der für digitales Fernsehen und der Koordinator für Politik, Gesellschaft und Kultur. Letzterer trägt auch den Titel „ARD-Chefredakteur" (vgl. ARD 2006c, 248). Er vertritt bei Entscheidungen über aktuell veranlasste Programmänderungen den Programmdirektor. Er leitet auch die tägliche „ARD-Schaltkonferenz", in der Themen besprochen und Sendungen kritisiert werden.

Weitere formal-organisatorisch wichtige Elemente sind die Aufsichtsgremien innerhalb der ARD, vor allem die Rundfunk- und Verwaltungsräte. Oder wie es Weischenberg (2004, 295) formuliert: „Noch wesentlich komplexer als die Rollenverteilung und -anordnung in Presseunternehmen ist im allgemeinen die Organisationsstruktur von Rundfunkanstalten. Beim öffentlich-rechtlichen Rundfunk schaffen dabei spezifische Formen der Einflussnahme, die in den Organen ‚Rundfunkrat' und ‚Verwaltungsrat' angelegt sind, besondere Organisationsbedingungen".

3.3.2.3   Rundfunkrat

Jede Landrundfunkanstalt hat einen eigenen Rundfunkrat. Er besteht zum Beispiel beim NDR (2005a, 4 ff.) nach § 17 des Staatsvertrages aus höchstens 58 Mitgliedern, darunter bis zu elf Landespolitiker. Die restlichen Rundfunkräte werden von gesellschaftlich relevanten Gruppen gestellt. Darunter Arbeitgeberverbände, Landessportbund, Deutscher Kinderschutzbund, Arbeitsgemeinschaft Kommunale Ausländervertretungen und so weiter. Der Rundfunkrat „soll die Interessen der Allgemeinheit auf dem Gebiet des öffentlich-rechtlichen Rundfunks vertreten" (§ 18, Abs. 1). Er überwacht die Einhaltung der Programmanforderungen und berät den Intendanten in allgemeinen Programm-Angelegenheiten (§ 18, Abs. 2). Die große Macht des Rundfunkrats erwächst jedoch aus § 18, Absatz 3, Punkt 2: Er wählt den Intendanten (für jeweils 6 Jahre) und kann ihn auch abberufen. Wünsche und Anregungen aus dem Kreis der Rundfunkräte werden schon deshalb in allen Häusern sehr ernst genommen.

3.3.2.4   Verwaltungsrat

Neben dem Rundfunkrat amtiert in jeder ARD-Anstalt auch ein Verwaltungsrat. Er besteht beim NDR (2005a, 11 f.) aus zwölf Mitgliedern, die vom Rundfunkrat gewählt werden (§ 24, Abs. 1). Der Verwaltungsrat überwacht die Geschäftsführung des Intendanten, soweit es um Dinge geht wie etwa den Wirtschaftsplan, den Jahresabschluss oder Rechtsgeschäfte. Die inhaltliche Gestaltung des Programms zu überwachen, gehört explizit nicht zu den Obliegenheiten des Verwaltungsrates, dafür ist allein der Rundfunkrat zuständig (§ 25, Abs.1).

Der Rundfunkrat des NDR verfügt über das Machtinstrument: Wahl und Abberufung des Intendanten. Der Verwaltungsrat des NDR hat ein ebenso scharfes Instrument zur Verfügung: Er schlägt den Intendanten zur Wahl vor (§ 25, Abs. 8). Erst auf diesen Vorschlag hin wählt der Rundfunkrat. Die Macht, den Intendanten zu bestimmen, liegt so in der Hand beider Gremien. Beim NDR hat der Verwaltungsrat darüber hinaus weitere Befugnisse: Er muss (§ 30) der Berufung aller höheren Führungskräfte zustimmen. Damit sind zum Beispiel alle Hauptabteilungsleiter und Direktoren zustimmungspflichtig, ebenso die Chefredakteure von ARD-aktuell.

Solche Macht war von den ersten Jahren an verführerisch. „In dem Maße, wie das Fernsehen in den fünfziger Jahren als Instrument der öffentlichen Meinungsbildung an Bedeutung gewann, versuchten die in den Rundfunk- und Verwaltungsräten vertretenen Parteien und Interessengruppen stärkeren Einfluss auf Art und Tendenz der Berichterstattung zu gewinnen" (Ludes et al. 1994, 11). Auch hier zeigt sich der Zusammenhang zwischen formaler Organisation und Content.

Die Gremien sind auch in der Arbeitsgemeinschaft der Rundfunkanstalten prominent vertreten. An den Hauptversammlungen der ARD nehmen neben den Intendanten immer auch die Gremienvorsitzenden jeder Anstalt teil. Die Hauptversammlungen werden einberufen, wenn „Angelegenheiten von grundsätzlicher Bedeutung" behandelt werden müssen. Auch wenn keine aktuellen Probleme anstehen, findet eine solche Hauptversammlung immer dann statt, wenn der ARD-Vorsitz alle zwei Jahre turnusmäßig von einer Anstalt auf die nächste übergeht (vgl. Steinwärder 1998, 69). Auf Grund dieses turnusmäßigen Wechsels lässt sich der Senderverbund ARD organisationstheoretisch als heterarchisch geprägtes Netzwerk einordnen. Eine heterarchische Regulation liegt vor „wenn mehrere oder wechselnde Akteure, auch Gremien oder Komitees, die Funktionen des Netzwerkkoordinators übernehmen" (Müller-Jentsch 2003, 124). Innerhalb der ARD existieren also beide Netzwerkformen nebeneinander – heterarchisch beim Senderverbund selbst und hierarchisch beim ARD-Fernsehen.

3.3.2.5 Konferenz der Gremienvorsitzenden

Neben den gemeinsamen Sitzungen mit den Intendanten wurde 1992 noch eine eigene Konferenz der Gremienvorsitzenden in die Satzung aufgenommen. Auf dieser Konferenz werden, vorbereitend für die Hauptversammlungen, grundsätzliche Fragen diskutiert. Das Meinungsbild der Konferenz wird in die Hauptversammlung eingebracht, ist jedoch nicht bindend (vgl. Steinwärder 1998, 72 f.). Wegen der oben geschilderten Personalbefugnis dürften die Anmerkungen der Gremienvorsitzenden trotzdem ernst genommen werden. Neben den Rundfunk- und Verwaltungsräten in den einzelnen Mitgliedsanstalten gibt es in der ARD seit 1956 noch ein weiteres Gremium: Den „Beirat Deutsches Fernsehen" (vgl. ebd., 132).

3.3.2.6   Beirat Deutsches Fernsehen

„Der Fernsehbeirat ist ein Gremium sui generis und nicht mit den Aufsichtsgremien der Rundfunkanstalten vergleichbar" (ebd., 133). Der Beirat soll dazu beitragen, das gemeinschaftliche Fernsehprogramm zu fördern und zu verbessern. Er
kann Empfehlungen aussprechen und Rügen erteilen, allerdings ohne rechtliche
Bindungswirkung. Der Beirat berät die Konferenz der Gremienvorsitzenden, er
berät die ARD-Hauptversammlung und die Ständige Programmkonferenz. Der
Beirat beobachtet dafür nicht nur Einzelsendungen, sondern seit 2003 auch verstärkt Genres oder ganze Sendestrecken. Er bewertet das Programm, gibt Anregungen und macht Verbesserungsvorschläge (vgl. Goldacker 2006, 101). Die
Mitglieder des Beirates kommen aus allen ARD-Anstalten und gehören dort entweder dem Rundfunk-, dem Verwaltungs- oder dem jeweiligen regionalen Pro-
grammbeirat an (vgl. NDR 2005b, Ziff. 3 b). „Insofern ist im Zusammenspiel von
Beirat und Gremien der Landesrundfunkanstalten, entgegen der häufig verbreiteten Meinung, eine Kontrolle des ARD-Programms durchaus gewährleistet" Goldacker 2006, 101 f.).

　　Die formale Organisation des öffentlich-rechtlichen Rundfunks und der
ARD wurde in groben Zügen dargestellt. In dieses formal-organisatorische Ge-
flecht ist die zentrale Nachrichtenredaktion „ARD-aktuell" und damit auch die
Tagesschau eingewoben. ARD-aktuell ist eine Gemeinschaftseinrichtung der
ARD und wird von den Mitgliedern nach dem Fernsehvertragsschlüssel gemein-
sam finanziert (vgl. NDR 2005c, Ziff. 6.2). Nach diesem Schlüssel hat zum Bei-
spiel der WDR 21,25 % der Kosten zu übernehmen, der NDR 16,45 % und der
Bayerische Rundfunk 14,70 % (vgl. NDR 2005b, Punkt 5).

3.3.3   *Formale Organisation von „ARD-aktuell"*

3.3.3.1   Chefredakteure

An der Spitze der Redaktion stehen die beiden Chefredakteure. Nach der Verwaltungsvereinbarung wird die gesamte integrierte Redaktion, die zuständig ist
für Tagesschau, Tagesthemen, Nachtmagazin und Wochenspiegel, vom Ersten
Chefredakteur geleitet, „bei dessen Abwesenheit durch den Zweiten Chefredakteur, der auch Chef der Planung ist" (NDR 2005c, Ziff. 2.1). In der Praxis hat
sich eine weitere Differenzierung herausgebildet. Danach ist der Erste Chefredakteur zuständig für Tagesschau und Sendeteam, der Zweite Chefredakteur ist
verantwortlich für Tagesthemen und Planungsredaktion (ebd., Ziff. 2.3.1). Die
Chefredakteure müssen mit Zweidrittel-Mehrheit durch die Intendanten berufen

werden (ebd., Ziff. 4.3). „Der NDR verpflichtet sich, diese Beschlüsse zu voll-
ziehen" (ebd.). Die Chefredakteure werden für jeweils drei Jahre berufen, eine
Verlängerung ist möglich (ebd.). Die nächste Hierarchiestufe unterhalb der Chefredakteure sind die „Abwesenheitsvertreter".

3.3.3.2 Abwesenheitsvertreter

Nach der Verwaltungsvereinbarung ARD-aktuell, Ziffer 2.3.5, werden vom
NDR vier Chefs vom Dienst als ständige Abwesenheitsvertreter der Chefredakteure benannt. Wenn beide Chefredakteure, zum Beispiel wegen wichtiger ARD-
Sitzungen, absent sind, führen die Abwesenheitsvertreter die Geschäfte und
treffen aktuelle Programmentscheidungen, soweit diese nicht von solcher Bedeutung sind, dass der Programmdirektor Deutsches Fernsehen einbezogen werden
muss. Wer von diesen vier an solchen Tagen als Abwesenheitsvertreter fungiert,
wird kollegial und nach Lage des Dienstplans festgelegt (Lembeck 2006). Die
Abwesenheitsvertreter sind unter den insgesamt dreizehn CvDs von Sendeteam
und Planung hervorgehoben. Sie werden von den Chefredakteuren auch zu Rate
gezogen, wenn bei ARD-aktuell wichtige personelle und/oder organisatorische
Entscheidungen anstehen.

3.3.3.3 Chef vom Dienst

Sowohl das Sendeteam als auch das Team der Planung werden jeweils von einem
Chef vom Dienst geleitet. Das Sendeteam, das die beiden Tagesschau-Ausgaben
um 17 und 20 Uhr fertigt, hat an seiner Spitze gleich zwei leitende Redakteure im
Range eines CvD. Der eine ist zuständig für den Bereich Wort, also für die
Wortmeldungen und die Moderationstexte. Der andere verantwortet den Bereich
Film, also die Beiträge und die NiFs („Nachricht im Film"). Da beide leitenden
Redakteure hierarchisch gleichrangig sind, muss für den – seltenen – Fall eines
Entscheidungspatts Vorsorge getroffen werden. Im Dienstplan steht aus diesem
Grund jeweils neben dem Namenskürzel von einem der beiden ein kleiner Punkt.
Das Wort desjenigen mit dem Punkt gibt im Fall der Fälle den Ausschlag. Bei
Fragen nach der Zuständigkeit heißt es deshalb immer wieder: „Wer hat heute den
Punkt?". Bei der Gestaltung des Dienstplans wird darauf geachtet, dass der Punkt
unter allen Sende-CvDs gleichmäßig verteilt wird (ebd.).

In der Verwaltungsvereinbarung heißt es, die Chefs vom Dienst „konzipie-
ren und verwirklichen unter der Leitung des Chefredakteurs die jeweilige Sendung" (NDR 2005c, Ziff. 2.3.5). Das ist die juristisch-formale Theorie, denn der

Chefredakteur kann sich nicht um jede Sendung persönlich kümmern. Und so kommt es, dass die CvDs im normalen Tagesgeschäft während ihrer Schicht das letzte Wort haben. Sie sind, wie Philip Schlesinger schon vor knapp 30 Jahren bei der BBC beobachtete, „die dominierende Figur im Nachrichtenraum" (1978, 65; siehe auch Abschnitt 4.3.3).

Von der formalen Organisation der ARD, des ARD-Fernsehens und der Tagesschau-Redaktion „ARD-aktuell", nun zur strukturell-funktionalen Organisation. Der Begriff „funktionale Organisation" ist in der neueren Organisationstheorie geläufig und wird im Zusammenhang mit den verschiedenen Funktionsbereichen eines Unternehmens gebraucht wie etwa Forschung, Verwaltung, Finanzen, Einkauf, Lagerhaltung und Absatz, (vgl. Müller-Jentsch 2003, 91; Manz et al. 1994, 63). Für diese Arbeit wurde die funktionale Organisation erweitert zur „strukturell-funktionalen Organisation". In diese Kategorie sollen alle Strukturelemente eingeordnet werden, die für die Produktion der Nachrichtensendung „Tagesschau" erforderlich sind. Dazu zählt die personelle Infrastruktur in Form von Reportern, Korrespondenten oder Redakteuren genauso wie die technische.

3.4   Strukturell-funktionale Organisation

Die ARD ist, wie oben bereits erwähnt, organisationstheoretisch ein „interorganisationales Netzwerk" (Müller-Jentsch 2003, 114). Darunter versteht man die „relativ dauerhafte Geschäftsbeziehung zwischen mindestens drei rechtlich selbstständigen Unternehmen" (ebd.), die unter anderem Dienstleistungen, Personal und Informationen austauschen (vgl. Windeler 2001, 34). Doch die ARD als nationales Netzwerk ist in ein größeres, internationales Netzwerk eingebunden – in das Netzwerk der European Broadcasting Union (EBU). Die Knotenpunkte dieses Netzes sind die nicht-privatwirtschaftlichen Sender und Senderverbünde vor allem der europäischen Länder. Dieses übergreifende Netzwerk ist für die Tagesschau und ihren Content von erheblicher Bedeutung, wie im empirischen Teil gezeigt werden wird. Sowohl die Auslandskorrespondenten der ARD als auch die Redaktion in Hamburg selbst greifen bei der täglichen Arbeit in erheblichem Umfang auf die Leistungen und Angebote der EBU zurück.

Auch die Beschreibung der strukturell-funktionalen Organisation soll, wie schon oben beim Abschnitt „formale Organisation", von außen nach innen führen. Sie beginnt deshalb in der Peripherie des Netzwerkes mit der EBU und ihrer Tochter „Eurovision". Sie bewegt sich dann über die Darstellung des ARD-Korrespondentennetzes und der zuliefernden Inlands-Redaktionen hin zum Zentrum, zur strukturell-funktionalen Organisation der Tagesschau-Redaktion. Da Organisationen nach Müller-Jentsch „historische Gebilde (sind), die sich im

Laufe der Zeit verändern" (2003, 12), ist auch diesmal ein kurzer historischer Exkurs sinnvoll.

3.4.1   Europäische Rundfunkunion EBU

3.4.1.1   Schwierige Anfänge

Die EBU ist das Ergebnis eines heftigen internationalen Streits nach Ende des Zweiten Weltkriegs. Die Geschichte reicht dabei zurück in die 1920er Jahre des vorigen Jahrhunderts. Damals begann sich das Radio in den europäischen Staaten flächendeckend auszubreiten. Um einen Wellenwirrwarr und gegenseitige Störungen zu vermeiden, wurde eine Organisation erforderlich, die festlegte, wer auf welcher Frequenz mit welcher Stärke senden durfte. Zu diesem Zwecke wurde 1929 die Internationale Rundfunkunion, kurz IBU, gegründet. Die Verwaltung wurde in Genf angesiedelt, wo auch der Völkerbund seinen Sitz hatte. Das technische Büro kam wegen der zentralen Lage innerhalb Europas nach Brüssel.

Während des Zweiten Weltkrieges arbeitete die IBU gezwungenermaßen mit den Nazis zusammen. Dadurch konnte die Organisation zwar den Krieg überstehen, doch anschließend war die IBU bei den Siegermächten diskreditiert. Die Sowjetunion betrieb deshalb die Gründung einer völlig neuen Institution. Sie fand dafür unter den europäischen Rundfunkanstalten eine Mehrheit und so wurde Ende Juni 1946 in Genf die „Organisation Internationale de Radiodiffusion" OIR ins Leben gerufen. Von den 28 Mitgliedern der IBU zu diesem Zeitpunkt wechselten 18 zur OIR, die restlichen zehn hielten die IBU aufrecht. Mit dem Ergebnis, dass sich Ende der 1940er Jahre zwei internationale Rundfunkorganisationen um die Rolle als offizieller „Frequenzverteiler" stritten. Die BBC, zu jener Zeit die bedeutendste Rundfunkanstalt Europas, hielt sich von beiden Institutionen fern. Die OIR war ihr zu sehr sowjetisch und französisch dominiert, die IBU wurde wegen ihrer Nazi-Vergangenheit abgelehnt.

Das Nebeneinander der beiden Organisationen war für alle Beteiligten unbefriedigend und wenig effizient. Nach einer erfolglosen Konferenz mit allen Gruppen, auf der es mehrfach zum Eklat kam, wuchs die Einsicht, dass vermutlich die Gründung einer neuen Organisation der sauberste Weg sein würde, um die Probleme zu lösen (vgl. Degenhardt et al. 1996, 19 ff.). Am 13. Februar 1959 fand dann „in Torquay, Südengland, die Gründungsversammlung für einen neuen, westeuropäisch geprägten Rundfunkverband statt. (...) Die ‚Europäische Rundfunkunion' wurde von den Vertretern der Rundfunkorganisationen aus 23

Ländern der von der ITU festgelegten ‚Europäischen Rundfunkzone' gegründet"
(ebd., 22 f.). Die EBU war geboren.

3.4.1.2   Europäische Rundfunkzone

Die gerade erwähnte „Europäische Rundfunkzone" bedarf einer kurzen Erklärung. Diese Zone wurde von der Internationalen Fernmeldeunion festgelegt, der
„International Telecommunications Union" ITU, einer Sonderorganisation der
UNO. Da Frankreich seine nordafrikanischen Kolonien berücksichtigt haben
wollte und Großbritannien sein Engagement im Vorderen Orient, erstreckt sich
das Gebiet der Europäischen Rundfunkzone vom 30. Breitengrad Nord hoch bis
zum Polarkreis, wodurch auch die afrikanischen Länder Libyen, Ägypten, Algerien, Tunesien und Marokko dazugehören. Im Westen wird die Zone durch den
20. Längengrad und im Osten durch den 40. Längengrad begrenzt, wodurch die
Türkei, Syrien, Israel, Jordanien und der Irak innerhalb der Zone liegen (vgl.
ebd., 23; Winter 2006).

Zurück zur EBU. Nach ihrer Gründung wurde die IBU aufgelöst. Die „OIR
bestand als Parallelorganisation vorwiegend der sozialistischen Staaten der europäischen Rundfunkzone fort und nahm ihren Sitz endgültig in Prag. 1960 benannte sie sich in OIRT (Organisation Internationale de Radiodiffusion et
Télévision) um" (Degenhardt et al. 1996, 25). Im Jahre 1993 wurde die OIRT
Teil der EBU. Damit hat die EBU heute, Stand Anfang 2006, 74 Voll- und 44
assoziierte Mitglieder in über 82 Staaten (vgl. EBU 2006). Der Nachkriegsplan,
IBU und OIR durch eine neue Organisation zu ersetzen, wurde damit – wenn
auch erst Jahrzehnte später – Wirklichkeit.

3.4.1.3   Aufgaben der EBU

Die EBU kümmert sich nicht um das Verteilen von Frequenzen, sondern unterstützt ihre Mitglieder und damit auch die ARD weltweit mit technischen Einrichtungen. Die EBU enthält dafür in allen großen Städten der Welt, auch außerhalb
des EBU-Mitgliedsbereiches, Mitarbeiter, die zum Beispiel bei Naturkatastrophen oder Terroranschlägen Übertragungstechnik vor Ort anmieten und einen
„Feed Point" aufbauen. Dort können dann die Korrespondenten vor Ort schneiden, überspielen und live befragt werden. Auch die großen Agenturen wie APTN
(der Fernseharm von Associated Press) oder Reuters TV fliegen in solchen Fällen Technik in die betroffenen Gebiete und stellen ihre Fazilitäten der EBU gegen Gebühr zur Verfügung. Über die EBU lassen sich auch die nötigen Satelli-

tenleitungen buchen. Weiterhin versorgt die EBU über ihre Tochter „Eurovision"
die Mitgliedsanstalten, und damit auch die ARD und die Tagesschau, mit nach-
richtlichem Filmmaterial aus aller Welt. Die Eurovision hat ihre eigene Geschichte.

3.4.2　Eurovision

3.4.2.1　Die Geburtsstunde

Sie begann am 27. August 1950 mit einem technischen Experiment. Die BBC
baute eine improvisierte TV-Funkstrecke zwischen Calais auf dem französischen
Festland und der britischen Insel auf. Das so genannte „Calais-Experiment" funk-
tionierte, die Fernsehbilder kamen jenseits des Ärmelkanals an. Das war der erste
Schritt. Im Januar 1951 wurde die EBU vom französischen Fernsehen gebeten,
technische und rechtliche Fragen zu klären für einen bilateralen Programmaus-
tausch zwischen Großbritannien und Frankreich. Das war der zweite Schritt. Doch
zunächst kam nichts so richtig in Gang (vgl. Degenhardt et al. 1996, 27 ff.).

Das änderte sich mit dem Tod des britischen Königs Georg VI. am 06. Februar 1952. Die Techniker der BBC sahen im Ableben des Monarchen ein große
Chance: „Im nächsten Jahr – genug Zeit zur Vorbereitung also – würde eine
glanzvolle Krönung der Thronerbin Elisabeth stattfinden, der Anlass schlechthin
für eine Live-Außenübertragung im ganz großen Stil" (ebd., 33). Früh im Herbst
nahm die BBC mit den Rundfunkanstalten der Niederlande, Belgiens und Frankreichs Kontakt auf. Am 25. November 1952 wurde auch der Intendant des
NWDR, Werner Pleister, von dem Plan unterrichtet. Die Niederländer setzten
ihn in Kenntnis und stießen bei Pleister auf großes Interesse (vgl. ebd., 34).

3.4.2.2　Erste Live-Übertragung

Am 02. Juni 1953 war es soweit. Im Fernsehen fand die erste große Live-
Übertragung statt. Für die junge EBU ein technisch und organisatorisch höchst
aufwändiges Unterfangen. Die BBC brachte mobile Technik über den Ärmelka-
nal nach Frankreich. Zwischen Dover und Calais wurde eine Fernseh-
Richtfunkverbindung aufgebaut. Eine erhebliche Schwierigkeit stellten bei dieser
ersten Live-Übertragung die unterschiedlichen technischen Standards dar. In
Großbritannien verwendete man für die Bildauflösung 405 Zeilen, in Frankreich
819 Zeilen, in den Niederlanden und in Westdeutschland waren es 625. Belgien
war sogar innerhalb seiner Grenzen geteilt: Die Flamen nutzten das 625er, die

Wallonen das 819er System. Das Live-Signal mit den Krönungsbildern wurde deshalb aus London kommend in Paris auf 819 Zeilen konvertiert. Und im niederländischen Breda stand am Fuße des dortigen Kirchturms der mobile Konverter für die 625er-Technik, die in Deutschland und Holland gebraucht wurde. Auf der Spitze des Zwiebelturms war die Richtfunkantenne für die Weitergabe des Signals installiert worden.

In Großbritannien wurde die Krönung Elisabeths II. damals von schätzungsweise 20 Millionen Menschen im Fernsehen verfolgt, im restlichen Europa von weiteren zwei Millionen. Vor den wenigen vorhandenen Fernsehapparaten in Kneipen, Schaufenstern und Wohnzimmern drängten sich die Menschen. Immer wieder gab es Bildausfälle, der Ton schwankte, die Bilder kippten, wackelten und zitterten, doch die Übertragung brach nicht ab. „Das Fernsehen, das damals viele noch als technisch hochanspruchsvolles Spielzeug betrachteten, hatte bewiesen, dass es Bilder über Ländergrenzen hinweg transportieren konnte. Die Kosten dafür waren ohne jeden Zweifel gewaltig, aber der Werbeeffekt dieser televisionären Pioniertat war mit Geld kaum aufzuwiegen" (EBU 2004, 27).

3.4.2.3   Aufbau des Eurovisions-Netzes

Marcel Bezencon, damals bei der EBU Chef der Studiengruppe Fernsehen, regte schon im Mai 1952 an, das für die Übertragung der Krönung erforderliche technische Netzwerk stehen zu lassen und in eine Dauereinrichtung umzuwandeln. Unter anderem der Austausch von Aktualitäten und dokumentarischem Filmmaterial sollte darüber erfolgen. Womit der Gedanke an eine Nachrichtenbörse via Eurovision formuliert wurde (vgl. Degenhardt et al. 1996, 34 f.). Doch bis tatsächlich Nachrichtenfilme europaweit über das Leitungsnetz ausgetauscht wurden, dauerte es noch. Nach der Krönung übertrug man neben Sportereignissen vor allem Unterhaltungssendungen. Zum Beispiel ein Narzissenfest aus Montreux oder den legendären „Grand Prix Eurovision Song Competition". Spielshows und Quizsendungen wurden als Eurovisions-Konzepte diskutiert oder Porträts europäischer Städte mit weniger als 10.000 Einwohnern (vgl. ebd., 40 ff.). Erst erheblich später, im Oktober 1958, begann – zunächst noch experimentell – der Nachrichtenaustausch im Eurovisionsnetz (vgl. ebd., 51).

3.4.2.4   Beginn des Nachrichtenaustausches

An diesem Experiment „Nachrichtenbörse" nahm die ARD nicht teil. Ihr war die Angelegenheit zu teuer. Am 20. Juni 1958 wurde das Thema auf einer ARD-

Konferenz in Bremen besprochen. Im Protokoll hieß es hinterher, Experten der Tagesschau hätten die Kosten für den Eurovisions-Austausch auf 8.000 bis 14.000 Mark täglich geschätzt. Das stehe in keinem Verhältnis zum Ergebnis, deshalb sei von einer Beteiligung an diesem Experiment abzusehen (vgl. ebd., 52). Die genannten Kosten hatten vor allem mit den erforderlichen Übertragungsleitungen zu tun. Die Deutsche Bundespost berechnete damals, 1958, für 100 Kilometer Richtfunkstrecke pro Minute etwa 9 Mark 30. Eine Stunde Verbindung quer durch Deutschland von Süden nach Norden verursachte so reine Leitungskosten zwischen 5000 und 6000 Mark (vgl. ebd., 60).

Doch auch ohne die ARD und einige andere Rundfunkanstalten wurde der Nachrichtenaustausch gestartet. Und auch er startete mit einem spektakulären Todesfall. Der neu installierte „News Coordinator" der Eurovision, der Holländer Carel Enkelaar, war gerade in seinem Büro im Brüsseler Justizpalast eingetroffen, als der Nachrichtenchef der italienischen RAI anrief. Er teilte mit, Papst Pius XII. sei schwer erkrankt. Man könne Aufnahmen von betenden Nonnen vor Castelgandolfo anbieten. Enkelaar akzeptierte. Um 17 Uhr gingen die Aufnahmen an jenem 06. Oktober 1958 über das Netz der Eurovision an die BBC, an das belgische Fernsehen, nach Frankreich und in die Niederlande. „Innerhalb einer Stunde waren sie sendefertig – Nachrichten vom selben Tag vom anderen Ende Europas! Die Begeisterung in London oder Brüssel war ebenso groß wie in Rom, wo Franco Schepis (der RAI-Nachrichtenchef, Anm. d. Verf.) bereits Übertragungswagen nach Castelgandolfo und zum Petersplatz geschickt hatte" (ebd., 52 f.) Dieses Beispiel aus der Frühzeit der Eurovision illustriert übrigens auch sehr eindrucksvoll den Einfluss des Organisatorischen auf den Content – unser Thema.

Am Donnerstag, dem 09. Oktober, lag der Papst im Sterben. Die Eurovision ließ sicherheitshalber alle Leitungen offen stehen, um die vatikanische Mitteilung, der Papst sei tot, auf keinen Fall zu versäumen. Die teilnehmenden Sender waren bereit, ihr Programm jederzeit zu unterbrechen, um die Todesnachricht samt Live-Bildern zu übermitteln. Enkelaar soll an diesem Tag den RAI-Kollegen über Ringleitung den legendären Satz zugerufen haben: „I want the dead Pope live!" Der tote Papst konnte zwar nicht live gezeigt werden, aber Bilder vom Petersplatz mit Glockengeläut im Hintergrund und die Verkündigung, dass der Papst gestorben sei. Das ging von Rom aus live an die angeschlossenen Rundfunkanstalten. In der EBU soll es später ein geflügeltes Wort gewesen sein, zwei Katholiken – Enkelaar und der Papst – hätten den allerersten Nachrichtenaustausch auf die Beine gestellt (vgl. ebd., 53). Die Übertragung aus Rom wurde jedenfalls als voller Erfolg betrachtet. Man beschloss deshalb eine weitere Experimentierphase, um noch mehr Erfahrung zu sammeln. Die ARD wurde erneut aufgefordert, am Austausch teilzunehmen. Die Verantwortlichen ließen sich breitschlagen und stimmten schließlich zu, um guten Willen zu zeigen (vgl. ebd., 54). Fest in den Kreis der Eurovisions-Teilnehmer rückte die ARD allerdings erst 1963 auf (vgl. ebd., 83).

Die zweite Versuchphase fand im Mai 1959 statt. Das getauschte Material wurde dieses Mal noch zusätzlich angereichert durch zwei TV-Nachrichten-agenturen, durch UPITN und Visnews. Die beiden Agenturen stellten ihre Auf-nahmen der Eurovision zur Verfügung und durften dafür als Gegenleistung sämt-liches Euro-Material an ihre Kunden weitergeben, die außerhalb des Eurovisi-ons-Raumes saßen. Auch die zweite Phase war nach Einschätzung der EBU erfolgreich. Die ARD war anderer Meinung. Die Aktion sei misslungen, hieß es dort, die Leitungen seien zu teuer, die bereitgestellten Nachrichten nur für kleine Länder sinnvoll (vgl. ebd., 55). Trotz solcher Einzelkritik wurde das Projekt vorangetrieben. Im April 1960 wurde auf einer Konferenz festgelegt, den bishe-rigen Gesamtstandort Brüssel nur noch als technisches Zentrum beizubehalten. Verwaltung und Organisation und damit auch der „News Coordinator" sollten nach Genf umziehen (vgl. ebd., 56). Dort sitzt die Eurovision noch heute.

Am 29. Mai 1961 begann der tägliche Nachrichtenaustausch. Jeder konnte den Pool bestücken und jeder konnte sich daraus bedienen. Das Material selbst war kostenlos. Bezahlt werden mussten anteilig die bereitgestellten Überspiellei-tungen sowie die Kosten für Verwaltung und Technik. Das Netzwerk wurde nicht kommerziell, sondern auf Gegenseitigkeit betrieben (vgl. ebd., 55 u. 57). Das Streckennetz umfasste fast 100.000 Kilometer und brachte die TV-Nachrichtenagenturen, die zunächst weiter auf den Postversand angewiesen waren, in erhebliche Nöte (vgl. Jaedicke 2002, 59). Nach 1967 durften die Agen-turen nicht mehr nur versuchsweise am Austausch teilnehmen, sondern generell. Und das war auch aus inhaltlichen Gründen durchaus erwünscht. Die Mitglieds-anstalten lieferten aus ihrem eigenen Land zuweilen gefärbte Berichte, was dem journalistischen Anspruch zuwiderlief. Die Agenturen waren in solchen Fällen oft ein hilfreiches Korrektiv (vgl. Degenhardt et al. 1996, 56).

3.4.2.5   Nachrichtenaustausch heute

Im Rahmen der Eurovision tauschen heutzutage nicht nur die Vollmitglieder und die assoziierten Mitglieder ihr Material untereinander aus, sondern auch Schwes-terorganisationen wie Asiavision oder Afrovision. Am Austausch beteiligt sind außerdem diverse amerikanische TV-Stationen und die beiden großen Nachrich-tenfilm-Agenturen APTN und Reuters TV (siehe dazu Abschnitt 3.4.3). Der „News Coordinator" heißt mittlerweile „News Editor". Er bewertet das angebo-tene Bildmaterial und legt fest, was über die Eurovision verbreitet wird und was nicht. Ihm kommt „eine entscheidende Funktion als ‚Gatekeeper' zu. Denn er ist es letztlich, der nach journalistischen Kriterien und handwerklichen Maßstäben darüber entscheidet, ob ein Nachrichtenbeitrag wirklich in den Austausch der Eurovision gelangt oder nicht" (Kalisch/Wilke 1993, 266). Bis 1999 wechselte diese wichtige Funktion in einem rotierenden Verfahren. Mal stellte die ARD den News Editor für eine Zeit, mal die italienische RAI oder die BBC. Mittlerweile gibt es ein festes Team von vier News Editors mit Sitz in Genf (Wegener 2006). Der News Editor trifft seine Entscheidungen nicht allein, sondern steht in ständigem Kontakt mit Abnehmern und Zulieferern, um Nachrichtenfilm-Angebote und Themen abzusprechen. Über eine Standleitung sind alle Mitgliedsanstalten der Eurovision untereinander verbunden. Über diese Sprechverbindung finden zu festgesetzten Zeiten – gegen 12 Uhr mittags, am späten Nachmittag und am frühen Abend (vgl. Kalisch/Wilke 1993, 264) – Konferenzen statt. Falls nötig kann auch jederzeit ad hoc konferiert werden. Bei ARD-aktuell gibt es innerhalb der Planungsredaktion ein Eurovisions-Büro. Dieses Büro ist das Bindeglied zwischen der Eurovision und der ARD (Wegener 2006).

3.4.2.6 Überspielzeiten der Eurovision

Die Eurovisions-Überspielungen finden täglich zu festen Zeiten statt. Aus historischen Gründen tragen sie für Außenstehende merkwürdig klingende Bezeichnungen. Der Chef vom Dienst der Tagesschau sagt zu einem Filmbearbeiter: „Ich hab' in der Vorschau gesehen, die Bilder kommen in der Ypsilon. Schau' dir die mal an!" Was meint er damit? Die „Ypsilon" ist die feste Überspielzeit um 10 Uhr 30 mitteleuropäischer Zeit (MEZ/MESZ). Die erste und einzige Überspielung fand am Anfang der Eurovision täglich um 17 Uhr statt. Das war die EVN 1, wobei EVN für Eurovision News steht. Wegen der ständig weiter wachsenden Nachrichtenmenge wurde am 01. Januar 1968 ein zweiter täglicher Überspieltermin um 18 Uhr 30 eingeführt. Das war die EVN 2.

Am 17. Mai 1974 kam noch eine dritte feste Überspielzeit um 12 Uhr mittags hinzu. Doch die früher am Tag stattfindende Überspielzeit konnte schlecht als EVN 3 bezeichnet werden. Das hätte zu Verwirrung und Verwechslungen führen können. Deshalb entschied man sich für „EVN Null". Der Bedarf an Bildmaterial nahm weiter zu. Deshalb kam ein weiterer Überspiel-Termin um 21 Uhr 30 hinzu – die EVN 3. Danach ging man dazu über, für weitere neu hinzukommende Zeiten Buchstaben zu verwenden: 05 Uhr 30: *EVN M* (für „morning"); 10 Uhr 30: *EVN Y* (Eurovisions-intern: „why do we do 'y'?"– „y" englisch gesprochen wie „why"); 15 Uhr 15: *EVN W* (Tagesschau-intern: „Warum „w" weiß keiner"). Brandaktuelles Material kann jederzeit im Rahmen einer

EVF (F=Flash) verbreitet werden. Überspielungen, die auf speziellen Wunsch für einzelne Sender erfolgen, laufen als *EVN X* für Extra.

In den ersten Jahren lief der gesamte Nachrichtenaustausch über Richtfunk und Landleitungen. Doch dann kam der Satellit.

3.4.2.7 Satellitenzeitalter

Am 05. Oktober 1957 um Null Uhr 50 Ortzeit startete in Baikonur eine russische Trägerrakete. An Bord eine Kugel mit vier Stabantennen (vgl. Brockhaus-Enzyklopädie 1993, Bd. 20, 732). Diese Kugel war Sputnik, der erste Weltraumsatellit. Messtechniker, unter anderem der EBU, richteten ihre hochempfindlichen Antennen auf Sputnik und sammelten alles an Daten, was von ihm abgestrahlt wurde. Schon bald war klar, dass ein solcher Satellit für Fernsehübertragungen wie geschaffen wäre. Der amerikanische Telekommunikationskonzern AT&T hatte Interesse, solche transatlantischen TV-Übertragungen via Satellit durchzuführen und ließ von den „Bell Telephone Laboratories" ein entsprechendes Gerät entwickeln und bauen (vgl. Lerc 2006, 1). Parallel dazu wurde die nötige Infrastruktur auf der Erde geschaffen. In Andover im US-Bundesstaat Maine installierte AT&T eine 380 Tonnen schwere, drehbare hornförmige Antenne, mit deren Hilfe ein Satellit in der Erdumlaufbahn angepeilt werden konnte. Eine Schwesteranlage errichtete AT&T im französischen Pleumeur Bodou in der Bretagne. Großbritannien baute seine Erdstation selbst, ohne amerikanische Hilfe, in Goonhilly Downs in Cornwall (vgl. Degenhardt et al. 1996, 64). In Deutschland entstand eine Bodenstation im bayerischen Raisting bei Weilheim, die allerdings erst 1963 einsatzbereit war (Uhlitzsch 2006).

Am 10. Juli 1962 schoss die NASA im Auftrag von AT&T den ersten Fernsehsatellit „Telstar" ins All, ein rund 85 Kilo schweres, kugelförmiges Gebilde. Bereits am nächsten Tag, am Abend des 11. Juli, wurden in Pleumeur Bodou die ersten von Telstar übermittelten TV-Bilder aufgefangen (vgl. France Telecom 2006). Am 23. Juli fand die erste offizielle Übertragung statt. Neunzehn europäische TV-Anstalten beteiligten sich, koordiniert von der Eurovisionszentrale, an einem gemeinsamen Programm, das via Telstar in die USA geschickt und dort ausgestrahlt wurde. Die Inhalte waren nicht nachrichtlicher, sondern touristischbunter Natur. Berichtet wurde unter anderem über Fischfang in Süditalien und die Rentierjagd nördlich des Polarkreises.

Technisch war die erste transatlantische Sendung ein voller Erfolg, obwohl der Einsatz des Telstar schwierig war. Der erste TV-Satellit war nämlich nicht geostationär, sondern umkreiste die Erde in relativ geringer Höhe auf einer stark elliptischen Bahn. Ein Umlauf dauerte 2 Stunden und 37 Minuten (vgl. Degenhardt et al. 1996, 64). Während dieser Zeit war Telstar, je nach Entfernung von der Erde, nur zwischen 10 und 20 Minuten lang für die Erdfunkstationen gleichzeitig erreichbar (Uhlitzsch 2006). Eine Übermittlung war nur während dieser Zeitfenster möglich. „Um eine kontinuierliche Übertragung zu gewährleisten, hatte man anfangs überlegt, mehrere Satelliten zu kombinieren. In Raisting hatten wir vorsorglich schon eine besonders schnell schwenkende Antenne mit besonders schnell laufenden Elektromotoren gebaut, um die Peilung von einem Satelliten zum anderen in kürzester Zeit vornehmen zu können" (ebd.). Der Plan, eine Satellitenkette einzusetzen, wurde nicht verwirklicht, geostationäre Satelliten erwiesen sich als die bessere Lösung.

3.4.2.8 Geostationäre Satelliten

Solche Satelliten umkreisen die Erde in einer Höhe von 35 786 Kilometern. „Dort entspricht die Geschwindigkeit der Satelliten der Rotationsgeschwindigkeit der Erde, so dass die Satelliten immer über demselben Punkt auf der Erdoberfläche stehen. Die Umlaufzeit beträgt in dieser Höhe 23 Stunden 56 Minuten und 4 Sekunden" (Rolisat 2006, 1). Irgendwelche Zeitfenster müssen bei dieser Technik nicht mehr berücksichtigt werden. Die Produktion von Fernsehnachrichten wie wir sie heute kennen, wäre ohne den Einsatz solcher Satelliten nicht möglich. Die großen Erdfunkstationen sind dabei weitgehend überflüssig geworden. Auch die Tagesschau holt sich inzwischen ihre Signale mit eigenen Parabolantennen aus dem All. Die Antennen wiegen längst keine 380 Tonnen mehr. Sie sind klein und leicht und stehen auf dem NDR-Gelände in Hamburg-Lokstedt. Die größte Parabolantenne dort hat einen Durchmesser von 420 Zentimetern, die kleinste einen von 180 Zentimetern. Die Satelliten selbst dagegen sind groß geworden. Mit Sonnensegeln, deren Spannweite bis zu 48 Meter beträgt und einer Sendeleistung von über 18 000 Watt (vgl. ebd., 2). Im Vergleich dazu Telstar Eins: Ganze 86 Zentimeter groß im Durchmesser und 15 Watt Leistung (vgl. TBS-Satellite 2006, 2).

Für die Außenberichterstattung über Satellit werden meist so genannte SNGs eingesetzt. Das sind Fahrzeuge, die mittels einer kleinen Parabolantenne einen Übertragungssatelliten anpeilen und dann einen Beitrag oder ein Live-Gespräch übermitteln können. Das Kürzel SNG steht dabei für „Satellite News Gathering". Mit einer SNG sind Reporterteams im In- und Ausland im Prinzip jederzeit livefähig. Weischenberg (2002b) schrieb 1995: „Insbesondere die Satellitentechnik in Kombination mit mobilen Reportageeinheiten sorgte für einen Wandel der Berichterstattung, deren Folgen für den Journalismus, sein Selbstverständnis und seine professionellen Praktiken im Moment noch gar nicht absehbar sind". Inzwischen ist vieles davon in der täglichen Praxis zu beobachten und wird im empirischen Teil dieser Arbeit aufscheinen.

Um Überspielungen und Live-Gespräche aus aller Welt zu ermöglichen, unterhält die EBU rund um die Uhr fest gemietete Satelliten-Kapazitäten. Diese Kapazitäten können dann zum Beispiel von der Tagesschau gegen Gebühr genutzt werden. Die Dauerleitungen sind vor allem auch von Vorteil, wenn bei Topereignissen viele Sender weltweit Satellitenlinks nachfragen. Inzwischen bestreitet die EBU auf über 50 digitalen Satellitenkanälen mehr als hunderttausend TV-Übertragungen, davon allein jährlich rund 30 000 Nachrichtenfilme und -berichte (vgl. EBU 2006).

3.4.2.9   Technische Zukunft der Eurovision

Die große Zeit der Satelliten scheint allerdings zu Ende zu gehen. Das Kabel spielt inzwischen eine immer größere Rolle. 2004 begann die Eurovision ein eigenes Glasfaser-Netz aufzubauen. Verbunden wurden dabei miteinander in der ersten Phase Mainz (ZDF), Hamburg (ARD-Tagesschau), Brüssel, Paris, London, Rom, Genf sowie – via Überseekabel – New York und Washington. Der Grund für die verstärkte Nutzung hochleistungsfähiger Glasfaser-Kabel ist rasch genannt: Überspielungen per Kabel sind erheblich preiswerter als per Satellit (vgl. Eckstein 2004, 2). Und auch das Internet gewinnt an Bedeutung: Schon heute können auf diesem Weg zu sehr günstigen Preisen Beiträge übermittelt werden. Diese neue Technik nennt sich „File Transfer". Die Daten werden dabei komprimiert und als E-Mail-Anhang übermittelt. „Die Übertragungswege sind noch nicht genau festgelegt, deshalb kann es eine Stunde und länger dauern, bis das Stücke in Hamburg eintrifft. Für Topaktualität ist die Technik deshalb noch nicht geeignet, aber das wird sich bald ändern. Dann schickt der Korrespondent seinen Bericht im Internet ab und Sekunden später ist es beim Empfänger. Die Übertragungsqualität ist dabei hervorragend", sagt Georg Grommes (2006), der die File Transfer-Versuche mitbetreut. Die finanziellen Unterschiede sind erheblich. Grommes: „Einen einzigen Beitrag, sagen wir von Kairo noch Hamburg per Satellit zu überspielen, kostet rund 1500 Euro. Ein ganzes Jahr lang unbegrenzt viele Beiträge von Kairo aus per File Transfer nach Hamburg zu schicken, kostet eine Pauschalgebühr von nur 300 Euro".

Noch allerdings wird der Satellit häufig eingesetzt. Allein ARD-aktuell wendet für solche Überspielungen mehrere zehntausend Euro jeden Tag auf. Besonders teuer sind etwa Satellitenleitungen nach Straßburg, während solche nach New York nur ein Zehntel davon kosten (Wegener 2006). Um Geld zu sparen, wird der jeweils günstigste Satellitenbetreiber gewählt. Das kann mal die

British Telecom sein oder mal ein privater Anbieter. 70 bis 80 Prozent aller Verbindungen werden dabei standardisiert abgewickelt. Die Auslandskorrespondenten haben meist eigene Abspieltechnik, der jeweils günstigste Satellitenbetreiber wird immer wieder gebucht, alle Daten sind im Computer gespeichert.

Auf Wunsch der Tagesschau-Redaktion wird eine entsprechende Kapazität für eine Überspielung oder ein Live-Interview bestellt. Um keine Fehler entstehen zu lassen, wendet sich ein Mitglied des Sendeteams an den Dienst habenden Redakteur der Planung. Dieser überprüft die Richtigkeit der Angaben und leitet die Anforderung an das Eurovision-Büro weiter, das im selben Großraum sitzt. Dort werden die Angaben noch einmal kontrolliert, bevor das Leitungsbüro den Auftrag erhält, den entsprechenden Satellitenlink zu bestellen. Die große Sorgfalt hat einen einfachen Grund: Bei falschen Angaben entstehen beträchtliche Kosten, denn falsch gebuchte Leitungen müssen ohne Storno-Nachlass bezahlt werden. Ein Live-Schaltgespräch mit einem Korrespondenten kann bis zu 2000 Euro kosten (Wegener 2006).

Seit 1960 unterhält die ARD für das Fernsehen ein eigenes Auslandskorrespondenten-Netz. Am Anfang waren nur die Metropolen der wichtigsten Staaten besetzt, heute unterhält die ARD 26 Fernsehkorrespondentenplätze. Dieses Korrespondentennetz ist ein wichtiger Teil der strukturell-funktionalen Organisation der Tagesschau. Es soll deshalb im Folgenden detailliert beschrieben werden. Die Korrespondenten, mit denen für diese Arbeit Informationsgespräche geführt wurden, erwähnten häufig zwei Nachrichtenfilmagenturen, auf deren Material sie zurückgreifen: Reuters TV und APTN (Associated Press Television News). Zu diesen Agenturen in einem Exkurs einige Informationen.

3.4.3 Nachrichtenfilm-Agenturen

Unter Nachrichtenfilm-Agenturen sind „Unternehmen zu verstehen, die die Redaktionen von Fernsehsendern regelmäßig mit Bildmaterial beliefern. Hierbei handelt es sich heute in der Regel um elektronische Videoaufnahmen. Da die filmische Aufnahmetechnik und Speicherung im Geschäft mit aktuellen Fernsehnachrichten kaum noch von Bedeutung ist, müsste man inzwischen eigentlich von Video- oder Fernseh-Nachrichtenagenturen sprechen. Doch hat der Begriff Nachrichtenfilmagenturen mittlerweile so feste Wurzeln geschlagen, dass er (bisher) nicht zu ersetzen ist" (Kalisch/Wilke 1993, 244). Zwei große Agenturen sind dabei maßgeblich: Reuters TV (RTV) und Associated Press Television News (APTN). „Zur Produktion von Fernsehnachrichten-(Roh)-Material unterhalten sie ein dichtes Netzwerk aus hunderten von Mitarbeitern und modernster Kommunikationstechnologie" (ebd.).

Die Nachrichtenfilm-Agentur Reuters TV existiert seit 01. Januar 1993 und ist auf dem Gebiet der Fernsehnachrichtenfilme inzwischen das führende Unternehmen (vgl. Weischenberg 2002 b, 48). AP zog im November 1994 als APTV nach. Am 21. September 1998 fusionierte APTV mit der 1985 gegründeten US-Nachrichtenfilmagentur Worldwide Television News (WTN). Das neue Unternehmen heißt seitdem Associated Press Television News, kurz *APTN*. (vgl. AP 1998, auch Kalisch/Wilke 1993, 252).

Reuters TV firmiert unter diesem Namen seit 1993, doch die Wurzeln des Unternehmens reichen zurück ins Jahr 1957. Damals wurde die „British Commonwealth International Newsfilm Agency Ltd." (BCINA) ins Leben gerufen. Gründungsmitglieder waren die BBC, die Australien Broadcasting Corporation (ABC), die Canadian Broadcasting Corporation (CBC) und eine britische Filmfirma namens Rank. 1960 wurde die Wortnachrichtenagentur Reuters Mitgesellschafter. 1962 taufte man die BCINA in Visnews um. Im Herbst 1992, nach einigem Hin- und Her und verschiedenen Änderungen in der Gesellschafterstruktur, wurde Reuters der alleinige Inhaber und benannte Visnews am 01. Januar 1993 in Reuters TV um (vgl. Kalisch/Wilke 1993, 248 f.).

Die beiden Nachrichtenfilmagenturen Reuters TV und APTN, arbeiten vielfach mit kleinen Teams und mit Videojournalisten, „meist freien Mitarbeitern, die mit den immer billiger und leistungsfähiger werdenden Kamerarecordern ausgestattet werden und durch die SNG-Technik kaum noch geographischen Beschränkungen unterworfen sind. Diese Revolution der Fernsehproduktion, die sich vor allem bei der Auslandsberichterstattung bemerkbar macht, setzt (…) die öffentlich-rechtlichen Sender mit ihrem traditionell betriebenen Personalkostenaufwand und Qualitätsbewusstsein erheblichem Druck aus" (ebd., 49). Kalisch und Wilke gehen davon aus, dass sich die öffentlich-rechtlichen Sender vor allem dann der Nachrichtenagenturen bedienen oder bedienen müssen, „wenn sie keinen eigenen Korrespondenten vor Ort haben, also gewissermaßen ‚ersatzweise'" (1993, 279). Die Agenturen seien eine Art Sicherheitsnetz, das die jederzeitige Versorgung mit Nachrichtenbildmaterial gewährleistet (vgl. ebd., 281). Für die Tagesschau-Redaktion in Hamburg trifft diese Betrachtungsweise zu. Die Auslandskorrespondenten haben dagegen eine etwas andere Haltung zu den Nachrichtenfilm-Diensten.

Die Informationsgespräche für diese Arbeit ergaben (siehe Kapitel 3.4.4 ff.), dass sie die Agenturen weniger als Konkurrenz betrachten oder als „Lückenbüßer", sondern vielfach als wichtige, zum Teil sogar unverzichtbare Materialquelle für die eigene Arbeit. Peter Dudzik (2006), der ehemalige ARD-Studioleiter in Tel Aviv sagt: „Die Agenturen unterhalten eine so große Zahl an Videojournalisten und eine so ausgefeilte Infrastruktur, dass ich als Korrespondent nur selten mithalten kann." Die Überlegenheit der Agenturen manifestiert sich in einem Zahlenvergleich.

- Reuters TV verfügt über 118 Büros in 77 Ländern (vgl. Bauer/Wilke 1993, 20).
- APTN verfügt über „dezidierte Quellen (...) in 83 Büros in 67 Ländern (...). Diese werden von 154 weiteren AP Büros und durch weitere Vereinbarungen mit über 350 TV-Nachrichtenorganisationen zusätzlich unterstützt" (AP 1998; Ickstadt 2006).
- Die ARD unterhält 27 Auslandsbüros. Und diese 27 sind nicht nur für die aktuelle Berichterstattung zuständig, sondern produzieren auch Hintergrundberichte, etwa für den „Weltspiegel", oder gestalten längere Features über ihr Berichtsgebiet.

Die Nachrichtenfilm-Agenturen sind nicht nur leistungsstark wegen ihrer vielen Standorte und wegen der vielen Teams, die in ihrem Auftrag weltweit unterwegs sind – die Agenturen profitieren auch von der Kooperation mit zahlreichen Fernsehanstalten. Dadurch kommen die Agenturen auch an Material, das sie nicht selbst gedreht haben und verschaffen sich so „eine Reichweite fast bis in jeden ‚Winkel' der Erde" (Kalisch/Wilke 1993, 253).

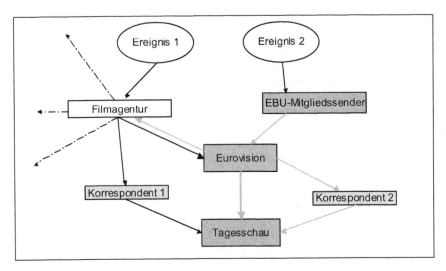

Abbildung 8:   Darstellung der Kooperation zwischen Filmagentur, Eurovision, Korrespondenten und Tagesschau-Redaktion.

„Wichtigster Knotenpunkt dieser Zusammenarbeit" (ebd., 263) ist die Eurovision der EBU (Abbildung 8). Die Agenturen sind durch Verträge eng mit dem EBU-Netzwerk verflochten. Sie liefern ihre Nachrichtenfilme an die Eurovision *(dicker schwarzer Pfeil)*, die das Material über ihr Leitungsnetz verteilt. Im Gegenzug erhalten die Agenturen das von den EBU-Mitgliedern gedrehte und in die Eurovision eingespeiste Material *(grauer Pfeil)* für ihre internationalen Dienste *(gestrichelte Pfeile)* (vgl. ebd., 266). Die Skizze zeigt auch, wie die Korrespondenten mit Bildmaterial vorsorgt werden. Einige bekommen die Videoaufnahmen von den Agenturen direkt (Korrespondent 1), andere werden über den „Umweg" Eurovision versorgt (Korrespondent 2). Die Tagesschau im Hamburg bekommt Agenturmaterial nur über die Eurovision.

Allerdings wird nicht jeder angebotene Agenturbeitrag von der Eurovision weitergegeben. Der News Editor in Genf entscheidet, was in die EVN-Überspielungen kommt und was nicht. Und so muss das Agenturmaterial, bevor es zum Beispiel in der Tagesschau gesendet wird, eine lange Reihe von Gatekeepern überstehen: Erst die Bearbeiter im Regionalbüro, dann die Bearbeiter in der Zentrale der Agentur, danach den News Editor bei der Eurovision, den ARD-Korrespondenten, den Bearbeiter bei ARD-aktuell, den Chef vom Dienst bei der Tagesschau. Eine kleine Studie erbrachte, dass von insgesamt 665 Nachrichtenbeiträgen, die von drei Agenturen während einer Woche im Mai 1992 der Eurovision angeboten wurden, nur 159 das Gate in Genf passierten. In der Tagesschau gesendet wurden davon am Ende nur ganze 14 (vgl. ebd., 269 ff.). Wie viel von diesem Agenturmaterial in ARD-Korrespondentenberichte eingearbeitet worden war, geht aus der Untersuchung nicht hervor.

Die Nachrichtenfilm-Agenturen bilden zusammen mit der Eurovision, den ARD-Auslandskorrespondenten und der Redaktion „ARD-aktuell" in Hamburg ein großes organisationales Netzwerk, das den Content der Tagesschau bei Auslandsnachrichten nicht nur beeinflusst, sondern bestimmt. Nach diesem Exkurs zum Thema „Nachrichtenfilm-Agenturen" sollen jetzt die einzelnen ARD-Korrespondentenplätze vorgestellt werden. Vor allem im Hinblick auf die organisatorischen Bedingungen, unter denen sie arbeiten.

3.4.4   ARD-Auslandskorrespondenten

3.4.4.1   Korrespondenten der ersten Jahre

Auslandskorrespondenten hatte die ARD von Beginn an. 1950 wurde die Arbeitsgemeinschaft gegründet, 1951 bereits wurde Peter von Zahn als erster Amerika-Korrespondent nach Washington geschickt (vgl. ARD.de). Der Tagesschau lieferte Zahn in den frühen Jahren „gelegentlich via Transatlantikkabel auch Telefonberichte (...) Zu sehen war dabei nur sein Foto" (Jaedicke 2002, 32). „Später, ab 1957, wenn wir Korrespondentenberichte brauchten, setzte ich mich ans Telefon und machte ein Interview. Dieses Telefoninterview wurde gefilmt, meist war ich im Bild, zwischendurch wurde ein Foto des Korrespondenten eingeblendet. Das wurde dann abends in der Tagesschau gesendet", erinnert sich Hans-Wilhelm Vahlefeld (2006), der in den 50er Jahren Redakteur bei der Tagesschau war.

Neben Washington gehörten London, Paris und Moskau zu den ersten ARD-Korrespondentenplätzen. Rom, Tokio, Mexiko, Kairo und andere Millionenstädte galten als zu teuer und wurden deshalb zunächst nicht besetzt (vgl. Jaedicke 2002, 75). Mehr durch Zufall als durch gezielte Planung ergab sich für die Tagesschau die Gelegenheit, Berichte aus Ostasien zu bekommen. 1958 nahm sich Tagesschau-Redakteur Vahlefeld eine redaktionelle Auszeit und machte sich auf eigene Kosten mit dem Tankschiff „Esso Düsseldorf" auf den Weg nach Japan, um von dort als freier Mitarbeiter Berichte zu liefern. „Ich hatte über die Tagesschau Kontakte zu Esso. Die haben mich offiziell als Zahlmeister eingestellt. Da musste ich zwar nichts tun, aber die Überfahrt war dadurch kostenlos", erzählt Vahlefeld (2006). Für seine Mission hatte ihm sein Vater eine 16 Millimeter „Bolex"-Kamera mit Federaufzug geschenkt. „Das war mein Betriebskapital".

Auf einer Zwischenstation in Beirut entstand dann der erste eigene Tagesschau-Reporterbericht. Das griechische Königspaar war im Frühjahr 1958 in der libanesischen Hauptstadt zu einem Staatsbesuch eingetroffen. Vahlefeld machte davon Filmaufnahmen und stellte sich danach selbst vor seine Kamera. Er sprach vor der Stummfilm-Bolex einen Text, den er anschließend im Hotelzimmer noch einmal für das Tonband wiederholte. Beides schickte er nach Hamburg, wo Bild und Ton zusammengefügt wurden. So kam der erste Korrespondentenbericht mit „Aufsager" für die Tagesschau zu Stande (vgl. Jaedicke 2002, 75 f.). Auch dieses historische Beispiel zeigt, wie das Organisatorische – in dem Fall das Vorhandensein eines Reporters – den Content einer Sendung bestimmt. Sechs Wochen nach dem Beirut-Aufsager reiste Vahlefeld weiter nach Tokio. Von 1960 an war er dort der erste „offiziell bestallte Ostasien-Korrespondent der ARD mit festem Gehalt und Spesenkonto." (Vahlefeld 2006).

3.4.4.2 ARD-Vertrag für Auslandsberichterstattung

Im Mai 1963 schlossen die Mitglieder der ARD einen offiziellen „Vertrag über die Berichterstattung für das Deutsche Fernsehen im Ausland". Darin ist festgelegt, dass für einen bestimmten Ort oder ein bestimmtes Land jeweils eine der ARD-Anstalten die Berichterstattung übernimmt. Wo ein Korrespondenten-Büro eingerichtet wird und wer dafür zuständig sein soll, entscheiden die Intendanten. Die beauftragte Rundfunkanstalt informiert die anderen darüber, wen sie als Korrespondenten in das jeweilige Berichtsgebiet zu entsenden gedenkt (vgl. Steinwärder 1998, 138).

Für die Tagesschau stellen die 27 Auslandsbüros einen wichtigen Teil der strukturell-funktionalen Organisation dar. In halbstrukturierten Interviews mit den jeweiligen Korrespondenten wurde unter anderem eruiert

- wie die einzelnen Studios personell und technisch ausgestattet sind,
- wie schnell das jeweilige Studio livefähig ist,
- woher sie in den jeweiligen Berichtsgebieten ihre Informationen und ihr Bildmaterial bekommen,
- unter welchen Bedingungen und Schwierigkeiten die Arbeit erfolgt,
- wie häufig über vorhersehbare und wie häufig über unerwartete Ereignisse berichtet wird.

Die Ausstattung jedes Studios wurde abschließend in einer Kategorie zwischen I und III zusammengefasst. **Kategorie I** steht für Inlands- oder Auslandsstudios, die mit Hilfe eigener Studio- und Übertragungstechnik grundsätzlich innerhalb weniger Minuten livefähig sind. **Kategorie II** steht für Studios mit eigener Schnitt- und Mischtechnik, die zwar im Prinzip relativ kurzfristig Live-Gespräche führen können, dafür aber grundsätzlich die technische Unterstützung fremder Dienstleister benötigen. Standorte, die entweder das Studio mieten müssen oder die Übertragungstechnik oder beides. **Kategorie III** steht für Studios, die nur mit erheblicher Vorwarnzeit livefähig sind, die kein eigenes TV-Studio besitzen und ihre Berichte über die örtlichen Fernsehanstalten absetzen müssen.

Die vorwiegend telefonischen Informationsgespräche mit den Korrespondenten wurden über die strukturell-funktionalen Fragen hinaus inhaltsoffen und zuhörend als „narratives Interview" (Lamnek 2005, 357 ff.) geführt, um weitere, zunächst nicht bedachte Aspekte kennen zu lernen. Die telefonische Anfrage führte außerdem dazu, dass alle Korrespondenten bereit waren zu antworten. Zum Vergleich: Junghanns/Hanitzsch (2006) machten eine streng standardisierte Online-Befragung. Sie baten dabei Auslandskorrespondenten um Angaben unter anderem zu ihrem beruflichen Rollenverständnis und zu ihrer Ausbildung. Die Rücklaufquote betrug 35 Prozent (ebd., 418).

Noch immer ist der Auslandskorrespondent ein „unbekanntes Wesen" (Marten 1987, 23) in der Publizistik- und Kommunikationswissenschaft, für das sich bisher nur wenige Forscher interessierten (Lugert 1974; Marten 1987; Junghanns/Hanitzsch 2006). Insofern soll die nachfolgende Zusammenschau auch dazu beitragen, diese Lücke ein wenig zu füllen.

Die in die Texte eingefügten Karten durften, soweit keine andere Quelle vermerkt ist, dankenswerterweise vom Internet-Auftritt der ARD (2006) übernommen werden. Da Afrika in den Fernsehnachrichten „zunehmend hinten runterfällt" (Zeppenfeld 2006), soll dieser Kontinent bei der folgenden Zusammenschau am Anfang stehen. Danach folgen die Berichtsgebiete im Nahen Osten, in Amerika, Asien und Europa.

3.4.5   Berichtsgebiete in Afrika

Die Vorstellung der Studios beginnt im Süden mit dem ARD-Büro Johannesburg, es folgen Nairobi, Madrid und Kairo. Die beiden letztgenannten Plätze sind jeweils auch für einige Länder Nordafrikas zuständig. Nach dem Studio Kairo werden wegen der geografischen Nachbarschaft die ARD-Standorte im Nahen Osten vorgestellt.

3.4.5.1   Johannesburg

Das Auslandsstudio Johannesburg ist dem Südwestrundfunk (SWR) zugeordnet. Korrespondent und Studioleiter war zum Zeitpunkt der Befragung Richard Klug (2006), von dem die nachstehenden Informationen stammen.
Das Studio befindet sich im Herzen von Johannesburg in der Park Road. Ein Medienhaus, in dem neben der ARD auch die BBC, das ZDF, Associated Press, Al Dschasira International, die Deutsche Presseagentur und der ARD-Hörfunk ein Büro unterhalten. Im obersten Stockwerk sitzt „Globecast", eine Firma, die weltweit operiert und die technischen Mittel für Live-Schaltgespräche zur Verfügung stellt. Der Korrespondent steht dann auf dem Dach des Medienhauses „mit der Kulisse von Johannesburg im Hintergrund". Ein Schaltgespräch lässt sich im Prinzip innerhalb von Minuten organisieren, da der Korrespondent nur im Haus nach oben fahren muss. Klug: „Die Schwierigkeit ist eine andere: Wie schnell ich ins Programm komme, hängt vom Andrang ab. Habe ich ein Thema, das nur in Deutschland von Interesse ist, gibt es keinerlei Schwierigkeiten. Aber lassen Sie Mandela sterben, dann wollen alle gleichzeitig berichten. Dann kommt der zum Zug, der als Erster die Technik gebucht hat. Dann muss man sich den Live-Platz und die Satellitenverbindungen teilen. Dann wird es eng". Bei großen Ereignissen würde die in Kapstadt residierende EBU mit zu-

sätzlicher Technik Johannesburg unterstützen. Das Auslandsstudio Johannesburg ist, wie unten aus der Kartelegende ersichtlich, für die Berichterstattung aus 10 afrikanischen Ländern zuständig.

Die Berichterstattung aus Sambia und Malawi erfolgt in Absprache mit dem WDR-Studio in Nairobi, das ebenfalls aus diesen beiden Ländern berichtet. Simbabwe ist für den Korrespondenten nach eigener Aussage das am schwierigsten zu betreuende Land. „Wir haben dort Stringer, lokale Journalisten, die uns mit Informationen versorgen. Aber dort herrscht Diktatur. Wenn von dort aus via Simbabwe-TV Material überspielt werden soll, dann greift die Zensur ein. Als ausländische Journalisten kommt man zurzeit auch nicht ins Land." Auch Lesoto sei schwierig journalistisch abzudecken, da man von dort ohne Sondertechnik keine Bilder überspielen könne.

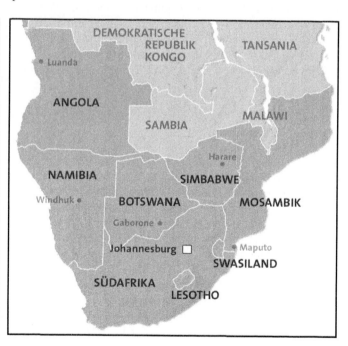

Grafische Gestaltung aller Karten: Per Rabe

Seine Informationen, seine thematischen Anregungen, bezieht Klug über den englischsprachigen Dienst der Südafrikanischen Nachrichtenagentur SAPA. „SAPA berichtet über alle afrikanischen Länder und ist sehr schnell und aktuell".

Wichtig seien für ihn außerdem Reuters und der Internet-Dienst www.all-Afrika.com. Über diesen Internetdienst habe er Zugang zu weiteren Nachrichtenagenturen in den Ländern seines Berichtsgebietes. Darüber hinaus habe er über das Internet auch Zugang zu allen deutschsprachigen Agenturen, die bei der ARD verfügbar sind. Bildquellen sind vor allem das Südafrikanische Fernsehen, aber auch Reuters TV und APTN. In Johannesburg und Kapstadt werde selbst gedreht. Außerdem seien einige Stringer in der Lage, Videobilder aufzunehmen. Grundsätzlich gelte: „Johannesburg ist die Medienstadt in Afrika. Da bekommen Sie fast alles mit."

Warum kommt Afrika so selten in den Nachrichten vor? – Richard Klug: „Das liegt am mangelnden Interesse. Die Kollegen in Asien und Südamerika haben die gleichen Probleme. Es heißt immer wieder: Wir haben nur so und so viele Minuten Sendezeit, wir haben jede Menge Innenpolitik und anderes. Da fallen Afrika-Themen einfach hinten runter". Hinzu komme, dass Afrika sehr klischeehaft wahrgenommen werde: Mord und Totschlag, Hunger, Wüste, Aids. „Das gilt als Normalität in den Augen der Redakteure. Das ist nichts Neues, Überraschendes. Deshalb findet das in den Nachrichten kaum statt." Das sei anders, wenn sich große bildwirksame Katastrophen ereigneten. Klug erinnert an die Flutkatastrophe im Jahr 2000 in Mocambique. „Da saßen die Menschen in den Bäumen und wurden mit dem Hubschrauber gerettet. Das konnte man toll zeigen". – Johannesburg ist ein Studio der Kategorie II.

3.4.5.2 Nairobi

Für das ARD-Studio Nairobi ist der Westdeutsche Rundfunk (WDR) zuständig. In Nairobi arbeiten zwei Korrespondenten. Die folgenden Informationen stammen von Werner Zeppenfeld (2006), der zum Zeitpunkt der Befragung Studioleiter war.

Mauretanien, Mali, Niger, Tschad, Zentralafrikanische Republik, Uganda, Äthiopien, Eritrea, Dschibuti, Somalia, Kenia, Tansania, Ruanda, Burundi, Malawi, Zambia, Zaire (inzwischen Demokratische Republik Kongo), Kongo, Gabun, Äquatorialguinea, Kamerun, Nigeria, Burkina Faso, Senegal, Gambia, Guinea-Bissau, Guinea, Sierra Leone, Liberia, Elfenbeinküste, Ghana, Togo, Benin, Madagaskar.

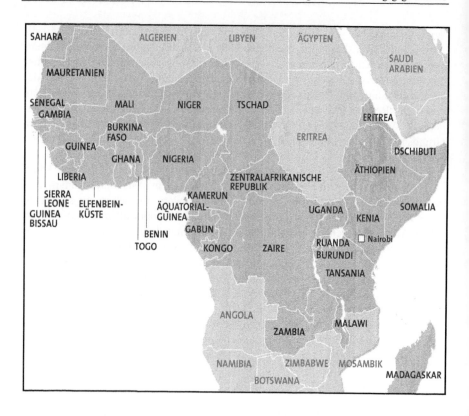

Das Studio ist laut Vermerk auf der internen Korrespondentenliste seit Anfang 2006 in der Lage, „Stücke direkt aus dem Studio abzugeben und (...) Live-Schalten aus dem Studio zu senden". Nairobi hat eine eigene Satelliten-Abspielmöglichkeit. „Empfangen können wir nicht – das wäre zu teuer, das rechnet sich nicht für uns". Von Nairobi aus werden die in der Kartenlegende verzeichneten 34 Länder für die Berichterstattung in der ARD betreut. Malawi zählt dabei sowohl zum Berichtsgebiet von Johannesburg als auch zu dem von Nairobi. „Zirka zwanzig Länder kommen in der aktuellen Berichterstattung allerdings so gut wie nie vor". Das ist mit ein Grund, warum das Studio Nairobi kein Netz aus Stringern und Producern in seinem Berichtsgebiet unterhält. „Bei diesen vielen Ländern ist das nicht machbar, das wäre unbezahlbar". Der Korrespondent greift deshalb für Tagesschau-Berichte häufig auf die Infrastruktur und das Material von Nachrichtenfilm-Agenturen zurück, vor allem auf das, was Reuters TV liefert. „Die Agentur-Kollegen in Afrika machen alles in einer Person – sie schreiben, sie schneiden und drehen und sie sind fast überall vor Ort. So viele Leute könnten wir uns nie leisten".

Reuters-Material über Ereignisse aus dem östlichen Afrika besorgt sich Zeppenfeld direkt über das Büro von Reuters TV in Nairobi. Bilder aus Ländern der afrikanischen Westhälfte werden vom zuständigen Büro in Lagos an die Reuters-Zentrale nach London überspielt und gehen von dort aus an die Eurovision. „Ich lass mir die Bilder aber nicht nach Nairobi zurückspielen. Ich kenne die Aufnahmen aus dem Internet. Ich mache dann auf Schwarz eine Tonspur, überspiele das Ganze nach Hamburg und der Filmbearbeiter dort legt die vorgesehenen Sequenzen aus dem Euromaterial drüber".

Rund 70 Prozent der aktuellen Berichterstattung aus Afrika beziehen sich, so Zeppenfeld, auf absehbare Ereignisse. „Das sind Wahlen, das sind Staatsbesuche, deren Termine lange im Voraus feststehen". In Afrika gehören zu den vorhersehbaren Ereignissen auch Dürrekatastrophen oder Überschwemmungen. „Wir wissen aus Erfahrung schon Tage und Wochen vorher, da kommt was. Wir regen das Thema an, fahren dann hin und schon allein, dass ein Fernseh-Korrespondent vor Ort ist, sorgt für Aktualität. Unsere Präsenz ist die Nachricht".

Live-Berichte außerhalb des Studios finden, so Zeppenfeld, auf zwei Wegen statt. „Bei Großereignissen wie der Wahl im Kongo ist ,Globecast' vor Ort und stellt eine Schüssel auf. Da haben wir alle Möglichkeiten. Aber solche Anlässe gibt es in Afrika höchstens drei Mal im Jahr". Ansonsten komme das Videophone zum Einsatz. Dieses Gerät ist eine Mischung aus Kamera und Telefon, wobei die Bilder zum Teil ruckartig und in wenig befriedigender Qualität übertragen werden. „Bei Topaktualität ist das aber hinnehmbar".

Wenn der Korrespondent aus einer entlegenen Ecke des Berichtsgebietes einen Beitrag überspielen will, kommt das Satellitentelefon zum Einsatz. Das Satellitentelefon wird mit einem Videoabspielgerät gekoppelt, dann geht der Bericht via Satellit nach Hamburg. „Die Überspielung dauert bei dieser Technik für einen Bericht von 80 Sekunden Länge etwa dreißig bis vierzig Minuten, da wird sozusagen jedes Bild einzeln übertragen. Die Aufnahmen sind hinterher zwar etwas flau, aber es geht".

Seine Informationen bezieht das ARD-Studio Nairobi zum einen über Wortagenturen, vor allem über Reuters und AP, zum anderen aber auch über Presse und Fernsehen. „Der Vorteil des Standortes Nairobi ist unter anderem", sagt Zeppenfeld, „dass man dort gut mit lokalem Fernsehen und mit nationalen Zeitungen versorgt ist". Wichtig seien für ihn auch das Internet und das Programm von BBC World. Offizielle Mitteilungen der Behörden und Ministerien in den jeweiligen Ländern gebe es dagegen „so gut wie gar nicht". Zeppenfeld räumt ein, dass in den vom Standort Kenia weiter entfernten Ländern schon „etwas Dickes passieren muss", bevor man davon Kenntnis erhält.

In Nairobi sind neun Mitarbeiter beschäftigt: Der Studioleiter und eine Korrespondentin, zwei festangestellte Kameraleute, zwei festangestellte Tontechniker und
eine festangestellte Cutterin. Daneben noch vier Ortskräfte – eine Producerin, zwei
Sekretärinnen, eine Archivarin. Auf Grund seiner technischen und personellen Ausstattung zählt das ARD-Studio Nairobi zur strukturell-funktionalen Kategorie II.

3.4.5.3   Madrid (Afrika)

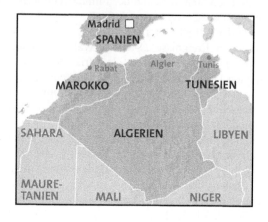

Das von HR und SWR gemeinsam betriebene Auslandsstudio Madrid (siehe auch
3.4.9.4) ist seit März 2004 auch federführend für die Berichterstattung aus den
drei afrikanischen Ländern *Algerien, Marokko* und *Tunesien*. Madrid ist dabei
eng mit dem Korrespondentenplatz Algier verbunden. In Algier unterhält die
ARD ein Büro mit einem Producer und einem Kameramann, mit eigenem Schnitt-
platz und Archiv. Die Korrespondenten selbst sind aus organisatorischen Gründen
vorwiegend im Studio Madrid. Die beiden Korrespondentinnen waren zum Zeitpunkt der Befragung Ute Brucker (Studioleiterin) und Edith Lange. Die Informationen gehen zurück auf Gespräche mit Brucker (2006) und Lange (2006).

Das Studio kann von Madrid aus jederzeit mit eigener Technik überspielen
und Live-Gespräche führen. In den afrikanischen Ländern des Zuständigkeitsge-
bietes wird für Überspielungen und Live-Gespräche in der Regel die technische
Infrastruktur der jeweiligen staatlichen Fernsehanstalten in Anspruch genommen. In Marokko gibt es darüber hinaus Kontakte zu einer privaten Firma, die
technischen Support leistet und auch über eine SNG verfügt.

Das Bildmaterial für Afrika-Beiträge des Studios Madrid wird in den afrikanischen Ländern in aller Regel mit freien Kameraleuten selbst gedreht. Die

TV-Anstalten vor Ort, heißt es in Madrid, seien nicht völlig unabhängig. Das Material sei deshalb nicht immer zu hundert Prozent verlässlich. In Algerien und Tunesien gebe es nur ein staatliches Fernsehen. Marokko verfüge zwar über ein privat organisiertes TV, doch seien die Betreiber dem Königshaus verbunden und insofern auch nicht ganz unabhängig. Auch die Nachrichtenagenturen in den drei afrikanischen Ländern stünden unter staatlichem Einfluss. Man nutze deshalb bevorzugt die französische Nachrichtenagentur AFP.

Das Studio beschaffe seine Informationen über ein „Netzwerk von Informanten, über Menschenrechts- und Flüchtlingsorganisationen und NGO's (Non Governmental Organisation) in diesen Ländern. Edith Lange führt als Beispiel die Flüchtlingskatastrophe im Zusammenhang mit der spanischen Exklave Melilla an, die sich an der marokkanischen Küste befindet. Armutsflüchtlinge stiegen zu Hunderten über den Sicherheitszaun der Exklave, um so auf spanisches und damit europäisches Hoheitsgebiet zu kommen. „Wir bekamen von unseren Mitarbeitern Hinweise darauf, dass das marokkanische Militär Flüchtlinge abfing, in der Wüste aussetzte und dort ihrem Schicksal überließ. Wir haben die Menschen dann gefunden und darüber als eine der ersten Fernsehanstalten berichtet".

Themen aus den drei afrikanischen Ländern kommen nicht oft in der Tagesschau vor. Lange erklärt sich das unter anderem so: „In Deutschland weiß man wenig über die arabische Welt des Magreb und die arabische Geschichte Spaniens. Schon der Geschichtsunterricht ist stärker an der Antike und der Geschichte Roms orientiert". Das nördliche Afrika sei deshalb weitgehend unbekannt und mit vielen Vorurteilen behaftet. Eine Ausnahme sei die touristische Betrachtung im Sinne von „tausendundeiner Nacht".

Studio Madrid zählt zur Kategorie II. Die Gegebenheiten bei der Berichterstattung über Spanien und Portugal werden weiter unten dargestellt im Zusammenhang mit den ARD-Büros in Europa.

3.4.5.4   Kairo (Afrika / Nahost)

Das ARD-Studio Kairo gehört zum Südwestrundfunk (SWR) und verfügt über zwei Korrespondentenplätze. Die folgenden Informationen stammen von Patrick Leclercq (2006), der zum Zeitpunkt der Befragung Studioleiter war.

Studio Kairo ist zuständig für die Berichterstattung aus den drei afrikanischen Ländern Ägypten, Libyen und Sudan sowie für den gesamten arabischen Raum. Dazu gehören der Libanon, Syrien, Jordanien, Kuwait, Qatar, die VAE (Vereinigte Arabische Emirate unter anderem mit Abu Dhabi und Dubai), Oman, Jemen, Saudi-Arabien und Irak. Vor allem auch auf den Irak bezieht sich Leclercqs Aussage: „Wir betreuen ein ausgewiesenes Krisengebiet. Wir müssen jede Minute damit rechnen, dass es irgendwo brennt". Deshalb gibt es jetzt in Kairo zwei Korrespondenten. Sollten beide unterwegs sein, kommt Verstärkung vom Mutterhaus. „Vor 15 Jahren standen im Mittelpunkt unserer Arbeit Hintergrundberichte und Reportagen. Heute sind wir so im nachrichtlichen Brennpunkt, dass wir für die Tagesschau mehr zuliefern als Moskau oder Paris".

Das ARD-Studio verfügt am Hauptsitz Kairo über eigene Schnitt- und Mischmöglichkeiten. Aus einem Nebenraum, der einen Balkon hat mit Blick auf die Stadt, können jederzeit Live-Schaltgespräche geführt werden. Kairo beschäftigt keine eigenen, fest angestellten Techniker, sondern nimmt die Dienste einer freien Firma in Anspruch, die ansonsten vorwiegend für die EBU arbeitet. Diese Firma besitzt auch die nötige Übertragungstechnik. Kairo benötigt hierdurch allerdings einen zeitlichen Vorlauf von etwa 20 Minuten, um live geschaltet werden zu können. Mit eigenem Personal ließe sich dieser Vorlauf auf unter fünf Minuten verkürzen. Allerdings wäre diese Lösung sehr teuer.

Der zweite wichtige Standort des ARD-Studios ist Bagdad. Im dortigen Hotel „Palestine" unterhält die ARD ein ständiges Büro, ebenfalls mit Schnitt- und Mischtechnik. Überspielungen und Live-Gespräche werden dort mit Hilfe der Agentur APTN realisiert, die im oberen Stockwerk des „Palestine" ihren Sitz hat. Die APTN-Einrichtungen in Bagdad sind rund um die Uhr besetzt. Schaltgespräche und die Überspielung von Beiträgen sind ohne zeitlichen Vorlauf jederzeit möglich. Für Schaltgespräche begibt sich der Korrespondent in das obere Stockwerk in ein Zimmer mit Balkon oder direkt auf das Dach des „Palestine", beides mit Blick auf Bagdad. Für Dreharbeiten steht ein freies irakisches Team mit Kameramann, Tontechniker, Producer und Fahrer zur Verfügung. Im Büro ist außerdem ein Stringer beschäftigt.

Seine Informationen bezieht der Korrespondent in Kairo vor allem über die großen Nachrichtenagenturen, allen voran Reuters und AP. „Auch die beiden Fernsehsender „Al Arabija" und „Al Dschasira" werden für uns immer wichtiger. Al Dschasira ist zwar tendenziös in seiner Berichterstattung, aber für national-arabische Themen eine gute Quelle. Außerdem ist Al Dschasira inzwischen oft schneller als CNN". Auch Al Arabija wird vom ARD-Korrespondenten geschätzt für seine sehr aktuelle Berichterstattung. Beide Sender hätten bemerkenswert große Freiheiten. Al Arabija mit Sitz in Dubai müsse allerdings Rücksichten nehmen auf das saudische Königshaus, das mit viel Geld in diesem Unternehmen engagiert sei.

Weitere Informationen kommen von Stringern, mit denen das ARD-Studio in den meisten Ländern zusammenarbeitet. Die Berichterstattung aus den afrikanischen Ländern Libyen und Sudan gestaltet sich schwierig. Libyen ist dabei das restriktivste Land. „Wenn man dort unterwegs ist, dann sind immer mehrere Aufpasser dabei. Da können Sie keine Orange ohne Begleiter kaufen". Im Sudan ist die Kontrolle ähnlich strikt. Die Einreise werde erst erlaubt, wenn das Regime einverstanden sei. Bis dahin habe man dann alles Problematische längst beiseite geräumt. „Und die letzten Kilometer, dort wo sich wirklich was abspielt, sind meistens gar nicht zugänglich. Wer wie wir Bilder braucht, der hat schlechte Karten".

Bildmaterial wird, wann immer möglich, selbst gedreht. Ansonsten wird Agenturmaterial verwendet, das in guter Qualität und in der Regel ausreichend vorliegt. Aufnahmen des sudanesischen, jemenitischen, algerischen, jordanischen oder auch des ägyptischen Fernsehens seien vielfach nicht sendbar. „Die Bilder sind zu dunkel oder zu hell, die Schwenks sind ruckartig, der Ton rauscht und knistert. Das entspricht nicht unserem Standard".

Studio Kairo beschäftigt 20 freie und zwei festangestellte Mitarbeiter, einer davon ist der Studioleiter. Für Live-Schalten und Überspielungen etwa aus afrikanischen Krisengebieten wie dem Sudan wird das „Video-Telefon" eingesetzt, das zwar technisch unzureichende Bilder übermittelt, aber an jedem Ort der Welt eingesetzt werden kann. Studio Kairo ist auf Grund seiner personellen und technischen Ausstattung ein Studio der strukturell-organisatorischen Kategorie II.

3.4.6   Berichtsgebiete im Nahen Osten

Das unter Afrika soeben verzeichnete ARD-Studio Kairo ist für einen großen Teil des Nahen Ostens zuständig. Im Nahen Osten gibt es drei weitere Studios: Eines in Tel Aviv, eines in Istanbul und ein weiteres in Teheran. Der Korrespondentenplatz in Teheran wurde erst 2006 eingerichtet. Bis dahin war Istanbul für die Berichterstattung über den Iran zuständig.

3.4.6.1   Tel Aviv

Das Studio Tel Aviv gehört zum Bayerischen Rundfunk (BR). Studioleiter war zum Befragungszeitpunkt Richard C. Schneider (2006), von dem die anschließenden Informationen stammen.

Tel Aviv ist „das kleinste unter den Auslandsstudios der ARD, aber gleichzeitig auch eines der wichtigsten" (ARD 2006). Als das Studio 1967 gegründet wurde, war der Korrespondent dort noch zuständig für ein Berichtsgebiet, das von Griechenland über die Türkei bis in den Iran reichte. Mit der islamischen Revolution im Iran änderte sich das (vgl. ebd.). Griechenland wird heute vom Studio Rom betreut, für die Türkei ist das Büro Istanbul zuständig, für den Iran das ARD-Büro Teheran. Das Berichtsgebiet des Studios in Tel Aviv umfasst heute Israel sowie die Palästinensergebiete mit Gazastreifen und Westjordanland. Der gesamte geografische Raum rund um das Berichtsgebiet von Tel Aviv wird vom ARD-Studio Kairo betreut.

Das Studio hat seine Büros und technischen Einrichtungen in einem Gebäude der „Jerusalem Capital Studios" (JCS) in Tel Aviv. In diesem Haus haben auch Korrespondenten von ZDF, CCN, CBS und NBC sowie von belgischen, niederländischen und französischen Fernsehsendern ihren Sitz. „Ich brauche dort für Live-Gespräche nur ein Stockwerk tiefer gehen. Dort hat JCS fünf TV-Studios, von dort bin ich im Prinzip jederzeit sendefähig". JCS unterhält die Aufnahmetechnik und kann über eigene Satellitenschüsseln die Verbindung zur Tagesschau herstellen. Schnitt und Vertonung erfolgen im ARD-Studio Tel Aviv mit Hilfe eigener Technik. „Wenn ich von außen live senden will, kann ich jederzeit eine SNG anmieten. Das ist allerdings sehr teuer. Künftig werden wir auch verstärkt ‚Fly aways' einsetzen", sagt Schneider. Fly aways sind circa 300 Kilo schwere transportable technische Einheiten mit denen eine Satelliten-Übertragung möglich ist.

Für das Studio Tel Aviv arbeiten 23 Personen: Zwei Korrespondenten – der Studioleiter und seine Vertretung – vier Producer, ein Kameramann, zwei Tonleute, ein fest angestellter und vier freie Cutter, eine fest angestellte und eine freie Sekretärin sowie ein Techniker. Im Westjordanland sind ein Kameramann, ein Tontechniker und ein Assistent für die ARD tätig, im Gaza-Streifen arbeiten ein Kameramann, ein Tontechniker und ein Producer zu. Dieser zuletzt genannte Producer ist für das Studio sehr hilfreich. „Der Mann kommt aus einer exzellenten palästinensischen Familie und hat hochkarätige Kontakte. Er kennt die Politiker und hat Verbindungen zu den verschiedensten Gruppen wie zum Beispiel zur Fatah. Dadurch bringt er uns immer wieder wertvolle Informationen".

Das Auslandsstudio wird von der ARD mit allen auch in Deutschland abonnierten Nachrichtenagenturen versorgt. Außerdem nutzt Schneider die einheimischen Websites der beiden israelischen Tageszeitungen „Haaretz" und „Yediot Achronot" sowie zwei SMS-Infodienste – der eine Infodienst sendet auf Hebräisch, der andere auf Englisch. „Der Betreiber des englischen Dienstes hat offenbar beste Kontakte zu Polizei und Militär. Wenn irgendwo Anschläge passieren, erfahren wir über SMS in kürzester Zeit davon". Da auch die Kamerateams an diese SMS-Dienste angeschlossen sind, kann immer häufiger eigenes Material gedreht werden. „Das Team ist meist schon unterwegs, wenn ich anrufe. Ich komme dann nach und wir treffen uns dort, wo was passiert ist".

Häufig muss allerdings Agenturmaterial verwendet werden, weil das ARD-Team nicht rechtzeitig eintrifft, vor allem bei Vorfällen in den Palästinensergebieten. „Dafür haben wir APTN und Reuters TV abonniert und wir bekommen alle Bilder der Eurovision". APTN und Reuters TV haben bis zu zehn Teams und Kamerakorrespondenten, im ständigen Einsatz und sind deshalb in der Lage, über fast jeden Vorfall zu berichten. Eine weitere, palästinensische Agentur namens „Ramatan" wird nur von Fall zu Fall genutzt. „Die haben oft erstklassige Aufnahmen, aber sie sind extrem teuer. Aber vielleicht gelingt es trotzdem, in Zukunft zu einem festen Vertrag mit Ramatan zu kommen". Als problematisch empfindet Schneider die Zurückhaltung der Tagesschau-Redaktion in Bezug auf die Inhalte des Bildmaterials. Schneider sagt: „Ich habe oft spektakuläre Bilder, die das Ausmaß der Tragödie im Nahen Osten sehr deutlich machen würden, aber solche Bilder bekomme ich nicht unter. Die werden in Hamburg sofort rausgeschnitten. Ich persönlich finde das nicht gut. Der Vietnam-Krieg ging unter anderem deshalb zu Ende, weil die internationale Öffentlichkeit sah, wie schlimm es war. Brutalität wie die im Nahen Osten muss man in all seiner Brutalität zeigen". Da die Redaktion in Hamburg eine andere Meinung vertritt, wählt Schneider Bilder aus, „von denen ich weiß, die tun keinem weh".

Aus den Palästinensergebieten ist aktuelle Berichterstattung schwierig. „Wenn wir von Tel Aviv aus nach Gaza fahren, brauchen wir wegen der Kontrollen zwei bis vier Stunden bis wir dort sind. Um wieder zurückzukommen, muss man mit weiteren drei bis sechs Stunden rechnen. Schnell mal hinfahren, drehen und kurz darauf überspielen – das geht einfach nicht". Deshalb werden für die aktuelle Berichterstattung die Teams im Westjordanland oder im Gaza-Streifen losgeschickt, die dann allerdings ohne den Korrespondenten arbeiten. Die Teams schicken ihre Bilder per Funk ins Studio nach Tel Aviv, dort werden sie in die Beiträge eingearbeitet. Der ehemalige Tel Aviv-Korrespondent Peter Dudzik (2006) wies auf die Zwänge hin, die durch die Forderung nach Topaktualität entstehen. „Ich selbst konnte kaum mehr rausfahren, um zu drehen, weil man über ein Ereignis immer sofort berichten musste. Das bedeutete in der Konsequenz: Agenturmaterial verwenden und Live-Schalten machen. Hintergründe darstellen war kaum mehr möglich". Auch ein Einflussfaktor des Organisatorischen auf den Content.

Das ARD-Studio Tel Aviv ist ein Studio der strukturell-funktionalen Kategorie II.

3.4.6.2   Istanbul

Das ARD-Studio Istanbul wird vom Bayerischen Rundfunk (BR) betrieben. In Istanbul sind zwei Korrespondenten tätig. Die nachfolgenden Informationen beruhen auf einem Gespräch mit Peter Althammer (2006), der zum Zeitpunkt der Befragung das Studio leitete.

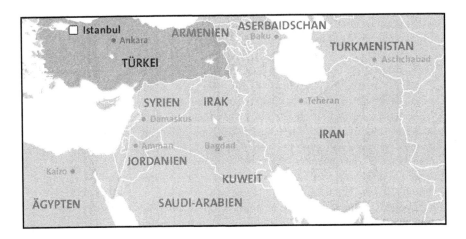

Das Berichtsgebiet umfasste ursprünglich die Türkei und Iran. Es reichte „von Istanbul bis (…) an die Grenze des Iran nach Afghanistan (…)" (ARD 2006). Im Juni 2006 wurde auf Grund der aktuellen Entwicklung im Iran vom Bayerischen Rundfunk ein eigenes Büro in Teheran eingerichtet, das gleich im Anschluss vorgestellt wird. Ob es bei dieser Aufteilung des Berichtsgebietes dauerhaft bleibt, ist – so Althammer – noch nicht sicher.

Die Arbeitsbedingungen in der Türkei sind laut Althammer gut. Fast aus dem ganzen Land könne ungehindert berichtet werden, Dreharbeiten seien kein Problem. Eine Ausnahme stelle allerdings der Südosten der Türkei dar. „Dieses Gebiet wird mehrheitlich von Kurden bewohnt. Das Kriegsrecht wurde zwar ausgesetzt, aber wenn wir dort drehen wollen, müssen wir die Polizei und das Militär informieren und eine Genehmigung einholen". Das ARD-Büro ist mit Bildmaterial und Informationen gut versorgt. In der Türkei gibt es nicht nur drei landweite Fernsehnachrichtenkanäle, sondern auch „mehrere türkische Nachrichten-Filmagenturen. Das sind Tochterunternehmen großer türkischer Medienkonzerne, denen auch TV-Sender angegliedert sind".

Das Studio in Istanbul verwendet vor allem Videomaterial der beiden Filmagenturen DHA und IHLAS. Althammer bezeichnet DHA als seine beste Quelle. DHA ist die Kurzform von „Dogan Haber Ajansi" und ist die größte türkische Nachrichten-Filmagentur. Die Agenturen werden alle privatwirtschaftlich betrieben. Aktuelle Informationen werden 24 Stunden am Tag über private TV-Nachrichtenkanäle verbreitet wie CNN Türk, Sky Türk und NTV. Darüber hinaus liefert auch das türkische Staatsfernsehen TRT („Turkish Radio and Television Corporation") Videomaterial via EBU. TRT gehört zum Verbund der EBU.

„Wo immer es geht", sagt Althammer, „versuchen wir allerdings selbst präsent zu sein und selbst zu drehen".

Seine Wortinformationen bekommt Studio Istanbul vor allem über das Internet geliefert. Auf diesem Weg sind alle von der ARD abonnierten Agenturen verfügbar. „Außerdem verfolgen wir die Websites oppositioneller Gruppen, um die politische Situation besser einschätzen zu können". Als weitere Wortagentur-Quelle wird „Anadolu Ajansi", die offizielle türkische Nachrichtenagentur genutzt. Informationen über Termine erhält Istanbul darüber hinaus direkt von den Pressestellen der Regierung und der Parteien. Nach Althammers Schätzung basieren etwa 50 Prozent aller Berichte auf Terminen. „Die anderen 50 Prozent passieren einfach so. Wir haben es hier mit einem Erdbebengebiet zu tun und wir haben häufig Bombenanschläge im Land".

Das ARD-Studio Istanbul ist umfassend ausgestattet. Es verfügt über eine komplett eigene Technik mit Schnitt- und Mischeinrichtungen, mit einem eigenen Studio im Haus sowie mit eigener Satellitenverbindung. „Wir können über Satellit empfangen und wir können abgeben. Wir sind vollkommen autark". Istanbul ist innerhalb von 15 Minuten livefähig. Im ARD-Studio Istanbul arbeiten zwei festangestellte Korrespondenten, darunter der Studioleiter, sowie zwei Kameraleute und ein Studiotechniker. Hinzukommen zwei Producer, zwei Sekretärinnen und ein Fahrer. Für das Büro sind darüber hinaus weitere zwei freiberufliche Kameraleute tätig: Einer im kurdisch geprägten Südosten, in Diyarbakir und ein zweiter, zusammen mit einem Producer, in Ankara. „Dort hat die Regierung ihren Sitz, dafür sind diese beiden zuständig". Auf Grund seiner personellen und technischen Ausstattung zählt das ARD-Studio Istanbul zur strukturell-funktionalen Kategorie I.

3.4.6.3   Teheran

Für das Berichtsgebiet Iran war in der Vergangenheit das ARD-Studio Istanbul zuständig. Auf Grund des Atomstreits und wegen der Äußerungen von Irans Präsident Ahmadinedschad zum Existenzrecht Israels wird die Region weltpolitisch stärker beachtet. Der Bayerische Rundfunk (BR) richtete deshalb ein eigenes ARD-Büro in Teheran ein. Der Korrespondent dort war zum Befragungszeitpunkt Peter Mezger (2006), auf den die folgenden Informationen zurückgehen.

Die Arbeitsbedingungen seien außerordentlich schwierig, sagt Mezger. Es gebe kein freies Fernsehen im Iran, keine unabhängigen Zeitungen und keine unabhängige Nachrichtenagentur. „Brauchbare Informationen bekomme ich vor allem von Leuten, die ich persönlich kenne". Darüber hinaus nutzt Mezger intensiv die Berichterstattung der BBC und das Agenturenangebot von ARD und ZDF, auf das er über Internet in Teheran Zugriff hat.

Das Büro wurde „in einem kleinen Häuschen eingerichtet in der Nähe des iranischen Fernsehens. Das war wichtig, nur so sind wir schnell handlungsfähig." Die gesamte technische Abwicklung, sowohl bei Live-Schaltgesprächen als auch bei der Überspielung von Beiträgen, laufe über das Iranische Fernsehen. Dort ist Mezger allerdings unter Aufsicht. „Der Zensor steht immer daneben. Und bei der iranischen Botschaft in Berlin wird jeder Beitrag, der ich mache, mitgeschnitten. Darüber darf man gar nicht nachdenken, sonst traut man sich nichts mehr zu sagen".

Auch das Beschaffen des Bildmaterials ist problematisch. „Für jedes noch so kleine Fitzelchen, jeden noch so kleinen Dreh, brauche ich eine Sondergenehmigung des Informationsministeriums. Bei allen Themen, die heikel sind, wird die Genehmigung verwehrt. Material von Filmagenturen gibt es hier auch nicht. Man kann Bilder vom Iranischen Fernsehen bekommen, aber die muss man offiziell beantragen. Das ist sehr bürokratisch. Bis der Antrag genehmigt ist, brauch' ich die Bilder nicht mehr. Deshalb muss man bei freien Händlern kaufen, die das Material irgendwie auf anderen Wegen beim Iranischen Fernsehen besorgen". So beschafftes, tagesaktuelles Videomaterial koste pro Thema 200 Dollar.

Das ARD-Studio Teheran ist, falls die Übertragungsleitung steht, im Prinzip innerhalb einer Viertelstunde livefähig. „Wenn ich einen netten Pförtner beim Iranischen Fernsehen erwische, bin ich in 15 Minuten im Studio. Wenn er stur ist, dauert es eine halbe Stunde". Doch auch die Organisation der Leitung zum Iranischen Fernsehen ist nicht ganz unproblematisch. Beim Leitungsbüro in Lokstedt heißt es: „Es gibt Tage, da kriegt man innerhalb von dreißig Minuten eine Verbindung und manchmal dauert es einen ganzen Tag, weil die Kollegen beim Fernsehen in Teheran einfach nicht mitziehen" (Erson 2006). Auf Grund seiner personellen und technischen Gegebenheiten zählt das ARD-Büro Teheran zur strukturell-funktionalen Kategorie III.

3.4.7   Berichtsgebiete in Amerika

Die ARD-Studios in Amerika werden, um den geografischen Zusammenhang zu wahren, von Norden nach Süden vorgestellt: Von New York über Washington und Mexico-City nach Rio de Janeiro.

3.4.7.1   New York

Das ARD-Studio New York gehört zum Westdeutschen Rundfunk (WDR) und beschäftigt zwei Korrespondenten. Die nachstehenden Informationen gehen auf Michael Heussen (2006) zurück, der zum Zeitpunkt der Befragung zweiter Korrespondent war.

Das Berichtsgebiet umfasst die Stadt und den Staat New York sowie Kanada. „Über Kanada wird aktuell aber so gut wie gar nicht berichtet. Mal der Auftakt der Robbenjagd oder der Weltklima-Gipfel 2005 in Montreal. Das war's dann schon". Wenn aus New York selbst berichtet wird, dann vor allem im Zusammenhang mit der UNO. Der UNO-Sicherheitsrat tagt, die UN-Vollversammlung trifft sich, der deutsche Außenminister spricht vor der UNO. „Unsere Berichterstattung für die Tagesschau besteht sowohl in Kanada als auch in New York zum größten Teil, wahrscheinlich zu 90 Prozent, aus absehbaren Themen", sagt Heussen. Themen, bei denen der Ereignistermin im Voraus feststeht. Die UN-Termine werden von der UN-Pressestelle mitgeteilt, andere Termine kommen über die Wortagenturen. Auch „die ‚New York Times' oder das ‚Wall Street Journal' sind für uns Fundgruben".

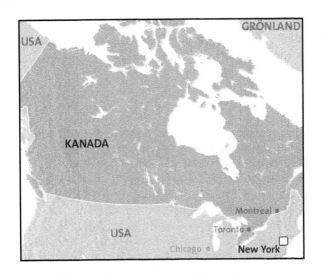

Das Studio in New York nutzt als Informationsquellen alle wichtigen englisch-sprachigen Nachrichtenagenturen wie Reuters und AP, aber auch deutsche Agen-turen wie dpa. Beim Filmmaterial „nehmen wir, was wir kriegen können. In Amerika sind wir durch die vielen Fernsehkanäle sehr gut versorgt. Nur CNN ist tabu. Die haben einen Vertrag mit dem ZDF". CBS-Material kann das ARD-Studio sogar direkt vom Server abrufen. Allerdings sei solches Fremdmaterial, sagt Heussen, in den USA teuer. „Wir zahlen hier bis zu 1000 Dollar je angefan-gener Minute". In Kanada unterhält das Büro Kontakte zu einer Reihe freier Kamerateams, die, wenn nötig, „jederzeit rausgeschickt werden können und für uns eigene Bilder drehen". Was aber, siehe oben, nur relativ selten benötigt wird. Daneben sei auch das Kanadische Fernsehen eine gute Filmquelle.

Das ARD-Büro New York verfügt über ein eigenes Studio für Live-Gespräche sowie über eigene Schnitt- und Mischeinrichtungen. „Leider haben wir keinen Balkon, auf den wir uns stellen können mit dem Stadtbild im Hinter-grund. Uns bleibt nur die Blue-Box-Einblendung mit einer New York-Ansicht." Satellitenverbindungen können nur indirekt über die EBU-Außenstelle in New York aufgebaut werden. Das ARD-Studio ist mit der EBU-Station über Kabel verbunden, die EBU schickt das Signal zum Satelliten. „So sind wir trotzdem innerhalb weniger Minuten livefähig". Sollen Live-Schaltgespräche direkt vor dem UNO-Gebäude stattfinden, muss eine SNG gemietet werden.

Das ARD-Studio in New York beschäftigt acht festangestellte Mitarbeiter, darunter die Studioleiterin und der zweite Korrespondent. Daneben ein Kamera-mann, ein Tontechniker, zwei Cutter, zwei Producer, eine Sekretärin, eine Archivarin und eine Buchhalterin. Die beiden letztgenannten arbeiten nur halbtags. Regelmäßige oder feste freie Mitarbeiter sind nicht für New York tätig. Auf Grund seiner Ausstattung ist New York ein Studio der Kategorie II.

3.4.7.2   Washington

Das ARD-Studio Washington wird von NDR und WDR gemeinsam betrieben. Die Position des Studioleiters wechselt turnusmäßig alle fünf Jahre zwischen den beiden Sendern. Der jeweils andere Sender besetzt dann den Posten des Stellvertreters. Die zum Zeitpunkt der Befragung amtierende Studioleiterin Christiane Meier (2006) kam vom WDR. Die Informationen basieren auf einem Gespräch mit ihr.

Washington ist das größte Auslandsbüro der ARD und zuständig für Berichterstattung aus den USA. New York ist davon ausgenommen, hier unterhält die ARD (siehe oben) ein eigenes Studio. Das Büro in Washington wird durch eine festangestellte Producerin in Los Angeles unterstützt. Sie „dreht, wenn nötig, selbst und führt auch kürzere Interviews".

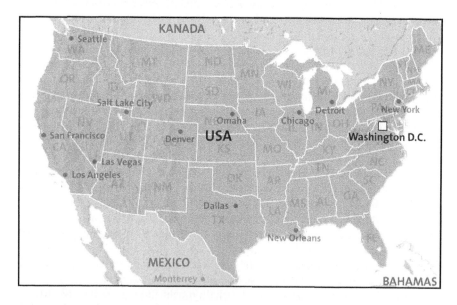

Seine Informationen bezieht das ARD-Studio von der amerikanischen Nachrichtenagentur AP sowie von den Agenturen Reuters, AFP und dpa, die über das

WDR-Intranet zur Verfügung stehen. Wichtige Quellen sind daneben die TV-Nachrichtenkanäle CNN, Fox TV und MSNBC. Von vielen Organisationen und Regierungseinichtungen wird das Studio direkt mit Pressemitteilungen und Terminhinweisen versorgt. Bildmaterial liefern die Nachrichtenfilmagentur APTN sowie die TV-Sender CBS und ABC. Hier bestehen jeweils Verträge. CNN darf nicht genutzt werden. „Das amerikanische CNN ist für uns tabu. Die ARD hat nur Nutzungsrechte an CNN international, das in Europa ausgestrahlt wird. Manchmal müssen uns deshalb aus Hamburg Bilder überspielt werden, die wir sonst nicht verwenden könnten".

Mit dem Presseraum des Weißen Hauses, dem des Pentagon (Verteidigungsministerium) und des State Departement (Außenministerium) ist das ARD-Studio mit einer Dauerleitung verbunden. „Bei Pressekonferenzen laufen so die Signale direkt bei uns auf und können auch live weitergegeben werden". Live-Schaltgespräche sind innerhalb „von Minuten zu organisieren. Ab 2007 haben wir eine 24 Stunden Standleitung nach Europa, damit sind wir dann technisch rund um die Uhr innerhalb kürzester Zeit livefähig. Dann ist noch nicht mal eine Vorbestellung erforderlich. Ein Anruf aus Hamburg genügt". Eine eigene SNG besitzt Washington nicht. Bei vorhersehbaren Großereignissen werde meist die Technik der EBU genutzt. „In Sonderfällen wie der Hurrikan-Berichterstattung mieten wir allerdings auch schon mal einen eigenen Truck an".

Ein Verhältnis von vorhersehbaren zu unerwarteten Ereignissen bei der Berichterstattung lässt sich, so Christiane Meier, für das ARD-Studio Washington nur sehr schwer nennen. Sie schätzt „ganz grob, dass etwa 30 Prozent der Berichterstattung für die Tagesschau auf unerwartete Ereignisse zurückgehen", die restlichen 70 Prozent bezögen sich auf vorhersehbare Geschehnisse. Vor allem sich entwickelnde und etablierte Themen wie der Irak-Krieg spielten eine große Rolle. „Die Themen werden von uns beobachtet. Man weiß, dass jederzeit was kommen kann, nur wann es passiert, ist meistens offen". Ereignisse mit festem Termin seien von untergeordneter Bedeutung.

Das Studio in Washington beschäftigt insgesamt vier Korrespondenten. Zwei davon, darunter der/die Studioleiter/in, sind für die aktuelle Berichterstattung zuständig. Der dritte produziert vor allem Features, der vierte bedient das ARD-Morgenmagazin. Alle vier können jedoch, wenn nötig, auch für aktuelle Berichte und Schaltgespräche eingesetzt werden. In Washington arbeiten darüber hinaus zwei Kameraleute, vier Tontechniker „von denen zwei richtige Ingenieure sind", sowie drei Cutter und drei Producer. Das ARD-Studio Washington zählt auf Grund seiner Ausstattung zu strukturell-funktionalen Kategorie I.

3.4.7.3   Mexiko City

Das ARD-Studio Mexiko City gehört zum Südwestrundfunk (SWR). Studio-leiter war zum Befragungszeitpunkt Stefan Rocker (2006). Die Informationen sind Ergebnis eines Gespräches mit ihm.
    Das Studio ist zuständig für 27 Länder in Nordamerika (Mexiko), Zentral-amerika, in der Karibik und im nördlichen Südamerika. Die Berichterstattung konzentriert sich allerdings seit einiger Zeit, so Rocker, auf Mexiko, Kolumbien, Venezuela, Ecuador, Guatemala, Haiti und Kuba. Die anderen Länder „werden nachrichtlich nur wahrgenommen, wenn sich Naturkatastrophen ereignen".

Neben der gezielten Recherche und Informationsbeschaffung in den jeweiligen Ländern bezieht Rocker wesentliche Basisinformationen aus dem Internet. „Dort habe ich zum einen über den SWR alle Agenturen zur Verfügung, die auch die ARD insgesamt hat, und ich habe auf diesem Weg Zugriff auf zahlreiche Zeitun-gen in meinem Berichtsgebiet". Zwei weitere, regelmäßig genutzte Quellen seien das öffentlich-rechtliche spanische Fernsehen TVE und der Auslandsdienst der BBC. „TVE ist überall in Lateinamerika zu empfangen. Die haben auch ein dichtes Korrespondentennetz in der Region und sind gut informiert". Das Glei-che gelte für die BBC. Aus Kolumbien, Ecuador, Venezuela und Kuba wird das ARD-Studio von freiberuflichen Stringern mit Informationen versorgt. Auch die Vertreter von Nicht-Regierungs-Organisationen wie „Ärzte ohne Grenzen" seien wichtige Informanten, die bei Naturkatastrophen oder Hungersnöten schnell

Alarm schlügen. Die meisten Länder der Region seien den Medien inzwischen sehr aufgeschlossen. „Die Behörden helfen gerne, nur in Kuba und Venezuela ist das anders. Insgesamt ist fast überall ein deutlicher demokratischer Fortschritt festzustellen".

Sein Bildmaterial bezieht Rocker, wenn er nicht selbst drehen kann, vor allem über die beiden Nachrichtenfilm-Agenturen Reuters TV und APTN. „Die haben in Lateinamerika ein relativ dichtes Netz von professionellen und semiprofessionellen Kameraleuten. Wenn irgendwo etwas passiert, ruft die Agentur an und schickt ihre Kontaktleute los, um zu drehen". Ein solches Netz selbst aufzubauen und zu unterhalten sei für die ARD zu aufwändig und zu teuer.

Eine Live-Berichterstattung ad hoc ist für das Studio in Mexiko City „sehr kompliziert". Mexiko City verfügt über kein eigenes Sendestudio und keine eigene Satellitentechnik. „Wenn wir ein Schaltgespräch machen wollten, müsste ich eine SNG anmieten und über die mexikanische Post eine Leitung organisieren. Die sind sehr bürokratisch, das dauert mindestens einen halben Tag". Die örtlichen TV-Sender leisteten kaum Amtshilfe. „Die beiden größten Sender am Ort sind privat und an keiner Zusammenarbeit interessiert. Das staatliche mexikanische Fernsehen wiederum ist sehr klein und hat kaum Kapazitäten. Außerdem sind dort die Abläufe auch sehr bürokratisch". Eine Ausrüstung mit Satellitentechnik lohne sich für das ARD-Studios nicht. „Die Region hat in Deutschland sehr an Interesse verloren. In den letzten fünf Jahren haben wir nur zwei, drei Mal live berichtet und das war jedes Mal aus Anlass großer Katastrophen".

Das ARD-Studio Mexiko City besitzt eigene Schnitt- und Mischeinrichtungen. Die meisten Beiträge werden per „File Transfer", also per Internet, nach Deutschland übermittelt. Nach Rockers Schätzung beziehen sich 60 Prozent seiner aktuellen Berichte auf vorhersehbare Ereignisse wie Wahlen, internationale Großkonferenzen „oder Papstbesuche in der Region". Die restlichen 40 Prozent gingen auf Unerwartetes zurück – „vor allem auf Katastrophen oder politische Umwälzungen". Für das Studio arbeiten neben dem Korrespondenten ein Kameramann, ein Tontechniker und ein Cutter sowie eine Producerin. Mexiko City zählt auf Grund seiner Ausstattung zur strukturell-funktionalen Kategorie III.

3.4.7.4   Rio de Janeiro

Das Auslandsstudio Rio de Janeiro gehört zum Südwestrundfunk (SWR). Studioleiter war zum Befragungszeitpunkt Thomas Aders (2006). Auf ihn gehen die nachstehenden Informationen zurück.

Das Berichtsgebiet umfasst die Länder Argentinien, Bolivien, Brasilien, Chile, Uruguay, Paraguay und Peru. In all diesen Ländern sind die „Medien sehr, sehr frei", es gibt „nirgendwo Zensur". Seine Informationen gewinnt das ARD-Studio durch Auswertung der Presse und der jeweiligen Fernsehprogramme. Producer in den sieben Berichtsländern sind dafür zuständig. „Zwei Hauptproducer in Rio und in Buenos Aires forsten auch permanent das Internet durch. Fast alle wichtigen südamerikanischen Zeitungen sind darin vertreten". Außerdem können über das Intranet des SWR alle in Deutschland verfügbaren, von der ARD abonnierten Wortagenturen genutzt werden. Eine weitere wichtige Quelle, vor allem für Bildmaterial, sei „CNN Espaniol". „Die haben wenig Geld, die arbeiten mit uralter Technik, aber sie machen ein Programm auf hohem journalistischem Niveau. Von denen übernehmen wir ab und zu mal eine Information".

Die großen Nachrichtenfilm-Agenturen Reuters TV und APTN spielen „für uns in Südamerika eine wesentlich geringere Rolle als anderswo". Südamerika wird von den Agenturen „nur am Rande wahrgenommen". Hinzu kommen technische und finanzielle Gründe, weswegen Aders die Agenturen nur selten nutzt. Aufnahmen, die zum Beispiel von Reuters TV verbreitet werden, können aus technischen Gründen nicht direkt vom ARD-Studio in Rio empfangen werden, sondern gehen zunächst nach Genf zu Eurovision und werden von dort im Rahmen einer EVN nach Hamburg zur Tagesschau überspielt. „Wenn ich die Bilder brauche, müssen sie mir von Hamburg aus per Satellit nach Rio zurücküberspielt werden". Aders schildert, was das im Einzelfall bedeuten kann: Da wird beispielsweise Material aus Bolivien per Satellit nach Rio übermittelt – Material, das dort ein freies Team im Auftrag des ARD-Büros gedreht hat. Dazu ergänzende Bilder von Reuters TV, die per Satellit aus Hamburg kommen. In Rio wird daraus ein Beitrag gefertigt, der erneut per Satellit nach Hamburg geht. „Drei Satellitenverbindungen für einen einzigen Bericht, das allein kostet schon mehr als zweitausend Dollar".

Hinzukomme, sagt Aders, dass sich die technische Qualität mit jeder Überspielung verschlechtere. Das hat folgenden Grund: Die südamerikanischen Länder verwenden die US-Fernsehnorm NTSC (Peru, Chile, Bolivien) oder ein NTSC-nahes PAL-System (Brasilien, Argentinien). Um südamerikanische TV-Bilder in Europa ausstrahlen zu können, müssen die Aufnahmen von 525 Zeilen und 60 Hertz auf 625 Zeilen und 50 Hertz gewandelt werden (Stockelbusch 2006). Schon dadurch kommt es zu erheblichen Qualitätsverlusten. Diese steigern sich noch bei jeder Überspielung, da Satellitenübertragungen aus Kostengründen in der Regel nicht in der Studionorm von 40 Megabit durchgeführt werden, sondern meistens nur mit acht Megabit. Die zwischengeschalteten Aufzeichnungs- und Abspielgeräte, die nicht immer voll kompatibel sind, führen zu weiteren qualitätsmindernden „Kaskadierungseffekten" (ebd.). „Am Schluss", so Aders „sehen die Bilder erbärmlich aus".

NTSC ist die Abkürzung von „National Television Systems Committee", dem 1951 gegründeten amerikanischen Fernsehnormenausschuss (vgl. Brockhaus 1996, 58). Im Jargon der Tagesschau-Techniker wird das Kürzel mit „Never The Same Colour" übersetzt (Stockelbusch 2006). Da die Nachrichtenfilm-Agenturen in Südamerika häufig nicht selbst drehen, sondern Material von lokalen Sendern übernehmen, verschlechtert sich hier die Qualität durch das Hin- und Herüberspielen in besonderem Maße. Das Studio in Rio versucht deshalb, wo immer es geht, andere Quellen und selbstgedrehtes Material zu nutzen.

Die fertigen Beiträge werden „inzwischen zu 90 bis 95 Prozent" per File-Transfer übermittelt. „Das dauert zwar häufig etwas länger, ist aber billiger und für uns auch bequemer". Das ARD-Studio in Rio de Janeiro hat nämlich keine eigene Satellitenverbindung. „Bei Satelliten-Überspielungen müssen wir mit der Kassette zu einer freien Firma fahren und deren Technik nutzen". Für eventuelle Live-Gespräche aus Rio de Janeiro müsste eigens eine SNG angemietet werden. Der Vorlauf für Live-Schalten liegt deshalb „bei rund zwei Stunden". Bei absehbaren Großereignissen oder Katastrophen sorge meist Reuters TV oder die EBU für eine entsprechende technische Infrastruktur vor Ort, die dann vom Korrespondenten genutzt werden könne.

Das ARD-Büro Rio de Janeiro beschäftigt sechs Mitarbeiter. Neben dem Studioleiter Thomas Aders sind das ein fester freier Kameramann, der auch als Cutter fungiert, ein freier Tontechniker, eine feste freie Producerin, eine Sekretärin und ein Assistent. Eine weitere feste freie Producerin hat ihren Sitz in der argentinischen Hauptstadt Buenos Aires. In allen anderen Ländern des Berichtsgebietes unterhält das ARD-Büro Kontakte zu Producern/Stringern, die „allerdings nur im Bedarfsfall für uns arbeiten und bezahlt werden". In allen Ländern hat das Studio außerdem Kontakte zu freien Kamerateams, die „nach unseren Vorgaben das drehen, was wir haben wollen". In jedem Land des Berichtsgebietes gibt es eine staatliche Fernsehanstalt und daneben kleinere private TV-Sender. Von diesen Stationen kauft das ARD-Büro hin und wieder Material an – der bildqualitätsmindernde Umweg über Agenturen wie Reuters TV wird so vermieden.

Rund 75 Prozent aller Berichte, die Aders für die Tagesschau produziert, beziehen sich auf „absehbare Ereignisse, deren Termine wir vorher kennen. Der Rest sind Unglücksfälle und Katastrophen, die naturgemäß überraschend kommen." Die Termine bei vorhersehbaren Ereignissen erfährt Aders über die Nachrichtenagenturen, über den Presseclub in Rio und durch Mitteilungen der Ministerien in den jeweiligen Ländern. „Das meiste erfahren wir allerdings über persönliche Kontakte". Als Beispiel für vorhersehbare Ereignisse nennt Aders Präsidentenwahlen. Im Januar 2006 stand in Chile Michelle Bachelet zur Wahl. Sie hatte die Chance, die erste Präsidentin Chiles zu werden, was sie auch wurde. „Ich bot das Thema unter diesem Aspekt an, die Planung in Hamburg sagte sofort zu. Ich habe dann alles organisiert, bin nach Chile geflogen und habe von dort berichtet."

Bei den Wahlen in Peru lief es anders. „Die wollte in Deutschland keiner haben, obwohl sich zwei merkwürdige Kandidaten gegenüberstanden – auf der einen Seite ein Mann, der das Land vor Jahren schon mal runtergewirtschaftet hatte und auf der anderen Seite ein extremer Nationalist. Ich fand das spannend, Hamburg nicht. Dann am Tag der Wahl, es war wohl ein ungewöhnlich nachrichtenarmer Tag, kam plötzlich mittags der Anruf: Wir wollen die Wahl doch haben. Meine Producerin in Peru konnte kurzfristig Material zuliefern, damit habe ich den Bericht dann gemacht. Journalistisch wäre es natürlich besser gewesen, ich hätte rechtzeitig ein Okay bekommen, hätte hinfliegen und selbst drehen können." Auch hier zeigt sich der Einfluss des Organisatorischen auf den Content.

Das Studio in Rio zählt auf Grund seiner Ausstattung und seiner eingeschränkten Live-Fähigkeit zur strukturell-funktionalen Kategorie III.

3.4.8   Berichtsgebiete in Asien

Die Vorstellung der Berichtsgebiete in Asien beginnt mit dem Büro Singapur, das unter anderem für Australien und Neuseeland zuständig ist. Es folgen Tokio, Peking, Neu Delhi und – als Bindeglied zu den Berichtsgebieten in Europa – das Studio Moskau.

3.4.8.1   Singapur

Das ARD-Studio Singapur gehört zum Norddeutschen Rundfunk (NDR). In Singapur sind zwei Korrespondenten tätig – der Studioleiter und ein freier Korrespondent. Die folgenden Informationen beruhen auf einem Gespräch mit Ariane Reimers (2006), die zum Zeitpunkt der Befragung die freie Korrespondentenstelle innehatte.

Das Berichtgebiet umfasst „13 Länder in fünf Zeitzonen von Burma bis Neuseeland" (ARD 2006). Seine Nachrichten über die Länder des Berichtsgebietes bekommt Singapur über mehrere Kanäle: Ein wichtiger Kanal ist die Nachrichtenagentur Reuters, ein anderer ist das Nachrichtenportal von Yahoo, außerdem
werden die englischsprachigen Tageszeitungen im Raum ausgewertet (z.B. Straits
Times, Bangkok Post, Jakarta Post). Über das Intranet des NDR stehen zusätzlich
alle bei der ARD üblichen deutschsprachigen Nachrichtenagenturen zur Verfügung. Auch das Programm von BBC World wird regelmäßig verfolgt. „Der Sender ist für uns eine gute Quelle. Die BBC hat in jeder großen Stadt der Region ein
eigenes Büro". Das ARD-Studio selbst arbeitet mit Stringern zusammen in Indonesien, Thailand, Kambodscha, Vietnam, Australien und Neuseeland. „Wenn dort
etwas passiert, rufen unsere Stringer sofort an und informieren uns."

Bildermaterial liefert vor allem Reuters TV, dessen Dienste direkt im Studio
Singapur auflaufen. „Auch das Indonesische Fernsehen ist sehr schnell und gibt
seine Bilder an die Agenturen weiter, über die wir dann wieder versorgt werden".
Teilweise kaufe die ARD auch Material direkt von lokalen Sendern. Das Agenturmaterial spiele bei den Berichten für die Tagesschau, vor allem zu Beginn
eines unerwartet eintretenden Ereignisses, eine große Rolle. „Agenturbilder sind
immer das Allererste. Mit Agenturbildern arbeiten wir solange, bis einer von uns
vor Ort ist und selbst drehen kann".

Das Büro Singapur ist aus dem Studio jederzeit livefähig. „Wir haben eine
Standleitung zur Satellitenstation und können innerhalb von Minuten Bilder
überspielen oder Schaltgespräche führen". Bei größeren Ereignissen in den ver-
schiedenen Ländern werde häufig die Infrastruktur der EBU genutzt, um vor Ort
live berichten zu können. Ariane Reimers schätzt, dass nur zehn Prozent der
Tagesschau-Beiträge aus Singapur auf vorhersehbare Ereignisse zurückgehen. 90
Prozent der aktuellen Berichte bezögen sich auf unerwartete Vorkommnisse „wie
Erdbeben, Taifun, Tsunami oder ein Putsch wie in Thailand". Dem Putsch sind
monatelange Konflikte vorausgegangen, aber „das politische Vorspiel hat in
Deutschland niemanden interessiert. Das war einfach zu weit weg".

Im ARD-Büro Singapur sind neben dem Studioleiter die freie Korrespondentin sowie ein Kameramann, ein Toningenieur und ein Cutter tätig. Das Studio
zählt zu strukturell-funktionalen Kategorie I.

3.4.8.2   Tokio

**Das ARD-Studio Tokio gehört zum Zuständigkeitsbereich des Norddeut-
schen Rundfunks (NDR). Studioleiter war zum Befragungszeitpunkt Mario
Schmidt (2006), auf den die folgenden Informationen zurückgehen.**

Das ARD-Büro in Tokio ist zuständig für die Berichterstattung über Japan, Nord- und Südkorea, Taiwan, die Philippinen und die Inselgruppen Mikronesien, Ozeanien und Polynesien. Die drei zuletzt genannten Inselgruppen sind nicht auf der nachstehenden Karte verzeichnet. Der am weitesten entfernte Ort innerhalb des Zuständigkeitsbereiches liegt über 10 000 Kilometer von Tokio entfernt in der Südsee. Der Korrespondent ist wegen des großen Berichtsgebietes häufig auf Reisen. „Wenn etwas passiert und ich nicht in Tokio bin, versuche ich eine Berichtsmöglichkeit vom jeweiligen Aufenthaltsort zu organisieren. Wenn das nicht geht, springt meine Heimatredaktion in Hamburg ein und fertigt den Beitrag". Tokio ist technisch „ein kompletter Selbstversorger. Wir schneiden und mischen selbst und setzen unsere Beiträge über unsere eigene Satellitenschüssel ab. Wir haben ein eigenes Aufnahmestudio und sind im Prinzip innerhalb von fünf Minuten livefähig", sagt Mario Schmidt. „Nur wenn ich zuhause bin und erst ins Studio fahren muss, dann kann's auch schon mal eine Dreiviertelstunde dauern". Im

ARD-Studio Südostasien arbeiten neben dem Korrespondenten ein Kameramann, ein Tontechniker, ein Cutter, eine Vollzeit- und eine Halbtags-Producerin,
ein technischer Assistent sowie eine Sekretärin.

Auf den Philippinen stehen dem Studio zwei einheimische Producer zur
Verfügung. „Die bekommen eine kleine Pauschale und werden ansonsten nach
Aufwand bezahlt. Bei aktuellen Geschichten bereiten sie alles vor, besorgen die
nötige Technik, buchen die Hotels, holen mich am Flughafen ab und bringen
mich zum Ort des Geschehens". Die beiden Producer verfügten über sehr gute
Kontakte im Land und würden zum Teil mit einem angemieteten Team auch
selbst drehen. In Südkorea, Taiwan und auf den Fidschis arbeite jeweils ein Producer für das Studio in Tokio. Auch in Neuseeland gebe es einen Kontaktmann,
obwohl Neuseeland zum Berichtsgebiet des ARD-Studios Singapur gehöre.
„Unser Mann in Neuseeland arbeitet uns von dort aus bei Südseethemen zu".

Seine Informationen bezieht Schmidt vor allem von Reuters, AP und dpa
sowie von der japanischen Nachrichtenagentur „Kyodo". „Um die offizielle
Haltung des Regimes in Pjöngjang zu kennen, verfolge ich im Internet auch die
Meldungen der nordkoreanischen Agentur KCNA. Was sie bringt, ist meist nur
Propaganda, aber das ist zur Einschätzung manchmal wichtig". Darüber hinaus
liest Schmidt auch „die Internetseiten nordkoreanischer Überläufer, die meistens
einen guten Einblick in die Geschehnisse des Landes haben". Zu Nordkorea habe
man inzwischen einen guten Draht, von dort könne man relativ problemlos berichten. Aus organisatorischen Gründen ist für Schmidt die Berichterstattung der
Deutschen Presseagentur dpa wichtig. „Ich weiß, wenn dpa was über meinen
Bereich bringt, lesen das die Kollegen in Hamburg und rufen an. Ich bin dann
schon entsprechend vorbereitet". Im ARD-Studio Tokio werden zusätzlich fünf
japanische Zeitungen als Informationsquelle genutzt. Drei davon erscheinen in
englischer, zwei in japanischer Sprache. Die Producer in Südkorea, Taiwan und
auf den Philippinen werten täglich die Zeitungen ihres Landes aus.

Das Bildmaterial bekommt Tokio vor allem über die beiden internationalen
Agenturen Reuters TV und APTN. „Daneben verwenden wir auch Material von
NHK und manchmal lasse ich mir auch die Fernsehnachrichten von YTN aus
Südkorea überspielen". YTN ist ein südkoreanischer Nachrichtenkanal, NHK
(Nippon Hoosoo Kyokai) ist das öffentlich-rechtliche japanische Fernsehen. „Für
einen Tagesschau-Bericht greife ich häufig auf Agenturmaterial zurück. Doch
wenn wir vor Ort sind, bei Wahlen, bei großen Konferenzen, Katastrophen oder
politischen Unruhen, drehen wir natürlich vieles selber". Im Schnitt 50 bis 80
Mal komme das Studio pro Jahr in der Tagesschau zum Zug. „Bei der Aktualität
merkt man die Ferne zu Deutschland. Wenn wir hier in Japan einen neuen Außenminister bekommen, dann interessiert das einfach niemanden". Berichtet
werde deshalb vor allem über Unglücke und Naturkatastrophen. Die Berichter-

stattung bezieht sich, so schätzt Schmidt, zu 80 Prozent auf Unerwartetes und zu 20 Prozent auf vorhersehbare Ereignisse. – Studio Tokio zählt zur strukturell-funktionalen Kategorie I.

3.4.8.3   Peking

Das ARD-Studio Peking gehört zum Norddeutschen Rundfunk (NDR). Studioleiter war zum Zeitpunkt der Befragung Jochen Graebert (2006). Die nachfolgenden Informationen beruhen auf einem Gespräch mit ihm.

Das Auslandsbüro in Peking (Beijing) ist zuständig für das Berichtsgebiet China. In diesem Riesenreich mit über einer Milliarde Menschen „ändern sich die Dinge derzeit mit einer oft halsbrecherischen Geschwindigkeit. Die Wirtschaft boomt, während die kommunistische Führung an autoritären Strukturen festhält" (ARD 2006). Diese autoritären Strukturen erschweren die Berichterstattung erheblich. Das beginnt mit den Quellen. Graebert: „Die amtliche Nachrichtenagentur Xinhua meldet nicht das, was uns wirklich interessiert. Auch das staatliche Fernsehen CCTV (China Central Television) berichtet nur sehr zögerlich und zurückhaltend. Bei großen Katastrophen kommen die ersten Bilder erst dann, wenn die

Behörden alles im Griff haben". Für aktuelle Berichte sei das ARD-Studio deshalb häufig auf Material und Informationen der beiden großen Agenturen Reuters TV und APTN angewiesen. Die Agenturen beobachteten die rund 100 lokalen TV-Stationen im Reich der Mitte und werteten deren Nachrichtensendungen aus. „Die lokalen und regionalen Fernsehstationen haben, weil sie nicht so beachtet werden, oft etwas mehr Freiheiten als das landesweite CCTV. Wir selbst können die kleinen Sender nicht alle im Auge behalten".

Selbst zu drehen ist für das ARD-Büro, aber auch für die Agenturen, mühsam und schwierig. „Jedes Vorhaben muss schriftlich beantragt und von den zuständigen Behörden genehmigt werden. Alle Projekte, die das Bild Chinas einträchtigen könnten, werden abgelehnt. Und wenn es ein ‚Okay‘ gibt, dann folgt einem bei den Dreharbeiten auf Schritt und Tritt ein Aufpasser". Sich darüber hinwegzusetzen und heimlich zu filmen, sei nicht empfehlenswert, sagt Graebert. „Wenn Sie unerlaubt drehen, kommt sofort die Polizei. Dann werden Sie festgenommen und stundenlang verhört. Ich habe das schon hinter mir. Außerdem müssen Sie handschriftlich eine ausführliche Selbstkritik schreiben. Da muss drinstehen, das und das habe ich alles falsch gemacht. Da muss ich zusichern, dass ich so was nie wieder tun werde. Und ich muss mich für mein Vergehen in aller Form entschuldigen. Sollte man dann noch mal erwischt werden, wird einem diese schriftliche Selbstkritik vorgehalten. Dann heißt es, dieser Korrespondent ist nicht zuverlässig. Und das kann die Ausweisung bedeuten".

Eine wichtige Informationsquelle für Graebert ist die Deutsche Presseagentur (dpa). „Der dpa-Kollege ist sehr etabliert und hervorragend informiert. Außerdem ist für uns die deutsche Brille wichtig. Wie wird ein Thema in Deutschland gesehen und gewichtet? Dort sitzen schließlich unsere Zuschauer". Als wertvoll bezeichnet Graebert auch die Wortagentur Reuters. Über eine eigene Datenverbindung, über das „Intranet" des NDR, stehen ihm in Peking sämtliche Agenturen zur Verfügung, die auch von ARD-aktuell genutzt werden. Als weitere Quellen werden vier große chinesische Tageszeitungen ausgewertet, „die sich hin und wieder auch mal was trauen und relativ interessante Berichte bringen".

Das ARD-Büro Peking verfügt über ein eigenes Sendestudio sowie über eigene Schneide- und Mischtechnik. Alle Überspielungen, etwa nach Hamburg zur Tagesschau, müssen über CCTV laufen. Das hat keine technischen, sondern politische Gründe. „Das Signal geht von uns über Kabel zur Abspielstation des Chinesischen Fernsehens und erst von dort auf den Satelliten. Im Technikraum von CCTV steht ein staatlicher Zensor und beobachtet die Überspielung. Wenn ihm die Bilder nicht gefallen, wird die Übertragung von einer Sekunde auf die andere abgebrochen". Rein technisch ist das Büro in Peking trotz des Umwegs über CCTV innerhalb von zehn Minuten livefähig. „Das spielt aber in der Praxis keine Rolle. China ist kein Land, in dem eine Nachricht reinplatzt. Selbst wenn es ein dramatisches Erdbeben gäbe mit 200 000 Toten, dann würde Xinhua erst mal acht Stunden lang die lapidare Meldung verbreiten: ‚Erdbeben mit Toten'. Da hat man immer genügend Vorlauf". Vorteilhaft sei in dieser Hinsicht auch die Zeitverschiebung. „Wir sind Deutschland immer sechs Stunden voraus. Da kann man Berichte in aller Ruhe vorbereiten".

Gerade bei der Berichterstattung für die Tagesschau spielten geplante Ereignisse eine wichtige Rolle. Ereignisse, die man frühzeitig absehen und organisieren könne. Zum Beispiel die Einweihung des größten Staudamms der Welt oder der Besuch der Bundeskanzlerin in Peking. „Solche Termin-Themen sind für uns die beste Möglichkeit, um in die Nachrichten zu kommen". Über anstehende Termine in China informierten vor allem das IPC (International Press Center), das chinesische Außenministerium und die deutsche Botschaft. Themenanregungen für Tagesschau-Berichte aus China kommen, sagt Graebert „zu 60 bis 70 Prozent von uns, der Rest wird von Hamburg angefordert". Nach Graeberts Schätzung wird aus seinem Studio zu rund 80 Prozent über Vorhersehbares berichtet und zu 20 Prozent über unerwartet Auftretendes.

Für das ARD-Studio Peking arbeiten neun Personen. Studioleiter Jochen Graebert, die freiberufliche Korrespondentin Eva Corell, ein Kameramann, ein Tontechniker, eine Cutterin, zwei chinesische Producer, eine Sekretärin und ein Fahrer. Weitere Producer in anderen Teilen des Landes, die Informationen sammeln und auch selbst drehen könnten, gibt es nicht. „Wir haben noch einige wenige Informanten. Aber die können wir nur selten anzapfen, denn die Zusammenarbeit mit ausländischen Medien gilt in China als Verrat und wird bestraft".

Das ARD-Studio Peking liefert der Tagesschau pro Jahr etwa einhundert Minuten Programm zu. Auf Grund seiner personellen und technischen Ausstattung zählt es zur Kategorie II.

3.4.8.4   Neu Delhi

Das Auslandsstudio Neu Delhi gehört zum Mitteldeutschen Rundfunk (MDR). Studioleiter war zum Befragungszeitpunkt Armin-Paul Hampel (2006), auf dessen Informationen der nachfolgende Text beruht.

Das Berichtgebiet umfasst Afghanistan, Pakistan, Indien, Nepal, Bhutan, Bangladesh, Sri Lanka und die Malediven. Seine Informationen bezieht Hampel unter anderem über die ARD-üblichen Nachrichtenagenturen, die er per Internet abrufen kann. Sehr wichtig sei für ihn Reuters. „Die liefern gute, verlässliche Informationen. Die haben in der Region ein dichtes Korrespondentennetz aufgebaut, was mit der kolonialen Vergangenheit der Briten zu tun hat". Auch in den kleineren Ländern des Berichtsgebietes wie Bangladesh oder Nepal sei die Agentur mit eigenen Leuten vertreten. Für den Bereich Afghanistan nutzt Hampel einen speziellen Pressedienst mit Sitz in Kabul. „Die werten dort Zeitungen, Hörfunk und Pressemitteilungen aus. Das wird zu Infobriefen zusammengefasst, die ich täglich per E-Mail kriege". In Pakistan beobachte ein Stringer für das ARD-Büro „vor allem die politische Entwicklung".

Mit Informationen am besten versorgt ist der Korrespondent in Indien. „Wir haben hier viele Zeitungen, wir haben das halbstaatliche Fernsehen ,Doordashan' und zwei private TV-Nachrichtenkanäle, die 24 Stunden am Tag senden". Die beiden Nachrichtensender sind Neu Delhi TV (NDTV) und die indische Ausgabe von CNN (CNN-IBN). Beide Kanäle strahlen ihre Programme auch in englischer Sprache aus. Bildmaterial könnte die ARD von diesen beiden Sendern zwar übernehmen, „aber das kostet richtig viel Geld. Deshalb verzichten wir in der Regel darauf". Hauptlieferant sei stattdessen „Asia News International" (ANI), eine Film-Nachrichtenagentur, die mit Reuters TV kooperiere.

„Die Bilder kommen bei mir oft später an als in Europa. ANI dreht zum Beispiel in Sri Lanka. Das Material wird als Erstes in die Reuters Zentrale nach London überspielt und geht von dort sofort an die europäischen Abonnenten raus. Erst danach werden die Aufnahmen von London aus wieder zu ANI zurückgespielt, von dort kriege ich es dann mit erheblicher Verzögerung". Selbst zu drehen sei oft nicht möglich. „Bis ich am Ort des Geschehens bin und überspielen kann, ist das Thema nicht mehr aktuell". Er sei deshalb häufig, sagt Hampel „auf Agenturmaterial angewiesen. Das heißt, ich kann nicht das aufnehmen und weitergeben, was ich für wichtig halte, sondern was ich von anderen bekomme". Auch hier hat das Organisationale Einfluss auf den Content.

Live-Berichterstattung ist für das ARD-Büro Neu Delhi schwierig. „Es gibt in Indien ein Gesetz, das es ausländischen Medienunternehmern verbietet, aus Indien live zu senden. Dieses Gesetz wird auch auf uns Korrespondenten angewendet. Ich kann deshalb nicht aus den eigenen Räumen ein Live-Interview führen, sondern muss dafür in ein ANI-Studio fahren". ANI sei eine indische Firma und dürfe deshalb live auf den Satelliten gehen. Die Fahrt vom Büro zum ANI-Studio in Neu Delhi dauere 20 Minuten, ein Live-Schaltgespräch erfordere einen zeitlichen Vorlauf von etwa 45 Minuten. Das ARD-Büro selbst verfüge nur über Schneide- und Mischeinrichten. Für Live-Schaltgespräche aus Pakistan nutze man die Einrichtungen des türkischen Fernsehens IHLAS, das in Kabul „einen 24-Stunden-Uplink unterhält".

Nach Hampels Schätzung gehen 40 Prozent seiner Berichterstattung für die Tagesschau auf vorhersehbare Ereignisse mit feststehendem Termin wie Wahlen oder Politikerbesuche zurück. 60 Prozent mache die Berichterstattung über unerwartete Ereignisse aus wie „Naturkatastrophen, Eisenbahnunglücke, Terroranschläge und Kämpfe aller Art".

Das ARD-Studio beschäftigt neben dem Korrespondenten drei Producer, „die für mich recherchieren und auch drehen", einen Cutter, einen Tontechniker und zwei Kameraleute. Das Studio zählt auf Grund seiner eingeschränkten Live-Fähigkeit zur Kategorie III.

3.4.8.5 Moskau

Das ARD-Studio Moskau gehört zum Westdeutscher Rundfunk (WDR). In Moskau arbeiten drei Korrespondenten. Die nachfolgenden Informationen beziehen sich auf ein Gespräch mit Albrecht Reinhardt (2006), der zum Befragungszeitpunkt das Studio leitete. Das Berichtsgebiet umfasst alle 15 GUS-Staaten, die aus der ehemaligen UdSSR hervorgegangen sind.

Moskau verfügt über ein eigenes Studio mit kompletter Technik. Für Überspielungen oder Live-Gespräche wird eine Standleitung zum Russischen Staatsfernsehen genutzt. Die Übertragungstechnik wird dabei von der EBU organisiert. „Sendefähig sind wir von jetzt auf gleich. Innerhalb von drei bis fünf Minuten können wir auf Sendung sein." Um aktuell reagieren zu können, ist das Studio zwischen 9 Uhr und 22 Uhr 15 besetzt. Während der Nacht, am Wochenende und an Feiertagen gilt eine Rufbereitschaft für Techniker und Korrespondenten. „Innerhalb von dreißig Minuten muss der Betreffende, der Bereitschaft hat, im Studio sein können". Drei Studiotechniker, drei Kameraleute und drei Tontechniker sind fest für das Studio Moskau im Einsatz. Insgesamt beschäftigt Moskau 30 fest angestellte und zehn feste freie Mitarbeiter, „worin auch die Fahrer und Sekretärinnen enthalten sind".

Außerhalb Moskaus greift das Studio auf die Übertragungstechnik russischer TV-Sender zurück, auf die Technik der EBU oder anderer Systeme. „In Kiew nutzen wir zum Beispiel einen Satellitenwagen des polnischen Fernsehens. Und wenn alle Stricke reißen, dann verwenden wir das Videophon. Die Qualität ist zwar schlechter als bei richtiger Technik, aber immer noch besser als nichts."

Woher kommen die Themen? – Das Studio greift unter anderem auf einen Terminkalender von „Echo Moskwa" zurück. „Echo Moskwa ist ein Radiosender, der Gazprom gehört. Das ist die einzige kritische elektronische Stimme, die noch geblieben ist. Von diesem Sender erfahren wir wichtige Termine in einer Wochenvorschau, die täglich aktualisiert wird". Weitere Termine erbringt die Auswertung russischer Zeitungen. Solche Termine werden vom Studio präzisiert. „Wir rufen bei den entsprechenden Stelle an, um genau zu erfahren, wann was wo passiert, damit wir entsprechend disponieren können."

Die Sendungen des russischen Fernsehens sind nach Reinhards Einschätzung für die politische Aktualität als Informations-Quelle kaum geeignet. „Die TV-Programme sind fast alle auf die offizielle Linie getrimmt. Da können wir keinen Honig mehr saugen". Lediglich Bildmaterial übernimmt das ARD-Studio von den großen Sendern. Dabei werden vor allem vier Sender genutzt: Die beiden russischen Staatssender ORT und RTR und die beiden privaten Sender RENTV und NTW, wobei letzterer ebenfalls Gazprom gehört. Mit ORT und RTR hat die EBU Verträge, deshalb darf hier das Material grundsätzlich übernommen werden. „Mit den Privatsendern müssen wir verhandeln, wenn wir etwas übernehmen wollen. Wir haben gute persönliche Kontakte, deshalb geht das sehr schnell und unbürokratisch". Allerdings muss dafür bezahlt werden, pro Minute zwischen 200 und 500 US-Dollar.

Der Tagesschau liefert Studio Moskau vor allem Berichte über offizielle Termine und über „natürliche oder menschgemachte" Katastrophen. Dabei ein Verhältnis zwischen vorhersehbaren und unerwarteten Ereignissen zu benennen, hält Reinhardt für schwierig. – Studio Moskau zählt zur strukturell-funktionalen Kategorie I.

3.4.9 Berichtsgebiete in Europa

Die Berichtsgebiete in Europa sind im Folgenden alphabetisch geordnet.

3.4.9.1 Brüssel

Das ARD-Studio Brüssel wird vom Westdeutschen Rundfunk (WDR) betrieben. In Brüssel sind drei Korrespondenten tätig. Zum Befragungszeitpunkt waren das der Studioleiter Rolf-Dieter Krause sowie Markus Preiß und Michael Strempel. Die folgenden Informationen beruhen auf Gesprächen mit Krause (2006) und Strempel (2006).

Brüssel ist nach Washington das zweitgrößte Auslandsbüro der ARD. Es ist zum einen zuständig für die Institutionen *Nato* und *Europäische Union*, zum anderen für das Berichtsgebiet Belgien, Luxemburg und Niederlande. Für die Tagesschau berichtet das Studio vor allem über Nato und EU. Rund 90 Prozent der Berichte, so schätzt Krause, entstehen auf der Grundlage zuvor bekannter Termine. „Bei der Politikberichterstattung", sagt Krause, „ist das so. Man weiß einfach, was ansteht". Die Termine der beiden Institutionen werden zum größten Teil auf speziellen „Briefings" bekannt gegeben. Während die Nato solche Veranstaltungen seltener abhält und dazu häufig über SMS oder E-Mail speziell einlädt, hält die EU an jedem Werktag ein Briefing um 12 Uhr mittags ab. An diesem EU-Briefing nehmen grundsätzlich die Sprecher aller 25 Kommissare teil. „Auf dieser täglichen Pressekonferenz können Fragen gestellt werden zu allen aktuellen Themen. Außerdem wird informiert über Gesetzesvorhaben, über Rechtsstreitigkeiten zwischen der Union und den Mitgliedsländern und eben über anstehende Termine". Die Brüssel-Korrespondenten der ARD werden damit zeitgleich informiert mit den Kollegen der Nachrichtenagenturen, des Hörfunks und der Zeitungen. Eine medienbasiert, zwischengeschaltete Quelle ist deshalb in der Regel nicht mehr nötig.

Jedes EU-Briefung wird vom „European Broadcasting Service" (EBS) live übertragen. Das TV-Signal läuft im ARD-Studio Brüssel auf und wird dort für alle Fälle mitgeschnitten. „Der EBS macht uns leider häufig Kummer", sagt Strempel. „Die Live-Übertragungen aus den Briefings sind ja in Ordnung, das ist ein prima Service. Aber der EBS will uns ständig sein Bildmaterial bei aktuellen Ereignissen zur Verfügung stellen. Wir würden viel lieber selbst drehen, aber wir bekommen oft keine Genehmigung. Sie können doch das EBS-Material nehmen, heißt es dann. Die Kommission trifft sich jeden Mittwoch und wir müssen, wenn wir dort drehen wollen, jedes Mal aufs Neue eine Genehmigung einholen".

Obwohl die ARD, so Strempel, schon oft dagegen protestiert habe, bleibe die EU bei ihrer Regelung. Ob eine Drehgenehmigung erteilt werde oder nicht, sei schwer vorherzusagen. „Mal wird ruckzuck ein Okay gegeben, aber oft passiert auch gar nichts. Ich sage immer, das ist die ‚mediterrane Strategie'. Erst wird unser Drehantrag stundenlang nicht beantwortet, danach ist das zuständige Büro dicht, Feierabend, und am nächsten Tag steht unser Kameramann ohne

Erlaubnis da und wird nicht reingelassen". Strempel vermutet, dass vor allem EU-Kommissionspräsident Barroso ein Grund für die Drehverweigerungen ist. „Der Mann ist sehr empfindsam, was Bilder von ihm angeht". Der EBS dreht immer nur von weiter Ferne, viel Bild, wenig Barroso. „Mit solchen Aufnahmen können wir meistens nichts anfangen". Die EU begründet ihre Drehverweigerung in der Regel damit, dass zu viele Teams drehen wollten. „Aber das ist ein Vorwand. Wir wissen inzwischen, dass sich für die Kommissionssitzungen außer uns und dem ZDF kaum jemand interessiert."

Die nachrichtenjournalistische Arbeit in Brüssel wird durch eine weitere Besonderheit erschwert. Die Kommissare bleiben in der Regel für die Journalisten unsichtbar. „Die fahren ins Gebäude, die kriegen Sie nicht zu sehen geschweige denn zu fassen. Und wenn mal einer irgendwo auftaucht und Sie rufen ihm eine Frage zu, glauben Sie bloß nicht, dass der antwortet. Verheugen ist die einzige Ausnahme. Bei jedem anderen müssen Sie sich jedes noch so kleine Statement vorher genehmigen lassen". Solche organisatorischen Erschwernisse haben zum Teil erheblichen Einfluss darauf, wie ein Beitrag aus Brüssel gestaltet wird. Das Organisatorische hat auch hier ganz konkrete Auswirkungen auf den Content.

Während Berichte über EU und Nato in der Tagesschau regelmäßig vertreten sind, kommt das Berichtsgebiet Belgien, Niederlande und Luxemburg nur selten vor. „Aktuelle Berichterstattung findet aus diesen drei Ländern kaum statt". Die nationalen Nachrichtenagenturen wurden deshalb gar nicht erst abonniert. „Die sind sehr teuer und wir brauchen Sie kaum. Und wenn's wirklich mal brennen sollte, haben wir über das Intranet des öffentlich-rechtlichen Rundfunks in Belgien und den Niederlanden jederzeit Zugang zu diesem Material." Hier bestehen Partnerschaftsabkommen. Darüber hinaus hat das ARD-Studio Brüssel via Intranet Zugriff auf alle von der ARD abonnierten Agenturen wie dpa, Reuters oder AFP.

Videomaterial wird, wo und wann immer möglich, selbst gedreht. Wenn das nicht klappt, greifen die Korrespondenten in Brüssel auf die Bildangebote der Eurovision zu. Nur im Notfall werden Aufnahmen der örtlichen Sender gekauft. „Das Material ist in unserem Berichtsgebiet außergewöhnlich teuer. Obwohl wir Verträge haben, kostet in den Niederlanden und in Belgien jede Minute 600 Euro. In Luxemburg werden sogar 1000 Euro verlangt. Und das für eine einmalige Ausstrahlung ohne Wiederholungsrechte". Auch wenn Material der nationalen Sender deshalb nur selten eingesetzt wird – die Nachrichtensendungen der jeweiligen TV-Anstalten sind neben den Agenturen eine wichtige Informationsquelle.

Im ARD-Studio Brüssel arbeiten neben den drei Korrespondenten jeweils fest angestellt drei Producer, drei Kameraleute, drei Tontechniker und drei Cutter. Das große Team ist allerdings nicht nur für aktuelle Sendungen wie die „Tagesschau" im Einsatz, sondern produziert unter anderem auch ein regelmäßiges

„Europamagazin" und den „Bericht aus Brüssel". Für die Aktualität ist in Amsterdam noch eine freie Producerin für das ARD-Büro tätig, die allerdings „nur bei Leistung honoriert wird". Luxemburg wird von Brüssel aus mitbetreut.

Brüssel verfügt über ein eigenes Produktionsstudio und ist „wenn es ganz schnell gehen muss" innerhalb von fünf Minuten livefähig. Über Breitbandnetz ist Brüssel mit der ARD und der EBU verbunden. Für Live-Gespräche außerhalb des Studios muss entweder eine SNG angemietet oder vorhandene EBU-Technik genutzt werden. Eine eigene SNG besitzt Brüssel nicht. Um die Live-Berichterstattung technisch zu erleichtern, stellt die EU in ihrem Ratsgebäude fest installierte Anschlüsse zur Verfügung. In den Regierungsvierteln von London und Berlin gibt es vergleichbare Fazilitäten. Das ARD-Büro Brüssel ist auf Grund seiner technischen und personellen Ausstattung ein Studio der Kategorie I.

3.4.9.2   Genf

Das ARD-Büro Genf gehört zum Südwestrundfunk (SWR). Der Korrespondent dort war zum Zeitpunkt der Befragung Jochen Nuhn (2006), auf den die folgenden Informationen zurückgehen.

Genf ist zuständig für die Berichterstattung aus der Schweiz und Liechtenstein sowie über die großen internationalen Organisationen, die in Genf ihren Sitz haben. Allen voran die Vereinten Nationen, aber auch die Welthandelsorganisation WTO oder das Internationale Komitee vom Roten Kreuz. „Was die Vereinten Nationen angeht, so sitzt hier in Genf der gesamte humanitäre Bereich – das

Flüchtlingshilfswerk, die Weltgesundheitsorganisation, das Hochkommissariat für Menschenrechte. Alle wichtigen internationalen Hilfsaktionen werden von hier aus koordiniert".

Die aktuelle Berichterstattung für die Tagesschau beruht, so Nuhn, zu „Zweidrittel bis Dreiviertel" auf Terminen. Für das ARD-Studio Genf sei ein zeitlicher Vorlauf wichtig. „Wir haben hier nur ein Büro, aber keine eigene Technik. Wir müssen alles anmieten. Das ist zwar preisgünstig, hat aber manchmal Nachteile bei der Schnelligkeit". Live-Schaltgespräche zu einem unerwarteten aktuellen Ereignisse zu organisieren, dauere in Genf „mindestens eine halbe Stunde, wahrscheinlich aber länger". Die gesamte Technik wird von einer freien Firma gestellt, die in Genf und Zürich situiert ist. Der SWR hat mit diesem Unternehmen einen Rahmenvertrag geschlossen.

Seine Termin-Informationen erhält Nuhn zum einen über den „Schweizer Depeschen Dienst" (SDA) – das schweizerische Gegenstück zur dpa – und über die ARD-üblichen Agenturen, die in Genf für ihn via Internet verfügbar sind. „Vieles kommt auch direkt von den Planungsabteilungen der Organisationen. Die schicken uns ihre Dispositionen, so wissen wir genau wann etwas stattfindet".

Das ARD-Büro Genf besteht aus drei Mitarbeitern: Dem Hörfunkkorrespondenten, einer Redaktionsassistentin und dem Fernsehkorrespondenten Jochen Nuhn. Genf zählt auf Grund seiner Ausstattung zu einem Studio der Kategorie III.

3.4.9.3 London

Das ARD-Studio London gehört zum Norddeutschen Rundfunk (NDR) und verfügt über zwei Korrespondentenstellen. Die nachstehenden Informationen beruhen auf Gesprächen mit Uwe Schwering (2006), der zum Zeitpunkt der Befragung Studioleiter war, und seiner Vorgängerin Sabine Reifenberg (2006).

Das ARD-Büro London ist zuständig für die Berichterstattung über Großbritannien, Irland, Nordirland und die Kanalinseln. London ist aus dem Studio technisch in der Lage, rund um die Uhr Live-Gespräche durchzuführen. Eine eigene SNG besitzt London nicht. Vor dem Parlament und vor Downing Street Nr. 10, dem Sitz des Premierministers, befinden sich fest installierte Leitungsanschlüsse von BBC und ITN. Schwering: „Sie verbergen sich in Boxen, die so ähnlich aussehen wie die Schaltkästen der Telefongesellschaften, die man sonst im Straßenbild sieht. Dort können wir uns, wenn es der Belegungsplan der Betreiber erlaubt, direkt mit dem Kamerakabel einstöpseln und sind so auch ohne SNG livefähig. In anderen Fällen nutzen wir eine SNG von EBU, BBC oder ITN".

Das ARD-Studio London darf auf Grund entsprechender Verträge das Nachrichtenfilmmaterial von BBC und ITN übernehmen. Beide Organisationen stellen ihr Material nach der Ausstrahlung in den eigenen Programmen als Clean-Feed-Version zur Verfügung, also ohne irgendwelche Einblendungen oder Senderkennungen. „Darüber hinaus kaufen wir gelegentlich auch Material beim privaten Nachrichtenkanal ‚Sky News' ein", sagt Schwering. Als Informationsquellen nutzt das ARD-Studio London über Intranet alle ARD-üblichen Agenturen.

Das Verhältnis von geplanten, terminbasierten Themen zu unerwarteten Ereignissen lässt sich, so Sabine Reifenberg, nur sehr schwer schätzen. „Großbritannien war an den Kriegen in Afghanistan und Irak beteiligt. Schon allein dadurch kam es zu vielen schwer absehbaren Entwicklungen. Auch die Royals sind immer für Überraschungen gut". Über anstehende Termine informiert ein spezieller Agenturdienst, der eine Terminvorschau herausgibt. Daneben wird noch ein Informationsservice genutzt für „Termine in Kultur, Film und Gesellschaft, denn wir machen ja aus London auch gerne Kulturthemen" (Reifenberg). Die Termine rund ums Königshaus erfahre man, so Reifenberg, direkt „über den Palast, der Termine bekannt gibt und natürlich über persönliche Kontakte mit den Hofberichterstattern, die fast alles wissen".

Für das Studio London arbeiten inklusive der beiden Korrespondenten zehn fest angestellte Mitarbeiter. Hinzukommen, so Schwering, je nach Arbeitsanfall, zehn bis zwölf freie Stringer, Kamera- und Tonleute. London ist auf Grund seiner personellen und technischen Ausstattung ein Studio der strukturell-funktionalen Kategorie I.

3.4.9.4   Madrid (Europa)

Das ARD-Studio Madrid wird gemeinsam vom Südwestrundfunk (SWR) und vom Hessischen Rundfunk (HR) betrieben. In Madrid sind zwei Korrespondenten im Einsatz. Das Hauptberichtgebiet umfasst Spanien und Portugal. Von Madrid aus werden auch drei afrikanische Länder mitbetreut (siehe 3.4.5.3). Der folgende Text beruht auf einem Gespräch mit Ute Brucker (2006), die zum Zeitpunkt der Befragung das Studio leitete.

Seine Informationen bezieht das ARD-Büro zum einen von den offiziellen Nachrichtenagenturen EFE (Spanien) und Lusa (Portugal). „Die amtliche spanische Nachrichtenagentur EFE ist sehr zuverlässig, manchmal aber auch etwas langsam. Deshalb nutzen wir parallel dazu die Onlinedienste der beiden großen spanischen Zeitungen El Pais und El Mundo und den Online-Dienst von Cadena Ser, einem privaten Hörfunk-Nachrichtensender". Darüber hinaus hat Madrid über das Internet auch Zugriff auf alle bei der ARD vorhandenen deutschsprachigen Nachrichtenagenturen. Über bevorstehende Termine wird das ARD-Büro vielfach direkt von Ministerien und Behörden im Berichtsgebiet informiert. Eine prozentuale Aufteilung zwischen vorhersehbaren und unerwarteten Ereignissen, über die das Studio berichtet, will Brucker nicht vornehmen. „In unserem Bereich liegen keine Länder, in denen der offizielle Terminkalender eine Rolle spielt wie etwa in Frankreich oder in den USA. Das Unerwartete steht deshalb im Vordergrund".

Wenn nicht selbst gedreht werden kann, nutzt Madrid als Bildquellen vor allem die Eurovision und die staatlichen Fernsehsender TVE (Spanien) und RTP (Portugal). Das ARD-Büro Madrid verfügt über ein eigenes Studio, das über Glasfaserkabel mit TVE verbunden ist. Das spanische Fernsehen besorgt den Up- und Downlink zum Satelliten. Madrid ist mit dieser Technik innerhalb von Minuten aus dem Studio livefähig. Eine eigene SNG besitzt Madrid nicht. Sie muss, falls nötig, angemietet werden. Im ARD-Büro Madrid arbeiten neben den beiden Korrespondentinnen ein festangestellter Kameramann und ein Tontechniker, eine Sekretärin, eine Producerin und eine Cutterin. In Lissabon ist für das ARD-Studio ein freier Stringer tätig. Madrid zählt zur strukturell-funktionalen Kategorie II.

3.4.9.5   Paris

Das ARD-Studio Paris gehört zum Westdeutschen Rundfunk (WDR). Die beiden Korrespondenten dort waren zum Zeitpunkt der Befragung Marion von Haaren (Studioleiterin) und Georg Kellermann. Die Informationen beruhen auf Gesprächen mit Haaren (2006) und Kellermann (2006).
Das Berichtsgebiet umfasst nicht nur den Kernbereich Frankreich, Andorra und Korsika, sondern erstreckt sich wegen der französischen Überseegebiete wie ein „weltweites Spinnennetz" bis in den Pazifischen Ozean. Dazu gehören (siehe Karte unten) Französisch-Guayana, Martinique, Guadeloupe, Saint-Pierre-et-Miquelion, Wallis und Futuna, Reunion, Majotte, Crozet-Inseln, Kerguelen, Amsterdam, St. Paul, Adélieland, Französisch-Polynesien und Neukaledonien. Dorthin, nach Neukaledonien, sind es von Paris aus „mit Umsteigen und Aufenthalt" 32 Stunden Flug. Neukaledonien ist damit, so Marion von Haaren, das am weitesten entfernte Berichtsgebiet.

Eine aktuelle Berichterstattung aus diesen Überseegebieten wird erleichtert, sagt Haaren, „weil das Französische Fernsehen in jedem dieser Departements ein eigenes lokales TV-Programm veranstaltet. Deshalb ist Bildmaterial von dort kein Problem". Das ARD-Studio Paris hat mit dem Französischen Fernsehen Verträge und darf deshalb alle Aufnahmen verwenden. Die Zusammenarbeit erstreckt sich nicht nur auf die beiden staatlichen TV-Anstalten „France 1" und „France 2", sondern auch auf das private „TF 1".

Die Übernahme von Videomaterial, so ergänzt Georg Kellermann, werde vom staatlichen französischen Fernsehen in letzter Zeit jedoch erschwert. Wollte man früher Nachrichtensendungen des landesweiten staatlichen Fernsehprogramms France 2 auswerten, so wurde die Sendung von den französischen Kollegen „durchgesteckt", dass heißt, das Sendesignal wurde ohne Signet, also ohne Senderkennung, per Leitung direkt ins ARD-Studio Paris übertragen und konnte dort aufgezeichnet werden. Bezahlt wurde hinterher das Material, das vom Korrespondenten in seinem Beitrag verwendet wurde. Dieses unbürokratische, schnelle Verfahren wurde abgeschafft.

France 2 unterhält inzwischen einen „Service Commercial". „Bei dieser Stelle müssen wir jetzt das gewünschte Material bestellen. Schon die Überspielung selbst wird in Rechnung gestellt, das war früher kostenlos. Jede verwendete Minute kostet darüber hinaus weitere 450 Euro." Kellermann nennt noch ein weiteres, ganz praktisches Problem: Der Service ist während der Mittagszeit, oft bis 15 Uhr, gar nicht besetzt. „Da kriegen wir nichts, auch wenn wir's noch so dringend bräuchten".

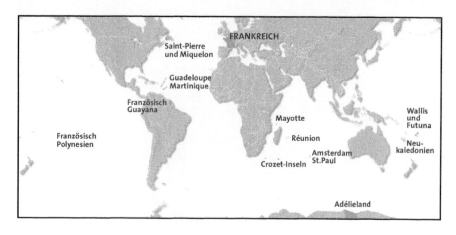

Das gesamte Berichtsgebiet des ARD-Studios Paris.

Das staatliche französische Fernsehen gehört mit zum EBU-Verbund. Aktuelles Material wird deshalb grundsätzlich auch der Eurovision zur Verfügung gestellt und über diese verbreitet. Kellermann: „Für uns kommt das Euro-Material allerdings oft zu spät. Die Franzosen geben ihre Aufnahmen erst zur Eurovision, wenn sie vorher im eigenen Kanal gelaufen sind. Bei uns in der ARD ist das anders. Da wird Material so schnell wie möglich überspielt ohne Rücksicht auf die eigene Verwertung". Kellermann nennt ein konkretes Beispiel: „Chirac gab eine Pressekonferenz im Zusammenhang mit dem Libanon-Konflikt. In der Eurovision kamen kurz nach Beginn der Veranstaltung erste Schnittbilder, aber kein O-Ton von Chirac. Das war aber das Wichtige. Wir mussten deshalb vom französischen Fernsehen für 1000 Euro eine eigene Live-Übertragung von dieser Pressekonferenz kaufen. Anders hätten wir das Mittagsmagazin und die Tagesschau-Ausgaben am Nachmittag nicht vernünftig bedienen können".

Wann immer möglich dreht das ARD-Büro selbst, doch Kellermann räumt ein, dass man „bildmäßig oft am Tropf des französischen Fernsehens hängt". Die großen Filmagenturen wie Reuters TV oder APTN spielen für das Studio in Paris keine Rolle. „Die bieten aus unserem Berichtsgebiet einfach zu wenig Material an". Aus dem Parlament und dem Senat können die Signale fest installierter Kameras vom ARD-Studio genutzt werden. Bei terminlich absehbaren Themen wird für Live-Berichte und -Schaltgespräche eine SNG angemietet oder es wird, bei Großereignissen, die Infrastruktur der EBU genutzt.

Die Berichterstattung für die Tagesschau geht in Frankreich, so schätzt Georg Kellermann, zu rund 80 Prozent auf Ereignisse mit vorher bekanntem Termin zurück. Nur 20 Prozent der Geschehnisse seien unerwartet. Von den Terminen erfährt das Studio Paris vor allem aus einem Dienst, den Radio France herausgibt. Die „Prévisions d'actualité" erscheinen wöchentlich und enthalten alle relevanten Vorschau-Daten. Die französische Regierung gilt als schwierige, wenig ertragreiche Quelle. „Das ist mehr Geheimniskrämerei als Information", sagt Kellermann. „Wenn ein deutscher Staatsgast nach Paris kommt, dann rufen wir in Berlin im Bundespresseamt an. Dort erfahren wir mehr über die geplanten Abläufe und Inhalte als hier in Paris".

Wichtigste Agenturquelle für das ARD-Büro ist der französische Dienst von Agence France Press, kurz AFP. Über Intranet sind außerdem alle ARD-üblichen Agenturen verfügbar. Für die Einschätzung aktueller politischer Entwicklungen seien vor allem die Kommentare von Figaro, Libération und Le Monde hilfreich.

Das ARD-Büro Paris besitzt ein eigenes Sendestudio, eigene Schnitt- und Mischtechnik sowie eine eigene Satelliten-Anbindung. Innerhalb von fünf Minuten, sagt Marion von Haaren, kann eine Verbindung zwischen der Tagesschau und Paris hergestellt werden. „Die Technik ist heute nicht mehr das Problem. Das Problem ist eher der Korrespondent, der in allerkürzester Zeit Informationen beschaffen und verifizieren muss". Im Vergleich zu früheren Jahren sind heute Beiträge des ARD-Büros Paris seltener in der Tagesschau vertreten. Haaren: „Der Fokus hat sich klar in Richtung Nahost und auch Osteuropa verschoben. Frankreich spielt politisch nicht mehr die herausragende Rolle. Viele Probleme hier sind ähnlich wie in Deutschland, auch dadurch lässt das Interesse an französischen Themen nach."

In Paris sind mit den beiden Korrespondenten insgesamt 15 festangestellte Mitarbeiter tätig. Dazu gehören unter anderem zwei Kamera- und zwei Tonleute, eine Producerin, Cutter, Studiotechniker und zwei Sekretärinnen. Auf Grund der technischen und personellen Ausstattung zählt Paris zur strukturell-funktionalen Kategorie I.

3.4.9.6   Prag

Das ARD-Studio Prag wird gemeinsam vom Hessischen Rundfunk (HR) und vom Mitteldeutschen Rundfunk (MDR) betrieben. Die Studioleitung wechselt alle drei Jahre zwischen den beiden Sendern. TV-Korrespondent war zum Zeitpunkt der Befragung Klaus-Rüdiger Metze (2006) vom HR. Der folgende Text beruht auf seinen Informationen. Das Berichtsgebiet umfasst Tschechien und die Slowakei.
Prag war das erste ARD-Auslandsstudio im damaligen Ostblock. Schon 1964 war die ARD dort als erster westlicher Fernsehsender ständig präsent. Aus diesem „historisch schwergewichtigen Grund", so vermutet Metze, wird das

Büro weiterhin aufrechterhalten, obwohl theoretisch Studio Wien das Berichtsgebiet mit abdecken könnte. Prag hat in seinen eigenen Räumen lediglich die
Möglichkeit, Beiträge zu schneiden. Überspielt werden muss vom 10 Autominu-
ten entfernten Tschechischen Fernsehen. Das Gleiche gilt für Live-Gespräche.
Eine „Schalte" sei jedoch innerhalb von 30 Minuten zu organisieren, die Kollegen des Tschechischen Fernsehens seien sehr kooperativ. In Bratislava gibt es
nur ein Büro ohne technische Ausstattung. In der Slowakei muss deshalb alles
beim Slowakischen Fernsehen produziert werden.

Als Informationsquelle dienen dem Korrespondenten die englischsprachige Ausgabe der tschechischen Nachrichtenagentur CTK sowie der täglich von eigenen
Mitarbeitern erstellte und übersetzte Pressespiegel. Direkte politische Informationen zu bekommen, ist schwierig. Weder in Prag noch in Bratislava gibt es eine
Entsprechung zur deutschen Bundespressekonferenz. Es gibt auch keinen Verein
der Auslandspresse. Die Regierungen im Berichtsgebiet seien nicht sonderlich an
einer Fernsehberichterstattung interessiert. Technische Einrichtung bei den zentralen politischen Institutionen wie dem Parlament oder dem Regierungssitz, die
Live-Gespräche und -Übertragungen oder Bildüberspielungen erleichtern, gibt es
weder in Tschechien noch in der Slowakei.
    Der einzige Kontakt zu anderen ausländischen und zu tschechischen Journa-
listen bestehe im Rahmen eines „Stammtisches", den der Presseattaché der Deutschen Botschaft einmal im Monat veranstalte. Dennoch sagt Metze, entgingen
dem Studio keine relevanten Informationen.
    In Prag sind zwei festangestellte Mitarbeiter tätig: Der Korrespondent und
eine Producerin. Eine freie Mitarbeiterin – eine Deutsche, die perfekt Tsche-
chisch spricht – arbeitet ebenfalls für das Studio und fertigt in der Hauptsache
den täglichen Pressespiegel. Eine weitere freie Producerin ist im Büro in Bratis-

lava tätig. Bildmaterial wird zum allergrößten Teil – Metze spricht von „98 Prozent" – selbst gedreht. Dem Studio steht dafür ein einheimisches Kamerateam zur Verfügung, das über einen Pauschalvertrag gebunden ist und jederzeit einsatzbereit sein muss. In Ausnahmefällen wird auch Material des Tschechischen und Slowakischen Fernsehens verwendet – „nach vorheriger kollegialer Absprache".

Er klagt allerdings über die geringe Berücksichtigung seines Gebietes in den Fernsehnachrichten. Selbst große Regierungskrisen fänden keine Berücksichtigung. Ein Problem für das Studio Prag seien auch die unterschiedlichen Planungsvorläufe. Metze nennt ein Beispiel. Prag bot ein „buntes" Schluss-Stück über ein großes Open-Air-Spektakel an. Die Tschechen inszenierten mit mehreren tausend Laiendarstellern in historischen Kostümen den Sieg Napoleons in Austerlitz im Dezember 1805. Das Studio wollte, um einen Beitrag technisch vorbereiten zu können, drei Wochen vorher wissen, ob die Tagesschau-Redaktion interessiert sei. Es gab keine Zusage, weil sich die Planungsredaktion außer Stande sah, so zeitig einen Beitrag fest „einzukaufen", wie es im Tagesschau-Jargon heißt. Am Tag der Open-Air-Aufführung ergab sich kurzfristig doch noch ein Sendeplatz, aber Prag war jetzt nicht mehr lieferfähig, weil das Studio aus Kostengründen nicht einfach auf Verdacht gedreht hatte. Ein Verhältnis von vorhersehbaren zu unerwarteten Ereignissen in der Berichterstattung will Metze wegen der geringen Berücksichtigung seines Berichtsgebietes in der Tagesschau nicht nennen. Der Standort Prag/Bratislava fällt in die strukturell-funktionale Organisationskategorie III.

3.4.9.7 Rom

Das ARD-Studio Rom gehört zum Zuständigkeitsbereich des Bayerischen Rundfunks (BR) und verfügt über zwei Korrespondentenstellen. Bis zum 31. Dezember 2005 leitete Michael Mandlik das Studio. Er ist inzwischen Sonderkorrespondent der ARD im Vatikan. Die nachfolgenden Informationen beruhen auf einem Gespräch mit Mandlik (2006).

Der Sonderkorrespondent Vatikan ist weitgehend selbständig und arbeitet auch räumlich getrennt vom ARD-Studio Rom. Dennoch sollen beide Büros gemeinsam vorgestellt werden. Das Berichtsgebiet, das von Rom aus betreut wird, umfasst demnach Italien, Griechenland, Malta und den Vatikanstaat. Beginnen wir mit dem Sonderkorrespondenten im Vatikan.

„Alle großen Fernsehstationen dieser Welt haben einen eigenen Vatikankorrespondenten. Während der Amtszeit von Johannes Paul dem Zweiten war das polnische Fernsehen sogar in Kompaniestärke vertreten. Als jetzt mit Benedikt dem Sechzehnten ein Deutscher Papst wurde, hat sich die ARD entschlossen, den Vatikan zu einem Schwerpunkt zu machen mit einem eigenen Mann vor Ort." Mandlik verfügt in der Via della Conciliazione über ein eigenes Büro und eigene Schneidetechnik. Im selben Gebäude sitzt auch die EBU in Rom. „Dadurch haben wir die gesamte Überspieltechnik im Haus und jederzeit die Möglichkeit, ein Live-Schaltgespräch zu führen. Oben auf dem Dach hat die EBU vier Live-Plätze eingerichtet mit dem Petersdom im Hintergrund". Zum Vatikanischen Fernsehen CTV (Centro Televisivo Vaticano), das als Lieferant von Bildmaterial genutzt wird, sind es hundert Meter zu Fuß, zum vatikanischen Pressesaal nur dreißig Meter. „Wir liegen also topzentral", sagt Mandlik. Informationen und Termine erfährt er zum einen über die Pressestelle des Vatikans, zum anderen – und das sind die Hauptquellen – über persönliche Kontakte und

Hintergrundgespräche. Bisher war die Berichterstattung aus dem Vatikan weitestgehend terminbasiert.

Die Berichterstattung des ARD-Studios Rom, so schätzt Mandlik, bezieht sich dagegen zu fast 70 Prozent auf unerwartete Ereignisse. „Erdbeben, Unwetter, Mafiamorde, Zugunglücke, überraschende politische Entwicklungen, Schmiergeldaffären oder auch plötzliche Neuwahlen bestimmten zu meiner Zeit die journalistische Arbeit". Nur 30 Prozent seien Berichte, die auf absehbare Termine zurückgingen. Die thematische Initiative gehe dabei meistens von Rom aus. „Vor allem bei unvorhergesehenen politischen Entwicklungen wurden wir aktiv. Die Zusammenhänge und Strukturen der italienischen Politik sind extrem kompliziert. Ein Außenstehender kann die Bedeutung eines Themas meistens nur schwer einschätzen".

Die Haupt-Nachrichtenquelle für das ARD-Studio Rom ist nach Mandliks Aussage die italienische Nachrichtenagentur ANSA. „Deren Meldungen sind auf unseren Agenturbildschirmen. Von ihr bekommen wir die wichtigen ‚ultim'ora' wie die Eilmeldungen auf Italienisch heißen". Über Internet hat Rom außerdem Zugang zu allen bei der ARD abonnierten Agenturen. Informationen über politische Zusammenhänge und Hintergründe liefern die großen italienischen Zeitungen, vor allem der „Corriere della Sera" und „La Repubblica". „Deren Journalisten und Kommentatoren sind exzellente Beobachter. Den einen oder anderen haben wir sogar für Beiträge als Fachmann interviewt".

Bildmaterial erhält der Rom-Korrespondent, wenn nicht selbst gedreht werden kann, über die Eurovision, aber auch direkt von der RAI, dem staatlichen italienischen Fernsehen. „Die RAI ist für uns ganz wichtig, aber sie gibt ihre Bilder in der Regel erst in die Eurovision, wenn sie zuvor in den eigenen Nachrichtensendungen gelaufen sind. Bei wichtigen Ereignissen zeichnen wir deshalb Bildmaterial von RAI-Nachrichten mit Logo auf". Die ARD hat mit der RAI einen Vertrag geschlossen, der die kostenfreie Übernahme von Aufnahmen aus den Mittagssendungen gestattet. Von 13 Uhr bis 13 Uhr 30 läuft „Telegiornale II" im zweiten RAI-Fernsehprogramm, von 13 Uhr 30 bis 14 Uhr wird „Telegiornale I" ausgestrahlt im ersten Programm. Und von 14 Uhr 20 bis 14 Uhr 50 sendet die RAI im dritten Kanal „Telegiornale III". Das ARD-Studio zeichnet alle Sendungen auf. „Wenn es besonders eilig ist, übernehmen wir die Bilder mit dem eingeblendeten RAI-Logo. Ansonsten bestellen wir bei den italienischen Kollegen das gewünschte Material als „clean feed" ohne irgendwelche Einblendungen. Die Aufnahmen werden uns dann per Richtfunkverbindung innerhalb kurzer Zeit überspielt".

Diese Richtfunkverbindung zur RAI in Rom war lange Zeit der bevorzugte technische Weg, um Beiträge abzusetzen oder Schaltgespräche zu führen. Das Signal ging via Richtfunk zur RAI und von dort auf den Satelliten und umgekehrt. Inzwischen verfügt Rom über eine eigene, direkte Satellitenverbindung. „In der Nacht, wenn die RAI personell nur schwach besetzt ist, hat der direkte Zugang große Vorteile". Das ARD-Büro in Rom verfügt über eine komplette eigene Technik und ein eigenes Sendestudio. „Wenn es nötig ist, sind wir innerhalb von fünf Minuten livefähig", sagt Mandlik. Das Gleiche gelte auch für die Berichterstattung des Vatikan-Sonderkorrespondenten. „Durch die EBU-Technik im selben Haus kann ich in kürzester Zeit live geschaltet werden. Ich muss nur hoch laufen aufs Dach zu einem der Live-Plätze". Auch Live-Berichte außerhalb der Studioräume sind jederzeit möglich – die ARD in Rom verfügt über eine eigene mobile SNG.

Das Büro in Rom ist auch für die Berichterstattung aus Griechenland und Malta zuständig. In Malta steht die ARD in Kontakt mit einem freien Stringer, der allerdings eher selten zum Einsatz kommt. „Malta ist ein hochinteressantes Land, aber das nachrichtliche Interesse ist gleich Null". Auch Griechenland stehe nicht gerade im Fokus der aktuellen Berichterstattung. „Wir bieten zwar immer wieder Griechenland-Themen in Hamburg an, aber das Interesse ist vergleichsweise gering." Aus Griechenland werde vorwiegend über unvorhergesehene Ereignisse wie Unwetter oder Unglücke berichtet. „Griechische Politik interessiert dagegen kaum, zumal sie noch komplizierter ist als in Italien". Wenn aus Griechenland berichtet werden soll und genügend Zeit vorhanden ist, fliegt der Korrespondent nach Athen, wo ein weiteres Büro unterhalten wird. Dort arbeitet eine Producerin, „die im Fall der Fälle auch live geschaltet werden und die von Athen aus auch eigenständig Beiträge fertigen kann". Gedreht wird in Griechenland vorwiegend mit Hilfe freier Kamerateams.

Die ARD verfügt in Griechenland über keine eigene Abspiel- oder Satellitentechnik. Entweder wird die Infrastruktur von Reuters TV in Athen genutzt oder die Technik des privaten TV-Senders „Omega". Erster Ansprechpartner ist allerdings das halbstaatliche griechische Fernsehen ERT.

Die personelle Ausstattung der ARD in Rom sieht so aus: Es gibt insgesamt drei Korrespondenten – den Studioleiter Rom und einen zusätzlichen Berichterstatter sowie den Sonderkorrespondenten im Vatikan. Daneben werden ein festangestellter Kameramann und zwei freie Mediengestalter beschäftigt, „die sowohl Ton als auch Schnitt und Mischung machen können und die auch die Studio- und SNG-Technik beherrschen". Außerdem sind in Rom noch ein Produktionsleiter, zwei Producerinnen und eine Sekretärin tätig. Weiteres Personal wird, falls erforderlich, kurzfristig frei engagiert. Das ARD-Studio Rom ist auf Grund seiner personellen und technischen Ausstattung ein Studio der Kategorie I. Da der Sonderkorrespondent im Vatikan die dortige EBU-Infrastruktur nutzt, gilt für ihn Kategorie II.

3.4.9.8 Stockholm

**Das ARD-Studio Stockholm gehört zum Norddeutschen Rundfunk (NDR).
Die Informationen beruhen auf einem Gespräch mit Tilmann Bünz (2006),
der zum Befragungszeitpunkt Korrespondent in Stockholm war.**

Das Berichtsgebiet ist mit „acht Ländern im Norden eine der größten Regionen,
die ein ARD-Korrespondent zu betreuen hat" (ARD 2006). Das Gebiet umfasst
die Länder Schweden, Norwegen, Dänemark, Finnland, Estland, Lettland, Litau-
en und Island. Auch Grönland gehört dazu, wurde aber auf der Karte aus Platzgründen nicht berücksichtigt. Grönland, die größte Insel der Welt, ist ein auto-
nomer Teil Dänemarks. Deshalb ist korrekterweise nur von acht und nicht von
neun Ländern die Rede. In Stockholm steht dem Korrespondenten ein eigenes
Studio zur Verfügung. „Wenn die Leitung vom Hamburg bestellt wurde, sind wir
innerhalb von Minuten livefähig". Die Live-Verbindungen, über Kabel oder
Satellit „laufen dabei alle über das Schwedische Fernsehen. Mit dem sind wir
über eine Leitung verbunden". Wenn Bünz aus einem anderen Land als Schweden berichtet, ist er mit einem transportablen Schnittkoffer unterwegs. „Ich kann
damit überall Beiträge fertig stellen. Ich brauche dann nur eine SNG oder ein
kleines Studio, um mich einzuklicken und überspielen zu können. Für Schaltgespräche mieten wir private Studios an oder arbeiten mit den örtlichen Fernsehstationen zusammen".

Stockholm verfügt über fünfeinhalb Planstellen. Korrespondent, Kamera-mann, Tontechniker, Cutter und anderthalb Planstellen für Verwaltungsmitarbei-ter. In jedem weiteren Land des Berichterstattungsgebietes – mit Ausnahme von Grönland – steht dem Büro Stockholm jeweils ein freier Mitarbeiter zur Verfü-gung. Diese „Stringer" sind allerdings nicht hauptberuflich, sondern nur bei Bedarf für die ARD tätig. Sie sind auch in der Lage, selbst zu drehen. Bünz: „Wir kaufen sehr wenig Material bei Nachrichten-Filmagenturen an. Wir drehen, wann immer es geht, selbst. Oder lassen bewährte Teams in unserem Auftrag drehen. Wir legen hier im Norden großen Wert auf technisch sehr gute Qualität". Berichte für die Tagesschau beruhen zu über 90 Prozent, so schätzt Bünz, auf planbarer, terminbasierter Aktualität. Die Informationen über diese Termine bekommt er vor allem über die Nachrichtenagenturen. – Das Studio zählt auf Grund seiner technischen und personellen Ausstattung zur Kategorie II.

3.4.9.9   Straßburg

Das ARD-Büro Straßburg wird vom SWR betreut. Der zuständige Korres-pondent war zum Befragungszeitpunkt Joachim Görgen (2006), dessen In-formationen der folgenden Beschreibung zu Grunde liegen.

Das Studio ist vor allem zuständig für die Berichterstattung über das EU-Parlament, wenn „die Plenarsitzungen an zwölf Wochen im Jahr in Straßburg" stattfinden (FAZ 2006b, 21). Mindestens einmal im Monat „packen die 732 Europaabgeordneten ihre Sachen und tagen in Straßburg, dem Hauptsitz des Europaparlaments neben Brüssel. (...) Etliche politische Entscheidungen werden in den Ausschusssitzungen des Parlaments in Brüssel vorbereitet, über die dann während der Sitzungswochen des Parlaments in Straßburg beraten und abgestimmt wird" (ARD 2006). Außerdem berichtet das ARD-Studio über den Europäischen Gerichtshof für Menschenrechte und über Aktivitäten des Europarats. „Dieses Themenspektrum bringt es mit sich, dass unsere Themen in aller Regel terminlich vorhersehbar sind". Görgen spricht von „bestimmt 80 Prozent".

Die meisten Termine seien im Internet frühzeitig, meist zwei Wochen im Voraus, abrufbar. Das gelte sowohl für die Parlaments- als auch für die Gerichts- und Europarats-Termine. Die Sitzungsperioden des Parlaments seien sogar ein Jahr im Voraus bekannt. „Das EU-Parlament legt jeweils im Juni fest, wann es im folgenden Jahr in Straßburg tagt". Weitere Termininformationen bekommt Görgen über Pressemitteilungen vor allem der Parlaments-Fraktionen und über die Presseagenturen. In Straßburg nutzt er über Internet alle Agenturen, die von der ARD abonniert wurden.

Straßburg verfügt in der Stadt über eine eigene Schneide- und Mischtechnik, besitzt aber kein eigenes Sendestudio. „Während der Parlaments-Sitzungen können wir den audio-visuellen Dienst des EU-Parlamentes in Anspruch nehmen. Dort gibt es dann auch die Möglichkeit, Technik für Live-Schaltgespräche anzumieten". Im Parlamentsgebäude unterhält die ARD ein weiteres eigenes Büro und eine weitere Schneide- und Mischtechnik. „Wir haben sozusagen eine Doppelstruktur in Straßburg". Außerhalb des Parlaments sei eine Live-Berichterstattung nicht ohne weiteres möglich. „Ich könnte theoretisch in Straßburg ein Studio von Arte oder von France 3 nutzen, aber beide Studios sind nur abends personell besetzt. Im Zweifel fahre ich deshalb nach Baden-Baden und schalte von dort. Das geht schneller". Für ein Live-Gespräch sei „ein Vorlauf von mindestens einer Stunde nötig". Bei frühzeitig vorhersehbaren Ereignissen werde, wenn Live-Berichterstattung erwünscht sei, eine SNG aus Deutschland oder Frankreich angemietet. Bei unerwarteten Ereignissen in Straßburg oder der Umgebung sei zunächst das ARD-Studio Paris zuständig. „Wenn die genügend Bildmaterial haben, kommt die Berichterstattung von dort. Wenn es allerdings keine Bilder gibt, dann fahre ich los und versuche welche zu drehen".

Straßburg besitzt kein eigenes technisches Personal. „Wir sind in Straßburg nur zu dritt. Eine Redaktionsassistentin, der Hörfunkkollege und ich". Das ARD-Büro Straßburg ist ein Studio der Kategorie III.

3.4.9.10   Warschau

Das ARD-Studio Warschau gehört zum Rundfunk Berlin Brandenburg (RBB). Studioleiter war zum Befragungszeitpunkt Robin Lautenbach (2006), von dem die nachstehenden Informationen stammen.

Das ARD-Büro Warschau ist zuständig für die Berichterstattung aus Polen. Es wurde 1961 eingerichtet. „Die Korrespondenten dort durften die aufregendsten Momente der polnischen Geschichte miterleben: die ersten Schritte auf dem Weg zur Aussöhnung mit Deutschland, den Beginn der Gewerkschaft ‚Solidarnosc‘ auf der Danziger Werft und schließlich den Triumph der Freiheitsbewegung" (ARD 2006). Die Berichterstattung gestaltet sich allerdings, so Lautenbach, in Polen zurzeit schwierig. „Ein großes Problem sind hierzulande die offiziellen Termine. Es gibt in Polen keine ausgefeilten Terminvorschauen wie in Deutschland. Die polnische Nachrichtenagentur PAP teilt vor allem historische Gedenktage mit, aber kaum aktuelle Termine".

Lautenbach hat deshalb mit Ministerien und Behörden direkt Kontakt aufgenommen. „Das funktioniert inzwischen ganz gut, aber die Termine werden meist sehr kurzfristig mitgeteilt, oft erst eine halbe Stunde bevor es soweit ist. Selbst renommierte Veranstalter geben ihre Termine erst zwei bis drei Tage vorher bekannt – für das Wochenangebot an ARD-aktuell ist das meistens zu spät". Lediglich die Sitzungstermine des Parlaments seien frühzeitig verfügbar, aber die „Tagesordnung steht oft bis zuletzt nicht fest". Die Berichterstattung für die Tagesschau beruht, so schätzt Lautenbach, zu 50 Prozent auf Terminen und zu 50 Prozent auf unerwarteten Ereignissen wie dem Halleneinsturz in Kattowitz am 28. Januar 2006. Bei den Terminen stünden Gedenktage im Vordergrund wie „zum Beispiel der Jahrestag der Befreiung von Auschwitz".

Als Informationsquellen für die aktuelle Berichterstattung dienen sowohl die PAP als auch alle von der Tagesschau abonnierten Agenturen, die in Warschau über Internet verfügbar sind. Aktuelle politische Ereignisse aus Polen finden in der Tagesschau allerdings, so Lautenbach „nur relativ selten statt. Die wichtigen polnischen Politiker kennt in Deutschland keiner, die Namen sind unaussprechlich, die politischen Verhältnisse kompliziert. Das hat sich erst etwas geändert mit den Zwillingen Kaczynski. Die sind inzwischen bekannt und schon steigt die Aufmerksamkeit".

Bildmaterial bekommt Warschau, wenn nicht selbst gedreht werden kann, hauptsächlich über drei Kanäle. Einer davon ist die Eurovision, die vom öffentlich-rechtlichen polnischen Fernsehen TVP versorgt wird. Ein zweiter Kanal, der allerdings nur bei spektakulären Ereignisse überhaupt Material liefert, ist die Nachrichtenfilmagentur Reuters TV. Der dritte und wichtigste Kanal ist der private polnische Nachrichtensender TVN 24. „Wir haben hier gute Kontakte aufgebaut. Die Kollegen drehen auch schon mal für uns mit. Und wir kaufen von dort auch vorhandenes Material an".

Der private Nachrichtenkanal TVN 24 sei auch eine wichtige Anlaufstelle, wenn eine SNG gebraucht werde. „Wir haben hier in Polen keine privaten Produktionsfirmen, die über eine SNG verfügen. Hier gibt es nur die Möglichkeit entweder TVP um Hilfe zu bitten, was meist nicht funktioniert, denn die sind sehr bürokratisch und unflexibel, oder eben TVN 24". Inzwischen hat Lautenbach mit seinem Mutterhaus in Berlin vereinbart, dass von dort, wenn nötig, eine SNG nach Polen geschickt wird. „Der Hallensturz in Kattowitz hat gezeigt, wie nötig diese Unterstützung ist. Das Unglück passierte am späten Samstagnachmittag. Ich rief als erstes bei TVP an und bat um eine SNG. Dort hieß es, wir kriegen keine Besatzung zusammen, die sind alle im Wochenende. TVN 24 wiederum hatte seine SNG bei einer Skisportübertragung und war zunächst nicht bereit, sie abzuziehen und nach Kattowitz zu schicken. Das Fahrzeug aus Deutschland war am Ende, trotz langer Anfahrt, am schnellsten vor Ort".

Das ARD-Büro Warschau ist gut ausgestattet. Warschau verfügt neben eigener Schneide- und Mischtechnik über ein eigenes Studio mit eigener Satellitenverbindung. „Während der Bürozeiten sind wir innerhalb von zehn Minuten livefähig. Am Wochenende oder nachts innerhalb einer Stunde". In Warschau arbeiten neben dem Korrespondenten ein Kameramann, zwei Tontechniker, ein Studiotechniker, der auch als Cutter eingesetzt werden kann, eine Cutterin und zwei Producer sowie zwei Sekretärinnen und ein Buchhalter. Auf Grund seiner technischen und personellen Ausstattung zählt Warschau zu einem Studio der strukturell-funktionalen Kategorie II.

3.4.9.11   Wien

Das ARD-Auslandsstudio Wien gehört zum Bayerischen Rundfunk (BR). Wien beschäftigt zwei Korrespondenten. Die folgenden Informationen beruhen auf Gesprächen mit dem früheren, langjährigen Studioleiter Peter Miroschnikoff (2006) und der zum Befragungszeitpunkt amtierenden Studioleiterin Brigitte Abold (2007).

Das Berichtsgebiet umfasst zwölf Länder: Österreich, Ungarn, Rumänien, Bulgarien, Mazedonien, Albanien, Kosovo, Serbien, Montenegro, Bosnien-Herzegowina, Kroatien, Slowenien. Die Aufteilung Restjugoslawiens in Serbien, das Kosovo und Montenegro ist in der Karte noch nicht berücksichtigt.

Von Ende April 1992 bis November 1995 „dauerte der blutige Bürgerkrieg auf dem Balkan. Immer wieder mussten Korrespondenten der ARD über Massaker, das Elend der Flüchtlinge und erfolglose Friedensmissionen berichten, bevor das auseinander gebrochene Jugoslawien seine neue staatliche Form fand" (ARD 2006). Inzwischen ist es auf dem Balkan zwar ruhiger geworden. „Aber niemand weiß", so Abold, „wann ein Konflikt eskaliert. Nationalisten und ehemalige Kommunisten stehen sich meist unversöhnlich gegenüber. Vielen erscheint die Region immer noch als Pulverfass". Allerdings haben sich auch neue Schwerpunkte für die Berichterstattung ergeben. Abold: „Unser Berichtgebiet ist Teil des ‚neuen Europa' und insofern von besonderem Interesse".

Als zentrale Informationsquelle nennt Miroschnikoff persönliche Kontakte. „In jedem Land unseres Berichtsgebietes haben wir freie Mitarbeiter, die für uns die örtlichen Zeitungen und Fernsehnachrichten auswerten. Die Agenturen sind für uns nur ‚Co-Lektüre'". Diese Mitarbeiter des ARD-Büros unterbreiten ein Mal in der Woche Themenvorschläge, liefern Hintergrundinformationen und machen auf interessante Termine aufmerksam. Insgesamt spielen auch für die aktuelle Berichterstattung des Studios Wien planbare, vorhersehbare Themen eine erhebliche Rolle. Miroschnikoff schätzt den Anteil der vorhersehbaren Ereignisse bei der Berichterstattung auf 80 Prozent, den der unerwartet auftretenden Ereignisse auf 20 Prozent.

Das Material der Nachrichtenfilm-Agenturen Reuters TV und APTN bezeichnet Miroschnikoff als „sehr wichtig". Man sei mit den Agenturkollegen zum Teil freundschaftlich verbunden und teile sich immer wieder die Arbeit. „Mal sind die bei einem Termin und drehen für uns mit. Mal können die sich bei uns bedienen". Durch einen Vertrag mit dem Österreichischen Rundfunk (ORF) stehen auch dessen Nachrichtenbilder dem ARD-Studio Wien zur Verfügung. Auch technisch ist das ARD-Büro mit dem ORF verbunden. Wir geben unsere Berichte über Leitung an den ORF, der setzt sie dann auf den Satelliten". Live-Gespräche aus dem Studio werden über denselben Weg abgewickelt. Wien sei, so Miroschnikoff, innerhalb von 15 Minuten livefähig. Das Büro verfüge über ein eigenes Studio sowie über Schnitt- und Mischeinrichtungen. Live-Berichterstattung sei im gesamten Berichtsgebiet relativ unproblematisch. SNG's könnten überall angemietet werden, die Zusammenarbeit mit den örtlichen Fernsehstationen sei gut. „Schwierig wird's nur, wenn alle Sender gleichzeitig berichten wollen, wie beim Hochwasser in Rumänien. Dann werden die Kapazitäten knapp" (Miroschnikoff 2006).

Im ARD-Studio Wien arbeiten neben den beiden Korrespondenten eine Programmassistentin, eine Buchhalterin und eine freie Archivkraft. Für Wien sind außerdem „acht Stringer in elf Ländern tätig, die aber darüber hinaus für heimische TV-Sender arbeiten" (Abold 2007). Sämtliche Stringer, aber auch alle Kameraleu-

te, Tontechniker und Cutter im Studio Wien sind freie Mitarbeiter. Auf Grund
seiner technischen und personellen Ausstattung zählt Wien zur Kategorie II.

3.4.10   Resümee Ausland

Die ARD unterhält mit ihren 27 Auslandsbüros, verteilt rund um den Globus,
„das größte Korrespondentennetz im deutschen Fernsehen" (Gniffke 2006).
Doch das Netzwerk kommt in der Tagesschau seltener zum Einsatz als früher.
1961 lag der Anteil der Auslandsberichterstattung noch bei 40 bis 50 Prozent
(vgl. Ludes 1994, 21). „Inzwischen machen wir deutlich weniger Ausland. Es
gibt Sendungen, in denen läuft nur ein einziges ‚ausländisches' Stück", sagt der
Tagesschau-CvD und Abwesenheitsvertreter Ekkehard Launer (2006). Durch die
zunehmende Konkurrenz habe sich der Themenschwerpunkt verlagert „in Richtung Buntes, Service, Gesundheit". Kai Gniffke (2006), der Erste Chefredakteur
von ARD-aktuell, sagt: „Die Berichterstattung über Europa ist eindeutig stärker
geworden und die Berichterstattung aus Berlin. Es ist zwar kurios, aber im Zuge
der Globalisierung hat sich die Sicht verengt. Die Welt ist so kompliziert geworden, dass wir alle versuchen, zunächst mal zu verstehen was bei uns passiert".
Die Auswertung der Tagesschau-Nachmittagsausgaben vom 18. bis 22. September 2006 ergab einen durchschnittlichen Auslands-Anteil von rund 25 Prozent
(25,2 %). In der untersuchten Woche wurde jedoch an einem Tag, dem 20. September, über einen Militärputsch in Thailand und über Unruhen in Budapest
berichtet, wodurch der Auslandsanteil an diesem Tag bei über 45 Prozent (46,4
%) lag. Nimmt man diesen Tag aus der Berechnung heraus, fällt der durchschnittliche Auslandsanteil auf nur noch 20 Prozent. Dieses statistische Schlag-
licht deckt sich mit den oben zitierten Aussagen. Der Anteil der Auslandsberichterstattung hat sich demnach halbiert.

Diese zunehmende Ethnozentrierung der Nachrichten bewirkt, dass nur
noch Politiker von Elitestaaten des gleichen Kulturkreises dem deutschen Publikum überhaupt geläufig sind. Politiker aus Frankreich, Großbritannien oder den
USA. Schon Osteuropa werde, so klagen die Korrespondenten dort, kaum mehr
beachtet, von Südamerika, Afrika oder Asien ganz zu schweigen. Die ARD-
Residenten in diesen Regionen kommen mit aktuellen Berichten nach eigener
Aussage fast nur noch zum Einsatz, wenn der Nachrichtenfaktor „Negativität"
eine Rolle spielt: Naturkatastrophen, Kriege, Aufruhr, Flugzeugabstürze. Damit
wäre zumindest für die Tagesschau die von Junghanns/Hanitzsch (2006, 426)
aufgeworfene Forschungsfrage beantwortet, „inwieweit die Dominanz von Kon-
flikten, Katastrophen und Sensationen tatsächlich auf das Wirken von Auslands-

korrespondenten als Individuen zurückgeht oder ob (…) es sich nicht eher um ein strukturelles Problem des Journalismus handelt".

Da Berichte über Katastrophen und Unglücke in kürzester Zeit gefertigt werden müssen, wird aus organisatorischen Gründen immer häufiger Agenturmaterial für die Bebilderung verwendet. Selbst drehen ist wegen der großen Entfernung zwischen Ereignisort und Studio meist nicht möglich. Ariane Reimers (2006), freie Korrespondentin im Studio Singapur, sagt, Agenturmaterial sei „inzwischen immer das Anfangsmaterial. Das ist das Allererste". Der frühere Südostasien-Korrespondent Winfried Scharlau (1989, 60) wies in einem Vortrag vor dem NDR-Rundfunkrat auf mögliche Probleme hin, die der Einsatz von Agenturmaterial mit sich bringen könne. Er selbst habe im Februar 1986 über Wahlen auf den Philippinen berichtet, die „ganz ungewöhnlich friedlich und ruhig" verlaufen seien. Nur in ganz wenigen, nämlich in fünf oder sechs von über 90 000 Wahllokalen sei es zu Zwischenfällen gekommen. Bei einem dieser Zwischenfälle seien durch Zufall amerikanische Kamerateams dabei gewesen. Möglicherweise habe sogar die Anwesenheit der Teams, „die auf ‚action' warteten", die „Keilerei" provoziert. Jedenfalls habe „die amerikanische ‚action story' weltweit die Bilder von den Wahlen auf den Philippinen beherrscht" (ebd.). Er könne noch viele Beispiele aufzählen, so Scharlau, wo „das optische Fascinosum, der Schauwert Vorrang vor dem Informationswert" (ebd.) gehabt habe. Mit Fremdmaterial liefere man sich der journalistischen Sicht anderer aus. Eine Einschätzung, die auch Armin-Paul Hampel (2006), der Korrespondent in Neu Delhi teilt.

Doch der Aktualitätsdruck, vor allem bei unerwarteten Ereignissen, lässt vielfach keine andere Wahl. Die meisten Korrespondenten arbeiten deshalb mit Bildern, die ihnen die Agenturen liefern. Das Organisatorische determiniert auch in diesem Fall den Content. Bei ARD-aktuell sieht man in der Verwendung von Agenturmaterial keine Probleme. „Die großen Zwei – Reuters TV und APTN – haben einen Namen und einen Ruf zu verlieren. Wir müssen uns einfach darauf verlassen können, dass die gelieferten Bilder auf einwandfreie Weise zu Stande gekommen sind", sagt Chefredakteur Kai Gniffke (2006). Und deshalb werden die Aufnahmen, so die Beobachtungen für diese Arbeit, von der Tagesschau-Redaktion oft auch selbst als Bildquelle genutzt, um möglichst schnell über ein Ereignis in Form einer NiF oder Fließmaz berichten zu können. Die Arbeit der Nachrichtenfilm-Agenturen wäre im Übrigen ein lohnender Gegenstand der Forschung.

3.4.11   Die Inlands-Berichterstattung

Die Auslandsstudios sind zusammen mit der EBU und den Filmagenturen die äußeren Kontenpunkte jenes organisationalen Netzwerks, das die Produktion der

Tagesschau ermöglicht. Die Knotenpunkte auf der zweiten, der nachgelagerten, Peripherieebene sind die Korrespondenten im Inland. Die neun Landrundfunkanstalten berichten für die Tagesschau über die Ereignisse in ihrem Sendegebiet. Jede Landesrundfunkanstalt hat dafür Zulieferredaktionen eingerichtet, die im Folgenden ebenfalls einzeln vorgestellt werden sollen. Am Anfang steht die größte Zulieferredaktion der Tagesschau, das Hauptstadtstudio Berlin.

3.4.11.1   Hauptstadtstudio Berlin

Die Beobachtungen für diese Arbeit zeigten, dass normalerweise kein Tag vergeht, an dem das Hauptstadtstudio nicht mindestens mit einem Beitrag in der Tagesschau vertreten ist. In den Nachmittags-Ausgaben der Tagesschau vom 18.-22. September 2006, die für diese Arbeit inhaltlich analysiert wurden, lag der Programmanteil des Hauptstadtstudios bei fast 30 Prozent (28,6 %). Das Hauptstadtstudio ist wie ARD-aktuell eine Gemeinschaftseinrichtung. Die nachfolgenden Informationen beruhen unter anderem auf Gesprächen mit Thomas Roth (2006), dem Chefredakteur und Leiter des Hauptstadtstudios und dem Hauptstadtkorrespondenten Thomas Kreutzmann (2006).

Laut „Verwaltungsvereinbarung ARD-Hauptstadtstudio Berlin" (NDR 2005d) berichtet das „Fernsehgemeinschaftsstudio" für das Erste Programm über die Regierungsaktivitäten und die Gesetzgebung des Bundes. „Dazu gehören Berichte über die Bundesregierung, den Bundestag, den Bundesrat, über alle im Bundestag vertretenen Parteien inklusive Bundesparteitage, über internationale Ereignisse und Konferenzen mit deutscher Beteiligung, wie z.B. der NATO, der EU, der G-7-Länder und die Begleitung von Bundespräsident, Bundeskanzler und Ministern bei Staatsbesuchen und Auslandsreisen" (ebd., § 1, Abs. 3).

Für diese Aufgaben sind im Hauptstadtstudio 22 TV-Journalisten tätig, darin eingeschlossen der Chefredakteur und sein Stellvertreter. Die beiden Chefredakteure werden von den Intendanten für jeweils drei Jahre berufen. Danach ist eine Verlängerung von höchstens zweimal zwei Jahren möglich (vgl. ebd., § 3, Abs. 6). Die Befristung gilt in gleicher Weise auch für alle anderen Redakteure des Hauptstadtstudios. Mit ihrer Benennung sind die Intendanten nicht befasst. Sie werden von den Landrundfunkanstalten in eigener Regie nach Berlin entsandt, allerdings im Benehmen mit dem Leiter des HSB (vgl. ebd., Abs. 7). „‚Im Benehmen' heißt", so Thomas Roth „ich habe ein Vetorecht. Ich könnte einen Redakteur ablehnen, wenn ich Zweifel an seiner Eignung hätte. Aber das ist bisher noch nie vorgekommen".

Die zur Verfügung stehenden Redakteursplätze werden auf alle ARD-Mitgliedsanstalten aufgeteilt. Jede Anstalt entsendet grundsätzlich einen Redakteur, die verbleibenden Plätze werden „entsprechend dem Fernsehvertragsschlüssel nach dem Verfahren d'Hondt zugewiesen" (NDR 2005d, § 3, Abs. 7). Das bedeutet in der Praxis: Große Anstalten wie der WDR und der NDR stellen je drei Redakteure in Berlin; mittlere wie der BR oder der SWR stellen zwei; kleine Anstalten wie Radio Bremen nur einen. Die nach Berlin entsandten Redakteure bekommen für diese Zeit keinen eigenen ARD-Vertrag, sondern bleiben arbeitsrechtlich Mitarbeiter ihres Mutterhauses und werden von dort auch weiterhin bezahlt (vgl. ebd.).

Die 22 Redakteure im Hauptstadtstudio kümmern sich jeweils um bestimmte, so genannte „Beobachtungsfelder". Diese Beobachtungsfelder reichen von Finanzen über Inneres und Justiz bis hin zu Naturschutz und Reaktorsicherheit, Geheimdienste und Verbraucherschutz. Hinzu kommen als Beobachtungsfelder, gemäß dem oben zitierten Auftrag, die im Bundestag vertretenen Parteien und die politischen Institutionen wie Bundestag und Bundesrat, aber auch das Kanzleramt und der Bundespräsident. Die konkrete Verteilung ist in einer internen Liste aufgeführt. Thomas Kreutzmann zum Beispiel ist ausweislich dieser Liste – Stand 04. Juli 2006 – zuständig für „SPD, PDS, WASG, Arbeit/Soziales, Arbeitgeber- u. Industrieverbände/Gewerkschaften, Finanzen, Verkehr/Bau/Aufbau-Ost, Wirtschaft/Technologie". Thomas Roth kümmert sich um den Bundespräsidenten, den Bundestags- und den Bundesratspräsidenten sowie um das Kanzleramt. Alle Beobachtungsfelder sind mehrfach verteilt. Im HSB gibt es zum Beispiel acht „Finanzer", wie Roth sie nennt. Die Verteilung wird so vorgenommen, dass „jeder Beobachtungsfelder hat, die auch programmrelevant sind. Das ist ein sorgfältig austariertes Äquilibrium" (Roth).

Wer bei der Berichterstattung jeweils zum Zuge kommt, wird kollegial im Kreis derer geklärt, die für dasselbe Beobachtungsfeld zuständig sind. „Wer das letzte Mal die ‚Zwanzig Uhr' gemacht hat, der steckt beim nächsten Mal zurück. Wer das letzte Mal im Schaltgespräch war, setzt beim nächsten Mal aus. Wir versuchen, eine möglichst große Verteilungsgerechtigkeit herzustellen. Das funktioniert erstaunlich gut. Streit und Konkurrenzdenken werden so im Keim erstickt" (Kreutzmann).

Besondere Bedeutung kommt im Alltagsgeschäft den CvDs zu. „Der CvD ist bei uns der Gatekeeper", sagt Thomas Roth. „Er wählt die Termine und Themen aus. Das ist eine hochverantwortliche Aufgabe". Die CvD-Tätigkeit wird im Zuge eines roulierenden Systems von allen Redakteuren im HSB wahrgenommen, nicht jedoch vom Chefredakteur und seinem Stellvertreter. Der CvD ist nicht nur Gatekeeper, es ist auch der Ansprechpartner für ARD-aktuell und nimmt die Beiträge der anderen Redakteure ab, bevor sie etwa zur Tagesschau nach Hamburg überspielt werden. Der Autor des Berichts liest bei der Abnahme dem CvD zu den laufenden Bildern seinen Text vor. Erst nach dieser Abnahme wird die Sprachaufnahme durchgeführt.

Die Abnahme hat allerdings weniger mit dem angelsächsischen Redigieren zu tun, bei dem Texte auch umgeschrieben und umgestellt werden, sondern mehr mit dem in Deutschland üblichen Gegenlesen. Typisch ist dafür auch, dass dies „von einem Redakteurskollegen ausgeführt (wird), der auf derselben Ebene der Hierarchie steht" (Esser 1998, 434). Falls erforderlich würden sprachliche Fehler oder mangelnde inhaltliche Verständlichkeit moniert und vom Autor anschlie-ßend korrigiert, die grundsätzliche Handschrift aber bleibe (vgl. Esser 1998, 432 ff.). Thomas Kreutzmann (2006) sagt: „Wenn ich als CvD einen Beitrag abnehme, weiß ich, dass ich irgendwann in den nächsten Wochen von diesem Kollegen selbst abgenommen werde. Da ich selber Beiträge mache, habe ich Ver-ständnis für seine Situation. Ich weiß, was möglich ist und was nicht". An Streit oder Emotionalitäten bei einer Abnahme kann sich Kreutzmann nicht erinnern. Während des Wahlkampfes nimmt der Chefredakteur „nicht alle, aber die meis-ten Beiträge" selbst ab. Der Chefredakteur und Leiter des HSB ist für die Inhalte aller Beiträge verantwortlich. Berichte, die der Tagesschau zugeliefert werden, können in Hamburg nur nach Rücksprache und mit Einverständnis des HSB verändert werden, es sei denn, die Aktualität gebietet anderes.

Die Hauptstadtredakteure genießen auch gegenüber ARD-aktuell erhebliche Freiheiten. Während sich die Reporter anderer inländischer Zulieferredaktionen mit den Bearbeitern in Hamburg auch inhaltlich im Vorhinein abstimmen, setzen die Berliner Autoren, so Roth „ihre Schwerpunkte in aller Regel selbst. Das sind gestandene Korrespondenten mit Fachwissen. Das bringt eine inhaltliche Autori-tät mit sich". Eine ähnliche Haltung Fachkorrespondenten gegenüber beobachte-te auch Schlesinger bei der BBC (vgl. 1978, 153).

Jeder HSB-Redakteur fungiert, wie oben bereits geschildert, auch als CvD. Dabei gibt es einen Früh- und einen Spätdienst. Der Frühdienst beginnt während der ARD-Wochen um 8 Uhr und dauert bis circa 15 Uhr 15. Der Spätdienst fängt wegen der notwendigen Übergabe überlappend um 14 Uhr 45 an und endet mit der letzten Beitragsabnahme, zuweilen erst nach Mitternacht. Der jeweilige CvD ist immer vierzehn Tage lang in dieser Funktion. Er beginnt in der ersten Woche mit der Spätschicht, betreut danach das Wochenende und macht montags mit der Frühschicht bis zum Freitag weiter.

Um die anstehenden Termine kümmern sich die CvDs zusammen mit einer studentischen Hilfskraft, welche die Terminliste pflegt (Kreutzmann). Über an-stehende Termine erfährt das Hauptstadtstudio durch die Nachrichtenagenturen, durch offizielle Einladungen, durch Faxmitteilungen und E-Mails aus den Frak-tionen und Ministerien, durch persönliche Hinweise sowie durch die Berichte in Tages- und Wochenzeitungen. Eine weitere wichtige Quelle, sagt Kreutzmann, seien die Regierungspressekonferenzen. „Der Regierungssprecher teilt dort immer zu Beginn alle wichtigen Termine der nächsten Tage und Wochen mit. Die Sprecher der Fachministerien ziehen nach und geben ihre Termine bekannt. Der jeweilige Kollege, der für uns die PK besucht, gibt uns diese Daten sofort weiter". Aus den anstehenden Terminen und aus eigenen Themenvorschlägen fertigt der diensthabende CvD eine Wochenvorschau. Sie wird mittwochs in der Redaktion diskutiert und am Donnerstagvormittag verabschiedet. „Gegen 13 Uhr geht die Liste raus zur Planungsredaktion bei ARD-aktuell in Hamburg" (Roth). Die tagesaktuelle Abstimmung über Themen und Zuständigkeiten findet an jedem Werktag auf einer Konferenz des HSB um 12 Uhr 15 statt.

Die politischen Akteure in Berlin wollten mit ihren Anliegen in die Medien, sagt Roth. Den Journalisten werde deshalb die Arbeit durch rechtzeitige Terminbekanntgabe so weit wie möglich erleichtert. Roth schätzt, dass sich rund 95 Prozent der HSB-Berichterstattung auf solche vorhersehbaren, planbaren Ereignisse mit feststehendem Termin beziehen. Und Kreutzmann ergänzt: „Generell gilt für Berlin und das wohl mehr als für viele andere Berichtsgebiete – wir haben ein hohes Maß an planbaren und ritualisierten Terminen". So treffen sich die Spitzengremien der Parteien jeweils am Montagvormittag. Die Fraktionen treten am Dienstagnachmittag zusammen. Das Kabinett tagt immer mittwochs. Montags, mittwochs und freitags findet jeweils eine Regierungspressekonferenz statt. Der Regierungssprecher und die Sprecher der jeweiligen Fachministerien stellen sich im Gebäude und auf Einladung der Bundespressekonferenz den Fragen der Journalisten.

Jede Regierungspressekonferenz wird im Ereignis- und Dokumentationskanal „Phoenix", der von ARD und ZDF gemeinsam betrieben wird, live übertragen. Das Signal wird im Server des Hauptstadtstudios gespeichert. Für die Arbeit des HSB hat das einen großen Vorteil: „Wenn wir zu einem Thema noch ein Statement brauchen und der zuständige Minister nichts sagen will, dann fragen wir in der Bundespressekonferenz ganz offiziell nach. Dann muss zumindest der Ministeriumssprecher irgendwas von sich geben. Das haben wir dann sofort im Haus und können es in den entsprechenden Beitrag einarbeiten" (Kreutzmann).

Das Hauptstadtstudio ist in hohem Maße live- und reaktionsfähig. Es „zählt zu den modernsten digitalen (…) Fernsehstudios in Europa. Servergestützte Redaktions- und Schnittsysteme sowie komplexe Digitaltechnik unterstützen die Arbeit der Journalisten und Techniker und sichern die Aktualität der Berichterstattung" (Niesert 2006). Das HSB verfügt über zwei eigene TV-Studios und sechs digitale Schnittplätze. „Im Prinzip", sagt Roth, „können wir eine Live-Schalte innerhalb von zwei Minuten organisieren". Nach seiner Einschätzung haben solche Live-Schaltgespräche in den letzten Jahren „erheblich zugenommen. Das ist technisch unproblematisch und hat für den Zuschauer eine gewisse Frische".

Auch außerhalb des Studios sind die technischen Bedingungen für eine Live-Berichterstattung komfortabel. Vom Reichstag gibt es eine feste Standleitung zum HSB, ebenso vom Kanzleramt. Dort können sich TV-Teams sogar vor und im Gebäude eines festen Steckanschlusses bedienen und so jederzeit live berichten. „Die Standleitungen führen zu uns und wir geben das Signal über Hyp-Net weiter zur Tagesschau nach Hamburg. Da wir zentral im Regierungsviertel liegen, können wir innerhalb von Minuten am Spielort sein" (Vonderwolke 2006). Wenn allerdings eine SNG benötigt würde, dauere der Vorlauf rund zwei Stunden. Die SNG müsse bei Firmen angemietet werden, die „etwas außerhalb liegen" (ebd.). Um solche Verzögerungen zu vermeiden, plant das HSB nach Aussagen von Chefredakteur Thomas Roth eine eigene SNG zu kaufen. Damit würde sich die Live-Fähigkeit des Studios weiter erhöhen.

Um das Signal einer SNG empfangen zu können, unterhält das HSB einen Satelliten-Downlink. Eine Uplink-Möglichkeit, also die technische Möglichkeit, selbst Signale zum Satelliten hoch zu schicken, gibt es nicht. Überspielungen finden grundsätzlich über ein ARD-eigenes Breitband-Leitungsnetz, über das so genannte „Hyb-Net" statt (Vonderwolke 2006). Auf Grund seiner technischen und personellen Ausstattung zählt das Hauptstadtstudio in Berlin zur strukturell-organisatorischen Kategorie I.

Die einzelnen Zulieferredaktionen bei den Landesrundfunkanstalten werden jetzt, entsprechend dem Sendernamen, in alphabetischer Reihenfolge präsentiert. Der jeweilige Informant ist namentlich genannt, der genaue Zeitpunkt des Informationsgespräches ist im Quellenverzeichnis aufgeführt.

3.4.11.2 Bayerischer Rundfunk (BR)

Die Zulieferung für ARD-Aktuell ist beim Bayerischen Rundfunk in München angesiedelt beim Programmbereich Politik, Aktuelles und Landesberichte. Die Zulieferung wird dort von drei festangestellten Chefs vom Dienst in einem roulierenden System organisiert. Die folgenden Informationen basieren auf einem Gespräch mit Wolfgang Ohlendorf (2006), einem der drei CvDs.

Nach Ohlendorfs Einschätzung gehen „mehr als 90 Prozent" aller Beiträge, die vom Bayerischen Rundfunk für die Tagesschau produziert werden, auf terminbasierte Ereignisse zurück. Für die Berichterstattung über unerwartet auftretende Ereignisse arbeitet der BR mit einer „Fremdfirma zusammen, die für uns in München exklusiv eine SNG unterhält. Wir rufen dort an, etwa eine halbe Stunde später fährt der Wagen los". Zwischen dem Beginn der operationalen Organisation in München und dem ersten Live-Schaltgespräch in der Tagesschau können „je nach Entfernung vom Ereignisort zwei bis drei Stunden" vergehen. Die

BR-Studios in Nürnberg, Würzburg oder Regensburg hätten keinen spontanen Zugriff auf eine SNG. Lediglich in Augsburg gebe es eine weitere freie Firma, die über entsprechende Technik verfüge. Ein dichteres Netz mit SNGs zu unterhalten wäre zu teuer. Das lohne sich einfach nicht.

Um möglichst schnell berichten zu können, würden immer häufiger auch Hubschrauber eingesetzt. „Der Helikopter hilft allerdings nicht immer. Bei Großereignissen, bei Katastrophen, wird der Luftraum gesperrt. Die Rettungshubschrauber haben in solchen Fällen Vorrang. Da kommen wir meistens nicht nahe genug ran". Um bei unerwarteten Ereignissen möglichst schnell Bilder zu bekommen, sind acht der 20 Hörfunkkorrespondenten in Bayern mit einer Kamera ausgerüstet und können „mit einfacher Technik" die Aufnahmen nach München überspielen. Für die gesamte aktuelle TV-Berichterstattung des Bayerischen Rundfunks, wozu auch die Sendungen des Bayerischen Fernsehens gehören, sind rund 50 journalistische Mitarbeiter tätig. Die Tagesschau-Zulieferung kann auf diese Mitarbeiter zurückgreifen.

3.4.11.3   Hessischer Rundfunk (HR)

Beim Hessischen Rundfunk in Frankfurt ist die Zulieferungsredaktion für ARD-aktuell Teil des Programmbereichs „FS Aktuelles". Die Redaktion wird von Markus Gürne (2006) geleitet. Mit ihm zusammen sind für die Zulieferung acht Reporter tätig. Die Informationen beruhen auf einem Gespräch mit Gürne.

Nach seiner Schätzung beziehen sich 90 Prozent der Berichte, die der Tagesschau zugeliefert werden, auf vorhersehbare Ereignisse. Nur in 10 Prozent der Fälle berichte man über unerwartet auftretende Geschehnisse. Themenanregungen fänden sich in Pressemitteilungen, Terminlisten und Agenturmeldungen. Auch eigene Recherchen und Hintergrundgespräche lieferten Impulse, die dann bei entsprechendem (terminlichem) Anlass in die Berichterstattung einflössen. Zu den Reaktionszeiten seiner Redaktion bei unerwartet auftretenden Ereignissen sagt Gürne: „Wir sind im Normalfall innerhalb von anderthalb Stunden livefähig. Nur wenn in Kassel und Umgebung was passiert, brauchen wir eine Stunde länger wegen der langen Anfahrt". Die HR-Zulieferredaktion verfügt über eine eigene SNG, über ein eigenes Schnittmobil und unterhält ein eigenes Bereitschaftsteam. „In der Kern-Arbeitszeit von 8 Uhr 30 bis 19 Uhr sind die Kollegen im Sender, danach gibt es Rufbereitschaft". Die aktuelle Berichterstattung für die Tagesschau liegt für das gesamte HR-Sendegebiet in der Hand der Zuliefererdaktion. „Wenn aber zum Beispiel in Kassel was Dramatisches passiert, dann berichten die Kasseler Kollegen solange, bis wir da sind". Aus den Regionalstudios des HR in Kassel, Fulda und Wiesbaden seien jederzeit Überspielungen und Live-Gespräche möglich.

3.4.11.4   Mitteldeutscher Rundfunk (MDR)

Der Mitteldeutsche Rundfunk ist eine Dreiländeranstalt, zuständig für Sachsen, Sachsen-Anhalt und Thüringen. Die Zulieferredaktion für ARD-aktuell hat ihren Sitz in Leipzig und ist bei der Chefredaktion Fernsehen angesiedelt. Die Redaktion wird von Gabriele Pattberg (2006) geleitet. Von ihr stammen die nachstehenden Informationen.

Die MDR-Zulieferung plant und berichtet eigenständig über Ereignisse in allen drei Ländern des MDR-Sendegebietes. „Dabei arbeiten wir allerdings eng mit den Landesfunkhäusern in Erfurt, Dresden und Magdeburg zusammen". Grundsätzlich werde aber sämtliches Material in Leipzig zentral gesammelt, bearbeitet und erst dann weitergegeben. Die Aktivitäten aller aktuell arbeitenden Redaktionen sind beim MDR in einem speziellen elektronischen Netzwerk verzeichnet. „Wir können deshalb am Computer immer genau sehen, wer gerade wo an welchem Thema arbeitet". Koordiniert wird die Zusammenarbeit in den drei Ländern mit Hilfe von drei Regional-Schaltkonferenzen pro Tag, jeweils um 10 Uhr, 15 Uhr und 17 Uhr 15. Auf diesen Schaltkonferenzen werden Themen und Beiträge abgestimmt.

Informationen über anstehende Ereignisse bekommt die Zulieferredaktion durch die Terminvorschauen der Agenturen, durch Pressemitteilungen von Firmen, Behörden und Staatskanzleien, aber auch durch Hintergrundgespräche. Vieles komme auch von den Landesfunkhäusern, die ihrerseits in ähnlicher Weise auf Pressemitteilungen und Terminvorschauen in der Region zurückgriffen. Die Beiträge, die hieraus entstehen und der Tagesschau zugeliefert werden, gehen nach Pattbergs Schätzung zu etwa 70 Prozent auf vorhersehbare Ereignisse zurück und zu 30 Prozent auf unerwartet Eintreffendes.

Die MDR-Zulieferung ist aus dem Studio während der Kernzeit zwischen 8 Uhr morgens und 20 Uhr abends „innerhalb von Minuten" livefähig. Für den Außeneinsatz werden SNGs angemietet, ein eigenes Fahrzeug steht nicht zur Verfügung. Die SNGs seien innerhalb einer Stunde livefähig, wenn das Ereignis in der Nähe von Leipzig passiere. Ansonsten komme jeweils noch die Fahrzeit hinzu, die im Extremfall bis zu zwei Stunden dauern könne. In bestimmten Fällen, zum Beispiel für den Bereich Sachsen-Anhalt, werde manchmal auch eine SNG aus Berlin angefordert, weil deren Anfahrtsweg kürzer sei. Der Zulieferredaktion gehören inklusive der Redaktionsleiterin fünf Redakteure, zwei Redaktionsassistenten und drei freie Mitarbeiter an.

Bei der Vierländeranstalt NDR hat jedes Landesfunkhaus in den vier Län-
dern des Sendegebietes eine eigene Zulieferredaktion. Die Zulieferung ARD-
aktuell ist aufgeteilt auf Hamburg, Hannover, Kiel und Schwerin.

3.4.11.5 Norddeutscher Rundfunk (NDR) Hamburg

Die Zulieferredaktion in Hamburg wird geleitet von Stefan Niemann. Die nachfolgenden Informationen sind Ergebnis eines Gesprächs mit seiner Stellvertrete-
rin Gabi Kostorz (2006).

In Hamburg sind Reporter bei unerwarteten Geschehnissen vom Ereignisort
innerhalb einer Stunde livefähig. In solchen Fällen muss die Redaktion auf eine
SNG zurückgreifen, die von einer freien Firma gemietet wird. „Wir haben zwar
eigene SNGs beim NDR, aber die werden von der Zentralen Herstellungspla-
nung so eingeteilt, dass möglichst alle Fahrzeuge dauernd ausgelastet sind. Bei
rechtzeitiger Planung bekommen wir eigenes Equipment, bei kurzfristigen
Einsätzen ist meist keine SNG mehr verfügbar, deshalb müssen freie Firmen
einspringen". Eine eigene Bereitschafts-SNG nur für die ARD-Zulieferung lohne
sich nicht. „Die würde an 300 Tagen nutzlos herumstehen".

Von den Beiträgen, die Hamburg der Tagesschau zuliefert, beziehen sich
nach Kostorz' Schätzung etwa 80 Prozent auf vorhersehbare und 20 Prozent auf
unerwartet eintretende Ereignisse. Als Informationsquelle dienen die dpa-
Terminvorschauen, Eigenrecherche und Hintergrundgespräche sowie „Pressemitteilungen von Senat, Kirchen, großen Firmen, Krankenkassen und Gewerkschaften. Aus all dem entwickeln wir unsere Themen für das Donnerstagsangebot an
ARD-aktuell". Die Zulieferung ist Teil der Redaktion Aktuelles, die auch „Brennpunkt"-Sendungen und aktuelle Sondersendungen im NDR-Fernsehen gestaltet.
„Wir sind gewissermaßen die aktuelle Eingreiftruppe des Chefredakteurs". Für die
Zulieferung arbeiten aus dem Pool der Aktuell-Redakteure und Reporter jeweils
zwei CvDs (Früh- und Spätschicht) und mindestens zwei Tagesreporter.

3.4.11.6 Norddeutscher Rundfunk (NDR) Hannover

Die Berichterstattung für ARD-aktuell ist in Hannover Aufgabe der Redaktion
„Landespolitik, Wirtschaft, Kultur, ARD-aktuell", die in der Hauptsache das
aktuelle Landesprogramm „Hallo Niedersachsen" betreut. Redaktionsleiter ist
Thorsten Hapke (2006). Aus dem Studio ist Hannover nach seinen Angaben
zwischen 11 Uhr und 20 Uhr innerhalb von zehn Minuten livefähig. Danach
verlängert sich die Reaktionszeit auf etwa eine Stunde, weil Mitarbeiter erst in

den Sender gerufen werden müssten. Die Redaktion verfügt über eine eigene
SNG mit eigener Besatzung. „Das Fahrzeug kann bei uns sofort losfahren. Wegen der Fahrzeiten kann es aber bis zu vier Stunden dauern bevor wir live berichten können". In einigen Städten wie Osnabrück oder Oldenburg könne man auch
freie SNGs anmieten, um die Anfahrtzeit zu verkürzen. Das NDR-Landes-
funkhaus Niedersachsen unterhält kleinere Studios in Braunschweig, Göttingen,
Lüneburg, Osnabrück und Oldenburg. Auch aus all diesen Studios seien Schaltgespräche technisch möglich. Jedoch seien längere Vorlaufzeiten erforderlich, da
jeweils Kamera und Licht erst eingestellt werden müssten.

Ihre Informationen bezieht die Redaktion in Hannover vor allem aus den
Pressemitteilungen von Ministerien, Verbänden und Unternehmen sowie aus
Zeitungsberichten, Agenturmeldungen und den Terminvorschauen der Nachrich-
tenagenturen. Auch Ergebnisse eigener Recherchen würden herangezogen. „Wir
beobachten Themen und berichten darüber. Daraus ergeben sich dann manchmal
Termininformationen, die nur wir kennen". Hapke schätzt, dass sich die Berichterstattung für die Tagesschau zu 80 Prozent auf Vorhersehbares, vor allem auf
Terminbasiertes bezieht und zu 20 Prozent auf unerwartet Eintretendes. Für die
Tagesschau-Berichterstattung stehen in Niedersachsen zusammen mit dem Redaktionsleiter vier festangestellte Redakteure und 13 freie Mitarbeiter zur Verfügung.

3.4.11.7 Norddeutscher Rundfunk (NDR) Kiel

Die Berichterstattung für ARD-aktuell ist im Landesfunkhaus Kiel Aufgabe der
Redaktion „Aktuelles". Deren Leiter ist Rainer Stille (2006), der auch gleichzeitig stellvertretender Fernsehchef ist. Kiel verfügt, so Stille, über eine eigene SNG
mit eigener Mannschaft. Wegen der Größe des Berichtsgebietes kann es auf dem
Festland zu Vorlaufzeiten von „drei bis vier Stunden kommen, bevor wir live
berichten können. Wenn wir von Sylt aus geschaltet werden müssten, könnte es
noch länger dauern". Aus dem Studio in Kiel sind Live-Gespräche während der
Regelzeit zwischen 12 Uhr und 20 Uhr innerhalb von wenigen Minuten möglich.
Außerhalb der Kernzeit sei ein Vorlauf von ein bis zwei Stunden erforderlich,
„denn wir müssen dann erst unsere Leute ins Studio holen".

Kiel berichtet für die Tagesschau, so schätzt Stille, zu 80 Prozent über planbare, vorhersehbare Ereignisse und zu 20 Prozent über Unerwartetes. Die Themen werden dabei generiert aus den Terminmitteilungen „die wir von Politik,
Wirtschaft und Kultur bekommen. Außerdem werten wir natürlich die Pressemitteilungen von Ministerien, Unternehmen, Gewerkschaften und Verbänden aus
und wir betreiben Eigenrecherche". Auch Hinweise von Zuschauern und die

Terminvorschauen der Nachrichtenagenturen würden als Quellen genutzt. In Kiel stehen für die ARD-Zulieferung sieben Redakteure und acht freie Mitarbeiter zur Verfügung.

3.4.11.8   Norddeutscher Rundfunk (NDR) Schwerin

In Schwerin ist die Regionalredaktion „Nordmagazin" für die Tagesschau-Zulieferung zuständig. Der verantwortliche Redakteur dafür ist Holger Neumann (2006). Viele Themenanregungen und Termininformationen, sagt Neumann, erhalte Schwerin durch Pressemitteilungen von Ministerien, Behörden, Unternehmen und Verbänden. Auch die Terminvorschauen der Nachrichtenagenturen würden genutzt. „Und manches Thema erbringt auch unsere Eigenrecherche". Die Ereignisse, über die für die Tagesschau berichtet wird, sind nach Neumanns Schätzung zu 70 Prozent vorhersehbar und zu 30 Prozent unerwartet. Schwerin ist aus dem Studio während der Kernzeit zwischen 12 Uhr und 20 Uhr innerhalb von „drei bis fünf Minuten" livefähig. Gleiches gelte auch für die drei Studios in Greifswald, Neubrandenburg und Rostock. Außerhalb der üblichen Dienstzeiten müsse man etwa 30 Minuten als Vorwarnzeit einplanen. Diese Zeit bräuchten die Mitarbeiter, um ins Haus zu kommen. Schwerin besitzt eine eigene SNG mit eigener Mannschaft. Wegen der zum Teil weiten Anfahrtswege könne es, so Neumann, bis zu vier Stunden dauern, bevor Live-Berichte möglich seien. Aus dem Pool der Nordmagazin-Redaktion stehen für die Zulieferung an ARD-aktuell zehn festangestellte Redakteure und fünf freie Mitarbeiter zur Verfügung.

3.4.11.9   Radio Bremen (RB)

Für die Zulieferung ARD-aktuell ist bei Radio Bremen Wolfgang Wodtke (2006) zuständig. Nach seiner Schätzung gehen 80 Prozent der Berichte, die Radio Bremen der Tagesschau zuliefert, auf planbare, vorhersehbare Ereignisse zurück. 20 Prozent ergäben sich aus der „Aktualität des Tages" und bezögen sich auf unerwartet eintretende Ereignisse. Seine Informationen bekommt Wodtke zum einen über die Agenturen, über Hintergrundgespräche und Kollegeninformationen, vor allem aber auch „über Pressemitteilungen aller Art".

Aus dem Studio sind Live-Gespräche innerhalb von fünf bis zehn Minuten zu organisieren, allerdings nur während „der Kernzeit zwischen zwölf und zwanzig Uhr". Wenn der Einsatz einer SNG nötig sei, vergingen im „Alarmfall ein bis zwei Stunden, bevor wir live berichten können". Radio Bremen verfüge über keine eigene SNG, sondern müsse Fahrzeug und Technikmannschaft bei einer freien Firma anmieten. „Wenn die SNG in Bremen auf dem Hof steht und die Anfahrt keine Probleme macht, sind wir im besten Fall auch schon mal innerhalb von 30 Minuten livefähig". Wenn die freie SNG in Bremen nicht zur Verfügung stehe, müssten Einheiten aus Hamburg oder Hannover angefordert werden – „und das kann dauern". Die Zulieferungsredaktion besteht aus dem Redakteur Wolfgang Wodtke, der auf 15 Reporter der regionalen Aktualität zugreifen kann sowie einer Redaktionsassistentin. Die Zulieferredaktion gehört zur Abteilung „Fernsehen aktuell".

3.4.11.10 Rundfunk Berlin-Brandenburg (RBB)

Für die Zulieferung ARD-aktuell ist bei der Zweiländeranstalt RBB Anke Hahn (2006) zuständig. Der RBB berichtet aus Berlin und Brandenburg. Die bundespolitische Berichterstattung in der Hauptstadt obliegt dabei dem ARD-Hauptstadtstudio, die Berichterstattung über alle anderen Bereiche inklusive der Berliner Landespolitik wird vom RBB abgedeckt. Nach Hahns Schätzung beruhen „bis zu 95 Prozent unserer zugelieferten Beiträge für die Tagesschau" auf vorsehbaren Ereignissen. Nur in 5 Prozent der Fälle seien unerwartete Geschehnisse der Berichterstattungs-Anlass. Die Themenanregungen kommen, so Hahn, über die Terminvorschauen der Agenturen, über Pressemitteilungen, über Einladungen und persönliche Gespräche sowie über Hörfunk- und Presseberichterstattung.

Der RBB verfügt über eine eigene SNG, die sei aber oft anderweitig im Einsatz. Die Zulieferredaktion müsse deshalb in der Regel die SNG einer freien Firma nutzen. Innerhalb Berlins brauche man etwa 90 Minuten, um im Fall eines unerwarteten Ereignisses vor Ort livefähig zu sein. Aus dem Studio könne man innerhalb von fünf Minuten ein Live-Interview führen. Dieses Studio ist in der Zeit zwischen sechs Uhr morgens und ein Uhr nachts durchgehend mit einem Ingenieur vom Dienst besetzt und damit einsatzbereit. Nachts zwischen ein Uhr und sechs Uhr gebe es eine Rufbereitschaft. Die Studios in Frankfurt/Oder und Cottbus seien für die Zulieferredaktion, falls nötig, unterstützend tätig. Die Zulieferredaktion besteht zusammen mit der Leiterin aus vier Redakteuren und drei festen freien Mitarbeitern. Die Zulieferredaktion hat zwei Standorte – Berlin und Potsdam – und gehört formal-organisatorisch zur Chefredaktion Fernsehen.

3.4.11.11 Saarländischer Rundfunk (SR)

Der Saarländische Rundfunk unterhält eine eigene Redaktion „Zulieferung ARD-aktuell". Leiterin der Zulieferredaktion ist Brigitte Henkes (2006). Henkes

schätzt, dass „etwa 60 Prozent der Ereignisse", über die der SR für die Tagesschau berichtet, auf vorhersehbaren Ereignissen basieren. 40 Prozent gingen auf
Unerwartetes zurück. In solchen Fällen sei der SR aus dem Studio innerhalb von
fünf Minuten livefähig. „In der Zeit vor 14 Uhr dauert es allerdings mindestens
eine halbe Stunde, denn dann müssen wir erst das Technikteam ins Haus rufen".
Der SR besitzt eine eigene SNG, die für die aktuelle Berichterstattung eingesetzt
wird. „Das Saarland ist klein. Wir können mit dieser SNG jeden Punkt unseres
Berichtsgebietes rasch erreichen. Wir sind normalerweise innerhalb einer Stunde
in der Lage, von draußen live zu berichten". Ihre Themenanregungen für planbare, vorhersehbare Berichterstattung bezieht die SR-Zulieferredaktion aus Pressemitteilungen, aus Einladungen und Hintergrundgesprächen sowie aus Berichten der regionalen Presse. Die Zulieferredaktion besteht aus der Leiterin Brigitte
Henkes und einer weiteren Redakteurin. Gedreht wird zum Teil mit freien, zum
Teil mit SR-eigenen Teams.

3.4.11.12 Südwestrundfunk (SWR) Karlsruhe/Rechtsredaktion

Ein weiterer Knotenpunkt im inländischen ARD-Netzwerk ist die ARD-
Rechtsredaktion in Karlsruhe, die zum SWR gehört und regelmäßig ARD-aktuell
zuliefert. Ihr Leiter ist Karl-Dieter Möller (2006). Die Rechtsredaktion hat ihre
Büros „in den Pferdeställen einer alten Villa. Direkt darunter, eine Etage tiefer,
liegt unser Studio". Im Prinzip, sagt Möller, „sind wir innerhalb von drei Minuten livefähig". Voraussetzung ist dafür allerdings, dass der Kameramann entweder schon im Haus oder vorgewarnt ist. Da Karlsruhe nur mit freien Kameraleuten und freien Teams arbeitet, muss der Kameramann in der Regel allerdings erst
bestellt werden. „Vom Anruf bis zur Einsatzbereitschaft können dann schon bis
zu 20 Minuten vergehen, aber das ist im Normalfall schnell genug".

Die Ereignisse, über die von der ARD-Rechtsredaktion berichtet wird, sind,
so schätzt Möller, zu 80 Prozent vorhersehbar und zu 20 Prozent unerwartet.
„Vor allem bei Terrorismusthemen kommen Informationen und Entwicklungen
in der Regel überraschend. Höchstrichterliche Urteile kommen dagegen meistens
mit Vorankündigung". Die Gerichtspressestellen geben Termine für Anhörungen
und Urteilsverkündungen bekannt, wenn der Gegenstand des Verfahrens vom
Gericht als allgemein interessierend eingestuft wird. Die Terminmitteilungen
werden per E-Mail an alle Mitglieder der Justizpressekonferenz in Karlsruhe
geschickt. „Die Justizpressekonferenz ist das kleine, aber feine Gegenstück zur
Bundespressekonferenz in Berlin. Hier sind alle Kollegen und Kolleginnen Mitglied, die über die höchsten Gerichte berichten". Manchmal würden Richter, vor
allem die des Bundesgerichtshofes, das öffentliche Interesse an einer Entschei-

dung unterschätzen. Da wir aber über jeden Prozess selbst eine Akte führen und die Entwicklung ständig beobachten, wissen wir in der Regel frühzeitig Bescheid, wann ein Urteil kommt".

3.4.11.13 Südwestrundfunk (SWR) Mainz

Die Zulieferredaktion ARD-aktuell in Mainz ist zuständig für das Berichtsgebiet Rheinland-Pfalz. Die Redaktion wird geleitet von Vera Schmidberger (2006). Nach Schmidbergers Einschätzung gehen 90 Prozent aller Beiträge, die Mainz der Tagesschau zuliefert, auf vorhersehbare Ereignisse zurück, „auf planbare Aktualität". Nur 10 Prozent sei Berichterstattung über Unerwartetes. Die Redaktion nutzt als Informationsquelle „die vielen Pressemitteilungen, die wir bekommen. Externe und interne Terminlisten und natürlich die regionalen Zeitungen. Außerdem sehen wir uns die Tagesordnungen von Bundestag und Bundesrat an". Anhand solcher Termine werde dann versucht, ein Hintergrundstück zu platzieren, das am jeweiligen Tag wegen des Termins eine Chance in der Tagesschau habe. Eine weitere wichtige Quelle für Informationen und Themenanregungen sind, so Schmidberger, persönliche Kontakte in der Region, die über Jahre hinweg aufgebaut und gepflegt wurden. Alle Termine und Themenanregungen werden über ein gemeinsames Redaktionssystem verwaltet, das allen aktuell arbeitenden Redaktionen im SWR zur Verfügung steht und von diesen Redaktionen auch bestückt wird.

Bei unerwartet auftretenden Ereignissen greift Mainz auf die SNG einer freien Firma zurück, die mit dem SWR vertraglich verbunden ist. Bis das Team vor Ort livefähig ist, können je nach erforderlicher Anfahrtszeit bis zu drei Stunden vergehen. Die Zulieferredaktion in Mainz wird unterstützt von den drei Studios in Kaiserslautern, Koblenz und Trier. Die Studios können drehen, schneiden, Bilder überspielen sowie aus ihren Studioräumen Live-Schalten ermöglichen.

3.4.11.14 Südwestrundfunk (SWR) Stuttgart

Für das Berichtsgebiet Baden-Württemberg ist beim Südwestrundfunk (SWR) die Zulieferredaktion in Stuttgart zuständig. Die eigenständige Redaktion wird geleitet von Rüdiger Mertz (2006). Nach seiner Schätzung gehen rund 70 Prozent der Berichte auf vorhersehbare Ereignisse zurück und 30 Prozent auf unerwartet eintreffende „wie zum Beispiel Busunglücke. Ereignisse, von denen ich noch nichts weiß, wenn ich ins Büro fahre". Die vorhersehbare Berichterstattung beziehe sich in der Mehrzahl auf Termine. Die Informationen dazu stammten zum einen von den „klassischen Terminvorschauen der Agenturen", von den eigenen Landesprogrammen und aus den regionalen Zeitungen.

Die Zulieferredaktion sei aus dem Studio, wenn alles gut laufe, innerhalb von zehn Minuten livefähig. Für eine Live-Berichterstattung mit SNG sei erfahrungsgemäß ein zeitlicher Vorlauf „von einer Stunde plus Fahrzeit nötig". Die Stunde sei nötig „um die Leute zusammen zu trommeln". Die anschließende Fahrzeit könne in einem Flächenland wie Baden-Württemberg bis zu drei Stunden dauern. Bis zum ersten Live-Gespräch vor Ort könnten deshalb im Extremfall bis zu vier Stunden vergehen. SNG und technische Besatzung wurden zur Zeit der Befragung noch von einer freien Firma gestellt. „Aber wir sind dabei, eine eigene SNG anzuschaffen und einen eigenen Bereitschaftsdienst aufzubauen". Bei der bisherigen Lösung mache vor allem der Samstag Sorgen. „Die SNGs unserer freien Firma sind an diesem Tag alle bei Fußball-Übertragungen im Einsatz und wir haben das Nachsehen". Von April 2007 an soll die eigene Technik bereitstehen. Für die Zulieferredaktion in Stuttgart arbeiten fünf Reporter. Wenn nötig werden die Studios in Freiburg, Friedrichshafen, Heilbronn, Karlsruhe, Mannheim, Ulm und Tübingen um Unterstützung gebeten.

3.4.11.15 Westdeutscher Rundfunk (WDR)

Die ARD-Zulieferung beim WDR wird von Udo Grätz (2006) geleitet. Sie ist seinen Ausführungen zufolge technisch komfortabel ausgestattet. „Wir haben eine uns zugeordnete feste SNG. Andere können sie nutzen, müssen uns aber vorher fragen. Das Fahrzeug darf in solchen Fällen aber höchstens 50 Kilometer außerhalb eingesetzt werden, damit wir auch weiterhin schnellen Zugriff darauf haben". Im Normalfall, wenn die SNG „vor der Tür steht, sind wir in 15 Minuten abfahrbereit. Dazu kommt natürlich je nach Entfernung die Fahrzeit hinzu, bevor wir live berichten können". Die Fahrzeit könne bis zu drei Stunden dauern. Nicht nur die SNG steht der Zulieferredaktion zur Verfügung, sondern auch die dazugehörige Fahrzeugbesatzung. Diese ist in der Zeit zwischen acht und achtzehn Uhr anwesend, danach gilt Rufbereitschaft.

Aus dem Studio ist Köln innerhalb von zehn Minuten livefähig. Ähnliches gelte auch, so Grätz, für die WDR-Studios in Aachen, Bielefeld, Bonn, Düsseldorf, Dortmund, Essen und Münster. Diese Studios arbeiteten zu, die Berichterstattung für ARD-aktuell liege aber grundsätzlich in der Hand der Zulieferredaktion in Köln. Nach Grätz' Schätzung beruhen 90 Prozent der Berichterstattung auf vorhersehbaren Geschehnissen und nur 10 Prozent auf unerwartet eintretenden Ereignissen. Als Informationsquelle über vorhersehbare Ereignisse nutzt die Zulieferredaktion die „Terminvorschauen der Nachrichtenagenturen, die vielen

Pressemitteilungen, die wir von allen wichtigen Organisationen, von den Partei-
en, den Firmen und der Regierung bekommen. Und wir werten Terminhinweise
aus, die wir in Zeitungen und Zeitschriften finden". Die Zulieferredaktion ist Teil
der Programmgruppe Zeitgeschehen/Aktuelles. Sie besteht zusammen mit dem
Leiter Udo Grätz aus sechs festangestellten Redakteuren.

3.4.12   Resümee Inland

Die strukturell-funktionale Organisation der Zulieferredaktionen ARD-aktuell
sorgt für Livefähigkeit aus dem Studio innerhalb von Minuten. Was die Live-
Berichterstattung von draußen mit Hilfe einer SNG anbelangt, so sind Vorlaufzeiten zwischen einer und vier Stunden die Regel. Dies fällt kaum ins Gewicht,
weil die Inlandsredaktionen zu 80 und mehr Prozent über vorhersehbare Ereignisse berichten. Eine eventuelle Live-Berichterstattung kann in all diesen Fällen
rechtzeitig im Voraus organisiert werden. Wenn über unerwartete Ereignisse
berichtet werden muss, haben die langen SNG-Vorlaufzeiten erhebliche Auswirkungen auf den Content der Tagesschau, wie sich im empirischen Teil zeigen
wird. Noch eine Anmerkung zur Generierung der Themen in den Zulieferredaktionen: Alle greifen auf Termine und Informationen zurück, die unter anderem
von Behörden, Firmen und Organisationen zur Verfügung gestellt werden. Also
auf Material von PR und Öffentlichkeitsarbeit. Wir werden darauf später noch
zurückkommen.

3.4.13   Technische Grenzstellen bei ARD-aktuell

Die Zulieferredaktionen im Inland, die Korrespondenten im Ausland, die Wort-
und die Nachrichtenfilm-Agenturen sowie die Eurovision – sie alle versorgen die
Tagesschau mit dem Rohstoff „Nachricht". Sie sind Bestandteile jener strukturell-funktionalen Organisation, mit deren Hilfe die Tagesschau ihre Sendungen
produziert. Aus der ganzen Welt kommen Bilder und Informationen in die Zentrale nach Hamburg. Die Wortmeldungen treffen rund um die Uhr über die Redaktionscomputer ein. Doch für Bild und Ton, für einlaufende Beiträge und
Live-Schaltgespräche sind zwei technische Grenzstellen wichtig. Die erste
Grenzstelle ist der Hauptschaltraum.

3.4.13.1 Hauptschaltraum

Der Hauptschaltraum ist für den Norddeutschen Rundfunk insgesamt, aber auch für ARD-aktuell zuständig. Über ihn wird vor allem die Inlandsberichterstattung abgewickelt. Überspielungen aus den einzelnen ARD-Mitgliedsanstalten, aber auch Schaltgespräche, bei denen der Interviewpartner in einem ARD-Inlandsstudio sitzt, werden via Hybrid-Netz zum Schaltraum übertragen und von dort zum Beispiel in die Regie weitergegeben. „Das Hybrid-Net ist ein extrem breitbandiges Festnetz, über das alle ARD-Anstalten miteinander verbunden sind. Darüber werden Daten ausgetauscht, darüber wird telefoniert, darüber werden die Sendesignale zu den einzelnen Sendeantennen transportiert und darüber finden auch Beitragsüberspielungen oder Schaltgespräche statt", erklärt Tino Schmidt (2006), einer der Schaltraumingenieure.

Bei Außeneinsätzen innerhalb Deutschlands mit SNG (Satellite News Gathering) gibt das Reporterteam seine Signale an einen Satelliten ab. Der Hauptschaltraum bekommt mitgeteilt, welcher Satellit für die Übertragung gebucht wurde. Der Schaltraum-Operator gibt diese Daten in seinen Computer ein, woraufhin sich die in Frage kommende Satellitenschüssel auf dem Gelände in Lokstedt automatisch für den Signalempfang ausrichtet. Die Daten sind zur Sicherheit verschlüsselt. Die gebende Seite legt dafür einen Code fest und teilt diesen dem Hauptschaltraum mit. Dort wird der Code in die Empfangsgeräte eingegeben, das eintreffende Material kann so wieder decodiert werden. „Danach sagen wir der Regie zum Beispiel: ‚Bad Tölz kommt auf Leitung fünf.' Der Bildingenieur unten wählt diese Leitung an und schon liegt die Verbindung im Regieraum" (Schmidt 2006). Das alles gilt – bis auf einige wenige Ausnahmen – für Inlands-Verbindungen. Die Auslands-Verbindungen laufen über das „Leitungsbüro".

3.4.13.2 Leitungsbüro

Die Trennung zwischen Inland und Ausland, zwischen Hauptschaltraum und Leitungsbüro, hat historische Gründe. Gerd Janßen (2006), der Leiter des Leitungsbüros erklärt es so: „Wenn man früher eine Außenübertragung machen wollte, musste man das bei der Bundespost lange vorher anmelden. Die Post kam dann mit einem Richtfunkwagen und schaltete ein Leitungsnetz. Die Bundespost durfte aber nicht im Ausland tätig werden. Dafür musste man mit der jeweiligen ausländischen Rundfunkanstalt Kontakt aufnehmen. Die schaltete dann ihre eigene nationale Post ein und brachte das Signal bis zur deutschen Grenze. Das zu organisieren war aufwändig. Man brauchte Kontakte und Erfahrung. Deshalb wurde die Arbeit aufgeteilt zwischen Hauptschaltraum und Leitungsbüro". Obwohl die nationalen Grenzen wegen der technischen Übertragungsmöglichkeiten via Satellit, Glasfasernetz und Internet längst gefallen seien, habe man diese Trennung zwischen Inland und Ausland bis heute beibehalten.

Das Leitungsbüro ist eine ARD-Gemeinschaftseinrichtung. Es disponiert und koordiniert auf Anforderung die erforderlichen Leitungen für Überspielungen oder Live-Gespräche. Diese Leistung wird zentral für die gesamte ARD erbracht – für alle Mitgliedsanstalten, aber auch für ARD-aktuell. „Wir kümmern uns um den passenden Leitungsweg – egal, ob der aktuelle ‚Feed point‘ (die mobile Sprech- und Überspielstelle, Anm. d. Verf.) irgendwo in der Wüste steht oder ein Korrespondent von seinem Büro aus einen Bericht absetzen will. Wir nutzen dafür, wo immer möglich, das Dauerleitungsnetz der EBU oder andernfalls speziell geschaltete Netze über Satellit" (Janßen 2006). Wichtig sei immer, kostengünstige Verbindungen zu finden, um den Etat zu schonen. Für Auslandsleitungen im Auftrag von ARD-aktuell fallen jährliche Kosten zwischen drei und vier Millionen Euro an.

Auch Auslandsverbindungen können innerhalb kurzer Zeit aufgebaut werden. „Wenn wir auf die Dauerleitung können, ist das nur ein Knopfdruck, das geht innerhalb von Sekunden. Satellitenleitungen stehen im Prinzip innerhalb von fünf Minuten" (ebd.). Bei Top-Ereignissen, an denen weltweites Interesse besteht, könne es jedoch zu Kapazitätsproblemen kommen. Janßen: „Alle wollen dann gleichzeitig auf Sendung, dann kann's eng werden. Und dann haben auch wir Schwierigkeiten alles reibungslos hinzukriegen. In solchen Fälle buchen wir oft Leitungen für mehrere Tage einfach rund um die Uhr durch." Das Leitungsbüro ist prinzipiell frei in der Wahl des jeweiligen Satelliten- oder Feed-point-Betreibers. Oft sei nur ein Provider überhaupt vor Ort, etwa Reuters TV, dann erübrige sich die Wahl. Meistens arbeite man jedoch mit der EBU zusammen. Diese Organisation, sagt Janßen, sei zwar „nicht die preiswerteste", aber dafür zuverlässig. „Die EBU hat Netze rund um den Globus. Sie hat überall Satellitenwagen und Kamerateams. Das klappt in aller Regel reibungslos und das ist für uns wichtig" (siehe auch Kapitel 3.4.1 ff.).

Das Leitungsbüro besteht aus vier Bereichen und Räumen. In Raum I werden die Leitungskosten abgerechnet. In Raum II findet die Vorplanung statt – „alles, was erst morgen oder später aktuell sein wird" (Janßen). In Raum III werden die aktuellen Buchungen für den Tag vorgenommen. Und in Raum IV befindet sich der „Eurokontrollraum". Eine Art kleiner Regieraum, in dem die gebuchten Signale einlaufen. Hier werden Bild- und Tonqualität noch einmal geprüft und, falls nötig, korrigiert. Der Techniker weist dann der Senderegie oder der Tagesschau-Aufzeichnungszentrale (siehe unten) die jeweilige Quelle zu. „Kairo auf der Eins", heißt es dann. Regie oder TAZ wählen daraufhin auf ihrer Tastatur „Kanal 1" an und können nun über das Signal aus Kairo verfügen. Ist die Überspielung oder das Live-Gespräch beendet, meldet der Eurokontrollraum die Leitung wieder ab. Was nicht sofort live gesendet wird, das muss aufgezeichnet und bearbeitet werden. Dafür war bisher die TAZ zuständig – die Tagesschau-Aufzeichnungszentrale.

3.4.13.3   Tagesschau Aufzeichnungs-Zentrale (TAZ)

In den Anfangsjahren des Fernsehens bestand eine große Schwierigkeit darin, Live-Bilder des Fernsehens zu speichern. Man konnte sie entweder sofort ausstrahlen oder man musste sie mit Hilfe herkömmlicher Kameras vom Bildschirm abfilmen und so auf Zelluloid archivieren. Eine elektronische Speicherung, etwa auf Magnetband, gab es bis Mitte der 50er Jahre nicht (vgl. Degenhardt et al. 1996, 41). Danach war jahrzehntelang die elektronische Aufzeichnung der Standard. Inzwischen wird das Material immer häufiger digital auf einem Server gespeichert (Grommes 2006). Als diese Arbeit geschrieben wird, gibt es bei der Tagesschau noch die TAZ, die Tagesschau Aufzeichnungs-Zentrale. Auf Digital Betacam ¼-Zoll Bänder werden alle für ARD-aktuell bestimmten Beiträge und Videosequenzen gespeichert. Im Schnitt pro Tag zehn Stunden Material. Grundsätzlich wird alles mitgeschnitten, was die Eurovision zur Verfügung stellt. Auf Anforderung – etwa während des Irak-Kriegs – werden auch ganze Fernsehprogramme (Al Dschasira etc.) rund um die Uhr aufgezeichnet. Und in der TAZ wird nicht nur aufgezeichnet, sondern auch bearbeitet.

Jeder Beitrag wird vom TAZ-Kontrollraum einem der sechs TAZ-Bearbeitungsräume zugeteilt, in denen jeweils ein Techniker oder eine Technikerin arbeitet. Der für das jeweilige Thema zuständige Redakteur ist mit im Bearbeitungsraum. Er stoppt die genaue Dauer des Berichts und lässt gegebenenfalls Kürzungen vornehmen. Versprecher oder fehlerhafte Formulierung des Reporters oder Korrespondenten werden durch Tonschnitte korrigiert. Ist der Beitrag fertig, wird er vom Bearbeitungsraum in den Kontrollraum gespielt. Der so genannte „Sendefahrer" dort fährt auf Regiekommando den Beitrag für die Sendung ab.

Doch die TAZ ist auf dem Wege, Rundfunkgeschichte zu werden. Die TAZ-Techniker werden ihre angestammten Räume verlassen und künftig gemeinsam mit Grafikern und Redakteuren in einem neu gestalteten Newsroom sitzen (vgl. Gniffke 2006a, 60). Alles Material wird auf einem Server gespeichert. Geschnitten wird mit Hilfe eines neu entwickelten, hochleistungsfähigen Computersystems, wobei die Redakteure selbst schneiden werden. „‚Journalisten-Editing' heißt das Zauberwort. Redakteure machen einen Vorschnitt, den der Cutter allenfalls noch einmal kurz kontrolliert. Dann verknüpft er das geschnittene Material mit dem Sendeplan. Ansonsten greift der Cutter vor allem ein, wenn einmal ein anspruchsvoller Schnitt in Bild oder Ton zu machen ist oder wenn der Redakteur aufgrund seiner sonstigen Aufgaben nicht mehr dazu kommt" (ebd.).

Bis hierher wurde die aufwändige strukturell-funktionale Organisation beschrieben, die geschaffen wurde, um die Tagesschau jeden Tag aufs Neue mit Nachrichten füllen zu können. Wie diese große Maschinerie im Alltag funktioniert, wie sich die rund sechzigköpfige Redaktion der Tagesschau all dieser technischen und personellen Ressourcen bedient, wie die Produktion der Sendungen operational organisiert wird, das soll im folgenden Kapitel untersucht werden. Die organisatorischen Abläufe sollen dabei unter dem Gesichtpunkt betrachtet werden, wie sie sich auf den Content der Tagesschau auswirken – auf ihre Bilder, ihre Themen, ihre Dramaturgie, ihren Beitrag für die mediale Konstruktion der Wirklichkeit.

4 Empirischer Teil

4.1 Operationale Organisation – Einführung

Philip Schlesinger (1978) beobachtete in den siebziger Jahren mehrere Monate lang die Arbeit der BBC-Nachrichtenredaktion und gewann dabei folgenden Eindruck:

> „Teil der beruflichen Mythologie bei Nachrichtenjournalisten ist der feste Glaube, Nachrichten kämen irgendwie ohne Organisation zu Stande. Nachrichten seien das Ergebnis sich wiederholender Zufälle und nicht etwa eine erzwungene Ordnung im chaotischen Durcheinander verschiedenartigster, oft zusammenhangloser Ereignisse und Themen. Insofern ist es nicht überraschend, dass Nachrichtenleute, die einen ersten Entwurf dieser Studie lasen, erstaunt darüber waren, dass sich ihr Tun als Arbeit mit System beschreiben lässt, wobei eine Reihe festgelegter Routinen zum Einsatz kommen. Das gipfelte in folgendem Kommentar eines Nachrichtenjournalisten: ‚Es ist überraschend zu entdecken, dass es hier einen großen Plan gibt‘“ (ebd., 47).

Dieser „große Plan“, den es nicht nur bei der BBC, sondern auch bei der Tagesschau gibt, soll beschrieben werden. Jener Plan, nach dem die Nachmittags-Ausgaben der Tagesschau konzipiert und produziert werden. Das Augenmerk wird dabei auf die organisatorischen Aspekte gelegt. Überprüft werden soll die aus dem *Ilmenauer Ansatz* abgeleitete Leitfrage:

> **Inwieweit beeinflusst das Organisatorische den Content?**

4.1.1 Ilmenauer Ansatz

Schon Ronneberger (1971, 41) wies auf den Zusammenhang zwischen Technik, Organisation und Inhalt hin. „Was ausgesagt wird und wie etwas ausgesagt wird, bestimmt sich nach den Regeln und Gesetzen des technisch-industriellen Vollzugs". Klimsa hat diesen Grundgedanken im Ilmenauer Ansatz präzisiert und erweitert. Nach Klimsa beeinflussen sich die drei Bereiche Technik, Organisation und Content wechselseitig. Soll ein bestimmter Content – zum Beispiel Fernsehnachrichten – generiert werden, sind dazu eine bestimmte Technik und eine bestimmte Organisation nötig. Die gegebene Technik und die vorhandene Organisation machen bestimmte Formen von Content möglich, andere werden dadurch verhindert. Will man die Einschränkungen minimieren, ist möglicherweise eine andere oder zusätzliche Technik nötig – zum Beispiel mehr Übertragungsfahrzeuge. Und auch die redaktionelle Organisation muss möglicherweise geändert werden. Vielleicht sind weitere oder anders qualifizierte Mitarbeiter nötig oder es bedarf anderer Arbeitszeiten. Dieser wechselseitige Einfluss setzt sich spiralförmig immer weiter fort. Technischer Fortschritt macht plötzlich eine neue Art von Content möglich oder nötig, die Organisation muss dem angepasst werden. „Dieser Zusammenhang ist komplex und wird von weiteren Einflussgrößen (Gesellschaft, Politik, Wirtschaft usw.) beeinflusst" (Klimsa/Schneider 2006, 2). Abbildung 9 stellt die verschiedenen Einflussgrößen bei der Content-Entstehung und den spiralförmigen wechselseitigen Einfluss von Content, Technik und Organisation grafisch dar. Um den Wechselwirkungen auf die Spur zu kommen, hält Klimsa einen ganzheitlichen Forschungszugang für effektiv. Dies bedeute aber nicht, „dass man alle Elemente des Modells gleichzeitig bzw. vollständig untersuchen muss. Ausblendungen und Fokussierungen sind stets unvermeidbar, manchmal sogar notwendig" (ebd.).

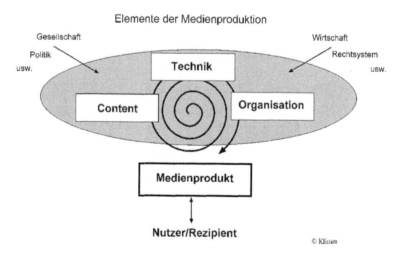

Abbildung 9:   Klimsa-Modell „Content, Technik und Organisation". Quelle: Paul Klimsa

Für die vorliegende Arbeit erschien es sinnvoll, sich auf den Faktor „Organisation" zu konzentrieren, wobei technische Aspekte immer wieder anklingen. Durch weitere Forschung ist es dann möglich, so Klimsa, „die fehlenden Elemente zu erfassen und hinzuzufügen, womit sich eine fruchtbare Fortführung, Ergänzung bzw. Revision der Forschungsbemühungen ergibt" (ebd.).

Um herauszufinden, wie das Organisatorische wirkt, ist es erforderlich, in jene von Donsbach (2005) erwähnte „Blackbox" zu schauen, die zwischen Input und Output liegt. „Wir kennen die beteiligten Faktoren und manchmal die Input-Output-Beziehungen des Nachrichtenprozesses, aber wir wissen nicht so gut, was in der Blackbox passiert" (ebd., 164). Der Einfluss des Organisatorischen auf den Content spielt sich genau hier, in der Blackbox, ab. Der Versuch, Licht in dieses Dunkel zu bringen, lohnt sich, denn: „Der mit Abstand wichtigste Teil der Journalismusforschung ist (...) die Erklärung, wie Medieninhalte zustande kommen, weil diese Medieninhalte für einen zunehmenden Teil der Wirklichkeit unser einziges Fenster zur Welt sind" (ebd., 160).

4.2   Beschreibung der Methode

Wie aber lässt sich die inhaltliche Konsequenz organisatorischer Abläufe, organisatorischer Strukturen und alltäglichen organisierenden Handelns aufspüren? Inhaltsanalysen reichen dafür nicht aus. Auch das Instrument der Befragung hätte im vorliegenden Fall nicht zum Ziel geführt, da Befragte „oft nicht in der Lage (sind), ihr eigenes Verhalten richtig zu beschreiben und wiederzugeben" (Lamnek 2005, 552). Es kann eine Diskrepanz entstehen „von Real- und Verbalverhalten, unter der insbesondere Interviews leiden. Oftmals werden im Interview Angaben gemacht, die dem tatsächlichen Verhalten der Person nicht entsprechen" (Friedrichs/Lüdtke 1973, 20). Außerdem werden oft „Sachverhalte (...) durch den Befragten durch selbstverständliches Handeln gelöst, sind ihm aber nicht bewusst, also mit Fragen nur schwer fassbar" (ebd., 21).

Obwohl es – zumindest in der Tagesschau-Redaktion, wie diese Arbeit zeigen wird – einen Zusammenhang zwischen Organisation und Content gibt, spielt dieser Aspekt bei der journalistischen Ausbildung und bei der beruflichen Sozialisation keine Rolle. Unter Nachrichtenjournalisten ist es buchstäblich kein Thema und so lange „über eine Sache keine Kommunikation stattfindet (...), gibt es diese Sache als soziale nicht" (Lamnek 2005, 40). Befragungen als ausschließliche Forschungsmethode hätten somit aller Wahrscheinlichkeit nach wenig zum Erkenntnisgewinn beigetragen.

4.2.1   Teilnehmende Beobachtung

Angesichts dieser Einschränkungen wird schließlich als Methode die „teilnehmende Beobachtung" gewählt, die „in ihrer Anwendung mit anderen Methoden,
wie etwa Befragung und Inhaltsanalyse verschränkt" (Lamnek 2005, 552) wurde.
Esser, der zwei britische und eine deutsche Redaktion analysiert und verglichen
hat, schreibt: „Vor allem für die Erforschung redaktioneller Abläufe und Entscheidungen hat sich die teilnehmende Beobachtung als wertvoll erwiesen" (Esser 1998, 40). Pürer weist darauf hin, dass die wissenschaftliche Beobachtung in
der empirischen Kommunikationswissenschaft eher selten eingesetzt wird. „Eine
Ausnahme bildet (…) die Redaktions- und Kommunikatorforschung (…)" (Pürer
2003, 565). Die Tatsache, dass teilnehmende Beobachtungen zeitaufwendig und
damit im Normalfall teuer sind, dürfte mit ein Grund für den seltenen Einsatz
dieses Instrumentes sein (vgl. Rühl 1979, 31). Manfred Rühl hat zum Beispiel
fünf Monate in jener Zeitungsredaktion verbracht, die er untersuchte (vgl. ebd.,
28). Und noch etwas kommt hinzu: Nicht jede Redaktion duldet einen Forscher
in ihren Räumen (vgl. Fußnote ebd., 31).

Für diese Arbeit bot sich eine Form der teilnehmenden Beobachtung an, bei
welcher der Beobachter eine Rolle innerhalb des Ablaufes übernimmt, wobei er
sich auf der gleichen Ebene wie die anderen bewegt (vgl. Friedrichs/Lüdtke 1973,
19 f.). „Das heißt: der Beobachter hat grundsätzlich eine hohe Chance, an den
typischen Handlungen (…) seines Feldes teilzunehmen" (ebd., 20). Pürer (2003)
unterscheidet dabei zwischen aktiv und passiv teilnehmender Beobachtung.

4.2.1.1   Teilnehmende Beobachtung aktiv/passiv

Bei der *passiven* Variante ist der Beobachter zwar physisch anwesend, greift aber
nicht, in welcher Form auch immer, in die Abläufe ein. Er versucht, jedweden
verzerrenden Einfluss zu vermeiden und gleichzeitig soviel Information zu sammeln wie möglich. Im Fall der *aktiv* teilnehmenden Beobachtung „befindet sich
der Beobachter innerhalb der zu beobachtenden Gruppe und nimmt an ihren
Interaktionen teil, während er seine Beobachtungen aufzeichnet. (…) Bei einer
aktiv teilnehmenden Redaktionsbeobachtung schlüpft der Beobachter selbst in
die Rolle eines Redakteurs, arbeitet in der Redaktion mit und beobachtet
zugleich" (ebd., 563).

4.2.1.2 Erhebungsbedingungen

Der Verfasser dieser Dissertation nahm an der Arbeit der Tagesschau-Redaktion als Moderator der Nachmittags-Ausgaben teil. „Eine besonders gute Möglichkeit der Beobachtung", so Lamnek (2005, 576), „ist die Teilnahme am Gruppen- und Gemeinschaftsleben als echtes Mitglied (...), bspw. durch eine berufliche Eingliederung als Kollege" (2005, 576). Durch die Vertrautheit langjähriger Zusammenarbeit konnte eine Reaktivität, also „die Gefahr einer Störung des sozialen Feldes und damit evtl. eine Modifikation des Verhaltens durch das Wissen um die Anwesenheit eines Forschers" (ebd., 561) weitgehend vermieden werden.

Beobachtungen und Dialoge wurden entweder sofort oder spätestens innerhalb der nächsten halben Stunde am Bürocomputer notiert, der ohnehin zum Arbeitsplatz gehört und der auch sonst, in Nicht-Forschungsphasen, stets zum Verfassen von Texten genutzt wird. Diese Arbeitsweise war außerordentlich hilfreich, denn gerade das Dokumentieren in der Beobachtungssituation ist normalerweise so augenfällig und offensichtlich, dass es den Beobachteten nicht verborgen bleibt (vgl. ebd.) und damit zu Reaktivität betragen kann. Auch die Teilnahme an Konferenzen und die hierbei gemachten handschriftlichen Notizen blieben für die übrigen Teilnehmer im Rahmen des Gewohnten und führten deshalb zu keinerlei Irritationen.

4.2.1.3 Nähe-Distanz-Problematik

Als weiteres Problem teilnehmender Beobachtung gilt die Gefahr schwindender Distanz, das so genannte „going native". Der Forscher überidentifiziert sich im Laufe der Zeit mit der Gruppe, die er untersucht. Es entsteht „das Risiko, Maßstäbe und Verhaltensmuster der Akteure auf Kosten der eigentlichen Beobachtungsaufgaben zu übernehmen" (ebd., 39). In der Ethnografie und in der Kulturanthropologie – Bereiche, in denen die Methode der teilnehmenden Beobachtung häufig angewandt wird (vgl. ebd., 35) – ist diese Gefahr sicher größer als bei der Beobachtung einer Redaktion. Außerdem kann eine zu große Distanz auch zu Fehleinschätzungen und damit zu falschen Ergebnissen führen. Insofern wird von manchen Methodikern (vgl. Girtler 1992) ein enger Kontakt zum Forschungsbereich durchaus als Vorteil gesehen. Objektivität resultiere gerade daraus, dass die Distanz aufgegeben und der Forscher für die Alltagswirklichkeit empfänglich werde. „Das Entscheidende scheint hier darin zu bestehen, inwieweit der Forscher fähig ist, bewusst sowohl Identifikation als auch Distanz in den jeweiligen Arbeitsphasen herzustellen (...)" (Lamnek 2005, 39).

Die Nähe-Distanz-Problematik hat weitere Facetten. „Mit zunehmender Vertrautheit nimmt die Aufmerksamkeit und mit dieser die Zuverlässigkeit der Beobachtung ab" (ebd., 557). Mit anderen Worten: Durch zu große Vertrautheit wird manches als selbstverständlich angesehen und gar nicht mehr registriert, obwohl es für den Erkenntnisgewinn wichtig wäre. Dieses Problem zeigte sich bei der teilnehmenden Beobachtung für die vorliegende Arbeit von einer ganz anderen Seite. Durch die Konzentration auf die organisatorischen Zusammenhänge erschienen mit einem Mal Handlungsweisen und Routinen in einem völlig neuen Licht.

4.2.1.4   Beobachtungssituation

Lamnek wie auch Friedrichs/Lüdtke warnen vor zu großen Beobachtungsfeldern. Hierfür sei die Methode der Beobachtung ungeeignet. Stattdessen solle man sich auf kleine Gruppen stützen, „die in ihrem Verhalten auf bestimmte, lokal abgrenzbare Räume reduziert sind. (…) Letztlich kann nur so weit beobachtet werden, wie die Kapazität der menschlichen Augen und Ohren reicht" (Lamnek 2005, 553). Sinnvoll sind nach Friedrichs/Lüdtke solche Untersuchungsobjekte, die „a) relativ wenige verschiedene Situationen enthalten, b) relativ wenige Personen bzw. relativ ähnlich handelnde Personen einschließen und c) relativ abgeschlossen gegenüber anderen Situationen sind" (1973, 34).

Bei der teilnehmenden Beobachtung in der Tagesschau-Redaktion waren diese methodischen Forderungen erfüllt. Die Arbeit findet vorwiegend im jeweiligen, von der Redaktion selbst so bezeichneten „Newsroom" statt. Zusammen mit den Sekretärinnen sind in keiner Schicht mehr als 13 Leute beschäftigt. Die Handlungs- und Zeitabläufe sind trotz von Tag zu Tag unterschiedlicher personeller Besetzung ähnlich. Da alle Informationen über operational-organisatorische Details beim Chef vom Dienst einlaufen, war er für die Beobachtung besonders wichtig. Der Moderator der Tagesschau-Ausgaben um 12, 14, 15 und 16 Uhr sitzt im „Newsroom 2" (Abb. 10) dem CvD mit Blick- und Hörkontakt in nur zwei Metern Abstand direkt gegenüber.

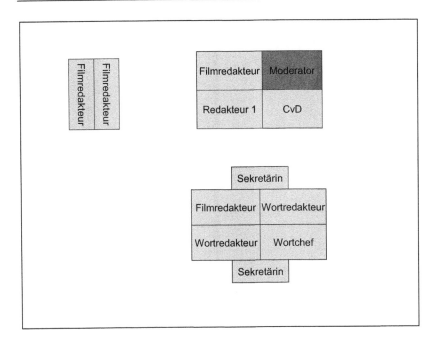

Abbildung 10: Sitzanordnung im Newsroom 2.

Im „Newsroom 1" (Abb. 11), wo die „Tagesschau um fünf" und die 20-Uhr-Ausgabe produziert werden, hat der Moderator beide CvDs seitlich rechts in Hör- und Blickweite. Auf Grund dieser Sitzordnung war die Dokumentation gut möglich. Friedrichs/Lüdtke (1973, 36) weisen darauf hin: „Je günstiger die strategische Position der Beobachterrolle – d.h. einer Rolle, von der aus ein möglichst unbeschränkter Zugang zu den relevanten Situationen gegeben ist und durch die das Feld möglichst wenig verändert wird –, desto leichter ist es, relevante Informationen im Feld zu erhalten". Hinzu kam noch ein weiterer Vorzug: Der Moderator wird grundsätzlich von der Redaktion über alle Veränderungen informiert. Außerdem kann er an seinem Computer alle Planungsschritte der Redaktion verfolgen. Er verfügt in seinem Nachrichtensystem außerdem über alle einlaufenden Agenturmeldungen. Der Feldarbeit war diese umfassende Versorgung mit Informationen in hohem Maße dienlich.

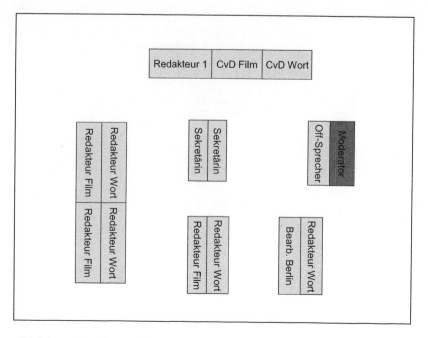

Abbildung 11: Sitzanordnung im Newsroom 1.

4.2.1.5   Vorgehensweise

Die gesamte Herangehensweise war primär qualitativ orientiert. Nicht als Hypothesen prüfendes, sondern Hypothesen generierendes Verfahren. Der Wahrnehmungstrichter wurde dabei, wie von Lamnek empfohlen, weit offen gehalten, „um auch unerwartete und dadurch instruktive Informationen" (Lamnek 2005, 21) bekommen zu können. Diese Offenheit und Flexibilität hat nach Lamnek den Vorteil, dass neue Punkte zur Beobachtung im Verlauf der Untersuchung dazu genommen werden können, dass man sich in neue Richtungen bewegen kann, an die man zuvor gar nicht gedacht hatte. „Die Flexibilität der explorativen Vorgehensweise bedeutet nicht, dass die Untersuchung richtungslos vonstatten ginge; aber es bedeutet, dass der Blickwinkel zunächst weit ist und erst im Verlauf der Untersuchung fortschreitend zugespitzt wird" (ebd., 25).

4.2.1.6   Narratives Interview

Möglichst große Flexibilität und Offenheit wurde auch bei allen Informationsgesprächen gewahrt. Lediglich mit den Inlands- und Auslands-Korrespondenten wurden halbstrukturierte Interviews geführt, damit bestimmte Kategorien der strukturell-funktionalen Organisation vergleichbar erhoben werden konnten. Ergänzend wurde bei den Korrespondenten das Instrument des narrativen Interviews genutzt. Es lässt den Befragten im Gespräch mehr Gestaltungsmöglichkeiten und „kann zu differenzierteren Einsichten führen" (ebd.).

Die teilnehmende Beobachtung für diese Arbeit unterlag jedoch, das soll nicht verschwiegen werden, auch Einschränkungen. Die Beobachtung erfolgte während der Dienstzeit, während aktuelle Sendungen vorbereitet wurden. Die Konzentration hatte vorrangig den anstehenden Tagesschau-Ausgaben zu gelten. Manches mag hierdurch der Aufmerksamkeit des Beobachters entgangen sein. Hinzu kommt: Die Organisation von Fernsehnachrichten erfolgt nicht nur in der Redaktion, sondern sie erfolgt in besonderem Maße auch draußen bei den Reportern und Korrespondenten. Der überspielte Bericht, das zu Stande gekommene Live-Interview ist das Ergebnis einer erfolgreichen Organisation im Außenbereich. Content-relevante Faktoren in diesem Vorfeld entziehen sich naturgemäß einer teilnehmenden Beobachtung, die in der Redaktionszentrale stattfindet. Allerdings wurden, wann immer dies möglich war, Reporter und Korrespondenten, aber auch Redakteure in den Zulieferredaktionen oder in der Planungsredaktion bei ARD-aktuell um ergänzende Informationen gebeten.

Jeden Vormittag gegen elf Uhr besucht der Moderator die so genannte „Maske", in der er optisch auf die Sendungen vorbereitet wird. Während dieser zehn- bis fünfzehnminütigen Phase war keine Präsensbeobachtung möglich. Ebenso wenig wie zehn Minuten vor und während jeder Sendung. In dieser Zeit befindet sich der Moderator im Studio. Er wird währenddessen allerdings funktionsbedingt über alle wichtige Veränderung informiert. Wichtig erscheinende Vorgänge konnte deshalb hinterher erfragt und auf diese Weise rekonstruiert werden. In der Summe eine vielfach subjektive und manchmal vielleicht auch zufällige Vorgehensweise, die strenger wissenschaftlicher Methodik sicher nicht immer in vollem Umfang entsprach. Hier sei jedoch auf Paul Feyerabend (1986, 21) verwiesen, der die nicht ganz so strikte Anwendung des wissenschaftlichen Regelwerks sogar als Voraussetzung für den Fortschritt bezeichnet. Eine Reihe große Entdeckungen seien nur deshalb gemacht worden, schreibt er, „weil einige Denker sich entweder *entschlossen*, nicht an gewisse ‚selbstverständliche' methodologische Regeln gebunden zu sein, oder weil sie solche Regeln *unbewußt* verletzten. Diese liberale Praxis (...) ist nicht bloß eine *Tatsache* der Wissenschaftsgeschichte. Sie ist sowohl vernünftig als auch *schlechthin notwendig* für den Erkenntnisfortschritt" (kursiv im Org.).

Und der Erkenntnisfortschritt ist gerade im thematischen Bereich dieser Arbeit gefordert. „Die Aufgabe künftiger Forschungsarbeiten wird es sein, die Einflussfaktoren, die journalistische Wirklichkeitskonstruktionen bestimmen, konkreter und umfassender zu beschreiben", schreibt Bernhard Pörkensen (2004, 346) und empfiehlt, „die methodischen Varianten durchzudeklinieren" und so durch ein „Changieren zwischen den Untersuchungsperspektiven und den unterschiedlichen Forschungsmethoden (…) die Fülle möglicher Einflüsse in den Blick zu bekommen" (ebd.). Zum Beispiel die Einflüsse des Faktors „Organisation". Um diese Einflüsse herauszufinden – und es gibt eine ganze Reihe davon – wurden über hundert Interviews geführt. Es wurden alle Nachmittagsausgaben der Tagesschau während einer Woche im September 2006 inhaltlich untersucht und es wurde eine teilnehmende Beobachtung vorgenommen zwischen September 2005 und September 2006. Im Folgenden die Darstellung der Eindrücke und Ergebnisse. Zunächst soll beschrieben werden, wie die tägliche Produktion bei der Tagesschau operational organisiert ist, wie das Zusammenspiel zwischen zuliefernden Reportern und Korrespondenten, zwischen der Planungsredaktion und dem Sendeteam funktioniert und welche Stellen innerhalb der Organisation den Content maßgeblich beeinflussen.

4.3   Beobachtungsstationen

4.3.1   *Planungsredaktion*

Beginnen wir dort, wo die Themen der Tagesschau organisational geboren werden – in der Planungsredaktion von ARD-aktuell. Diese wurde am 14. September 2006, einem Donnerstag, vom Verfasser dieser Arbeit besucht. Die räumliche Anordnung von Planungsredaktion, Nachrichtenräumen („Newsroom") und Studios ist Abbildung 11 zu entnehmen.

4.3.1.1   Wochenplanung

Jeweils donnerstags treffen von den ARD-Zulieferredaktionen und den Auslandsbüros die Themenvorschläge für die kommende Woche ein. Per Fax, E-Mail oder Telefon erreichen sie die Planungsredaktion in Hamburg. Das Material wird von den beiden Planungsredakteuren der Morgenschicht gesichtet. Ein Redakteur ist an diesem Donnerstag zuständig für das Inland, eine Redakteurin für das Ausland. Aus der Vielzahl der Angebote selektieren die beiden das, was sie für geeignet und interessant halten. Die Planungsredakteurin antwortet auf die Frage, nach welchen Kriterien sie auswählt: „Ich überlege mir dabei nicht, welche Nachrichtenfaktoren ein Thema hat. Ich entscheide das ganz intuitiv". Vom eintreffenden Gesamtmaterial bleiben, so schätzten mehrere Planungsredakteure unabhängig voneinander, etwa 20 Prozent übrig. Aus diesen zwanzig Prozent entsteht das Themengerüst der Tagesschau für die folgende Woche.

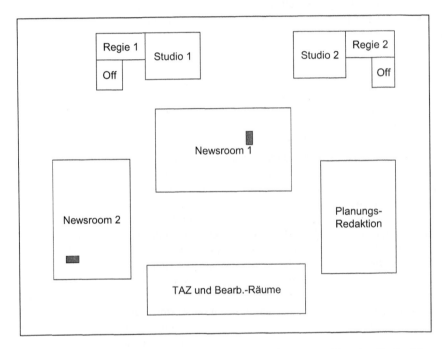

Abbildung 12: Lageplan der Funktionsräume. Schwarz markiert ist die Position des teilnehmenden Beobachters während der Sendungs-Vorbereitung.

Solche Vorplanung erfordert Wissen über zukünftig stattfindende Ereignisse. Die Basis jeder planbaren Berichterstattung sind deshalb Termine. Die Planungsredaktion selbst verschafft sich einen Überblick mit Hilfe der dpa-Terminvorschau. Die dpa-Termine sind gegliedert in Vorschau Inland, Vorschau Ausland, Vorschau Wirtschaft, Vorschau Vermischtes, Gedenktagekalender, Monatskalender, Monatschronik, Jahreschronik, Jahresvorschau. Die jeweilige Vorschau führt die

Termine für einen ganzen Monat auf. Jede einzelne Vorschau umfasst bis zu zwanzig Seiten. Jeder Termin ist darin präzise mit Datum, Uhrzeit und Ereignisort angegeben. In der „Vorschau Inland. Vom 16. September bis zum 15. Oktober 2006, Stand: 13. 09. 2006" lautet zum Beispiel der erste Eintrag: *„Kongress der Grünen-Bundestagsfraktion zur Zukunft der ländlichen Regionen in Deutschland, u.a. mit Grünen-Fraktionsvorsitzendem Fritz Kuhn und der agrarpolitischen Sprecherin Cornelia Behm".* Der Kongress beginnt um 10 Uhr und findet im Marie-Elisabeth-Lüders-Haus statt, Schiffbauerdamm 30, Nordallee, Raum 3.101 (vgl. Deutsche Presseagentur 2006a, 1).

Der letzte Eintrag unter dem Datum 15.10.2006 hat zufällig auch mit den Grünen zu tun. Es handelt sich um den *„Abschluss Landesparteitag der bayerischen Grünen"* in 92637 Weiden ab 9 Uhr in der Max-Reger-Halle, Dr.-Pfleger-Str. 17 (vgl. ebd., 16). Dazwischen zum Beispiel der „Beginn Herbstklausur der Landtags-CSU" auf Kloster Banz (ebd., 3) oder der „Bundesrat, mit Beratungen des Haushaltsentwurfs 2007" (ebd., 8). Die Vorschau Inland enthält allerdings nicht nur politische Termine. Verzeichnet werden auch die Pressekonferenz „Deutscher Kinderschutzbund zur Situation der 200 000 armen Kinder in der Hauptstadt" (ebd., 5). Verzeichnet werden der „Internationale Klimakongress des Energiekonzerns EnBW" (ebd.), die „Fortsetzung der Hauptverhandlung gegen mutmaßliche „El Kaida"-Terroristen" im Düsseldorfer Oberlandesgericht um 9 Uhr 15 im Kapellenweg 36 (ebd.) oder die „Eröffnungsveranstaltung zur Islamismus-Ausstellung des Bundesamtes für Verfassungsschutz" (ebd., 14). Oder ein Beispiel aus der „Vorschau Wirtschaft", ebenfalls für den Zeitraum vom 16.09. bis 15.10.2006: *„Pk zum Konjunkturbericht 2006/07 des Rheinisch-Westfälischen Instituts für Wirtschaftsforschung (RWI)".* Die Pressekonferenz findet am 19. September um 11 Uhr im Institutsgebäude, Hohenzollernring 1-3 statt (Deutsche Presseagentur 2006b, 2).

Die Vorschau Ausland wiederum nennt die Termine der „Parlamentswahl in Thailand", der „Präsidentschaftswahlen in Ecuador" oder der Sitzung „EU-Verkehrs-, Telekom- und Energierat" (vgl. Deutsche Presseagentur 2006c, 5). In der Vorschau Vermischtes/Modernes Leben erfahren die Abonnenten des dpa-Dienstes wiederum, wann und wo Christie's die weltweit größte Barbiepuppen-Sammlung versteigert (Deutsche Presseagentur 2006d, 8), wann der Totschlagsprozess gegen die Mutter der beiden eingemauerten toten Babys von Altenburg fortgesetzt wird (ebd.) oder der 58. Urologen-Kongress stattfindet (ebd., 4).

Wie erfährt die Deutsche Presseagentur von all diesen Terminen? Martin Bialecki (2006), Leiter des dpa-Bundesbüros in Berlin, sagt: „Unsere Inlandstermine werden mit Hilfe eines Computerprogramms verwaltet. Das Programm heißt ‚Plato', was für ‚Planung – Termin – Organisation' steht. Plato speichert alle Termine, die wir von den Pressestellen der Ministerien oder der Gerichte, über persönliche Kontakte, von Veranstaltern oder von unserer eigenen Dokumentation erhalten. Plato speist die Termine dann in die jeweiligen Vorschau-Ressorts ein, gegliedert nach Monats-, Wochen- und Tagesvorschau". Die dpa-Dokumentation steuere vor allem Jahres- und Gedenktage sowie die Hinweise auf sich wiederholende Ereignisse bei. Die Auslandstermine werden auf ähnliche Weise gesammelt. Die offiziellen politischen Termine werden in der Regel, sagt Gerd-Rainer Neu (2006) von dpa „direkt von den Staatskanzleien oder Ministerien mitgeteilt. Wir haben in aller Welt Büros. Alle amtlichen Stellen sind gebeten und gehalten, alle offiziellen Mitteilungen an uns weiterzugeben. Wir sieben aus der Fülle dieser Informationen das aus, was wir für besonders interessant und wichtig halten. Das fließt dann in unsere Terminvorschau ein". Vieles im Bereich „Ausland" komme auch von großen internationalen Organisationen. „Die UN zum Beispiel geben sowohl in New York wie in Genf einen Konferenzkalender mit bevorstehenden Terminen heraus" (ebd.).

Auch die ARD-Auslandsbüros und die Zulieferredaktionen im Inland arbeiten mit solchen Terminen. Sie greifen auf Terminmaterial von Agenturen wie dpa zurück oder auf eigene Termininformationen. Vera Schmidberger (2006), die Leiterin der Zulieferredaktion ARD-aktuell beim SWR in Mainz erklärt, wie sie aus Terminen ihre Themenvorschläge für Hamburg entwickelt: „Wenn ich sehe, da wird in der kommenden Woche über ein Rauchverbot in Gaststätten diskutiert, dann biete ich zum Beispiel ein Hintergrundstück an über ein Restaurant in Mainz, in dem völliges Rauchverbot herrscht und das dabei steigende Umsätze hat". Das Hauptstadtstudio Berlin wiederum bietet nicht den ergänzenden Hintergrundbericht, sondern die terminbasierte Regelberichterstattung an, genauso wie die Auslandsbüros.

Für die operationale Organisation sind Termine und detaillierten Angaben über Ort und Zeit außerordentlich hilfreich: Der Reporter, der berichten soll, weiß genau, wohin er, sein Team und seine SNG fahren müssen und in welchem Raum die Technik aufgebaut werden muss. Und die Planungsredaktion kann auf Grund der präzisen Zeitangaben abschätzen, für welche Sendungen Berichte und Live-Interviews möglich sind. Für die Planungsredakteure hat das terminbasierte Ereignis noch einen weiteren Vorteil: Der Termin ist gleichzeitig der aktuelle Anlass. „Ich muss sagen können", so eine Planungsredakteurin „die Sache findet zum Beispiel am Mittwochvormittag statt. Dann kann ich das Ereignis den Sendungen zuordnen und die Leitungen bestellen. Ein Thema ohne diesen Anlass schimmelt vor sich hin. Wenn's dumm läuft, sendet es keiner" (Steffen 2006).

4.3.1.2   Wochenkonferenz

Die jeweils am Donnerstagnachmittag ausgewählten Themen für die kommende Woche werden von den Planungsredakteuren in den Redaktionscomputer eingetragen, nach Tagen geordnet und aufgeteilt nach Inland und Ausland. Am Donnerstagabend um 18 Uhr findet dann die große Wochenkonferenz statt. Sie wird vom Zweiten Chefredakteur geleitet, der für die thematische Gesamtplanung von ARD-aktuell zuständig ist. Weitere Teilnehmer dieser Konferenz sind der Leiter der Planungsredaktion, ein Chef vom Dienst des Tagesschau-Sendeteams, jeweils ein Chef vom Dienst des Nachtmagazins und der Tagesthemen sowie ein Dutzend Planungsredakteure, die für Tagesschau, Tagesthemen und Nachtmagazin zuständig sind. Gleich zu Beginn der Konferenz werden die Themen für die Tagesschau von Samstag der laufenden Woche bis zum Freitag der nächste Woche besprochen. Die beiden Planungsredakteure, die zuvor den Wochenplan erstellt haben, gehen mit dem Vertreter des Sendeteams gemeinsam die Themen der kommenden Woche durch. Jeder Tag wird einzeln besprochen. Erst trägt der Inlandsplaner vor, danach der Auslandskollege. Am Schluss ergänzt ein dritter Planungsredakteur, der Sportplaner, die vorhersehbaren sportlichen Ereignisse.

Der Vortrag wird über weite Strecken nicht unterbrochen, die Themen werden durch Nicken akzeptiert. Beim Themenvortrag für Montag sagt die Inlandsplanerin: „Der MDR Leipzig bietet einen Bericht an über den Lebensmittelchemiker-Tag. Auf dem wird's um Gammelfleisch gehen. Das wäre wahrscheinlich spannend, aber ich bin mir nicht sicher, ob wir das mitkriegen. Wir sind ziemlich voll an dem Tag". Der Sende-CvD schüttelt den Kopf. „Kriegen wir sicher nicht mit". Daraufhin die Planerin: „Gut, dann streichen wir das". Die Planungsprogramme für Montag bis Freitag sind dicht gefüllt, teilweise stehen bis zu 16 Themen und Termine für einen Tag auf der Liste. Lediglich der Dienstag ist zum Zeitpunkt dieser Donnerstagskonferenz mit nur fünf vorhersehbaren Ereignissen noch etwas spärlich bestückt. Nach knapp vierzig Minuten sind die Themen für die Tagesschau durchgesprochen. Was nicht gestrichen wurde, wird am nächsten Tag von der Planung bei den jeweiligen Zulieferredaktionen oder Auslandsstudios fest bestellt. Alle Beteiligten haben damit ausreichend Vorlauf für die operationale Organisation der Berichterstattung.

Schlesinger (1978) beschrieb sehr ähnliche Abläufe bei der BBC. Auch hier fand die Konferenz für die Wochenplanung jeweils am Donnerstag statt. „Der Inlandsplaner geht die Themenliste für die kommenden sieben Tage durch und versucht, die Geschichten den Senderedakteuren zu ‚verkaufen'. Die Diskussionen sind eine Mischung aus nachrichtlicher Einschätzung und organisatorischen Überlegungen" (ebd., 71). Die Wochenplanung bei der BBC wurde in zwei getrennten Konferenzen durchgeführt. Die eine beschäftigte sich nur mit dem Inland, die andere nur mit dem Ausland. „Der Planungschef Ausland sagt, diese Konferenz ‚ist für uns die Chance einzuschätzen, was die Sendeleute interessiert und was nicht. Ohne diese Klarheit machen wir nichts'. Auslandsberichterstattung ist – besonders beim Fernsehen – sehr teuer" (ebd.).

Auch bei ARD-aktuell wird versucht, nur die Beiträge zu bestellen, die auch gesendet werden können. Das gilt nicht nur für Auslands-, sondern auch für Inlandsberichte. Planungsredakteurin Christine Bauer (2006) sagt: „Wann immer ich etwas bestelle und produzieren lasse, kostet das richtig viel Geld. Es wäre deshalb fahrlässig, einfach auf Verdacht Themen einzukaufen". Bei ihrer Entscheidung spielen auch strukturell-funktionale Faktoren eine Rolle. „Wenn ein Studio personell und technisch sehr gut ausgestattet ist und auch kurzfristig ein Thema realisieren kann, bin ich eher bereit zusagen. Im Prinzip wollen wir das, sage ich dann, aber lasst uns noch warten bis wir die Nachrichtenlage genau kennen. Aber es gibt Auslandsbüros, die haben kein eigenes Team und kein eigenes Studio. Denen muss ich frühzeitig Bescheid sagen, damit sie alles organisieren können. Sobald die anfangen, kostet das aber sofort Geld. Da bin ich natürlich sehr vorsichtig. Im Zweifel sage ich lieber nein".

4.3.1.3   Bedeutung der Planungsredaktion

Die Planungsredakteure sind im Rahmen von ARD-aktuell das, was Shoemaker (1991, 73) in ihrem Gatekeeping-Modell als „boundary role persons for inputs" bezeichnet (vgl. 2.2.6). Sie sind diejenigen, die an der Eingangs-Grenzstelle sitzen und darüber entscheiden, ob ein Thema überhaupt Zugang zum System bekommt. Eine Planerin sagt: „Wenn ich ein Thema nicht weitergebe, ist das Thema tot". Und umgekehrt: „Was die Wochenplanung überlebt, kommt in aller Regel auch in die Sendung".

> Die Planungsredaktion ist bei ARD-aktuell die organisatorisch erste Stelle, die einen beträchtlichen Einfluss auf den späteren Content der Tagesschau hat.

Die Planungsredakteure der Tagesschau arbeiten in zwei Schichten. Die erste Schicht ist ab 8 Uhr morgens im Haus, diese Sicht dauert bis 15 Uhr 30. Um 13 Uhr kommt die zweite Schicht. Die zeitliche Überlappung ist nötig, damit Informationen weitergegeben werden können und die Spätschicht ausreichend Zeit hat, sich mit der Nachrichtenlage vertraut zu machen. Die Spätschicht endet gegen 20 Uhr 30. „Die Frühschicht ist die wichtigere", sagt Planungs-CvD Kai

Wessel (2006), „denn am Vormittag werden die Tagesschau-Themen endgültig festgezurrt".

Die Tagesplanung ist ebenfalls aufgeteilt in Inland und Ausland. Insgesamt sind für die Tagesschau sechs Planungsredakteure tätig. Die Planungsarbeit während der Frühschicht verzahnt sich mit den Vorbereitungen des Sendeteams. Vor der großen Tageskonferenz, die um 10 Uhr 30 stattfindet, gibt es, so ein Sende-CvD, „informell-kollegiale Gespräche" mit den Planungsredakteuren. Der CvD: „Ich sehe mir die Agenturmeldungen durch, ich habe die Zeitungen gelesen und die Hörfunknachrichten verfolgt. Das vergleiche ich mit dem, was auf dem Planungszettel steht. Wenn mir da was fehlt, dann rede ich mit der Planung darüber. Die kümmern sich dann darum". Diese Gespräche laufen meist über Telefon in der Zeit zwischen 8 Uhr 30 und 10 Uhr. Anhand des vorliegenden Planungsprogramms erstellt der CvD zusammen mit seinem Ersten Redakteur einen ersten Ablaufplan der „Tagesschau um zwölf".

4.3.2 Konferenzen

4.3.2.1 Zehn-Uhr-Dreißig-Konferenz

An jedem Werktag um 10 Uhr 30 findet die große Abstimmungskonferenz statt, intern nur „die Zehndreißig" genannt. Sie dauert in der Regel zwischen zwanzig und dreißig Minuten und wird im Hauptkonferenzraum von ARD-aktuell im ersten Stock abgehalten. Die Teilnehmer sitzen an einem großen, lang gestreckten schwarzen Tisch, der an seinen Kopfseiten abgerundet ist. Im Raum befindet sich ein Telefon, über das die Runde jederzeit erreichbar ist, außerdem ein Nachrichtencomputer, damit Eilmeldungen auch während der Konferenz bemerkt werden. An der Sitzung nehmen meist beide Chefredakteure teil. Außerdem der Chef vom Dienst der Sendungen 12, 14, 15 und 16 Uhr sowie der Wortchef und der Erste Redakteur (R 1) dieser Schicht. Anwesend ist auch einer der beiden Chefs vom Dienst der Sendungen 17 und 20 Uhr und zwar derjenige, der an diesem Tag „den Punkt hat". Weitere Teilnehmer sind die Planer Inland und Ausland sowie der Chef der Planung und der Moderator der Tagesschau-Ausgaben 12 bis 17 Uhr. Auch ein Kollege der Redaktion von „tagesschau.de" wohnt der Sitzung bei. Hier wird in institutionalisierter Form der Nachrichtentag koordiniert.

Die Konferenz beginnt nach einer kurzen Begrüßung durch den Ersten Chefredakteur mit dem Vortrag des Inlandsplaners. Er oder sie referiert die Themen, die auf dem Planungszettel aufgeführt sind und gibt Zusatzinformationen. Diese Informationen sind inhaltlicher und technischer Natur. Warum zum Beispiel bestimmte Überspielungen erst später als erhofft möglich sind, ob mit

Videotelefon gearbeitet werden muss, welche Live-Gespräche möglich sind, wo ein Beitrag aus zeitlichen Gründe nicht möglich ist und durch ein Korrespondenten-Gespräch ersetzt werden muss. Dieser Vortrag wird immer wieder durch Nachfragen der CvDs und der Chefredakteure unterbrochen. Das Inlands-Referat dauert zwischen sieben und zehn Minuten.

Anschließend referiert der Auslandsplaner. Die Abläufe und der zeitliche Umfang sind ähnlich wie beim Inlandsvortrag. Im Anschluss daran tragen die CvDs beider Schichten vor, welche Themen sie ihren jeweiligen Sendungen vorgesehen haben. Dabei werden auch Zweifel oder Unsicherheiten artikuliert und die Runde um Entscheidungshilfe gebeten. Die Konferenz diskutiert in solchen Fälle das Problem, am Ende stehen in aller Regel verbindliche Einschätzungen und Entscheidungen. Die Konferenz sorgt für eine konsensualisierte thematische Bewertung innerhalb der Tagesschau-Redaktion. Das gilt allerdings nur für vorhersehbare Themen. Bei unerwartet auftretenden Ereignissen gelten andere Regeln. Doch dazu weiter unten mehr.

Die Planungsredakteure werden in der Sitzung beauftragt, Interviewpartner anzufragen, auf die sich die Runde soeben verständigt hat, oder den Reportern draußen die Vorgaben der Konferenz zu übermitteln. Im Rahmen der Sitzung werden auch ganz neue, noch nicht geplante Themen angesprochen, zuweilen rekurrierend auf Zeitungs- oder Hörfunkberichte vom Morgen. Wenn die Runde überzeugt werden kann, findet ein solches Thema Eingang ins Programm.

4.3.2.2   Zwölf-Uhr-Fünfzehn-Konferenz

Direkt nach der „Tagesschau um zwölf" treffen sich beide Teams, die Nachmittagsschicht und die Abendschicht, im Nachrichtenraum II, wo die „Tagesschau um fünf" und die Hauptausgabe produziert werden. Im vorderen Teil des Raumes steht ein großer, ellipsenförmiger Tisch. An ihm wird stehend konferiert, um die Konferenzen während der laufenden Arbeit kurz zu halten. Auch an dieser Konferenz nimmt in der Regel ein Chefredakteur teil, ebenso die Planungsredakteure Inland und Ausland, häufig auch der Chef der Planung. Das Treffen dauert zwischen acht und 15 Minuten. In einer kurzen Manöverkritik wird zunächst die gerade ausgestrahlte Tagesschau-Ausgabe bewertet. Danach verlässt die Nachmittagsschicht den Raum, um die nächste Sendung vorzubereiten.

4.3.2.3   Fünfzehn-Uhr-Konferenz

Die Fünfzehn-Uhr-Konferenz findet nicht um Punkt 15 Uhr statt, sondern um 15 Uhr 10, nach Ende der 15-Uhr-Tagesschau. Konferiert wird am gleichen Ort und in gleicher Zusammensetzung wie um 12 Uhr 15. Die für die „Tagesschau um fünf" und die „Zwanzig Uhr" zuständige Abendschicht ist mit ihren beiden Chefs vom Dienst vertreten. „Der mit dem Punkt" trägt alle Themen vor, die auf dem vorläufigen Sendeablauf für 17 und 20 Uhr stehen. Technische und inhaltliche Aspekte werden hierbei erwähnt. Auch bei diesem Treffen wird die Runde, wenn erforderlich, um Einschätzungen und Rat gebeten.

> Auf den täglichen Redaktionskonferenzen werden die thematischen Bewertungen abgeglichen. Dort werden Themen verworfen und neue Themen beschlossen. Die Konferenzen als Teil der operationalen Organisation haben dadurch direkten Einfluss auf den Content.

4.3.3   Sendeteam

Wer entscheidet in letzter Instanz, was gesendet wird? Wer bestimmt abschließend den Content, der den Rezipienten erreicht? Bei der Tagesschau haben im normalen Tagesgeschäft die CvDs das letzte Wort. Sie sind, wie Philip Schlesinger (1978, 65) schon vor knapp 30 Jahren bei der BBC beobachtete, „die dominierende Figur im Nachrichtenraum". Sie werden bei der BBC auch respektvoll „God of the day" genannt – Gottvater vom Dienst (ebd., 56). Der Chef vom Dienst ist der Chef des Sendeteams. Das Sendeteam für die Ausgaben zwölf bis einschließlich 16 Uhr besteht neben dem CvD aus einem Ersten Redakteur, R 1 genannt, einem Wortchef, zwei Wort- und vier Filmredakteuren sowie zwei Sekretärinnen. Das Sendeteam für die Ausgaben 17 und 20 Uhr ist personell ähnlich bestückt, mit einer Ausnahme. Der Wortchef in dieser Schicht ist im Range eines CvD. Der Dienstplan legt mit einem winzigen Punkt neben dem Namenskürzel fest, wer im Zweifel das letzte Wort hat (vgl. 3.3.3.3).

4.3.3.1   Alpha/Beta-Gatekeeper

Die Beobachtungen für diese Arbeit ergaben, dass die Sende-CvDs der Tagesschau im Normalfall die finale Entscheidungskompetenz besitzen. Sie sind die „boundary role persons for outputs" (Shoemaker 1991, 73, vgl. 2.2.6) und sie sind in der Nachrichtenkette die α-Gatekeeper. Sie bestimmen im Rahmen der operationalen Organisation, was den Rezipienten erreicht und was nicht. Alle anderen in der Nachrichtenkette, so legen die Beobachtungen bei der Tagesschau nahe, sind β-Gatekeeper. Selbst die negative Entscheidung eines β–Gatekeepers bedeutet nicht das definitive Aus für eine Meldung. Die modernen Nachrichtensysteme besitzen in aller Regel Mehrfachstrukturen. Der Einfluss der Gatekeeper auf den Zwischenstationen ist dadurch begrenzt. McNelly (1959) beschrieb vor fast 50 Jahren den Weg einer Auslandsnachricht beginnend beim Ereignis über verschiedene Gatekeeper-Stationen hinweg bis hin zum Rezipienten (vgl. 2.2.4). Jeder Gatekeeper in der Kette könne die Nachricht verändern oder ihre Weitergabe verhindern. Jeder könne den Nachrichtenfluss komplett stoppen. Das ist heute anders. Durch redundante Strukturen sind „kommunikative Bypässe" entstanden.

Abbildung 13 zeigt einen Teil jener vielen Kanäle, über die heute Nachrichten vom Ereignis zum Rezipienten gelangen. Alle wichtigen Ereignisse werden von konkurrierenden Nachrichtenagenturen parallel wahrgenommen, bearbeitet und weitergeleitet. Sollte eine Agentur ein Thema tatsächlich anders bewerten und nicht verbreiten, kommt die Meldung über die verbleibenden Kanäle in die Redaktion. Der Korrespondent im skizzierten Beispiel erfährt möglicherweise noch einmal direkt von seinem Producer oder einem Informanten von den Geschehnissen. Er verfügt zusätzlich über das Material der Agenturen. Auch bei der Planungsredaktion von ARD-aktuell (Planung TS) laufen alle Informationen ein. Durch computerbasierte Nachrichtensysteme sind alle Informationen an allen Stellen zeitgleich verfügbar. Die Informationen erreichen den Korrespondenten vielfach genauso schnell wie die Planungsredaktion von ARD-aktuell und das Sendeteam der Tagesschau, an dessen Spitze der CvD steht. Die Entscheidungen der einzelnen β–Gatekeeper sind deshalb von eingeschränkter Bedeutung. Fehlentscheidungen werden auf Grund der vielen Nachrichtenverbindungen neutralisiert. Deswegen geht normalerweise keine Nachricht unter. Das entscheidende Gate befindet sich deshalb am Ende des Nachrichtenflusses, wo abschließend über die Veröffentlichung entschieden wird. Der Sende-CvD ist deshalb der α-Gatekeeper.

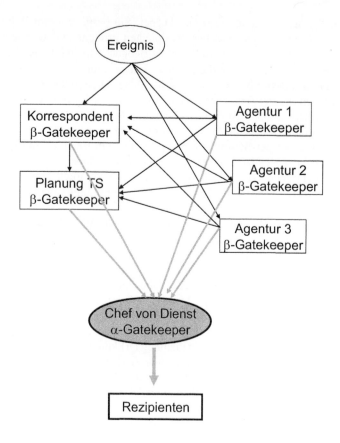

Abbildung 13: Die informationelle Vernetzung zwischen α- und β-Gatekeepern.

Die große Entscheidungskompetenz bezieht sich in erster Linie auf den Aktualisierungsprozess. Wenn Ereignisse unerwartet auftreten, dann entscheidet in der Regel der CvD, ob, wie und in welchem Umfang berichtet wird. Er genießt dabei weitgehende Freiheiten, denn „die journalistische Aussagenproduktion lässt sich zeitlich und sachlich nicht präzise planen und regeln, sie ist mit Risiken und Unsicherheiten behaftet und ständigen Umwelteinflüssen ausgesetzt" (Altmeppen 1999, 177). Nur in Ausnahmefälle informiert und konsultiert der CvD die Chefredakteure. Der Sende-CvD kann die Sendung bis zur letzten Minute noch umbauen und aktualisieren. „Redaktionsschluss ist am Ende der Sendung", so ein CvD.

> Der Chef vom Dienst des Sendeteams besitzt bei der Tagesschau im Rahmen der operationalen Organisation die finale Entscheidungskompetenz. Er hat damit den potentiell größten Einfluss auf den Content.

Bei vorhersehbaren Ereignissen und geplanter Berichterstattung sind die Kompetenzen des Sende-CvD allerdings korsettiert. Hier spielen Planungsredaktion und Konferenzen die entscheidenden Rollen. Eine Studie von Sasser und Russell (1972) bestätigt diese Beobachtung. Danach kommen die prominenten und wichtigen Themen in allen Medien gleichermaßen vor und werden auch von allen ähnlich präsentiert. Bei den weniger wichtigen Themen macht sich dagegen der Einfluss der jeweiligen Journalisten stärker bemerkbar. Bei ARD-aktuell werden unterschiedliche Bewertungen und Vorgehensweisen der CvDs vor allem bei Crime-Themen evident.

Bei einem spektakulären Kindermord berichtete ein Tagesschau-CvD in seiner Ausgabe darüber, ein anderer erwähnte den Fall in seinen Sendungen mit keinem Wort. „Das ist ein Mord mit privatem Hintergrund. Darüber muss man nicht berichten", so die Begründung. Die Chefredaktion will keine verbindliche Regelung für solche Fälle vorgeben, denn, so der Erste Chefredakteur Kai Gniffke in einer Sitzung „jeder Fall ist anders gelagerte. Das lässt sich nicht generell festlegen". Entscheidungen in diesem Bereich hängen deshalb häufig von den persönlichen Dispositionen des jeweiligen CvDs ab, was in der Redaktion so auch akzeptiert wird.

Bei der politischen Berichterstattung sind die Regeln dagegen erkennbar streng. Politische Präferenzen dürfen bei Themenselektion und Sendungsgestaltung keine Rolle spielen. Am 18. November 2005 wurde in Berlin der Koalitionsvertrag zwischen CDU/CSU und SPD unterschrieben. Die Unterzeichnung wurde in der Tagesschau um zwölf live gezeigt, ergänzt um kurze Ausschnitte aus den vorangegangenen Reden der Parteichefs. Da die Rede von CSU-Chef Stoiber aus technischen Gründen nicht rechtzeitig vorlag, wurde sie nach anderen Themen am Ende der Sendung, unmittelbar vor dem Wetterbericht, noch nachgereicht. In der Nachbesprechung war man sich einig, dass hierdurch der Sendungsablauf erheblich durcheinander geraten sei. Der CvD verteidigte seine Entscheidung damit, man habe nicht einfach einen der drei Koalitionspartner mit seiner Aussage unterschlagen können. „Das war nicht schön, aber nötig, um den Zuschauern ein Bild der politischen Ausgewogenheit und Neutralität zu vermitteln".

4.4   Content der Tagesschau

Die Selektionsinstanzen von ARD-aktuell haben wir bis hierher kennen gelernt. Aber wie sieht der Content der Tagesschau aus? Über welche Inhalte wird berichtet? – Beginnen wir mit dem ganz Allgemeinen. Schlesinger (1978) fand während seiner Beobachtungen bei der BBC heraus, dass Fernsehnachrichten zu einem erstaunlich großen Teil aus geplanten Themen bestehen. „Die Nachrichten, die wir an einem bestimmten Tag sehen, sind keineswegs so überraschend wie uns der journalistische Mythos weismachen will. Die Dinge dieser Welt sind stattdessen auf die Bedürfnisse eines medialen Produktionssystems zugeschnitten, das in vielerlei Hinsicht bürokratisch organisiert ist" (ebd., 47). Und weiter: „Fernsehnachrichten werden im Rahmen eines festen Tagesablaufes produziert. (Dabei) verlässt man sich (…) in hohem Maße auf Planung. Hierdurch entsteht ein Routineprogramm aus vorhersehbaren Themen und Geschichten. Dieses Routineprogramm befriedigt die Grunderfordernisse der täglichen Produktion" (ebd., 79).

Diese Feststellung bedeutet in der Konsequenz, dass das Organisationale die Spielregeln vorgibt nach denen Content selektiert und produziert wird. Sollte das so auch auf die Tagesschau zutreffen, wäre das die folgenreichste Auswirkung des Organisatorischen auf den Content. Das Organisationale akzentuierte die Nachrichtengebung.

Um feststellen zu können, wie hoch der Anteil vorhersehbarer Ereignisse in den Tagesschau-Ausgaben am Nachmittag ist, wurden alle Nachmittagsausgaben einer Sendewoche daraufhin untersucht. Es war die Woche, die sich an den Besuch der Planungsredaktion anschloss – die Woche zwischen Montag, dem 18. September 2006 und Freitag, dem 22. September 2006. Durch die zeitliche Abfolge war es besonders gut möglich, Planung und späteres Sendeergebnis in Bezug zu setzen.

4.4.1   Kategorien der Aktualität

Um die Berichterstattung aufschlüsseln zu können nach vorhersehbar und nicht vorhersehbar, nach geplant und nicht geplant, wurden die zu Grunde liegenden Nachrichtenereignisse nach den Kategorien unterschieden, die in Abbildung 14 dargestellt sind.

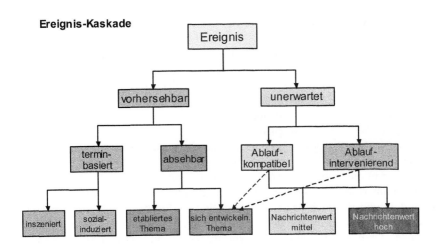

Abbildung 14: Schema der Aktualitäts-Kategorien.

4.4.1.1 Vorhersehbare Ereignisse

Die Hauptkategorie „vorhersehbares Ereignis" lässt sich unterteilen in terminbasierte und absehbare Ereignisse.

Terminbasierte Ereignisse sind vorhersehbare Ereignisse, deren Ereigniszeitpunkt feststeht. Ereignisse, die in den Terminübersichten aufgeführt sind. Solche terminbasierte Ereignisse lassen sich weiter untergliedern in *sozialinduziert* und *inszeniert.*

Sozialinduzierte Ereignisse mit feststehendem Termin sind zum Beispiel Wahlen, Parlamentsdebatten, Weltwirtschaftsgipfel, Staatsbesuche, Prozesse, wissenschaftliche Kongresse, Fachmessen, die monatliche Mitteilung der Arbeitslosenzahlen. Solche Ereignisse sind Ausfluss der Lebenswirklichkeit, sie sind durch das gesellschaftliche Leben bedingt, also sozialinduziert. Medienresonanz ist bei solchen Ereignissen durchaus erwünscht, aber nicht Hauptzweck. Kepplinger/Habermeier (1995, 373 ff.) sprechen in diesem Zusammenhang von „mediated events" (mediatisierte Ereignisse). Sie würden „in den meisten Fällen wahrscheinlich (auch) ohne Beteiligung der Medien stattfinden, (bekommen jedoch) allein durch die Tatsache der Berichterstattung einen Eigencharakter" (Weichert 2006, 157). Da die Medien in diesen Fällen nicht die Hauptrolle spielen, soll hier der Begriff „sozialinduziert" beibehalten werden. (Die Begriffe

„Induktion" und „induziert" führte Bentele (1999) im Zusammenhang mit „PR-induziert" ein).

Bei inszenierten Ereignissen steht dagegen das Erzielen medialer Aufmerksamkeit im Mittelpunkt. Solche inszenierten Ereignisse sind vor allem Pressekonferenzen und Interviews, aber auch spektakuläre Aktionen von Umweltschützern. Das Ereignis hat vor allem den Sinn, die Medien zur Berichterstattung zu animieren. Bei Kepplinger/Habermeier (1995) sind das „staged events", bei Bentele (1993) „Pseudoereignisse".

Absehbare Ereignisse sind Ereignisse, deren Herannahen erkennbar ist. Der Ereigniszeitpunkt steht allerdings nicht genau fest. Diese Kategorie lässt sich aufteilen in die Rubriken *etabliertes* und *sich entwickelndes Thema*. Kepplinger (2001) unterscheidet zwischen Themen und Ereignissen. Ereignisse sind bei ihm „zeitlich und räumlich begrenzte Geschehnisse. Sie besitzen (...) einen erkennbaren Anfang und ein absehbares Ende" (ebd., 119). Themen dagegen sind „Zustände, deren Anfang und Ende nicht absehbar sind" (ebd., 120). Diese Unterscheidung ist plausibel, für unsere Zwecke jedoch nicht nötig. Deshalb werden in dieser Arbeit die Begriffe Ereignis, Geschehnis und Thema synonym gebraucht. Was jeweils genau gemeint ist, erschließt sich aus dem Zusammenhang.

Etablierte Themen sind im Inland beispielsweise die Gesundheitsreform oder im Ausland der Nahost-Konflikt. Nach Tuchman (1973/74, 115) sprechen Nachrichtenjournalisten dann von einem etablierten oder eingeführten Thema, wenn „zum selben Thema eine ganze Serie von Berichten erscheint, weil dieses Thema über einen gewissen Zeitraum hinweg immer wieder auftaucht". Solche etablierten Themen können nach Staab (1990, 225) „in der Regel durch einzelne Begriffe charakterisiert werden, die sich auf zentrale Ereignisse (z.B. Bundestagswahl, Intervention der USA in Grenada, Regierungssturz, Flick-Spenden) beziehen, Probleme benennen (z.B. Arbeitslosigkeit, Firmenpleiten, Ausländerdiskriminierung, Parteienfinanzierung) oder Sachbereiche bezeichnen (z.B. Wirtschaftspolitik, Ausländerpolitik, Mittelamerikapolitik)". Die Medien beobachten solche Themenfelder kontinuierlich. Neue Entwicklungen kommen deshalb nicht überraschend und können operational-organisatorisch gut umgesetzt werden.

In die Rubrik „sich entwickelnde Themen" gehören Hurrikane, deren Laufbahn und Entwicklung die Meteorologen zwar abschätzen können, doch wo und wann genau der zerstörerische Wirbelsturm das Festland erreicht, weiß niemand verlässlich vorherzusagen. Redaktion und Reporter treffen operational-organisatorische Vorkehrungen, um jederzeit berichten zu können. Oder: Nach heftigen Vorwürfen steht der Rücktritt eines Politikers bevor. Die Anzeichen verdichten sich, die Medien bereiten sich darauf vor, doch wann genau die Rücktrittserklärung kommt, ist nicht bekannt. Oder: Bei den Tarifverhandlungen steht eine Einigung bevor – offen ist nur, ob noch während der Nacht oder erst in zwei

Tagen. Auch angekündigte Kriege wie der Afghanistan- oder der Irakkrieg gehören in diese Kategorie. Man weiß, dass es einen Militärschlag geben wird, die Frage ist nur, wann genau die Angriffe beginnen.

Sich entwickelnde Themen sind auch solche, die zunächst unerwartet auftreten. Nach einer Phase der Überraschung wird daraus mit weiter eintreffenden Informationen und mit beginnender Routinisierung der Berichterstattung ein sich entwickelndes Thema (vgl. Tuchman 1973/74, 114 f.). In der Abbildung oben weisen deshalb gestrichelte Pfeile vom Bereich „unerwartet" zur Rubrik „sich entwickelndes Thema".

4.4.1.2   Unerwartete Ereignisse

Die Kategorie der unerwarteten Ereignisse – Kepplinger/Habermeier (1995) sprechen von „genuine events" – lässt sich aufgliedern in Ereignisse, die Ablauf-intervenierend oder Ablauf-kompatibel bekannt werden.

Ablauf-intervenierend eintreffende Nachrichten sind Geiselnahmen, Entführungen, Terroranschläge, Massaker, Flugzeugabstürze, Explosionsunglücke, Erdbeben, Tunnelbrände und anderes mehr. Die Nachricht von solchen Ereignissen trifft zu einem Zeitpunkt ein – kurz vor oder während einer Nachrichtensendung – der es erfordert, den geplanten Programmablauf zu ändern. Bei sehr hohem Nachrichtenwert initiieren solche Ereignisse zusätzliche Sondersendungen. Aus einer Ablauf-Intervention wird in manchen Fällen eine regelrechte Ablauf-Perturbation (vgl. 4.7).

Ablauf-kompatibel eintreffende Nachrichten gehen auf die gleichen Geschehnisse zurück, die gerade aufgeführt wurden. Sie werden jedoch zu einem Zeitpunkt bekannt, der eine geordnete operationale Organisation der Berichterstattung möglich macht. Beiträge und Schaltgespräche können im Rahmen der normalen Abläufe eingeplant und realisiert werden.

4.4.2   Aktualitätsanalyse der Tagesschau

Nachfolgend sollen die Ausgaben der Tagesschau um 12 Uhr, 14 Uhr, 15 Uhr, 16 Uhr und 17 Uhr daraufhin untersucht werden, wie hoch der Anteil vorhersehbarer Ereignisse in den jeweiligen Sendungen ist und wie hoch der Anteil unerwarteter Ereignisse. Damit soll überprüft werden, ob und inwieweit organisatorische Erfordernisse den Content der Tagesschau beeinflussen. Die beobachteten Abläufe werden zum Teil tagebuchartig wiedergegeben. Hierdurch sollen organisationale Faktoren bei der Nachrichtenproduktion erkennbar gemacht werden.

Wenn im Folgenden von *Wortmeldungen* die Rede ist, sind damit Nachrichten gemeint, die vom Moderator vorgetragen werden mit einer Illustration im Hintergrund. Bei einer *Nachricht im Film (NiF)* wird das Ereignis in einem 25 und 40 Sekunden langen Film dargestellt, der Text wird vom Off-Sprecher verlesen. Eine *Fließmaz* besteht zum einen Teil aus einer Wortmeldung, zum anderen aus einer „Mini-NiF", wobei der Text durchgehend vom Moderator gesprochen wird. Mit *Beitrag* oder *Bericht* sind Filmbeiträge gemeint in einer Länge zwischen 60 und 100 Sekunden, wobei die Standardlänge 80 Sekunden beträgt. *Live-Schalte* oder *Live-Interview* bedeutet, dass sich der Gesprächspartner an einem anderen Ort, also nicht im Studio, befindet und über eine Bild-Ton-Leitung, meist eine Satellitenleitung, zugeschaltet ist.

Die erste untersuchte Sendung war die „Tagesschau um zwölf" am Montag, dem 18. September 2006.

4.4.2.1   Tagesschau-Ausgaben am 18.09.2006

Das Wochenplanungs-Programm, das der Planungskonferenz am Donnerstag, dem 14. September 2006 vorgelegt worden war, nannte für diesen Montag siebzehn Ereignis-Positionen. Fünf davon waren absehbar, zwölf waren terminbasiert. Da am Sonntag, dem 17. September 2006 in Berlin und Mecklenburg-Vorpommern sowie in Schweden gewählt worden war, nahm die Nach-Wahlberichterstattung einen erheblichen Teil des Wochenplanungsprogramms für Montag ein. Von den siebzehn Themenpositionen des Wochenprogramms wurden zwölf in das aktualisierte Tages-Planungsprogramm vom 18. September 2006 übernommen. Auch das Tagesprogramm beinhaltet – aber das ist Zufall – siebzehn Positionen.

Ganz oben steht, wie schon im Programm der Wochenplanung, die Nach-Wahlberichterstattung. Während es im Wochenplanungsprogramm nur hieß *„Wahlnachlese (Schönenborn live f. 12 u. 2)"*, enthält das Tagesprogramm weitere operational-organisatorisch wichtige Angaben. So ist die Handy-Nummer des Schaltpartners Jörg Schönenborn angegeben und die Zeit, ab der Vorgespräche möglich sind. Das Tagesprogramm spiegelt auch einen veränderten Schwerpunkt der Nach-Wahlberichterstattung wider: Während das Donnerstagsprogramm noch Reporter-Berichte über die Wahlen aus Berlin und Schwerin vorsah, stehen die Geschehnisse dort im Tages-Planungsprogramm nur noch zur Beobachtung. Das bedeutet, Reporter sind eingeteilt und könnten auch jederzeit berichten, aber nur, wenn sich Nennenswertes ereignete. Nach dem guten Abschneiden der NPD in Mecklenburg-Vorpommern werden die bundespolitischen Reaktionen auf den Erfolg der Rechtsextremen als wichtiger erachtet. Im Donnerstagsprogramm standen die *„bundespolit. Reaktionen Wahlen"* als Punkt vier lediglich zur Beobachtung. Im Montagsprogramm stehen die Reaktionen bereits an zweiter Stelle. Das Thema wird von sechs Reportern des Hauptstadtstudios bearbeitet. Das Tagesprogramm nennt ihre Namen und teilt auch mit, welcher Reporter für welche Ausgabe berichten wird.

Neu im Tagesprogramm ist ein Bericht von Thomas Kreutzmann, ebenfalls aus dem Hauptstadtstudio, über die Forderung der SPD, mehr Geld in Jugendprojekte und Sozialarbeit gegen Rechts zu stecken. Das Thema wurde von Sendeteam und Planungsredaktion am Morgen gemeinsam initiiert. „Wir wussten, dass es dazu eine Sitzung des SPD-Präsidiums gab. Das stand donnerstags nur nicht auf dem Programm, weil wir noch nicht genau wussten, wie das in Mecklenburg-Vorpommern läuft", sagt Inlandsplanerin Carmen Jakobs (2006). „Durch den Wahlerfolg der NPD hatte das Thema plötzlich Brisanz", so der diensthabende Sende-CvD.

Ebenfalls neu im Tagesprogramm sind das *„Hochwasser Lahn-Dill-Kreis"* und ein Bericht von Afrika-Korrespondentin Birgit Virnich über *„Beginn Entsorgung Ölabfälle Elfenbeinküste"*. Das Hochwasser ist Folge eines schweren Unwetters, das „am Sonntagabend in Mittelhessen zu chaotischen Zuständen geführt" hat (AFP 2006a). Der Virnich-Bericht sollte schon am Sonntag gesendet werden, eine Überspielung per File Transfer scheiterte jedoch aus technischen Gründen. Eine aktualisierte Fassung ist nun für den Montag vorgesehen. Aus den Themen des Wochen- und Tagesprogramms sowie aus neu eintreffenden Meldungen entsteht die folgende Tagesschau um zwölf:

- Aufmacher sind die Wahlen in Berlin und Mecklenburg-Vorpommern. Mit grafischer Unterstützung werden die Ergebnisse referiert. Danach analysiert Jörg Schönenborn die Zahlen in einem Live-Schaltgespräch aus Berlin. Da die Zusammenfassung der Wahlergebnisse und die Wahlanalyse mit zwei Landtagswahlen in Beziehung stehen, deren Termine seit langem bekannt waren, ist dieser Teil der Sendung **„terminbasiert".**
- In einem Reporterbericht werden anschließend die beiden sozialdemokratischen Wahl-Sieger gezeigt, die in der Parteizentrale in Berlin den obligatorischen Blumenstrauß bekommen. Die Berichterstattung fällt ebenfalls in die Kategorie **„terminbasiert".**
- Der anschließende Beitrag über „Projekte gegen Rechtsradikale" geht auf einen Termin des SPD-Präsidiums zurück und steht in direktem Zusammenhang mit dem Landtagswahlergebnis. Auch der Bericht ist deshalb **„terminbasiert".**
- Es folgt eine Meldung zur Gesundheitsreform. Die Fachminister der Union hätten sich am Sonntagabend zu einer Sondersitzung getroffen und forder-

ten Nachbesserungen unter anderem beim geplanten Gesundheitsfonds. Da die „Gesundheitsreform" ein etabliertes Thema ist, war die Nachricht **„absehbar"**.

- Eine Nachricht im Film (NiF) zeigt die Fortsetzung der Sanierungsgespräche zwischen dem Volkswagen-Konzern und der IG-Metall. Der Gesprächstermin war bereits im Wochenprogramm verzeichnet, die NiF deshalb **„terminbasiert"**.
- Das Börsen-Schaltgespräch nach Frankfurt ist ein fester Bestandteil jeder „Tagesschau um zwölf". Da in diesen Schaltgesprächen ein etabliertes Thema besprochen wird – die Börsenentwicklung – wird dieser Teil der Sendung unter **„absehbar"** rubriziert.
- Die Nach-Wahlberichterstattung aus Schweden – dort wurde die Regierung abgewählt – ist wiederum **„terminbasiert"**.
- Aus dem Irak kommt die Nachricht, in Basra hätten „gut 500 Teilnehmer" (AFP 2006b) eine Entschuldigung des Papstes für sein islamkritisches Zitat gefordert. Ein Abbild Benedikt XVI. und deutsche Fahnen seien verbrannt worden. Die Meldung kam **„überraschend"** um 10 Uhr 20 und konnte deshalb **„Ablauf-kompatibel"** eingeplant werden.
- An der Elfenbeinküste haben Experten aus Frankreich damit begonnen, den von einer niederländischen Firma in Abidjan illegal abgeladenen Giftmüll zu entsorgen. Der Beitrag von Birigit Virnich ist ausweislich des Planungsprogramms frühestens für die „Tagesschau um fünf" verfügbar. In der Zwölf-Uhr-Ausgabe wird deshalb nur eine NIF gezeigt. Die Bilder stammen von Reuters TV und erreichten ARD-aktuell über die Eurovision. Da der Giftmüllskandal zu diesem Zeitpunkt ein sich seit Tagen entwickelndes Thema ist, fällt die NIF in die Kategorie **„absehbar"**.
- Die amerikanische Unternehmerin Anousheh Ansari startet als erste Weltraumtouristin ins All. Der Starttermin war bereits im Wochenplanungs-Programm aufgeführt worden, das Ereignis war **„terminbasiert"**.
- Das Unwetter in Hessen kam **„unerwartet"**. Da es bereits am Vorabend passierte, war die Berichterstattung in Form einer längeren Meldung mit Bildern, einer so genannten „Fließmaz" **„Ablauf-kompatibel"**.
- Der abschließende Wetterbericht ist fester Bestandteil der Sendung. Da das Thema Wetter etabliert ist, wird die Vorhersage unter der Kategorie **„absehbar"** verbucht.

Wie hoch denn Anteil terminbasierter, absehbarer und unerwarteter Ereignis in der „Tagesschau um zwölf" vom 18. September 2006 war, ist in Abbildung 15 grafisch dargestellt. Die einzelnen Sendungselemente wurden dafür nach Sekunden aufgeschlüsselt und den jeweiligen Kategorien zugeordnet. Bei Berichten oder Schaltgesprächen wurde die Länge des zugehörigen Moderationstextes addiert. Der Bericht von Thomas Kreutzmann über Projekte gegen Rechtsradikale war beispielsweise 77 Sekunden lang, hinzukamen 25 Sekunden Moderation. Das Thema wurde deshalb mit 102 Sekunden in der Kategorie „terminbasiert" verzeichnet. Die jeweiligen Sendesekunden wurden dem korrigierten Sendeablauf entnommen. Es sind die Zeiten, die während der Sendung in der Regie gestoppt wurden.

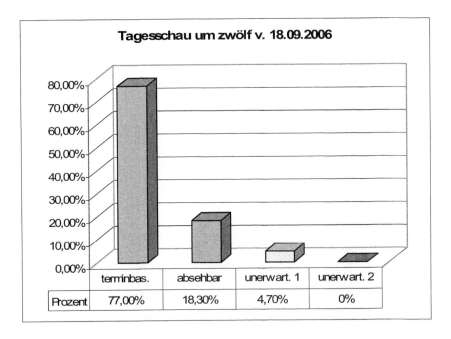

Abbildung 15: Verteilung der Aktualitätskategorien in der TS 12 v. 18.09.2006.

Die Sendung hatte mit insgesamt 15 Minuten und 12 Sekunden Überlänge. Abzüglich Anfangs- und Schluss-Fanfare sowie abzüglich Begrüßung und Verabschiedung blieben 893 Sekunden Netto-Sendezeit übrig. Davon gingen 688 Sekunden oder 77 Prozent der Berichterstattung auf terminbasierte Ereignisse zurück. 163 Sekunden oder 18,3 Prozent der Berichterstattung fielen in die Kategorie „absehbar". Nur 42 Sekunden oder 4,7 Prozent waren Nachrichten über unerwartet auftretende Geschehnisse. In der Grafik werden Ablauf-kompatible unerwartete Ereignisse als „unerwart. 1" und Ablauf-intervenierende Ereignisse als „unerwart. 2" bezeichnet.

Differenziert man nur zwischen den beiden Hauptkategorien „vorhersehbar" und „unerwartet", ergibt sich folgendes Bild:

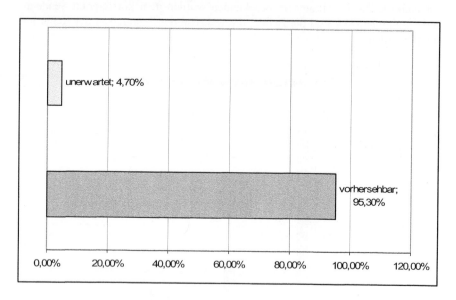

Abbildung 16: Vorhersehbare und unerwartete Ereignisse in der TS 12 v. 18.09.2006

Weniger als 5 Prozent der Sendezeit bezog sich demnach auf Ereignisse, die unerwartet auftraten. Zu über 95 Prozent war die Berichterstattung dagegen vorhersehbar und konnte deshalb operational gut organisiert werden. Auch die späteren Tagesschau-Ausgaben an diesem 18. September 2006 wurden nach dem oben beschriebenen Schema untersucht.

Tagesschau um 14 Uhr, 18.09.2006

Die Tagesschau um 14 Uhr hatte eine Netto-Sendezeit von 618 Sekunden. Das Aufmacher-Thema waren auch hier die Wahlen in Berlin und Mecklenburg-Vorpommern. Wieder wurden die Ergebnisse dargestellt und anschließend in einem Live-Interview mit Jörg Schönenborn analysiert. Es folgte ein aktualisierter Bericht über die Wahlsieger, danach ein ebenfalls aktualisierter Bericht über Projekte gegen Rechtsradikale. Auch über den Wahlausgang in Schweden wurde erneut berichtet. Danach kam eine Meldung über einen Selbstmordanschlag in Afghanistan, bei dem vier kanadische NATO-Soldaten getötet wurden (vgl. AP 2006a). Der Vorfall war unerwartet, fügte sich aber, da die Nachricht bereits um 12 Uhr 50 vorlag, in den Ablauf der Tagesschau um 14 Uhr ohne jede Irritation ein. Deshalb zählt diese Nachricht zur Kategorie „unerwartet 1", also „Ablauf-kompatibel".

Die nachfolgende NiF über die Demonstration von Allianz-Mitarbeitern gegen geplante Stellenstreichungen und Standortschließungen war erstmals im Programm. Der Termin stand bereits im Wochenplanungs-Programm, war also schon lange vorher bekannt. Ebenso wie die Sanierungsgespräche bei VW, über die um 14 Uhr – anders als in der Zwölf-Uhr-Ausgabe – nur in Form einer Wortmeldung berichtet wurde. Vor dem Wetter erneut Bilder von den Überschwemmungen in Hessen. Die Überflutungen waren diesmal nicht mehr unerwartet, sondern wurden, weil seit dem Morgen bekannt, in die Kategorie „absehbar" einsortiert. Das Verhältnis der Aktualitätskategorien stellt sich so dar: Bei der Tagesschau um 14 Uhr betrafen 548 Sekunden oder 88,7 Prozent der Berichtssekunden terminbasierte Ereignisse. 42 Sekunden oder 6,8 Prozent bezogen sich auf absehbare und 28 Sekunden oder 4,5 Prozent auf unerwartete Geschehnisse.

TS 14 v. 18.09.2006	terminbasiert	absehbar	unerwartet 1	unerwartet 2
Prozent	88,70%	6,80%	4,50%	0%

Oder in der vergröberten Analyse: Die Berichterstattung war zu 95,5 Prozent vorhersehbar und nur zu 4,5 Prozent unerwartet.

Tagesschau um 15 Uhr, 18.09.2006

Die Tagesschau um drei ist in der Regel die kürzeste Ausgabe aller Tagesschau-Sendungen am Nachmittag. Auch sie begann am 18. September 2006 mit den „terminbasierten" Landtagswahl-Ergebnissen, ergänzt durch einen Bericht über die Reaktion der Bundespolitik. Es folgte eine „absehbare" Meldung über die möglichen Regierungskonstellationen in den beiden Ländern Berlin und Mecklenburg-Vorpommern sowie eine NiF über Gedenkveranstaltung von CDU und CSU zur Vertreibung. Dieser Termin stand bereits im Wochenprogramm. Dann ein Wortmeldung: Die Bundeskanzlerin äußerte sich zur Gesundheitsreform und warnte Kritiker vor voreiligen Bewertungen. Wegen des etablierten Themas war der Inhalt der Meldung „absehbarer". Erneut gezeigt wurde eine aktualisierte NiF über die Proteste der Allianz-Mitarbeiter (terminbasiert). Gemeldet wurden die Gespräche bei VW (terminbasiert). Gezeigt wurden in einer NiF (absehbar) die Müll-Aufräumarbeiten an der Elfenbeinküste. Eine (terminbasierte) Meldung über den Wahlausgang in Schweden und eine (terminbasierte) NiF über den Sojus-Start mit der ersten Weltraum-Touristin an Bord. Am Schluss das (absehbare) Wetter. 312 Sekunden oder 76,0 Prozent der gesendeten Zeit bezogen sich auf terminbasierte und 99 Sekunden oder 24,0 Prozent auf absehbare Ereignisse.

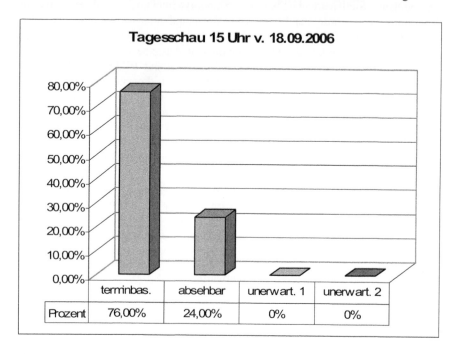

Abbildung 17: Verteilung der Aktualitätskategorien in der TS 15 v. 18.09.2006

Damit waren in dieser Ausgabe alle Themen terminbasiert oder absehbar. Es gab keine unerwarteten Ereignisse, über die berichtet wurde. Gleiches galt für die Ausgabe um 16 Uhr.

Tagesschau um 16 Uhr, 18.09.2006

Aufmacher sind auch hier die Wahlen, es folgt eine Meldung über das Echo auf den NPD-Erfolg in Mecklenburg-Vorpommern. Gesundheitsreform – Tarifverhandlungen VW – Demonstration der Allianz-Beschäftigten – Proteste im Irak gegen den Papst, diesmal als NiF mit Bildern von Reuters TV. Außerdem das Ergebnis der Wahl in Schweden und das Hochwasser in Hessen. 250 Sekunden oder 59 Prozent der Sendezeit beziehen sich auf terminbasierte Ereignisse, 174 Sekunden oder 41 Prozent auf absehbare Geschehnisse. Auch in dieser Sendung wird über kein unerwartetes Ereignis berichtet.

TS 16 v. 18.09.2006	terminbasiert	absehbar	unerwartet 1	unerwartet 2
Prozent	59 %	41 %	0 %	0 %

Tagesschau um fünf, 18.09.2006

Auch die Tagesschau um fünf beginnt mit den Ergebnissen der Landtags-Wahlen und einem Bericht über die politischen Reaktionen. Beides terminbasiert. Es folgen ein Beitrag, der den NPD-Erfolg analysiert und ein Live-Interview mit einem Extremismusforscher zu diesem Thema. Beides fällt in die Kategorie „absehbar", ebenso wie die darauf folgende Meldung zur Gesundheitsreform. Danach steht der Bericht von Birgit Virnich auf dem Programm, der schon am Sonntag hätte laufen sollen und deshalb „absehbar" war. Anschließend zwei Wortmeldungen: Der Wahlausgang in Schweden und die Ankündigung, dass die in Afghanistan stationierten 3000 Bundeswehrsoldaten zum besseren Schutz Schützenpanzer vom Typ Marder erhalten sollen. Diese Mitteilung ging zurück auf eine Konferenz „Sicherheitspolitik und Verteidigungsindustrie", die am selben Tag in Berlin im Beisein des Verteidigungsministers stattfand. Der Konferenztermin war bereits im Wochenprogramm aufgeführt. Die Nachricht war somit terminbasiert. Es folgen die (absehbare) Börsenschalte, die als Rubrik auch in der „Tagesschau um fünf" fest eingeplant ist, eine NiF über Start der ersten Weltraumtouristin ins All und ein ausführlicherer Bericht zum Hochwasser in Hessen. Da dieses Hochwasser bereits am Vorabend aufgetreten war, ein „absehbarer" Beitrag. Am Schluss die (absehbare) Wettervorhersage. Aufgeteilt nach Kategorien waren somit 259 Sekunden oder 29,8 Prozent der Nettosendezeit terminbasiert und 611 Sekunden oder 70,2 Prozent waren absehbar. Unerwartet war kein Ereignis, über das berichtet wurde.

| TS 17 v. 18.09.2006 | terminbasiert | absehbar | unerwartet 1 | unerwartet 2 |
| Prozent | 29, 8 % | 70, 2 % | 0 % | 0 % |

Rechnet man die Werte für alle fünf Nachmittags-Ausgaben zusammen, ergibt sich folgendes Bild (Abb. 18): 2057 Sekunden oder 66,1 Prozent der gesendeten Zeit bezogen sich auf „terminbasierte", 1089 Sekunden oder 32,0 Prozent auf „absehbare" Ereignisse. Der Anteil unerwartet auftretender Geschehnisse lag bei 1,9 Prozent.

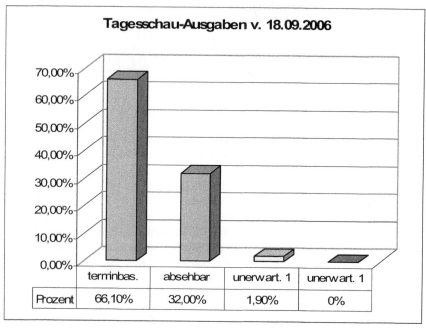

Abbildung 18: Aktualitätskategorien aller fünf TS-Ausgaben v. 18.09.2006 im Schnitt.

Noch eindrucksvoller ist das Bild, wenn nur die beiden Hauptkategorien „vorhersehbar" und „unerwartet" einander gegenüber gestellt werden:

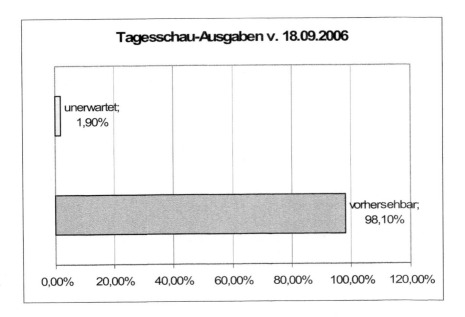

Abbildung 19:   Aufteilung nach Hauptkategorien in den fünf TS-Ausgaben v.
18.09.2006

Die Berichterstattung ging zu **98,1 Prozent** auf **„vorhersehbare"** Ereignisse
zurück, nur ein Anteil von **1,9 Prozent** bezog sich auf **„unerwartet"** eintreffende Nachrichten und Geschehnisse.

Bei der BBC, so beobachtete Schlesinger (1978, 69), wurde jeweils am Vortag ein Planungsvorprogramm geschrieben. 95 Prozent der dort aufgeführten
Themen hätten Eingang gefunden in das aktualisierte Planungsprogramm des
Tages. Und 70 Prozent des Tagesprogramms „werden am Ende in der einen oder
anderen Weise innerhalb der Sendungen verwendet" (ebd.). Bei der Tagesschau
wird das am Donnerstag der Vorwoche erstellte Programm kontinuierlich ergänzt und aktualisiert. Von den siebzehn Positionen, die am Donnerstag in der
Planungskonferenz vorgetragen wurden, fanden acht am Montag „in der einen
oder anderen Weise" Eingang in die Tagesschau-Ausgaben am Nachmittag. Als
Bericht, als reine Wortmeldung, als Nachricht im Film oder als Fließmaz. Das
heißt: Fast die Hälfte des Wochenprogramms war im gesendeten Programm
vertreten. Von den siebzehn Positionen des Tagesprogramms kamen an jenem
Montag im September zehn in den verschiedenen Tagesschau-Ausgaben vor.
Um die Validität des Zahlenmaterials zu überprüfen, wurden auch die Tages-

schau-Sendungen der folgenden Tage nach dem oben beschriebenen Muster analysiert.

4.4.2.2   Tagesschau-Ausgaben am 19.09.2006

Das wichtigste Ereignis an diesem Dienstag und deshalb auch der Aufmacher in vier der fünf Tagesschau-Ausgaben waren Unruhen in Ungarn. In der Nacht war es in Budapest zu schweren Zusammenstößen zwischen Gegnern der sozialistischen Regierung und der Polizei gekommen. Auslöser war ein den Medien zugespieltes Tonband gewesen, auf dem der Regierungschef mit dem Eingeständnis zu hören ist, man habe im Wahlkampf die Öffentlichkeit über den Zustand der Wirtschaft bewusst belogen. Bei den Auseinandersetzungen in der Nacht zum Dienstag waren mindestens 150 Menschen verletzt worden (vgl. AP 2006b). Dieses Ereignis kam für die Redaktion überraschend. Da es sich bereits in der Nacht ereignet hatte, konnte die Berichterstattung jedoch Ablauf-kompatibel organisiert werden.

Tagesschau um zwölf, 19.09.2006

Bei diesem Thema zeigte sich der Einfluss des Organisatorischen auf den Content deutlich. Der Sende-CvD der „Tagesschau um zwölf" sagte: „Natürlich würde ich jetzt gerne eine ergänzende Live-Schalte machen. Aber in Budapest haben wir im Moment noch niemanden. Wir müssten also nach Wien schalten, um über Vorgänge in Budapest zu sprechen. Das geht mir gegen den Strich". Wäre ein Reporter vor Ort gewesen, hätte die Tagesschau ausführlicher berichtet. So blieb es in der „Tagesschau um zwölf" bei einem Beitrag, den Brigitte Abold, die Studioleiterin in Wien fertigte. Für Abold war die Realisation des Berichts organisatorisch unproblematisch, Wien sei vorgewarnt gewesen. „Wegen der Sparpolitik in Ungarn gab es in letzter Zeit immer wieder Demonstrationen. Wir hatten das schon länger im Auge. Unsere Stringerin in Budapest beobachtete die Demonstrationen regelmäßig. Mit den Ausschreitungen kam jetzt natürlich der aktuelle Anlass und damit der Nachrichtenwert" (Abold 2006). Für ihren Beitrag konnte sie auf Bildmaterial der Eurovision, des ungarischen Privatfernsehens sowie auf Videomaterial zurückgreifen, das von der Stringerin in Budapest gedreht und nach Wien überspielt worden waren.

Die „Tagesschau um zwölf" beginnt mit diesem Bericht. Aus Berlin folgt dann ein Beitrag über die Bundestagsdebatte zum Libanon-Einsatz der Bundeswehr. Ein terminbasiertes Ereignis, das bereits im Wochenprogramm erwähnt worden war. In einem Schaltgespräch wird danach die Forderung von SPD und Gewerkschaften nach einem gesetzlichen Mindestlohn transportiert. Die Forderung kam in dieser Deutlichkeit überraschend, sie ging jedoch auf eine Sitzung des SPD-Gewerkschaftsrates vom Vorabend zurück. Dieser Termin hatte als Beobachtungsposten bereits auf dem Wochenplanungsprogramm für Montagabend gestanden. Die ersten Agenturmeldungen waren während der Nacht gekommen. Das Thema konnte auf Grund dieser Vorgeschichte mit einem Reporter des Hauptstadtstudios operational-organisatorisch ohne Schwierigkeiten umgesetzt werden. Da das Thema „Mindestlohn" seit längerem in der politischen Debatte und somit in den Nachrichten etabliert ist, wird das Schaltgespräch in die Kategorie „absehbar" eingeordnet.

Absehbar, weil ebenfalls zu einem etablierten Thema gehörig, war auch die Meldung über die Aussage von Sachsens Ministerpräsident Milbradt, die NPD dürfe nicht als Kurzfrist-Phänomen gesehen werden. Terminbasiert ist die anschließende NiF über den Bundespräsidenten, der am Vormittag den Normenkontrollrat berufen hatte. Der Termin stand auf dem Tages-Planungsprogramm. Der nachfolgende Beitrag über die stark rückläufigen Benzinpreise in Deutschland stand am frühen Vormittag kurzfristig zur Disposition. Am Vortag war der zwischenzeitlich tiefste Preis des Jahres erreicht worden. Für die Tagesschau wurde deshalb am Montag ein Reporterbericht zu diesem Thema in Auftrag gegeben. Doch am Dienstag war der Benzinpreis schon wieder leicht gestiegen. „Ich bin mir nicht sicher", sagt der Sende-CvD „ob wir da noch richtig liegen". In der 10 Uhr 30-Konferenz wird dann jedoch beschlossen, das Stück trotzdem zu senden. „Der Preisverfall beim Benzin ist ein grundsätzlicher Trend. Damit ist der Bericht absolut vertretbar", erklärt die zuständige Filmredakteurin.

Die Börsenschalte (absehbar) beschäftigt sich mit den neuen Konjunkturzahlen, die am Vormittag veröffentlicht wurden. Annan äußert sich im Vorfeld der UN-Vollversammlung zu Irak – eine Wortmeldung zu einem etablierten Thema, Einordnung deshalb in die Kategorie „absehbar". Terminbasiert ist dagegen der Bericht über den 2. Europäischen Katastrophenschutz-Kongress, der am Morgen in Bonn begonnen hatte. Unerwartet, aber Ablauf-kompatibel waren die beiden letzten Themen. Thema eins: Die Eurovision übermittelt Filmaufnahmen von APTN und Reuters TV aus Papua-Neuguinea. Dort haben Forscher eine bislang verborgene Unterwasserwelt mit 52 noch nie gesehenen Fisch-, Garnelen- und Korallenarten entdeckt. Das Material kam zwischen 3 Uhr 48 und 3 Uhr 51 in der Nacht. Der Sende-CvD für die Tagesschau um zwölf wurde auf die Tierbilder im Morgenmagazin aufmerksam und regte einen Beitrag an. Die Auslandsplanerin weckte daraufhin die für Papua-Neuguinea zuständige Korrespondentin in Singapur. Die aber war krank, deshalb, so der CvD, „fiel das Thema an Hamburg zurück". Hamburg – das war in dem Fall die für Singapur zuständige NDR-Auslandsredaktion, die den Beitrag daraufhin fertigte. Zweites unerwartetes Thema: Ein heftiges Unwetter während der Nacht mit Überflutungen, dieses Mal nicht in Hessen, sondern in Nordbayern. Vor dem Wetterbericht wird das Unwetter mit einer Fließmaz vermeldet.

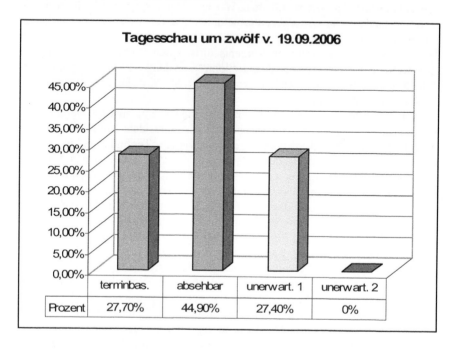

Abbildung 20: Aktualitätsverteilung in der TS 12 v. 19.09.2006

Nach Aktualitätskategorien aufgeschlüsselt (Abbildung 20) waren in dieser „Tagesschau um zwölf" von 891 Sekunden Nettosendezeit 247 Sekunden oder 27,7 Prozent terminbasiert, 400 Sekunden oder 44,9 Prozent absehbar und 244 Sekunden oder 27,4 Prozent unerwartet, aber Ablauf-kompatibel. Wegen der Berichterstattung über die nächtlichen Unruhen in Budapest und über die meeresbiologischen Entdeckungen in Papua-Neuguinea erhöhte sich der Anteil der Kategorie „unerwart. 1" (Ablauf-kompatibel") deutlich.

Tagesschau um 14 Uhr, 19.09.2006

Die unerwartet eingetroffenen Themen waren zwei Stunden später bereits absehbar und gut einzuplanen. Die thematische Gestaltung und der Ablauf ähnelt der 12-Uhr-Ausgabe: Aufmacher sind auch hier die Proteste in Ungarn, Schluss-Stück ist die Unterwasserwelt. Die Aktualitäts-Kategorien verteilen sich wie folgt:

TS 14 Uhr v. 19.09.2006	terminbasiert	absehbar	unerwartet 1	unerwartet 2
Prozent	43,40%	56,60%	0%	0%

Tagesschau um 15 Uhr, 19.09.2006

Die nächste Tagesschau-Ausgabe macht, „um etwas Abwechslung rein zu bringen" (CvD), mit der Bundestagsdebatte über den Libanon-Einsatz der Bundeswehr auf. Über die Forderung nach einem generellen gesetzlichen Mindestlohn wird jetzt in Form eines Beitrags informiert. Ungarn ist in dieser Sendung nur eine Meldung mit ergänzender NiF. Neu ist ein terminbasierter Bericht über ein Spitzentreffen von Politikern und Kirchenvertretern zum Thema „Spätabtreibungen". Das Treffen war bereits im Wochenplanungsprogramm aufgeführt. Neu ist auch ein (terminbasierter) Bericht aus München. Dort hatte der Deutschen Alpenverein auf einer Pressekonferenz am Vormittag mitgeteilt, die Zugspitze sei wahrscheinlich sehr viel früher erstmals bestiegen worden als bisher angenommen. Erste Meldungen und die Einladung zur PK kamen dazu bereits am späten Nachmittag des Vortages, die Zulieferredaktion des Bayerischen Rundfunks hatte das Thema ARD-aktuell angeboten. Zieht man Bilanz, so waren in dieser Tagesschau um 15 Uhr von 487 Sekunden Nettosendezeit 314 Sekunden oder 64,5 Prozent terminbasierte und 173 Sekunden oder 35,5 Prozent absehbare Berichterstattung. In der Sendung tauchte kein unerwartetes Ereignis auf.

TS 15 Uhr v. 19.09.2006	terminbasiert	absehbar	unerwartet 1	unerwartet 2
Prozent	64,50%	35,50%	0%	0%

Tagesschau um 16 Uhr, 19.09.2006

Aufmacher dieser Ausgabe sind wieder die Proteste in Ungarn mit einem aktualisierten Bericht von Brigitte Abold aus Wien. Danach die Libanon-Debatte im
Bundestag, eine Meldung mit Grafik zur Forderung nach Mindestlöhnen, eine
(terminbasierte) NiF über eine Demonstration von Bahnmitarbeitern am frühen
Nachmittag in Kassel. Dieser Termin war im Tagesprogramm verzeichnet und
von Anfang an als NiF geplant. Danach folgt ein Bericht über das Spitzentreffen
„Spätabtreibungen". Anschließend eine Wortmeldung, wonach im Zusammen-
hang mit dem Giftmüll-Skandal in Abidjan zwei Manager des beschuldigten
Entsorgungs-Unternehmens festgenommen wurden. Da die Meldung zu einem
inzwischen eingeführten Thema gehört, war sie „absehbar".
  Unerwartet war dagegen die Explosion von Eisenbahnwaggons in Russland.
Die Tankwagen hatten Benzol geladen. Die Bilder, aufgenommen vom Russischen Fernsehen, wurden über die Eurovision verbreitet. Sie kamen bereits am
Vormittag, allerdings fehlten zunächst noch Angaben zum Unglückshergang.
Deshalb wird die NiF erst um 16 Uhr gesendet. Die Berichterstattung über das
unerwartet aufgetretene Ereignis war deshalb Ablauf-kompatibel. Zum Schluss
wieder die Wettervorhersage.
  Aufgeschlüsselt nach Kategorien waren in dieser Sendung 249 Sekunden
oder 54,8 Prozent terminbasierten und 182 Sekunden oder 40,1 Prozent absehbaren Themen gewidmet gewesen. 23 Sekunden oder 5,1 Prozent bezogen sich auf
ein unerwartet aufgetretenes Ereignis.

TS 16 Uhr v. 19.09.2006	terminbasiert	absehbar	unerwartet 1	unerwartet 2
Prozent	54,80%	40,10%	5,10%	0%

Tagesschau um fünf, 19.09.2006

Auch die Tagesschau um fünf beginnt mit der Berichterstattung über die Unruhen in Ungarn. Zuerst wieder ein Beitrag dazu von Brigitte Abold, danach ein
Live-Schaltgespräch nach Budapest zur zweiten Korrespondentin im ARD-
Studio Wien, zu Susanne Glass. Sie war, erzählt Studioleiterin Abold (2006), um
elf Uhr von Wien aus nach Budapest gefahren. Von einer ungarischen Firma
wurde eine SNG gemietet. Für das Live-Interview um 17 Uhr steht Glass vor
dem Gebäude des ungarischen Parlaments. Die politischen Proteste in Budapest
haben das mediale Stadium eines „sich entwickelnden" Themas erreicht. Der
Berichterstattungsblock Ungarn gehört deshalb in die Kategorie „absehbar".

Es folgt ein Bericht zur Libanon-Debatte. Danach wird zu Annette Dittert nach New York geschaltet, wo eine Stunde zuvor die UN-Vollversammlung begonnen hat. Ein Termin, der schon im Wochenprogramm stand. Aus Abidjan ist jetzt erneut ein Beitrag von Birgit Virnich im Programm. In der Moderation wird als aktueller Anlass die Festnahme und Anklage der beiden Müllmanager genannt – eine Nachricht, die am Nachmittag kam (vgl. AFP 2006c). Der Beitrag war jedoch schon am frühen Vormittag, so die zuständige Auslandsplanerin, bestellt worden. Virnich hatte angerufen und mitgeteilt, sie habe von UN-Mitarbeitern vor Ort erfahren, dass noch wesentlich mehr giftiger Müll illegal entsorgt worden sei als zunächst angenommen. Daraufhin war ein Beitrag vereinbart worden. Auch in diesem Fall beeinflusste das Organisatorische den Content. Einer der beiden diensthabende Sende-CvDs sagt: „Wenn Virnich nicht vor Ort gewesen wäre und keine eigenen Bilder hätte drehen können, wäre der Giftmüll-Skandal heute kein Thema gewesen". Die Festnahme der beiden Männer sei nur ein „aktueller Aufhänger obendrauf" gewesen. Da der Beitrag zu einem mittlerweile eingeführten Thema gehört, wurde die Kategorie „absehbar" gewählt.

Die Mindestlohn-Debatte wird noch einmal in Form eines Berichtes dargestellt, Reaktionen auf den Wahlerfolg der NPD kommen als Wortmeldung, danach die Börsenschalte. Alle drei Positionen sind „absehbar". Terminbasiert ist dagegen weiterhin der Beitrag über die Erstbesteigung der Zugspitze, die möglicherweise vordatiert werden muss. Zum Schluss noch eine Fließmaz (absehbar) über die in Papua-Neuguinea entdeckten, bisher unbekannten Meeresbewohner und das Wetter. In der Tagesschau um fünf waren damit 321 Sekunden oder 36,1 Prozent der Nettosendezeit (889 Sekunden) terminbasiert, 568 Sekunden oder 63,9 Prozent waren absehbar.

TS um fünf v. 19.09.2006	terminbasiert	absehbar	unerwartet 1	unerwartet 2
Prozent	36,10%	63,90%	0%	0%

Betrachtet man den untersuchten Nachmittag insgesamt, so gibt sich für alle fünf Sendungen die in Abbildung 21 dargestellte Durchschnitts-Verteilung. Trotz des hohen Anteils unerwarteter Aktualität in der Tagesschau um zwölf liegt der Anteil auf die gesamte Sendezeit der Nachmittags-Ausgaben gerechnet, nur bei 6,5 Prozent. 45,3 Prozent sind dagegen „terminbasiert" und weitere 48,2 Prozent „absehbar". Auf dem Tages-Planungsprogramm für den 19. September 2006 standen sechzehn Positionen. Davon wurde dreizehn in der einen oder anderen Form gesendet. Das Wochen-Planungsprogramm für diesen Tag umfasste acht Positionen, vier davon fanden Eingang zumindest in eine der fünf Tagesschau-Sendungen.

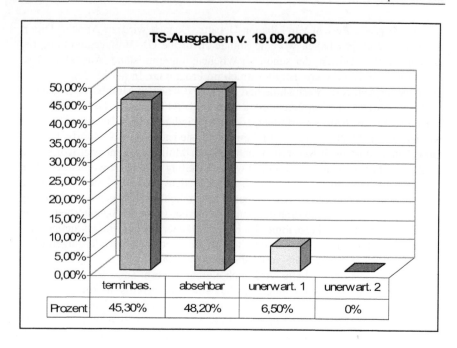

Abbildung 21: Verteilung der Kategorien über alle TS-Ausgaben am
                 Nachmittag v. 19.09.2006 im Durchschnitt.

4.4.2.3   Tagesschau-Ausgaben am 20.09.2006

Das beherrschende Thema des Vormittags ist der Militärputsch in Thailand. Die
Nachricht von der Machtübernahme kam bereits am späten Nachmittag des Vor-
tags, kurz nach der Tagesschau um fünf. Robert Hetkämper, der zuständige Korrespondent für die Region, war sofort nach Bekanntwerden des Umsturzes nach
Bangkok gereist (Klose 2006). Hetkämper hätte berichten können, aber es sind
keine Satellitenleitungen zu bekommen für die Überspielung von Beiträgen oder
für ein Live-Schaltgespräch. Über die Gründe herrscht Unklarheit. Planerin Vera
Klose (2006) sagt: „Es gibt mehrere Abspielpunkte in Bangkok, aber wir kriegen
trotzdem nichts. In den Straßen darf keine SNG stehen. Die EBU ist zwar vor
Ort, sie kommt aber nicht zum Zug. Ich vermute, die Militärs wollen im Moment
keine Berichterstattung". Hetkämper (2006a) vermutet ganz generelle Schwierigkeiten: „Die technische Infrastruktur in Thailand ist nicht sehr stark. Im Moment sind einfach alle Kapazitäten überlastet. Jeder will ja berichten".

Tagesschau um zwölf, 20.09.2006

Der Aufmacher-Beitrag über die Ereignisse in Thailand für die „Tagesschau um zwölf" kommt, weil es keine Überspielmöglichkeiten gibt, von der für das Berichtsgebiet zuständigen NDR-Auslandsredaktion in Hamburg. Der Beitrag wird mit Bildmaterial gefertigt, das die Nachrichtenfilm-Agenturen lieferten. Anschließend wird Hetkämper telefonisch interviewt. Das Gespräch wird abwechselnd mit einer Thailand-Karte, einem Porträtfoto des Korrespondenten und mit Videoaufnahmen aus der Eurovision bebildert. In der anschließenden Sitzung um 12 Uhr 20 wird beschlossen, kein Telefoninterview mehr zu führen. „Im Augenblick ist dort alles ruhig. Nur wenn sich Dramatisches tut, sollten wir noch mal telefonieren. Für Hintergrund-Informationen ist eine Telefonschalte einfach zu alarmistisch", sagt ein CvD. Auch in diesem Fall determinierte das Organisatorische den Content. Trotz der operational-organisatorischen Turbulenzen wurde das Ereignis in die Kategorie „absehbar" einsortiert. Die Nachricht war seit dem Vorabend bekannt, aus dem unerwartet eingetretenen Ereignis war inzwischen ein „sich entwickelndes Thema" geworden.

Auf die Berichterstattung über die Geschehnisse in Thailand folgt ein terminbasierter Beitrag aus New York. Dort sprach der iranische Präsident Ahmadinedschad vor der UN-Vollversammlung. Der Termin stand bereits im Wochenprogramm vom Donnerstag. Danach ein terminbasierter Bericht aus Berlin. Der Bundestag stimmt ab über den Libanon-Einsatz der Bundeswehr. Auch dieser Termin findet sich schon im Wochenprogramm. Susanne Glass reportiert aus Budapest die weitere Entwicklung. Ihr Beitrag gehört in Kategorie „absehbar". Eine terminbasierte Fließmaz zeigt anschließend die Wahl des neuen japanischen Regierungschefs. Auch dieser Wahltermin war bereits im Wochenprogramm verzeichnet. Aus Frankfurt kommt wie in jeder Tagesschau um zwölf das (absehbare) Live-Gespräch zur Börsenentwicklung. Danach ist der Weltkindertag Anlass für einen Bericht über Kinder aus sozial benachteiligten Familien. Der Termin „Weltkindertag" war ebenfalls Teil des Wochenprogramms. Die Tagesschau um zwölf besteht an diesem Tag zu 39,4 Prozent (353 Sekunden) aus terminbasierten und zu 60,6 Prozent (543 Sekunden) aus absehbaren Themen.

TS um zwölf v. 20.09.2006	terminbasiert	absehbar	unerwartet 1	unerwartet 2
Prozent	39,40%	60,60%	0%	0%

Das Themenspektrum der Tagesschau um zwölf findet sich auch in den nachfolgenden Sendungen um 14 Uhr, 15 Uhr und 16 Uhr.

Tagesschau um 14 Uhr, 20.09.2006

In der Tagesschau um 14 Uhr wird darüber hinaus ein Live-Interview mit Hauptstadt-Reporter Detlef Schwarzer geführt. Um 13 Uhr hatte das Kabinett einen erweiterten Datenaustausch zwischen den Sicherheitsbehörden gebilligt, der Kampf gegen den Terror soll so effizienter werden. Dieser Kabinettstermin war bereits im Wochenplanungsprogramm vermerkt. In der 14-Uhr-Ausgabe wird außerdem eine Fließmaz gezeigt über das (absehbare) Andocken der Sojus-Kapsel an die Internationale Raumstation. An Bord die Weltraumtouristin Ansari. Die Fließmaz war auch schon für die Tagesschau um zwölf vorgesehen gewesen, musste jedoch kurzfristig gestrichen werden, weil das Telefoninterview mit Hetkämper in Bangkok länger geworden war als geplant.

TS 14 Uhr v. 20.09.2006	terminbasiert	absehbar	unerwartet 1	unerwartet 2
Prozent (Sekunden)	68,7 % (358)	31,3 % (163)	0%	0%

Tagesschau um 15 Uhr, 20.09.2006

Die 15-Uhr-Ausgabe enthält eine Fließmaz über zwei schwere Bergwerksunglücke in der Ukraine und in Kasachstan mit zusammen mindestens 45 Toten. Die ersten Meldungen über die Explosion in der Ukraine trafen bereits am Vormittag ein (vgl. Reuters 2006), „aber es gab keinerlei Bildmaterial", sagte der CvD. Deshalb wurde das Ereignis zunächst nicht thematisiert. Am Nachmittag kamen dann Meldungen über ein zweites, noch schwereres Unglück in Kasachstan (vgl. AP 2006c). Vor der Tagesschau um 15 Uhr übermittelt die Eurovision schließlich Bilder von Reuters TV über das Grubenunglück in der Ukraine. In der Fließmaz wird die Methangas-Explosion in Kasachstan im Text vorweg erwähnt, danach kommen die Aufnahmen und die Informationen zum Unfall in der Ukraine. Beide Ereignisse waren unerwartet, aber Ablauf-kompatibel. Die Nettosendezeit von 386 Sekunden war nach Kategorien so aufgeteilt:

TS 15 Uhr v. 20.09.2006	terminbasiert	absehbar	unerwartet 1	unerwartet 2
Prozent	41,20%	50,30%	8,50%	0%

Tagesschau um 16 Uhr, 20.09.200

Aufmacher dieser Ausgabe ist der Bericht über die Zustimmung des Bundestages zum Libanon-Einsatz (terminbasiert). Danach informiert ein (terminbasierter) Beitrag über die Entscheidung des Bundeskabinetts zur Anti-Terror-Datei. Erst jetzt folgt ein – immer noch aus Hamburg – zugelieferter Bericht über die Vorgänge in Thailand. Die Entwicklung in Ungarn wird nur noch in einer NiF übermittelt. Inzwischen gibt es auch zum Bergwerksunglück in Kasachstan Bilder des russischen Fernsehens, die über die Eurovision verbreitet werden. Deshalb wird jetzt eine Fließmaz zur Explosion in Kasachstan gesendet. Das Ereignis selbst kam unerwartet an diesem Tag, die Berichterstattung erfolgte Ablaufkompatibel. Es folgt ein Beitrag der ARD-Rechtsredaktion über den Juristentag in Karlsruhe. Dort wird über Sterbehilfe diskutiert. Der Termin und auch das Thema standen bereits im Wochenprogramm der Planungsredaktion. Der Bericht ist terminbasiert. Vor dem Wetter noch einmal die andockende Sojus-Raumkapsel als Fließmaz. Von 536 Sekunden Nettosendezeit waren 29 Sekunden oder 5,4 Prozent unerwartet, der Rest teilte sich in Prozenten so auf:

TS 16 Uhr v. 20.09.2006	terminbasiert	absehbar	unerwartet 1	unerwartet 2
Prozent	59,50%	35,10%	5,40%	0%

Tagesschau um fünf, 20.09.2006

Die Sendung wird eröffnet mit einem Bericht über Kinderarmut. Der Beitrag basiert gleich auf zwei Terminen. Zum einen auf dem Termin „Weltkindertag" und zum anderen auf einer Pressekonferenz des Deutschen Kinderschutzbundes „zur Situation der 200 000 armen Kinder in der Hauptstadt" (Deutsche Presseagentur 2006a, 5). Danach wird erneut über das „Ja" des Bundestags (terminbasiert) zum Libanon-Einsatz informiert. Eine Wortmeldung gibt die Entscheidung des Kabinetts zur Anti-Terror-Datei weiter (terminbasiert). Anschließend folgt ein Bericht von Robert Hetkämper aus Bangkok zur Situation in Thailand nach dem Militärputsch. Für die Überspielung war eine Satellitenverbindung nach 16 Uhr zu Stande gekommen (Klose 2006). Wegen der technisch unsicheren Lage am Vormittag hatte die Redaktion für die Tagesschau um fünf einen Politikwissenschaftler und Thailand-Experten ins Studio eingeladen. Den Gast möchte man nicht ausladen, deshalb wird auf ein Schaltgespräch mit dem Korrespondenten, das jetzt möglich wäre, verzichtet. Das Organisatorische wirkt sich so auf den Content aus.

Die Lage in Ungarn wird von der weiterhin in Budapest befindlichen Korrespondentin zusammengefasst (absehbar). Der Papst äußerte sich im Rahmen einer Generalaudienz erneut zum Islam. Die Audienz, deren Termin feststand, wurde vom vatikanischen Fernsehen übertragen und von der Eurovision an alle Mitgliedsanstalten weitergeben. Die daraus gefertigte Fließmaz ist terminbasiert. Im Anschluss eine (terminbasierte) NiF über den iranischen Präsidenten bei der UNO-Vollversammlung, eine (absehbare) Meldung zur Diskussion über Rechtsextreme und die (absehbare) Börsenschalte. Danach ein neues, terminbasierter Thema aus Mannheim. Anlässlich der Jahrestagung der Deutschen Gesellschaft für Neurologie liefert die Wissenschaftsredaktion des SWR einen Bericht über neue Therapieansätze bei Multipler Sklerose. Das Thema war eine Position im Wochenprogramm.

Bei der Rad-Weltmeisterschaft in Salzburg gab es (absehbar) erste Medaillen, die vermeldet werden und zum Schluss, vor dem Wetterbericht, erreicht Anousheh Ansari erneut die Internationale Raumstation. Von 888 Sekunden Nettosendezeit waren 418 Sekunden (47,1 %) terminbasiert und 470 Sekunden (52,9 %) absehbar. Unerwartet war in dieser Tagesschau-Ausgabe kein Ereignis.

TS 17 Uhr v. 20.09.2006	terminbasiert	absehbar	unerwartet 1	unerwartet 2
Prozent	47,10%	52,90%	0 %	0 %

Rechnet man die Aktualitätskategorien aller Tagesschau-Ausgaben an diesem Nachmittag zusammen, so ergibt sich ein Anteil von 97,2 Prozent der Berichterstattung, der auf „vorhersehbare" Ereignisse zurückgeht. Nur 2,8 Prozent bezogen sich dagegen auf unerwartete Geschehnisse. Von den 19 Positionen im Planungs-Wochenprogramm wurden acht in den verschiedenen Ausgaben realisiert.

4.4.2.4   Tagesschau-Ausgaben am 21.09.2006

Für diesen Tag ist das aktualisierte Planungsprogramm mit 21 Positionen prall gefüllt. Unter anderem haben sich die Tarifpartner in der Stahlindustrie geeinigt. Die Verhandlungen wurden schon während der Tage zuvor beobachtet, die Einigung war nur eine Frage der Zeit (etabliertes Thema). Nach dem „Ja" des Bundestages zum Libanon-Einsatz legen am Vormittag die Schiffe der Bundesmarine in Wilhelmshaven ab und machen sich auf den Weg (Termin). Bei der Gesundheitsreform gibt es erneut Ärger (etabliertes Thema). Die Forschungsministerin stellt im Bundestag ihre neue High-Tech-Strategie vor (Termin). Im finnischen Tampere tagen die EU-Innen- und Justizminister und sprechen über das Problem der illegalen Einwanderung (Termin). Der Bundespräsident hält eine der inzwischen traditionellen Berliner Reden (Termin). An diesem Donnerstag ist außerdem „Welt-Alzheimertag" (Termin), die Raumfähre Atlantis kehrt verspätet zur Erde zurück (etabliertes Thema) und es gibt Neues im Fall des Deutsch-Libanesen El Masri, der von der CIA entführt worden war. Süddeutsche Zeitung und das ARD-Magazin Panorama haben gemeinsam recherchiert und einige der Entführer enttarnt. Die Süddeutsche Zeitung hatte ihren Bericht in der Donnerstagsausgabe, Panorama sendet am Donnerstagabend.

Tagesschau um zwölf, 21.09.2006

Die Zwölf-Uhr-Ausgabe macht mit der Tarifeinigung in der Stahlbranche auf, danach wird das Auslaufen der Marine-Schiffe Richtung Libanon reportiert. Auch Streit um die Gesundheitsreform wird in einem Beitrag dargestellt. Schavans High-Tech-Offensive kommt als Wortmeldung, danach die Börsenschalte. Zu El Masri liefern die Kollegen von Panorama einen Beitrag. Da der Sendetermin von Panorama den Zeitpunkt bestimmte, zu dem die Rechercheergebnisse veröffentlicht wurden, war auch diese Position terminbasiert. Die Forderung Spaniens nach mehr Geld für den Schutz der EU-Südgrenze gegen illegale Einwanderer auf der EU-Ministertagung kommt als Meldung. Aus Budapest berichtet Korrespondentin Susanne Glass, dass sich die Situation zunehmend beruhigt. Das Organisatorische bestimmt auch in diesem Fall den Content. Hätte sich Glass nicht in Budapest aufgehalten, wäre das Thema „Krawalle ebben ab" wahrscheinlich nur eine Wortmeldung oder eine NiF wert gewesen. Zum Vergleich: Die Süddeutsche Zeitung (2006b) erwähnt das Thema am nächsten Tag erst auf Seite 7 mit einem kleinen Zweispalter. Die FAZ (2006c) berichtet zwar auf der ersten Seite, aber nur mit einer Meldung ganz unten links.

In weiterem Verlauf der Tagesschau um zwölf wird noch anlässlich des Welt-Alzheimertages über neue Forschungsergebnisse in diesem Bereich informiert. Und am Ende der Sendung, vor dem Wetter, steht die Rückkehr der Raumfähre Atlantis zur Erde. Eigentlich hätte die Atlantis schon am Vorabend in Cape Canaveral landen sollen. Die Landung wurde jedoch verschoben, denn „der Wetterbericht war ungünstig, und außerdem hatte man mehrere kleine Objekte in der Nähe der Raumfähre entdeckt, die ihren Hitzeschild beschädigen könnten" (Collatz 2006). Da wegen eines defekten Hitzeschildes schon einmal ein Raumgleiter beim Eintritt in die Erdatmosphäre verglüht war, wird die Rückkehr besonders aufmerksam verfolgt.

Nach Nasa-Angaben soll die Landung um 12 Uhr 21 stattfinden. Korrespondent Thomas Berbner berichtet im Schaltgespräch um 12 Uhr 13, dass die gefährliche Phase bereits überstanden sei und der Landeanflug planmäßig verlaufe. Während des Interviews werden Live-Bilder der Nasa gezeigt, auf denen die Atlantis als kleiner Punkt zu sehen ist. Bei diesem Ereignis zeigen sich die operational-organisatorischen Vorteile terminbasierter Berichterstattung besonders plastisch: Wegen der präzisen Zeitangabe konnte das Schaltgespräch mit dem Korrespondenten in Washington problemlos vorbereitet und die Satellitenleitung bestellt werden. Die Senderegie in der Tagesschau-Zentrale konnte sich in Ruhe das Live-Signal der Nasa durchschalten lassen. Die Redaktion konnte den Sendungsablauf passgenau planen.

Tagesschau 14 Uhr, 21.09.2006

Die Tagesschau um 14 Uhr macht ebenfalls mit der Tarifeinigung im Stahlsektor auf. Nach einem Beitrag über die Differenzen bei der Gesundheitsreform wird nach Berlin geschaltet. Das war so eigentlich nicht vorgesehen. Auf Grund eines Missverständnisses zwischen Planungsredaktion und Sendeteam war jedoch für die Tagesschau exklusiv eine SNG angemietet worden, um über die Rede des Bundespräsidenten in einer Berliner Schule zu berichten. Um den organisatorischen und finanziellen Aufwand nicht ins Leere laufen zu lassen, wird mit dem Reporter wenigstens in einer Sendung ein Live-Gespräch geführt. Ein Ausschnitt der Rede wird zugespielt. Das Organisatorische bestimmte auch hier den Content. In den folgenden Tagesschau-Ausgaben wird über die Rede des Bundespräsidenten nur in Form von Filmbeiträgen berichtet. In dieser 14-Uhr-Ausgabe gab es, wie schon in der Tagesschau um zwölf, kein unerwartetes Ereignis.

Tagesschau um 15 Uhr, 21.09.2006

Der erste Beitrag in der Tagesschau um 15 Uhr ist die Berliner Rede des Bundespräsidenten. „Unerwartet" ist in dieser Sendung die Meldung, dass in den Niederlanden zwei Minister zurückgetreten sind. Ihnen wurden in einem Abschlussbericht zum Brand in Gefängniszellen auf dem Amsterdamer Flughafen Schiphol schwere Vorwürfe gemacht. Damals waren elf Abschiebehäftlinge ums Leben gekommen (vgl. Deutsche Presseagentur 2006e). Die Nachricht trifft um 14 Uhr 32 ein und wird um 15 Uhr 08 gesendet. *Die Tagesschau um 16 Uhr fällt wegen einer Sportübertragung an diesem Tag aus.*

Tagesschau um fünf, 21.09.2006

Auch die Tagesschau um fünf macht mit der Rede des Bundespräsidenten auf. Das für die Medien Besondere an dieser Rede war der Ort, an dem sie gehalten wurde: Köhler sprach nicht, wie sonst üblich, in einem festlichen Rahmen, sondern in einer Berliner Hauptschule, die noch dazu als Problemschule gilt. Die Themenpalette der Sendung entspricht bis auf drei Positionen dem, was schon in der Tagesschau um zwölf gesendet wurde. Hinzu kommt erstens eine (terminbasierte) NiF über eine Grundsteinlegung in der Lufthansa-Werft in Frankfurt. Dort wird gebaut, um sich auf den Einsatz des „Riesen-Airbus" A 380 vorzubereiten. Hinzu kommt zweitens (unerwartet) die Nachricht, der US-Bundesstaat Kalifornien wolle die größten Automobil-Hersteller der Welt wegen Umweltschädigung verklagen. Und, ebenfalls unerwartet, kommt drittens die Nachricht, die Türkei-kritische Schriftstellerin Shafak sei von einem türkischen Gericht freigesprochen worden. Beide Informationen werden „Ablauf-kompatibel" als Wortmeldungen gesendet. Die Verteilung der Aktualitätskategorien an diesem 21. September 2006 ist nach Sendungen aufgeschlüsselt in Tabelle 2 wiedergegeben.

21.09.2006	terminbasiert	absehbar	unerwartet 1	unerwartet 2
TS 12	53,60%	46,40%	0%	0%
TS 14	51,50%	48,50%	0%	0%
TS 15	47,30%	47,90%	4,80%	0%
TS 17	52,50%	41,00%	6,50%	0%
Gesamt	**51,20%**	**46,00%**	**2,80%**	**0%**

Tabelle 2: Übersicht der Aktualitätskategorien vom 21.09.2006

Der Anteil der Berichterstattung über unerwartete Ereignisse liegt an diesem Donnerstag unter drei Prozent, der Anteil an vorhersehbaren Geschehnissen bei über 97 Prozent. Von den elf Positionen im Wochen-Planungsprogramm fanden fünf Eingang in mindestens eine der Sendungen. Von den 21 Positionen im aktualisierten Planungsprogramm waren es zwölf.

4.4.2.5   Tagesschau-Ausgaben am 22.09.2006

Auf diesen Tag passte der Satz eines BBC-Nachrichtenredakteurs, den Philip Schlesinger (1978, 85) in seiner Studie zitiert: „Es gibt lange Phasen, da tut sich verdammt noch mal gar nichts – und dann plötzlich ist die Hölle los". Um 8 Uhr 48 kommt die Eilmeldung, im bayerischen Lehrberg in der Nähe von Ansbach sei ein Gastank explodiert, mehrere Menschen seien schwer verletzt, zwölf Personen wahrscheinlich unter den Trümmern verschüttet, mehrere Häuser seien eingestürzt (vgl. Deutscher Depeschendienst 2006). Die Planungsredaktion nimmt mit der Zulieferredaktion in München Kontakt auf, ein Reporter aus Nürnberg wird losgeschickt, da Lehrberg nicht allzu weit von dort entfernt liegt. Da in Nürnberg keine SNG stationiert ist, weder eine hauseigene des Bayerischen Rundfunks noch eine frei anzumietende, wird ein Übertragungsfahrzeug aus München in Marsch gesetzt. Für die Tagesschau um zwölf ist ein Live-Gespräch aus Lehrberg geplant. „Mal sehen, ob die Münchner das schaffen bis zwölf", sagt Andrea Hahnen, die Chefin vom Dienst für die Ausgaben bis 16 Uhr an diesem Tag.

Um 10 Uhr 06 meldet die Deutsche Presseagentur (2006f) unter Berufung auf „stern.de", Bundeskanzlerin Merkel wolle auf den Gesundheitsfonds, das Kernstück der Gesundheitsreform, verzichten. Vier Minuten später teilt dpa mit, Bundeskanzlerin Merkel und SPD-Chef Beck gäben um 12 Uhr 20 im Kanzleramt ein Statement ab (vgl. Deutsche Presseagentur 2006g). „Das wird jetzt richtig spannend", sagt ein Redakteur des Sendeteams. Die Chefin vom Dienst telefoniert mit dem Chefredakteur von ARD-aktuell, der wiederum hält Rücksprache mit der ARD-Programmdirektion in München. Das Hauptstadtstudio versucht unterdessen, die „stern.de"-Mitteilung zu verifizieren oder zu falsifizieren. Um 10 Uhr 23 meldet der Filmredakteur, der an diesem Tag in der Nachmittagsschicht Berlin-Bearbeiter ist, das Hauptstadtstudio mache sich livefähig. Das Merkel/Beck Statement könne live übertragen werden, wenn die ARD das wünsche. Um 10 Uhr 44 geht eine dpa-Meldung über die Redaktionsschirme, wonach SPD-Chef Beck Meldungen über ein Ende des Gesundheitsfonds als frei erfunden bezeichnet habe (Deutsche Presseagentur 2006h). Joachim Wagner, der stellvertretende Leiter des Hauptstadtstudios sagt am Telefon, die Lage sei weiterhin unklar. Es wird vereinbart, nach der Zwölf-Uhr-Tagesschau sendebereit zu bleiben. Sollten die Kanzlerin und der SPD-Chef Sensationelles mitteilen, könne man mit minimaler Zeitverzögerung sofort das laufende Programm unterbrechen und auf Sendung gehen.

Um 11 Uhr 22 kommen widersprüchliche Informationen zur Schaltmöglichkeit nach Lehrberg. Der Reporter vor Ort sagt, die SNG werde nicht rechtzeitig da sein. Die Planungsredakteurin in Hamburg sagt dagegen, sie habe gehört, das

Live-Gespräch werde sehr wahrscheinlich klappen. CvD Andrea Hahnen lässt sicherheitshalber ein Telefoninterview mit dem Reporter in Lehrberg vorbereiten.

Um 11 Uhr 26 kommt von ddp die Meldung, der Transrapid sei auf der Teststrecke im Emsland verunglückt. An Bord seien 21 Menschen (vgl. Deutscher Depeschendienst 2006a). Um 11 Uhr 35 ist bereits von mehreren Toten die Rede. Die Inlandsplanerin wird beauftragt, ein Schaltgespräch ins zuständige NDR-Studio Hannover zu organisieren. Außerdem wird die Redaktion in Hannover gebeten, eine SNG zur Unglücksstelle zu schicken. Thorsten Hapke (2006), Leiter der Zulieferredaktion in Hannover erklärt am Telefon die operational-organisatorischen Schwierigkeiten, mit denen er zu kämpfen hat: „Osnabrück liegt eigentlich am nächsten. Aber dort ist keine SNG verfügbar. Wir haben jetzt eine aus Wilhelmshaven angefordert und gleichzeitig eine aus Hannover losgeschickt. Aber das braucht in beiden Fällen Zeit. Die SNG aus Wilhelmshaven kann frühestens um 14 Uhr an der Teststrecke in Lathen sein". Das bedeutet, eine Live-Berichterstattung ist frühestens zweieinhalb Stunden nach Bekanntwerden des Unglücks möglich.

Tagesschau um zwölf, 22.09.2006

Die Zwölf-Uhr-Tagesschau beginnt weder mit der Gasexplosion noch mit dem Transrapid-Unglück. Aus Lehrberg gibt es bei Sendungsbeginn noch keine Bilder, allerdings ist die SNG rechtzeitig eingetroffen und sendefähig. Thorsten Hapke, der zum Transrapid aus dem Studio Hannover geschaltet werden soll, telefoniert noch mit der Polizei, um sich kundig zu machen. Er braucht noch etwas Zeit. Deshalb ist der Aufmacher die Gesundheitsform. Ein Beitrag fasst die Situation zusammen, anschließend ein Live-Interview mit Joachim Wagner, der vor dem Kanzleramt steht. Danach folgt das Schaltgespräch mit dem Reporter in Lehrberg zur Gasexplosion. Während des Interviews werden Bilder von der Unglücksstelle eingeblendet. Der zuständige Redakteur für Lehrberg sagt hinterher „Das war richtig knapp. Die Bilder liefen erst ein als bereits die Moderation gelesen wurde". Vom Schaltgespräch Lehrberg geht es direkt weiter nach Hannover. Bilder von der Transrapid-Unfallstelle gibt es zu diesem Zeitpunkt noch nicht.

Die Schilderung zeigt, wie sehr operational-organisatorische Faktoren den Ablauf und das Gesicht einer Sendung prägen. Wie sehr sie die inhaltliche und optische Umsetzung von Themen und damit ganz direkt den Content determinieren. Obwohl die drei Nachrichtenereignisse innerredaktionell für Aufregung sorgten, sieht die Kategorisierung so aus: Die Gesundheitsreform ist ein etabliertes Thema und stand ohnehin unter Beobachtung. Die Entwicklung am Freitagvormittag kam zwar überraschend, war jedoch im Prinzip „absehbar". Die Gas-explosion in Lehrberg und das Transrapid-Unglück waren „unerwartet", da je-doch eine Berichterstattung im Rahmen der Regelsendungen ausreichte, waren die Ereignisse „Ablauf-kompatibel".

In der Tagesschau um zwölf folgte nach dem Schaltgespräch Hannover ein terminbasierter Beitrag über die Beratungen des Bundesrates zum Verbraucher-schutzgesetz. Ein Fließmaz informierte über den Fortgang der VW-Tarifge-spräche (absehbar), danach die Börsenschalte, eine (absehbare) Fließmaz zur Regierungskrise in Polen, ein (terminbasierter) Bericht über den Abschluss des Juristentages und ein (terminbasiertes) Schluss-Stück über chinesische Kunst, die in Rom ausgestellt wird. Von den 901 Sekunden Nettosendezeit sind 321 Sekun-den (35,6 %) terminbasiert, 355 Sekunden (39,4 %) absehbar und 225 Sekunden (25 %) unerwartet, aber Ablauf-kompatibel.

Eines bleibt noch nachzutragen: Nach dem Schluss-Gong blieben Redaktion, Regie und Moderator sendebereit. Das Statement Merkel/Beck wurde jedoch als wenig spektakulär eingeschätzt, auf eine Sondersendung wurde deshalb verzichtet.

Tagesschau um 14 Uhr, 22.09.2006

Aufmacher der Zwei-Uhr-Ausgabe war das Transrapid-Unglück. Ein Beitrag war bis dahin noch immer nicht zu Stande gekommen. Noch lagen keine Bilder vom Unfallort vor, keine der beiden SNGs war bis dahin eingetroffen. Deshalb wird noch einmal nach Hannover geschaltet, wo Thorsten Hapke die bis dahin be-kannten Informationen zusammenfasst. Aus Lehrberg kommt ein Bericht, ein Schaltgespräch wird als nicht mehr nötig erachtet. Beide Themen sind inzwi-schen „sich entwickelnde Themen" und fallen deshalb in die Kategorie „abseh-bar". Aus Berlin wird über das Statement Merkel/Beck berichtet und über eine Ärzte-Demonstration gegen die Gesundheitsreform. Beide Vorgänge standen terminlich fest, der Bericht gehört deshalb in diesem Fall in die Kategorie „ter-minbasiert". Es folgt ein ergänzendes Schaltgespräch mit Joachim Wagner. Das EU-Ministertreffen in Finnland geht (terminbasiert) zu Ende, dazu ein Beitrag.

Jetzt das Kommando aus der Regie: Es liegen die ersten Bilder vom verun-glückten Transrapid vor, die mit einer kurzen Moderation angekündigt und dann gezeigt werden. Die Aufnahmen kommen über zweieinhalb Stunden nach Be-kanntwerden des Unfalls. Die Sendung endet nach diesem Einschub wie im Ablaufplan vorgesehen: Mit einer (terminbasierten) Wortmeldung über das Verbraucherinformationsgesetz im Bundesrat, mit einer (absehbaren) NiF zu den VW-Tarifgesprächen und dem Wetter.

Tagesschau um 15 Uhr, 22.09.2006

Die Sendung beginnt mit einem Bericht über den Transrapid-Unfall, danach kann live nach Lathen geschaltet werden, wo sich der Bahnhof der Teststrecke befindet. Das erste Live-Gespräch in der ARD findet über dreieinhalb Stunden nach den ersten Meldungen statt. Anschließend ein aktualisierter (absehbarer) Beitrag über die Gasexplosion und der terminbasierte Bericht über die Äußerungen von Merkel und Beck zur Gesundheitsreform.

Tagesschau um 16 Uhr, 22.09.2006

Auch diese Ausgabe berichtet über den Transrapid und schaltet nach Lathen. Auch in dieser Sendung folgt ein Beitrag über die Explosion in Lehrberg. Die Turbulenzen bei der Gesundheitsreform werden reportiert und das Verbraucherinformationsgesetz im Bundesrat wird erneut gemeldet. Neu hinzukommt (terminbasiert) eine NiF über eine Pressekonferenz mit dem deutschen Astronauten Reiter auf der Internationalen Raumstation.

Tagesschau um fünf, 22.09.2006

Die Fünf-Uhr-Ausgabe enthält alle wichtigen Themen des Tages: Transrapid, Gas-Explosion, Gesundheitsreform, Verbraucherinformationsgesetz, VW-Tarifgespräche, Regierungskrise in Polen. Neu sind eine (terminbasierte) NiF über eine Demonstration von Hisbollah-Anhängern in Beirut und ein (terminbasierter) Bericht über die Einweihung eines neuen Theaters in Potsdam. Die Verteilung der Aktualitätskategorien bei den fünf Nachmittagsausgaben dieses 22. September 2006 ist in Tabelle 3 aufgeschlüsselt.

Trotz der unerwartet eingetretenen Ereignisse wurden noch drei der elf Positionen des Wochen-Planungsprogramms in mindestens einer der Sendungen berücksichtigt. Von den 20 Positionen des aktualisierten Tages-Planungsprogramms kamen elf in den verschiedenen Sendungen vor.

22.09.2006	terminbasiert	absehbar	unerwartet 1	unerwartet 2
TS 12	35,60%	39,40%	25%	0%
TS 14	53,70%	46,30%	0%	0%
TS 15	26,20%	73,80%	0%	0%
TS 16	10,40%	89,60%	0%	0%
TS 17	25,00%	75,00%	0%	0%
Gesamt	**30,20%**	**64,80%**	**5%**	**0%**

Tabelle 3: Die Verteilung der Aktualitätskategorien der TS-Ausgaben vom 22.09.2006.

4.4.2.6   Ergebnis der Analyse

Errechnet man aus den 24 analysierten Tagesschau-Ausgaben mit einer Netto-sendezeit von insgesamt 15 849 Sekunden die durchschnittlichen Anteile an den jeweiligen Aktualitätskategorien, so ergeben sich folgende Resultate: 7 530 Se-kunden oder 47,5 Prozent der Berichterstattung gingen auf „terminbasierte", 7 612 Sekunden oder 48,0 Prozent auf „absehbare" Ereignisse zurück. Der Anteil unerwartet auftretender Geschehnisse, über die informiert wurde, lag bei 707 Sekunden oder 4,5 Prozent (vgl. Abb. 22).

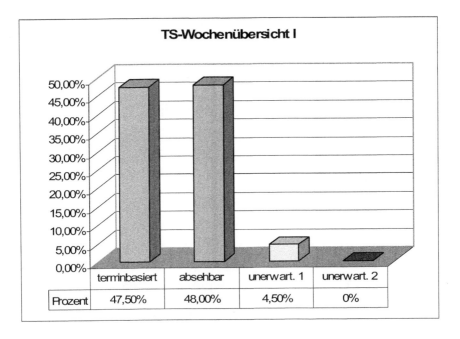

Abbildung 22: Verteilung der Aktualitäts-Kategorien im Wochen-Durchschnitt.

4.5   Dominanz des Vorhersehbaren

Der hohe Anteil nicht überraschend auftretender Ereignisse bei der Berichterstattung wird noch deutlicher, wenn nur die beiden Hauptkategorien „vorhersehbar" und „unerwartet" zueinander ins Verhältnis gesetzt werden (Abb. 23). Dann liegen die Relationen bei **95,5 Prozent** zu **4,5 Prozent.** Wie repräsentativ ist die untersuchte Woche? – Nach dem Eindruck des Beobachters war diese Woche nachrichtenjournalistisch fast eine Bilderbuchwoche. Zwei internationale politische Krisen (Thailand, Ungarn), zwei wichtige etablierte Themen (Gesundheitsreform, Libanon-Einsatz), eine Eigenrecherche der ARD (Fall El Masri/Panorama), zwei bedeutende Kongresse (Juristentag, Neurologen-Kongress), eine internationale Konferenz (Treffen der EU-Justiz- und Innenminister), der Start einer Raumkapsel und die Rückkehr einer Raumfähre, dazu zwei schwere Unglücksfälle (Transrapid, Gasexplosion). Es gibt Nachrichtentage, die noch turbulenter sind als der oben geschilderte Freitag (siehe Abschnitt 4.7), doch die Mehrzahl der Sendewochen entspricht der dargestellten. Nicht wenige sind nachrichtlich eher ruhiger. Das Bild, das die Zahlen vermitteln, könnte durch weitere Analysen sicher noch verfeinert werden. Doch ob das Verhältnis „vorhersehbar" zu „unerwartet" am Ende 87:13 Prozent oder 97:3 Prozent beträgt, ist letztlich unerheblich.

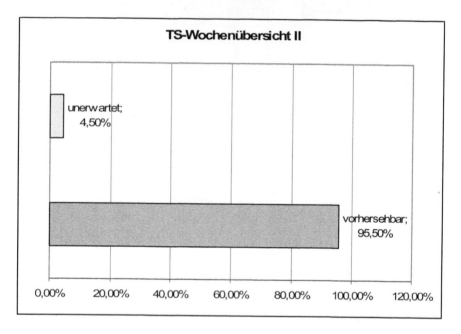

Abbildung 23:   Die Hauptkategorien „vorhersehbar" und „unerwartet" im Verhältnis.

Die Auszählung bestätigt, dass auch für die Tagesschau Schlesingers (1978, 69) Befund gilt: „Die meisten Nachrichten sind weder spontan noch überraschend". Die Berichterstattung erstreckt zum größten Teil auf Terminereignisse und etablierte Themen. Unerwartete auftretende Aktualität macht nur einen kleinen Teil der täglichen Fernsehnachrichten aus.

Schlesinger weist darauf hin, dass die ausgeprägte Praxis der Vorplanung nicht nur bei der BBC, sondern auch bei anderen Sendern üblich sei. Untersuchungen bei großen Sendern in Irland, Nigeria oder Schweden hätten Vergleichbares zu

Tage gefördert (vgl. ebd., 79). Und auch ITN, der Gegenspieler der BBC, verfahre in gleicher Weise: „Wenn man die verfügbaren Informationen über den größten Konkurrenten ITN zu Grunde legt, dann lässt sich hieraus der Schluss ziehen, dass es dort auch nicht anders zugeht" (ebd.). Und so darf man Schlesingers Urteil über den Content von TV-Nachrichtensendungen durchaus verallgemeinern und eben auch auf die Tagesschau übertragen: „In Wirklichkeit sind die meisten Nachrichten schon ziemlich alt, weil sie im Wesentlichen vorhersehbar sind" (ebd., 80). Welche organisatorischen Gründe für diese Dominanz des Vorhersehbaren verantwortlich sind, soll weiter unten diskutiert werden. Doch wie ist es möglich, dass Nachrichtensendungen, die zum größten Teil aus ziemlich alten, weil vorhersagbaren Nachrichten bestehen, von den Zuschauern trotzdem als hochaktuell empfunden werden? – Um diesen vermeintlichen Widerspruch auflösen zu können, muss man das Phänomen „Aktualität" analysieren.

4.5.1   Das Phänomen „Aktualität"

Bei dieser Analyse stößt man auf vier Aktualitätsebenen. Auf der oberen Ebene, ganz am Anfang aller Aktualität, steht die, nennen wir es, *Initial-Aktualität*. Es folgen die *prämediale* und die *intramediale Aktualität* und am Ende, auf der unteren Ebene, die *Publikums-Aktualität*. Die Publikums-Aktualität ist jene Aktualität, die gemeinhin als „die" Aktualität verstanden wird. Was ist mit den vier Aktualitätsstufen (Abb. 24) gemeint?

Die *Initial-Aktualität* ist die erste, die früheste Aktualitätsstufe der anthropogenen und nicht-anthropogenen Aktualität. Ein Minister beschließt nach vielen Gesprächen und intensiver Beratung mit Experten, ein absolutes Rauchverbot in Gaststätten zu fordern. Die Idee wird im kleinen Kreis geboren, hier beginnt die Initial-Aktualität. In diesem Stadium wissen nur wenige von dem geplanten politischen Vorstoß. Gleichwohl ist die Aktion jetzt schon in der Welt. Sobald damit begonnen wird, diese politische Idee auf den Weg zu bringen, beginnt das Stadium der *prämedialen Aktualität*. Jetzt sind zum Beispiel mehrere Mitarbeiter in der Presseabteilung des Ministeriums damit beschäftigt, eine Informationsmappe zu fertigen mit Statistiken, Fotos und Übersichten, wie Rauchverbote in anderen Ländern gehandhabt werden. Außerdem muss ein geeigneter Termin für eine Pressekonferenz festgelegt werden. In diesem Stadium wissen schon relativ viele Leute von der geplanten Aktion. Die Medien aber wissen noch nichts davon.

Aktualitäten-Etagere

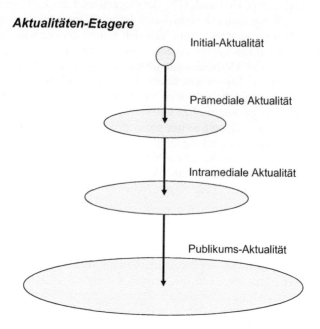

Abbildung 24: Schema der vier Aktualitäts-Ebenen.

Das ändert sich in dem Moment, in dem die Einladung zur Pressekonferenz samt Pressemappe den Redaktionen zugeht. Jetzt sind Nachrichtenagenturen, Fernsehsender, Zeitungen und Radiostationen informiert – jetzt ist die *intramediale Aktualität* erreicht. Da die Pressekonferenz erst in zwei Tagen stattfindet, wird die Information über die geplante Anti-Raucher-Initiative solange zurückgehalten. Die Medien halten sozusagen ihrem Publikum gegenüber „dicht". In diesen zwei Tagen bis zur Pressekonferenz können die Medien ihre Berichterstattung in Ruhe vorbereiten. Archivmaterial wird besorgt. Eine SNG wird zum Ort der Pressekonferenz beordert, um Live-Berichte für die Fernsehnachrichten möglich zu machen. Ein Experte wird für ein vertiefendes Schaltgespräch angefragt. Am Tag der Pressekonferenz wird dann berichtet, erst jetzt entsteht die *Publikums-Aktualität.* Diese wird in den Nachrichtensendungen durch „Aktualitätsindikatoren" entsprechend herausgestellt.

4.5.2   Aktualitätsindikatoren

Unter Aktualitätsindikatoren sind Formulierungen zu verstehen, die in einer Nachrichtensendung die Aktualität der Berichterstattung explizit unterstreichen. Aus der analysierten Sendewoche zwischen dem 18. und 22. September 2006 stammen folgende Beispiele: „Zur Stunde befasst sich das Kabinett..." oder „Bundesweit werden heute an mehr als hundert Orten..." oder „Vor einer Stunde wurden neue Konjunkturdaten für Deutschland veröffentlicht...". Alle drei Formulierungen beziehen sich auf Ereignisse, deren Ereigniszeitpunkt Tage im Voraus bekannt war. Durch den Gebrauch der Aktualitätsindikatoren wurde den Rezipienten das Gefühl des Jetzt-Dabeiseins vermittelt. Doch wer sind die Aktualitätsinitiatoren, die das berichtenswerte Ereignis kreieren?

4.5.3   Aktualität und Öffentlichkeitsarbeit

An dieser Stelle kommen Öffentlichkeitsarbeit und PR ins Spiel. Bentele (2005, 211) spricht hier in einer Wortschöpfung von „Intereffikation", womit er ein gegenseitiges sich Ermöglichen zwischen PR und Medien bezeichnet. „Weil die Kommunikationsleistungen jeder Seite nur dadurch möglich sind, dass die Leistungen der anderen Seite vorhanden sind, ergibt sich die Feststellung, dass jede Seite so die Leistungen der anderen Seite *ermöglicht*" (ebd., kursiv im Orig.). Gemeint ist: das PR-System – also die Öffentlichkeits- und Pressestellen von Politik, Wirtschaft, Kultur oder von Organisationen wie zum Beispiel Ärzte ohne Grenzen – sorgen für „die Themensetzung bzw. die Themengenerierung" (ebd., 212), die Medien wiederum sorgen für die Verbreitung. Löffelholz (2004a, 471 ff.) spricht von einem „privilegierten Verhältnis" zwischen PR und Medien. „Die zentrale Leistung der Public Relations besteht darin, im Interesse eines spezifischen Systems liegende Resonanzen – vor allem – im Journalismus anzuregen, um systemspezifische Beobachtungen in objektive und öffentlich verfügbare zu transformieren" (ebd., 479).

Altmeppen et al. (2004a, 7) spielen in einem Gedankenexperiment durch, was geschähe, wenn „alle haupt- und nebenberuflichen PR-Praktiker (...) in Politik, Wirtschaft und allen anderen gesellschaftlichen Bereichen ihre Arbeit" einstellten. Was würden die Journalisten tun? „Aktiv ausschwärmen und wieder mehr eigene Themen suchen? Veranstaltungen besuchen? Aber woher wüssten Journalisten von diesen Veranstaltungen? Und was wäre mit den politischen, wirtschaftlichen Ereignissen und Prozessen, die sich dennoch innerhalb der Ministerien und Parlamente, der Unternehmen, bei Greenpeace etc. abspielen?" (ebd.).

Nachrichtenjournalisten sind auf Ereigniskreatoren angewiesen. Baerns (1985/91, 87 ff.) kam, bezogen auf die Landespolitik in Nordrhein-Westfalen, zu dem Ergebnis, dass über 60 Prozent der Berichterstattung auf Material der Öffentlichkeitsarbeit zurückgingen. Spätere Untersuchungen hätten dieses Ergebnis bestätigt (Baerns 2000, 91 f.). Baerns vermutet deshalb, „dass standardisierte Informationsverarbeitungsprozesse unabhängig von subjektiven Intentionen der Macher und unabhängig von gesellschaftlichen Erwartungen dominieren und das tägliche Informationsgeschehen lenken" (ebd., 93). Auch Weischenberg et al. (2006, 121) stellen fest: „Pressemitteilungen von Unternehmen, Parteien, Verbänden und anderen Institutionen spielen eine wesentliche Rolle bei der journalistischen Themenfindung und bei der Suche nach Informationen". Wie die Befragungen für diese Arbeit bei den Tagesschau-Zulieferredaktionen und den Auslandskorrespondenten ergaben, wird auch hier in erheblichem Umfang auf Material der Öffentlichkeitsarbeit rekurriert (vgl. 3.4.5 ff). Bentele (2005, 211) spricht in diesem Kontext von Kommunikationsanregungen und -impulsen. Die Kommunikationsanreger oder Aktualitätsinitiatoren haben dabei das Privileg, Themen und Timing der Berichterstattung weitgehend zu kontrollieren (vgl. Baerns 1991, 98). Weber (2004, 61) stellt die These auf: „Journalismus und PR sind in steigendem Maße im Prozess massenmedialer Wirklichkeitskonstruktion derart miteinander verquickt, dass eine trennscharfe Unterscheidung von unterschiedlichen Systemreferenzen mitunter bereits obsolet geworden ist".

Diese Verwobenheit bedeutet natürlich nicht, dass zum Beispiel die Tagesschau, überspitzt formuliert, wegen des hohen Anteils an vorhersehbarer Berichterstattung vor allem versteckte Werbebotschaften verbreitet. „Solange PR-Angebote nicht lediglich gekürzt oder redigiert oder sogar einfach in die Berichterstattung übernommen, sondern von Journalisten als Quellen und Themenanregungen verwendet werden, die nachrecherchiert, weiterentwickelt oder hinterfragt werden, ist – zumindest in seiner Beziehung zur PR – von einem unabhängigen Journalismus auszugehen" (Weischenberg et al. 2006, 123).

4.6   Gratifikationen des Vorhersehbaren

Doch warum berichten die TV-Nachrichten zu einem so hohen Prozentsatz über Vorhersehbares? In der Hauptsache sind es vier Gründe, vier Gratifikationen, die alle einen organisationalen Hintergrund haben. Die Berichterstattung über vorhersehbare Ereignisse sorgt für Produktionssicherheit, sichert eine hohe Publikumsaktualität, erleichtert die Visualisierung und ermöglicht die thematische Konsentierung in der Redaktion. Gehen wir die vier Punkte der Reihe nach durch.

4.6.1   Produktionssicherheit

Das „organisationsspezifische Ziel" (Altmeppen 1999) einer TV-Nachrichten-redaktion besteht darin, Nachrichten zu produzieren. Und zwar zu einem be-stimmten Zeitpunkt, den die formale Organisation festlegt und mit einer be-stimmten inhaltlichen Orientierung, welche die formale Organisation ebenfalls festlegt. Für zwölf Uhr ist im ARD-Programm die „Tagesschau um zwölf" in einer Länge von möglichst exakt fünfzehn Minuten vorgesehen. Die Mindestleis-tung der Redaktion besteht darin, pünktlich um zwölf eine Viertelstunde lang Nachrichten zu senden. Weischenberg (2004, 298) spricht hier vom „Zwang (…) produzieren zu müssen". Würde sich die Redaktion treiben lassen, darauf ver-trauend, dass immer irgendwas passiert, würde spätestens ab zehn Uhr eine ge-waltige Hektik einsetzen.

Themen, die für eine Berichterstattung in Frage kämen, gäbe es wahrschein-lich genug, aber die fernsehgerechte Umsetzung wäre schwierig. Mal wäre auf die Schnelle kein Team verfügbar, um das Thema zu realisieren, mal wäre der Interviewpartner nicht erreichbar, mal gäbe es technische Schwierigkeiten. Die ins Auge gefassten Themen könnten, wenn überhaupt, nur recht und schlecht übermittelt werden. Für die Redaktion wäre jeder Tag eine Reise ins Ungewisse mit einer nicht zu tolerierenden nervlichen Belastung. Außerdem wäre auch eine Sendung, die auf solche Weise zu Stande käme, nicht wirklich aktuell in dem Sinne, dass niemand zuvor etwas von den Ereignissen wusste. Die Redaktion wäre weiterhin zum Beispiel auf die Informationen von Nachrichtenagenturen angewiesen.

Die Phase der intramedialen Verschwiegenheit würde lediglich auf die Nachrichtenagenturen beschränkt werden. Diese aber bräuchten in jedem Fall frühzeitige Termininformationen, um ihrerseits eine Berichterstattung gewähr-leisten zu können. Aus alledem folgt: Ohne eine ausreichende Zahl terminbasier-ter Ereignisse wären seriell produzierte Nachrichtensendungen im Fernsehen nicht möglich. Jede Filmpremiere, von der die Tagesschau-Redaktion erst erführe, wenn die Gäste schon eintreffen, wäre ein operational-organisatorischer Hochseilakt. Der technische und personelle Aufwand wäre gewaltig, um über das Ereignis quasi in letzter Minute noch zu berichten. Das Ergebnis wäre gleichwohl kümmerlich.

Zwar wurde die Fernsehberichterstattung „durch die Einführung und ständi-ge Verbesserung der Videotechnik seit den 70er Jahren revolutioniert und die filmische Aufbereitung von Nachrichten wesentlich unkomplizierter, handlich und kostengünstiger" (Zimmer 1993, 278). Und auch die „Weiterverbreitung des Bildmaterials erfuhr durch die Fortschritte der Satellitentechnik eine enorme Beschleunigung" (ebd.), doch ohne umfassende Planung lässt sich keine Regelsendung herstellen. Um bei der Filmpremiere zu bleiben: Kein Filmausschnitt könnte gezeigt werden, denn das erfordert zeitlichen Vorlauf. Keine Kamera könnte am richtigen Standpunkt eingerichtet werden, die SNG hätte größte Probleme, in der Eile die Satellitenverbindung herzustellen. Das operational-organisatorische Chaos wäre am Ende Content-prägend.

> Um eine regelmäßige Produktion von Nachrichtensendungen gewährleisten zu können, muss eine große Organisation nach festen Regeln Content generieren. Die Berichterstattung über vorhersehbare Ereignisse lässt sich planen und begründet deshalb ein hohes Maß an Produktionssicherheit.

4.6.1.1   Horror Vacui

Um eine verlässliche serielle Produktion zu festen Zeiten zu gewährleisten, muss operational-organisatorisch Vorsorge getroffen werden. Wenn das Planungsprogramm – vor allem während der Hauptferienzeit im Sommer oder in den Tagen vor und nach Weihnachten – nur wenige Themen enthält, tritt bei den verantwortlichen Redakteuren ein regelrechter „Horror Vacui" ein. Eine Angst vor der Leere, Angst vor der nicht gefüllten Sendezeit. Die Äußerung eines Sende-CvD in einer Zehn-Uhr-Dreißig-Konferenz an einem 22. Dezember ist hierfür typisch: „Ich kriege Angst, wenn ich das Themenangebot sehe. Und ich bin kein ängstlicher Mensch". In der Konferenz wurde anschließend versucht, noch zwei innenpolitische Themen zu initiieren, um den vorhandenen Platz zu füllen.

Ein Wirtschaftsführer stand zu jener Zeit in der Kritik. Das Hauptstadtstudio sollte gebeten werden, mit eigens eingeholten Politikerstatements das Thema „weiterzudrehen". Einer der Sende-CvDs dazu in der Runde: „Es wäre uns allen sehr, sehr recht, wenn wir dazu was bekämen". Das zweite Thema sollte sich mit dem Fehlverhalten von Bundeswehrsoldaten beschäftigen. Die Verfehlungen waren nicht spektakulär, aber die Themenarmut ließ, da war sich die Konferenz einig, kein große Wahl. „Das ist wirklich nicht der große Aufreger", sagte ein CvD, „aber heute nimmt man dankbar alles". Schon die frühen Gatekeeper-Studien von White (1950) und Gieber (1956) zeigten die Bedeutung der Platzfrage für den Content. Und auch Shoemaker (1991, 42 f.) stellte fest: „Der Gatekeeper beim Fernsehen lässt an einem nachrichtenarmen Tag Meldungen durchgehen, die er an einem anderen ablehnen würde".

4.6.1.2 Postselektive Sättigung

Der Horror Vacui hat auch eine Kehrseite: Sobald der vorgesehene Platz gefüllt ist, lässt die Bereitschaft neue Nachrichten zu akzeptieren, merklich nach. Schon White (1950) stellte fest, je später eine Nachricht eintraf, desto geringer war die Wahrscheinlichkeit, dass sie noch ins Blatt kam. Ein Phänomen, das man als „postselektive Sättigung" etikettieren könnte und das auch bei der Tagesschau zu beobachten ist. Immer wieder fiel auf, dass man sich bei ARD-aktuell bemüht, bereits organisierte und fest bestellte Beiträge in der Sendung zu berücksichtigen. Im Zweifel wird auf ein anderes, vielleicht sogar aktuelleres Thema verzichtet. „Ich würde das ja gerne aufgreifen. Aber wir sind randvoll. Ich müsste dafür was anderes streichen und das können wir nicht so einfach machen", sagt ein Sende-CvD zu einem Themenvorschlag.

„Was anderes streichen" – das hieße, einen zugesagten Bericht zu kippen. Eine Planungsredakteurin sagt: „Wenn wir uns für ein Thema entschieden haben, dann werfen wir das nicht weg. Dann sind schließlich schon erhebliche Kosten entstanden". Dieser außerordentlich vorsichtige Umgang mit dem Etat hat formal-organisatorischen Gründe. ARD-aktuell verfügt nämlich über keinen eigenen Etat für Beiträge, sondern ist auf die zuliefernden Anstalten angewiesen. In der „Verwaltungsvereinbarung ARD-aktuell" heißt es dazu: „Die Zulieferungen der Landesrundfunkanstalten, Berichte der Auslandskorrespondenten und Beiträge aus den Studios Bonn und Berlin sowie der Wetterbericht werden ARD-aktuell kostenfrei zur Verfügung gestellt" (2005c, Ziff. 6.1). Vera Schmidberger (2006), die Leiterin der ARD-Zulieferredaktion in Mainz erklärt, was das für ihren Bereich bedeutet: „Wenn ich auf Wunsch der Tagesschau ein Team losschicke oder eine SNG anfordere, dann kostet das eine Stange Geld. Die Kosten werden zum einen Teil meinem Redaktionsetat belastet, zum anderen Teil dem Etat der Technikabteilung. Wenn dann ein Beitrag nicht gesendet wird, ist das doppelt ärgerlich".

ARD-aktuell ist zwar grundsätzlich berechtigt, von der Sendung zugelieferter Beiträge abzusehen, aber nur „wenn dies aus programmlichen Gründen erforderlich ist" (NDR 2005c, Ziff. 5.4.). „Und die Schwelle dafür liegt hoch" (Gniffke 2006). Das geplante Programm wird deshalb nur geändert, wenn Meldungen mit sehr hohem Nachrichtenwert eintreffen. Planbarkeit ist also ein wichtiger Grund für die Bevorzugung absehbarer und terminbasierter Ereignisse. Ein zweiter wichtiger Grund ist das Streben nach möglichst hoher Aktualität, vor allem auch nach Live-Aktualität, wo immer sie operational-organisatorisch umsetzbar ist. Die Rede ist hier von einer möglichst hohen „Publikumsaktualität".

4.6.2   Streben nach Aktualität

Die ZEIT schreibt: „Es gibt nun einmal seit zehn, fünfzehn Jahren eine konkurrenzbedingte, mörderische Beschleunigung der Berichterstattung" (Gaschke 2005, 1). Jochen Zimmer (1993, 278) hält den Golfkrieg und die damalige Live-Berichterstattung von CCN für den entscheidenden Zeitpunkt, seit dem es zunehmend „auf die bloße Geschwindigkeit und Allgegenwärtigkeit der Nachrichtenaufbereitung" ankomme. Und der ehemalige Erste Chefredakteur von ARD-aktuell, Bernherd Wabnitz (2006), spricht – überspitzt – davon, das Fernsehen versuche „möglichst schon zu berichten bevor überhaupt was passiert ist". Dieser Aktualitätsforderung kann ein technisch und organisatorisch aufwändiges Medium wie das Fernsehen nur schwer aus dem Stand heraus nachkommen (vgl. Sarcinelli 1987, 218 f.). Bei einem unerwarteten Ereignis wie dem Transrapid-Unglück oder der Gasexplosion im fränkischen Lehrberg benötigte das Heranschaffen der Technik bis zu drei Stunden Zeit.

Ein überraschender Live-Einsatz erfordert im Inland nach Angaben der Zulieferredaktionen grundsätzlich einen zeitlichen Vorlauf von mindestens einer Stunde, bei längeren Anfahrten sogar von bis zu vier Stunden (vgl. 3.4.10.2 ff.). Im Ausland sind die Verhältnisse oft noch komplizierter. Martin Ordolff (2005, 159) schreibt in seinem Praxis-Ratgeber „Fernsehjournalismus": „Grundsätzlich gilt: Auch Aktualität muss vorbereitet werden. Grundlage jeder Nachrichtensendung ist die Planung. (…) Das gilt insbesondere für Termine aus dem Ausland. (…) Wie kann man vom Gipfel in Davos abspielen? Welche Akkreditierungen benötige ich? Wie lange sind die Fahrzeiten? (…) Oft muss man diese Entscheidungen Tage oder Wochen vor dem Ereignis treffen, weil sonst keine ausreichenden Produktionsmittel mehr zur Verfügung stehen".

Nachrichtliche Aktualität bedeutet, dass Ereigniszeitpunkt und Berichtszeitpunkt möglich nah beieinander liegen. Im Idealfall, bei Live-Berichterstattung, sind Berichts- und Ereigniszeitpunkt sogar deckungsgleich. Diese vollständige – oder nur leicht verschobene – Kongruenz lässt sich bei einem technisch aufwändigen Medium wie dem Fernsehen in der Regel nur erreichen, wenn der Ereigniszeitpunkt vorab bekannt ist. Nur dann kann eine Berichterstattung operational-organisatorisch passgenau gesetzt und vorbereitet werden. Da vorhersehbare Ereignisse einen definierten oder zumindest absehbaren Ereigniszeitpunkt haben, werden sie bei den TV-Nachrichten privilegiert. Je aktueller Fernsehnachrichten für das Publikum sein sollen, desto mehr muss aus organisatorischen Gründen über vorhersehbare Ereignisse berichtet werden.

Eine aktuelle Berichterstattung lässt sich operational-organisatorisch nur sicherstellen, wenn der Ereigniszeitpunkt rechtzeitig bekannt ist. Bei vorhersehbaren Ereignissen ist diese Voraussetzung erfüllt. Der Reporter steht dann zum Beispiel im Vorfeld einer wichtigen politischen Entscheidung vor dem Kanzleramt und berichtet live, während hinter ihm die Akteure das Gebäude gerade betreten. Und er berichtet später wiederum live, wenn die Akteure herauskommen und erklären, was sie vereinbart haben.

4.6.3   Visualisierbarkeit

Maier et al. (2006, 19) haben „Visualität" als eigenen Nachrichtenfaktor eingeführt, da die Visualisierung von Nachrichten eine immer größere Rolle spielt. 1992 seien noch fast 60 Prozent der innerpolitischen Meldungen als Sprechernachricht präsentiert worden, 2004 sei es nur noch jede fünfte Meldung gewesen. „Die wichtigste Darstellungsform für Innenpolitik in öffentlich-rechtlichen Nachrichtensendungen ist inzwischen der Beitrag, welcher mehr als 40 Prozent aller Meldungen ausmacht. An zweiter Stelle rangieren Nachrichten im Film (25 Prozent)" (ebd., 37). „Früher dauerte es einfach lange bis Bilder verfügbar waren, heute sind sie sofort da und also zeigen wir sie auch", sagt der Erste Chefredakteur von ARD-aktuell, Kai Gniffke (2006).

Auch Tagesschau-CvD Ekkehard Launer (2006) bestätigt: „Wir senden heute deutlich mehr Bilder als früher. Und wir bemühen uns um bessere Bilder". Während man früher bei politischen Veranstaltung vor allem Konferenzräume, an- und abfahrende Limousinen sowie Köpfe gezeigt habe, seien heute „attraktive Themenbilder gefragt". Sie werden entweder vorher eigens für den Beitrag gedreht oder – in selteneren Fällen – aus dem Archiv besorgt. Visualisierung erfordert aber genauso wie die hohe Aktualität einen zeitlichen Vorlauf. Ein Live-Schaltgespräch aus einem Studio ist meistens innerhalb von Minuten zu realisieren (vgl. 3.4.5 ff.). Ein Schaltgespräch zum Ereignisort oder auch nur das Drehen attraktiver Aufnahmen erfordert dagegen technische Vorkehrungen und damit Organisation. Die Aktualitätsinitiatoren wissen um die Visualisierungsbedürfnisse des Fernsehens und richten ihre Ereignisangebote darauf aus. Die Süddeutsche Zeitung schildert, wie das Verteidigungsministerium das Auslaufen der Bundesmarine aus Wilhelmshaven in Richtung Libanon für die Medien visuell aufbereitete:

> „Der Marine war ein wahres logistisches Meisterwerk gelungen in den nicht einmal 24 Stunden, die vom Beschluss des Bundestages über den Libanon-Einsatz bis zur Verabschiedung der Truppen in Wilhelmshaven vergangen sind. Berliner Journalisten wurden mit einer Transall eingeflogen (...) Über Nacht sind auf dem Marinestützpunkt Ki-

lometer weißer Schnüre gezogen worden, als Abgrenzungen für den Minister, die Soldaten, die Presse, die Verwandten. Bei Abschreiten der Front durch den Verteidi-
gungsminister ist sogar an den Stand der Sonne gedacht worden – wenn Franz-Josef
Jung auf die Kamera zugeht, scheint sie ihm ins Gesicht und nicht in die Objektive. Es
sollen perfekte Bilder sein von einem perfekten Tag" (Wiegand 2006, 3).

Auch die Tagesschau hatte, wie oben beschrieben, am 21. September 2006 in
mehreren Ausgaben über das Auslaufen der Schiffe berichtet. Der Termin wurde
rechtzeitig mitgeteilt, das NDR-Studio Oldenburg konnte die Berichterstattung
organisieren und lieferte bereits für die Tagesschau um zwölf einen Beitrag, der
in der Sendung an zweiter Stelle platziert wurde. Das gleiche Studio Oldenburg
kam in erhebliche operational-organisatorische Nöte, als am nächsten Tag der
Transrapid im Emsland verunglückte. Das Ereignis kam völlig unerwartet, eine
SNG war in Oldenburg zu diesem Zeitpunkt nicht greifbar, ein freies Kamerateam wurde losgeschickt. Als es mit ersten Bildern nach Oldenburg zurückkam,
stellte man fest, so berichtet die zuständige Planungsredakteurin später, dass die
technische Norm mit den NDR-Geräten nicht harmonierte. Bis das Problem
gelöst war, verging wertvolle Zeit. Der vorgesehene Aufmacher-Beitrag für die
Tagesschau um 14 Uhr an diesem Tag wurde deshalb aus Mangel an Bildern von
der Zulieferredaktion um 13 Uhr 46 abgesagt.

Eine attraktive Visualisierung von Themen erfordert in der Regel einen organisatorischen Vorlauf. Das gilt für gedrehte Bilder genauso wie für Live-
Schaltgespräche, die vom Ereignisort aus geführt werden sollen. Bei vorhersehbaren Ereignissen ist dieser Vorlauf gewährleistet. Vorhersehbare Ereignisse haben auch deshalb bei den TV-Nachrichten einen Bonus.

4.6.4   Thematische Konsensualisierung

„Die meisten Journalisten stehen (…) heute unter einem erheblich höheren Se-
lektionsdruck als vor zehn oder zwanzig Jahren. Der Umfang des Informations-
angebots, das in den Redaktionen verarbeitet werden muss, liegt um ein Vielfa-
ches höher als im vorelektronischen Zeitalter" (Weischenberg et al. 2006, 196).
Die redaktionelle Konsensualisierung ist bei vorhersehbaren Ereignissen einfacher, weil sie nicht unter hohem Zeitdruck stattfinden muss. Bei ARD-aktuell
(vgl. 4.3.1 ff.) verläuft die Selektion vorhersehbarer Ereignisse in mehreren Stu-
fen. Die Angebote der Aktualitätsinitiatoren werden zunächst von den Zulieferredaktionen oder den Auslandskorrespondenten geprüft und gesiebt. Themen, die
diesen Selektionsprozess überstehen, werden dann als Themenvorschlag an die

Planungsredaktion in Hamburg übermittelt. Dort wird aus der Auswahl erneut ausgewählt. Auf der Planungskonferenz von ARD-aktuell am Donnerstagabend wird auch diese zweite Selektion noch einmal gemeinsam geprüft und konsensualisiert. Auch auf den täglichen Sitzungen wird das Themenangebot anschließend immer wieder diskutiert und der aktuellen Entwicklung angepasst.

Vorhersehbare Themen können besonders gut kollektiv auf ihren Nachrichtenwert geprüft werden. Die Darstellungsformen lassen sich gemeinsam festlegen und mit den realisierenden Reportern und Korrespondenten abstimmen. Die operationale Organisation wird dadurch für alle an Contentproduktion Beteiligten erleichtert.

Aus den genannten vier Gründen werden vorhersehbare Themen auch bei der Tagesschau bevorzugt. Doch was bedeutet das für den Content?

4.6.5   Folgen für den Content

Die Auswirkungen dieses Selektionsverhaltens auf den Content lassen sich nicht präzise beschreiben. Denn das, was nicht vorhersehbar war und was auch nicht mit hohem Nachrichtenwert unerwartet auftrat, bleibt ja im Dunkeln, wird nicht wahrgenommen und nicht bekannt und kann insofern auch nicht zum Vergleich herangezogen werden. Die „Initiative Nachrichtenaufklärung" (vgl. Schicha 2006) versucht mit Hilfe „möglichst vieler Privatpersonen, Organisationen und Vereinigungen" (ebd., 23) vernachlässigte Meldungen und Themen aufzuspüren und nennt auch einige. Doch der Aussagewert ist gering, denn es „gibt Milliarden von Nachrichten, auf die Journalisten aufmerksam werden könnten, doch die überwältigende Mehrzahl dieser Nachrichten schafft es nicht einmal bis zum ersten Gatekeeper" (Shoemaker 1991, 20). Weil sie zu unbedeutend oder zu normal sind oder weil sie ganz einfach zu spät kommen und die Sendung schon voll ist oder weil andere Aktualitätsinitiatoren ihre Botschaften einfach besser verkauft haben und ihre Ereignisse deshalb platzieren konnten. Wie sich die Präferenz des Vorhersehbaren auf den Content auswirkt, lässt sich nur logisch deduzieren.

Die Fokussierung auf vorhersehbare Ereignisse bedeutet zunächst einmal, dass vor allem solche Ereignisse und Aktualitätsinitiatoren bei den Fernsehnachrichten beachtet werden, die die organisationalen Bedürfnisse des Mediums befriedigen. Rössler (2005, 372) weist darauf hin, dass PR-Erfolge nur zu erzielen sind, wenn man „sich den Input-Bedürfnissen des Mediensystems anpasst und einer stimmigen Inszenierungslogik (...) folgt". Parlamentarier richteten inzwischen sogar, so Kepplinger (1998, 153 ff.), ihren Tagesablauf nach den redaktionellen Produktionszyklen. Und Imhoff (2006, 202) konstatiert: „Wir haben es bei den Kommunikationsformen der etablierten Akteure mit erfolgreichen, nachrichtenwertorientierten Anpassungen an die Selektions-, Interpretations- und Inszenierungslogiken der Medien zu tun". Bei diesen Selektions- und Inszenierungslogiken spielt wiederum das Organisationale eine wichtige Rolle.

4.6.5.1   Aufmerksamkeits-Gewinner

Diejenigen, die den organisationalen Erfordernissen entsprechen, haben erhöhte Chancen im „Aufmerksamkeitswettbewerb" (ebd.; vgl. auch Kamps 2006, 123). Vor allem die Regierung hat „wesentliche strategische Vorteile" (Adam et al. 2005, 81). Sie verfügt zum einen über die „größeren materiellen Ressourcen der Öffentlichkeitsarbeit (…). Aufmerksamkeitsvorteile hat sie zudem aufgrund von Prominenz und Prestige der Regierungsmitglieder" (ebd.). Jedes Gipfeltreffen, jede Regierungskonferenz, jede Auslandsreise biete der Regierung „jede Menge Gelegenheit, sich und ihre Themen ins öffentliche Rampenlicht zu rücken" (ebd., 83). Die Regierungen moderner Mediendemokratien kommen den organisationalen Notwendigkeiten des Fernsehens in besonderer Weise entgegen: In London vor Downing Street Nr. 10 oder in Berlin vor dem Kanzleramt können sich Fernsehteams direkt in einen fest installierten Live-Anschluss einklinken, eine SNG ist nicht mehr nötig, Kamera und Mikrophon genügen für eine Live-Berichterstattung (Schwering 2006; Roth 2006). In Washington stehen alle Regierungspressekonferenzen dem Fernsehen als Live-Signal zur Verfügung (Meier 2006). Gleiches gilt in Berlin für die Debatten des Bundestages und die Veranstaltungen der Bundespressekonferenz (Kreutzmann 2006).

Aus Rücksichtnahme auf die organisatorischen Notwendigkeiten werden zum Beispiel Auslandsreisen, Staatsbesuche, wichtige Konferenzen oder Parlamentsdebatten frühzeitig bekannt gegeben. So können Satellitenleitungen gebucht, Teams eingeteilt und Berichte eingeplant werden. Die Berichterstattung des Hauptstadtstudios besteht zu 95 Prozent aus vorhersehbaren, zumeist terminbasierten Anlässen (Roth 2006). Die Berichterstattung der ARD-Studios in Brüssel (EU, Nato) und Straßburg (EU) beruht zu jeweils 90 Prozent beziehungsweise zu mehr als 80 Prozent (Krause 2006: Görgen 2006) auf vorhersehbaren Ereignissen. In New York (UNO) sind es nach Schätzungen bis zu 90 Prozent (Heussen 2006). Die großen politischen Institutionen wissen, wie wichtig vorhersehbare, möglichst terminfixierte Ereignisse aus organisatorischen Gründen für die Medien, vor allem für das Fernsehen sind und kommen dem entgegen. Das Ergebnis: „Inzwischen berichten wir über Politik aus Berlin und aus Brüssel deutlich mehr als früher" (Gniffke 2006).

Auch die großen Organisationen, die Gewerkschaften etwa, kennen die Gepflogenheiten. Die IG Metall gibt die Verhandlungstermine der neuen Tarifrunde rechtzeitig bekannt, zum Auftakt laufen Gewerkschaftsmitglieder mit einer mannsgroßen, aus Metall gefertigten „7" in den Konferenzsaal, um ihre Forderung nach sieben Prozent mehr Lohn bildwirksam zu kommunizieren und damit den Visualisierungsbedürfnissen des Fernsehen entgegenzukommen. Wer die Regeln nicht beherrscht, erzielt keine mediale Resonanz und damit in der Öffentlichkeit kein Gehör. Vor allem schlecht oder gar nicht organisierte Gruppen ohne professionelle Öffentlichkeitsarbeit sind medial stark unterrepräsentiert (vgl. Adam et al. 2005, 86). Die Erfolgreichen im Aufmerksamkeitswettbewerb werden dagegen prominent, was ihnen fortan noch mehr Aufmerksamkeit in den Medien sichert. Nach Maier et al. (2006, 64) zählt nämlich der Nachrichtenfaktor „Prominenz" neben Nähe und Negativität beim Fernsehen zu den „langfristig stabilsten".

4.6.5.2 Konsonanz der Berichterstattung

Das Problem verschärft sich durch die Konsonanz der Berichterstattung. Schon Schlesinger (1978, 80) machte eine „Tendenz zur Gleichförmigkeit, zur Homogenität" aus, da sich alle Redaktionen aus denselben Quellen speisten. Auch Baerns (1985, 87 ff.) vermutet, dass die schlichte Vervielfältigung und Zirkulation einiger weniger Primärquellen der Öffentlichkeitsarbeit für die Konsonanz verantwortlich sind und weniger die allgemeine Gültigkeit von Nachrichtenwerten. Das Fernsehen ist dabei in gewisser Weise der Taktgeber. Das Publikum wäre vermutlich ziemlich irritiert, wenn die Zeitung regelmäßig andere Themen behandelte wie die Tagesschau am Vortag. Das Fernsehen besitzt wegen seiner Bilder große Glaubwürdigkeit (Radunski 1980, 70), es berichtet vielfach live und es hat eine „enorme Reichweite und damit Omnipotenz" (ebd., 86). Das Fernsehen ist schon deshalb das Leitmedium. Da aber das Fernsehen aus organisatorischen Gründen vorhersehbare Ereignisse präferiert, setzt sich diese Präferenz bei den anderen Medien fort. Das Organisationale akzentuiert somit nicht nur den Content der TV-Nachrichten, sondern den Content der Medien insgesamt.

Das Organisatorische bewirkt, dass vorhersehbare Themen präferiert werden. Es beeinflusst dadurch den Content unmittelbar und weitreichend: Bestimmte Themenfelder und Akteure werden bei der Berichterstattung begünstigt, andere werden eher vernachlässigt und wieder andere kommen, weil sie die organisatorischen Bedürfnisse nicht befriedigen, in den TV-Nachrichten gar nicht vor.

4.6.5.3   Theoretische Bewertung

Die Akzentuierung des Content aus organisationalen Gründen hat Folgen für die vermittelte Wirklichkeitskonstruktion. Nach Luhmann (1998, 1102) hat es allerdings „wenig Sinn, zu fragen, ob und wie die Massenmedien eine vorhandene Realität *verzerrt* wiedergeben; sie *erzeugen* eine Beschreibung der Realität, eine Weltkonstruktion und das *ist* die Realität, an der sich die Gesellschaft orientiert" (kursiv i. Orig.). Nach Merten (2005, 140) ist eine solche Verzerrung der Wirklichkeitskonstruktion letztlich unerheblich. Da Wirklichkeiten immer konstruiert würden, seien Wirklichkeitskonstruktionen „nicht auf Wahrheit, sondern nur auf Viabilität verpflichtet" (ebd.; vgl. auch 2.9.5). Mit anderen Worten: Selbst eine mögliche inhaltliche Schlagseite wäre nicht weiter schlimm, solange Rezipienten und Gesellschaft damit zurechtkommen. Oder, systemtheoretisch gewendet: Verzerrungen und Akzentuierungen sind hinnehmbar, solange das System „Journalismus" mit seinen Selektionen und öffentlich gemachten Beobachtungen die Voraussetzungen dafür schafft, dass andere „weltgesellschaftliche Funktionssysteme" (Rühl 2006, 361) wie „Politik, Wirtschaft, Sport oder Wissenschaft sich selbst beobachten und ihre Operationen an eine sich verändernde Umwelt anpassen können" (Löffelholz, 2004, 478).

Folgt man der Strukturationstheorie, dann wird sich dieses organisatorisch induzierte Selektionsverhalten immer weiter verfestigen, denn die erfolgreichen Akteure im Aufmerksamkeitswettbewerb adaptieren ihr Verhalten an die Bedürfnisse des mächtigsten Mediums (vgl. Bentele 1999, 181). Durch ihr adaptives Verhalten aber wird die Struktur der Berichterstattung stets aufs Neue bestätigt. Die Strukturen prägen das Handeln, das Handeln wiederum prägt und reproduziert die Struktur (vgl. Schimank 2002, 15; auch 2.8.3).

„Vorhersehbar" wurde bis jetzt fast schon synonym gebraucht für „terminbasiert" – für jene Untergruppe des Vorhersehbaren, die den organisatorischen Bedürfnissen der TV-Nachrichtenleute wegen des definierten Ereignistermins besonders entgegen kommt. Doch auch etablierte und sich entwickelnde Themen gehören in die Rubrik „vorhersehbar", auch sie sind organisatorisch gut abgefedert. Bei etablierten Themen wie der Gesundheitsreform sind zum Beispiel gleich mehrere Hauptstadtkorrespondenten mit der Problematik vertraut und in das Thema eingearbeitet. Nach Tuchman (1973/74, 123 f.) erleichtert das die journalistische Arbeit erheblich. Die Korrespondenten wüssten genau, welcher Politiker welche Meinung zum jeweiligen Thema habe, wie die Mehrheits- und Machtverhältnisse seien und wann man mit der Berichterstattung jeweils wieder „einsteigen" müsse.

Etablierte Themen in der Außenpolitik wie etwa der Nahostkonflikt führen zu einem Ausbau der strukturell-funktionalen Organisation, um die Berichterstattung zu routinisieren. So wurde das Studio in Kairo technisch und personell aufgestockt. Oder: Durch den Atomkonflikt rückte der Iran zunehmend in den Fokus. Die ARD reagierte mit einem eigenen Auslandsbüro in Teheran. Durch den deutschen Papst Benedikt XVI. werden der Vatikan und die päpstlichen Reisen für das deutsche Publikum interessanter – die ARD hat deshalb inzwischen einen eigenen Vatikankorrespondenten mit eigenem Büro dort installiert.

Die gesamte Infrastruktur der Inlands- und Auslandskorrespondenten ist so ausgerichtet, dass die Tagesschau sowohl auf überraschende Entwicklungen bei etablierten Themen als auch bei unerwartet eintreffenden Ereignissen in möglichst kurzer Zeit reagieren kann. Der Bereitschaftsdienst der Zulieferredaktionen dient diesem Ziel, die technisch aufwändige Ausstattung vieler Auslandsbüros mit eigenem Studio und eigener Satellitentechnik ebenfalls. Unerwartetes von hohem, aber nicht außergewöhnlichem Nachrichtenwert wird dabei nach einem eingespielten Schema transportiert. Erst die Wortmeldung oder, bei größeren Vorkommnissen wie dem Transrapid-Unglück, ein Schaltgespräch in das für die Region zuständige Studio. Sobald erste Bilder vorliegen, folgt entweder noch in derselben oder in einer der nächsten Sendungen eine Fließmaz, eine Nachricht im Film oder ein erneutes Studio-Schaltgespräch mit zugespielten Videosequenzen. Und schließlich, wenn genügend Material vorliegt, ein Beitrag, wenn das Thema wichtig genug ist. Bei der Berichterstattung über Ereignisse im Ausland kommt in solchen Fällen den Nachrichtenfilm-Agenturen oft eine wichtige Rolle zu.

Doch was geschieht, wenn Ereignisse von überragendem Nachrichtenwert überraschend auftauchen? Was passiert bei jenen spektakulären Vorkommnissen, die geradezu „explosionsartig ans Licht drängen in einer störenden, außergewöhnlichen und deshalb nachrichtenwerten Art und Weise" (Noyes 1971, zit. n. Tuchman 1973/74, 111)?

4.7   Umgang mit dem Unerwarteten

Auch bei unerwartet eintretenden Ereignissen entwickelt sich die Aktualität nach jenem Schema, das in Abschnitt 4.5 beschrieben wurde. Dabei ist es auch unerheblich, ob das Ereignis anthropogenen oder nicht-anthropogenen Ursprungs ist. Terroristen bringen durch einen Bombenanschlag ein Passagierflugzeug zum Absturz. Die Phase von der Planung des Verbrechens bis zum Absturz ist die Initial-Aktualität. Die Flugsicherung bemerkt auf ihren Radarschirmen das Verschwinden der Maschine, die Sicherheitsbehörden werden eingeschaltet. Polizei und Rettungsmannschaften treffen an der Absturzstelle ein. Das ist die Phase der prämedialen Aktualität. Jetzt erfahren Polizeireporter von dem Anschlag und geben die Nachricht über die Agenturen an alle Publikumsmedien weiter. Damit ist die intramediale Aktualität gegeben. Die Fernsehprogramme werden unterbrochen, die Berichterstattung läuft an. Sobald die Nachricht bei den Zuschauern ankommt, ist die Phase der Publikums-Aktualität erreicht. Bei unerwarteten Ereignissen von besonderer Brisanz durchläuft die Aktualität alle vier Phasen innerhalb kurzer Zeit. Intramediale und Publikums-Aktualität fallen bei großflächiger Live-Berichterstattung manchmal sogar zusammen.

Was eine solche Ausnahmensituation für die operationale Organisation bedeuten kann, soll im Folgenden beschrieben werden. Alle Vorgänge wurden dabei an Hand von archivierten Ablaufplänen, Agenturmeldungen, Sendemitschnitten und persönlichen Gesprächen rekonstruiert. Während der eigentlichen Beobachtungsphase traten solche Vorkommnisse nicht auf, denn sie sind selten. Weil sie aber außerordentlich spektakulär sind, bleiben sie beim Publikum in Erinnerung. Das mag einer der Gründe sein, warum Außenstehende und auch manche Nachrichtenjournalisten selbst den Eindruck haben, „Nachrichtenproduktion sei ein chaotisches Geschäft", bei dem „das Unvorhergesehene (...) stets hinter der nächsten Ecke (lauert)" (Schlesinger 1978, 80 u. 86).

In diesem Abschnitt soll es um das gehen, was die Amerikaner „What-astory!" nennen (Tuchman 1973/74, 126). Plötzlich trifft eine Eilmeldung ein, die darauf hindeutet, dass sich etwas Unvorhergesehenes von möglicherweise gewaltigem Ausmaß ereignet hat. Die relativierende Vokabel „möglicherweise" wurde hier bewusst gebraucht, denn in solchen Fällen herrscht zunächst ein hohes Maß an Intransparenz. Das „bedeutet unvollständige Informationen und damit auch unvollständige Repräsentation des Problems" (Funke 2003, 133). Shoemaker (1991, 28) weist in dem Zusammenhang daraufhin, dass es zum Beispiel für einen Botaniker relativ einfach sei, an Hand einiger weniger Informationen eine Eiche zu erkennen. Für einen Journalisten sei es dagegen ungleich schwieriger, auf Grund ähnlich geringer Informationen den Nachrichtenwert eines Ereignisses einzuschätzen. Denn es muss beurteilt werden, wie gravierend der Vorfall ist und wie gesichert die ersten vorliegenden Informationen überhaupt sind.

Da Intransparenz ein „komplexitätsstiftender Faktor" (Funke 2003, 133) ist, wird eine angemessene Problemlösung nach den üblichen Kriterien und mit Hilfe eingespielter Routinen schwierig. Die Nachrichtenredaktion befindet sich jetzt in einer Situation der Polytelie, der Vielzieligkeit. Soll man warten bis genügend Informationen vorliegen, um die Nachricht präzise bewerten zu können? Oder soll man so schnell wie möglich berichten, auch wenn die organisationalen und inhaltlichen Gegebenheiten nicht den gewohnten Standards entsprechen?

4.7.1   *Legitimierter Regelverstoß*

In solchen Phasen von Polytelie „wird das Anspruchsniveau (...) rasch gesenkt werden müssen: Anstelle der (unmöglichen) Suche nach einer optimalen Lösung für alle Kriterien werden Relaxationen (kleine oder größere Verstöße gegen Kriterien) vorgenommen, die z. B. unterschiedliche Prioritäten widerspiegeln" (ebd.; vgl. 2.4.2). Bei ARD-aktuell wird inzwischen in nachrichtlichen Ausnahmesituationen das Niveau des Informationsanspruchs temporär gesenkt, eine möglichst rasch einsetzende Berichterstattung wird priorisiert. Wie es zu dieser Verschiebung der Prioritäten kam, soll gleich noch dargestellt werden.

Die Relaxationen führen zu Verstößen gegen eine ganze Reihe sonst gültiger Regeln. Doch das System ARD akzeptiert diese Regelverstöße und die Systemumwelt akzeptiert sie ebenfalls. Die Akzeptanz von Regelsuspension macht eine außerordentlich schnelle Reaktion überhaupt erst möglich. Der legitimierte Regelverstoß gibt der Redaktion die Sicherheit, in der Eile auch Fehler machen zu dürfen, ohne dafür hinterher zur Rechenschaft gezogen zu werden. Rasches Handeln in Situationen der Intransparenz muss auf „Urteilsheuristiken" rekurrieren – auf kognitiven Eilverfahren (vgl. Zimbardo/Gerrig 2003, 303), die es ermöglichen auf der Basis nur weniger Informationen zu entscheiden und zu agieren. Urteilsheuristiken ermöglichen es „effiziente Urteile zu bilden, die in den meisten Situationen ausreichend sind. (...) Heuristiken (können jedoch) zu Fehlern führen" (ebd., 307; vgl. 2.3.4).

4.7.2   *Geänderte Nachrichtenphilosophie*

Der Tag, seit dem der temporäre Regelverstoß bei den Nachrichtensendungen der ARD legitimiert ist, lässt sich genau datieren. Es ist der 11. September 2001. Jener Tag, an dem Terroristen das World Trade Center in New York zum Einsturz brachten und das Pentagon attackierten. Bei der Tagesschau galt bis zu diesem Datum die alte BBC-Maxime „Genauigkeit vor Schnelligkeit". Ein BBC-Redakteur hat das einmal so formuliert: „Manchmal bekommen wir eine Nachricht, von der wir wissen, dass sie den Zuschauer interessiert, aber wir sind uns nicht hundertprozentig sicher, dass sie auch stimmt. Wir müssen sie zurückhalten, während wir sie überprüfen. Für einen Nachrichtenjournalisten bedeutet es eine übermenschliche Anstrengung, die nächste Sendung ohne diese Nachricht laufen zu lassen, aber Verlässlichkeit und Genauigkeit sind wichtiger als Schnelligkeit" (ebd., 89). Bei der Tagesschau wurde genau so verfahren – bis zum 11. September 2001. Danach war die Nachrichtenwelt in der ARD eine etwas andere.

Der Autor dieser Arbeit hat die entscheidenden Momente als Moderator selbst miterlebt.

4.7.3   Vorgänge am 11. September 2001

Um 14 Uhr 57, drei Minuten vor Beginn der „Tagesschau um drei", liest er seine Texte zur Probe noch einmal laut durch. Über Ohrhörer gibt der Studioregisseur eine Vorwarnung: „Bitte drauf einstellen, dass wir eventuell eine Schalte nach Washington machen". Druck auf die Sprechtaste und Rückfrage: „Worüber reden wir?" Antwort aus der Regie: „Ist noch nicht ganz klar. Auf dem Dach des World Trade Center ist Rauch zu sehen, da scheint ein Sportflugzeug abgestürzt zu sein". Danach erfolgen keine weiteren Informationen mehr.

Die „Tagesschau um drei" beginnt an jenem 11. September 2001 mit einem Beitrag über die Befragung des damaligen Verteidigungsministers Rudolf Scharping durch den Verteidigungsausschuss in Berlin. Es geht um eine möglicherweise missbräuchliche, private Nutzung der Flugbereitschaft durch Scharping. Auf den Bericht folgte, wie im Ablauf vorgesehen ein vertiefendes Schaltgespräch zu diesem Thema mit Werner Sonne. Über Ohrhörer wird der Moderator informiert, dass im Teleprompter eine neue Meldung stehe, die er bitte direkt nach dem Schaltgespräch verlesen möge. Um genau 15 Uhr 04 und dreißig Sekunden geht daraufhin die folgende, eher undramatisch klingende Textmeldung über die Senderkette der ARD:

> „Aus dem World Trade Center in New York steigt dichter Rauch auf. Nach Berichten US-amerikanischer Fernsehsender ist eine zweimotorige Kleinmaschine in einen der beiden Türme des Wolkenkratzers gestürzt. Mehr Informationen dazu im Laufe der Sendung" (Jacobs 2001).

Dazu spielt die Regie Bilder ein, die zeigen, wie ein Passagierflugzeug von rechts auf das World Trade Center zufliegt und, so scheint es, hinter einem der Türme verschwindet. Sekunden später ist eine gewaltige Explosion zu sehen. Diese Bilder zusammen mit der Meldung sollten eigentlich der Sendungs-Aufmacher sein. Wortredakteur Olav Jacobs (2006) hatte den Text kurz vor 15 Uhr im elektronischen Redaktionssystem freigegeben, in der Eile jedoch vergessen, die Sekretärin im Studio zu informieren, die den elektronischen Teleprompter bediente. Da der Prompter so kurz vor der Sendung den ursprünglich vorgesehenen Aufmachertext bereits „On Air" gesetzt hatte, wurde die neu hinzugekommene Meldung von der Technik ignoriert. Der Computer beharrte aus Gründen der Sendesicherheit auf dem regulären Anfangstext, die kurzfristige

Veränderung hätte nur manuell durch die Sekretärin am Prompter erfolgen können. Das ist auch heute noch so.

4.7.3.1   Problem: Das nachrichtliche Ideal

Die Redaktion tat sich zunächst schwer mit einer angemessenen Reaktion, denn
die ersten vorliegenden Informationen waren nicht eindeutig. Um 14 Uhr 55
schickte die Nachrichtenagentur Reuters die Eilmeldung Nr. 7511 mit der höchsten Priorität 1 über die Nachrichtensysteme mit der Textzeile: *„World Trade
Center in New York brennt nach Aufprall von Flugzeug – Fernsehsender"*. Und
um 15 Uhr 04 folgte die Reuters-Meldung 7637, erneut Priorität 1: *„Zweite Ex-
losion erschüttert World Trade Center in New York – Fernsehbilder"*. Als Quelle wurden „Fernsehsender" und „Fernsehbilder" genannt. Weitere Informationen
lagen noch nicht vor.

Die Tragweite der Ereignisse war auf Grund der Eilmeldungen nicht sofort
erkennbar. Zu dieser Zeit galt bei ARD-aktuell noch der Grundsatz absoluter
inhaltlicher Zuverlässigkeit – auch in hochbrisanten Situationen. Diesen Grundsatz hat Schlesinger, bezogen auf die BBC, so beschrieben: „Offiziell gilt bei der
BBC das Ideal hundertprozentiger Genauigkeit. Da Menschen Fehler machen,
wird im BBC ,News Guide' geraten: ,Wenn Sie eine Meldung so intensiv wie
möglich geprüft haben und trotzdem weiterhin Zweifel bestehen, dann lassen Sie
die Nachricht weg.' Diese Nachrichtenpolitik ist ein probates Mittel gegen das,
was den Status einer Erbsünde hat: Gegen die Gefahr, Falschmeldungen aufzusitzen. Genauigkeit war eine Tugend der BBC seit ihren frühesten Tagen"
(Schlesinger 1978, 90). Und auch der Tagesschau, darf man hinzufügen.

4.7.3.2   Zwei-Agenturen-Prinzip

Eine so unklare Meldungslage wie am frühen Nachmittag des 11. September 2001
brachte die Redaktion deshalb in Nöte. Dass keine Falschmeldungen vorlagen,
war nach Aussage der diensthabenden Wortredakteure klar – die Nachrichtenagentur Reuters gilt als seriöse Quelle. Doch was genau war passiert? Das ging
aus den ersten Meldungen nicht hervor. Außerdem gilt bei der Tagesschau, wie
schon an anderer Stelle erwähnt, das Zwei-Agenturen-Prinzip. Dieses Prinzip
„schreibt verbindlich vor, dass keine Meldung als verlässlich bestätigt gelten darf,
bevor sie nicht bei zwei Agenturen unabhängig voneinander erscheint" (ebd.).
Auch das war zu Beginn der Ereignisse am 11. September nicht gegeben. Die
BBC weichte das Prinzip übrigens in den siebziger Jahren auf und verschiebt

seitdem, wenn Zweifel bleiben, die inhaltliche Verantwortung auf die Quelle. Es heißt dann entweder einschränkend: „Wie Reuters meldet..." oder, wenn die Informationen noch weniger gesichert sind: „Nach unbestätigten Berichten..." (vgl. ebd.; auch 2.5.1). Die Tagesschau-Redaktion bezog sich am 11. September auf „Berichte US-amerikanischer Fernsehsender".

Zur unklaren Nachrichtenlage kam auch noch eine Verkettung unglücklicher organisationaler Umstände. Als die Planungsredaktion kurz vor 15 Uhr in New York anruft, ist kein Korrespondent greifbar. Der damalige Studioleiter Gerald Baars befand sich in Kanada und drehte einen Weltspiegel-Bericht über Gegner des bevorstehenden G-8-Gipfels. Die damalige zweite Korrespondentin Caroline Imlau, deren Korrespondenten-Vertrag auslief, hatte New York bereits verlassen, ihr Nachfolger Heribert Roth war noch nicht auf seinem Posten. „Mein Vertrag begann erst am 01. Oktober 2001. Deshalb gab es eine zeitliche Lücke, die in solchen Fälle allerdings nicht unüblich ist, zumal Washington besetzt war" (Roth 2006). New York konnte also nicht berichten. Die Planungsredaktion wandte sich deshalb an das ARD-Studio Washington. Der damalige Studioleiter Klaus Kleber (2006) hatte zeitgleich in Hamburg bei einem anderen Redakteur angerufen, um auf die Ereignisse aufmerksam zu machen. Kleber erinnert sich: „Ich war an dem Tag schon früh im Büro. Meine Producerin wies mich auf seltsame Bilder aus New York hin. CNN zeigte schwarze Qualmwolken, die aus dem World Trade Center kamen. Ich rief in Hamburg an und sagte noch: Versucht eine Leitung zu kriegen. Könnte sein, dass da was Größeres passiert ist. Danach bin ich sofort runter ins Studio".

4.7.3.3   Unklare Nachrichtenlage

Obwohl CNN die ganze Zeit live das brennende World Trade Center zeigte, konnte der Nachrichtenkanal keine gesicherten Informationen über die näheren Umstände geben. Kleber: „Die redeten von irgendeinem Kleinflugzeug, das abgestürzt sei. Ich dachte erst, vielleicht sind ein paar Teerfässer auf dem Dach umgefallen und in Brand geraten". Eine Satellitenleitung nach Washington kam auf die Schnelle nicht zu Stande, doch Kleber wurde noch im Verlauf der „Tagesschau um drei" zwei Mal telefonisch interviewt. Ausweislich des Sendemitschnitts (ARD 2001) geht um genau 15 Uhr 09 und 52 Sekunden folgender Dialog über den Sender, abwechselnd unterschnitten mit Bildern aus New York und einem Porträtfoto des Korrespondenten:

> Moderator: Wir versuchen jetzt eine Leitung, eine Schaltung nach New York zu bekommen. Wir haben es ja gemeldet, eine zweimotorige Maschine ist auf einen Turm

des World Trade Centers in New York gestürzt. Erste Bilder haben wir gezeigt (…),
Herr Kleber, was genau ist passiert?
    Kleber: Das … das wissen wir nicht. Wir schauen hier, wie vermutlich Sie in die-
ser Sekunde auch – ich nehme an, dass Sie das einspielen – auf Live-Bilder aus New
York, wo man die Spitze des Südturms des World Trade Centers, dieser beiden genau gleich aussehenden 110 Stockwerke hohen Türme in Flammen sieht. Es sieht
aus, als brenne das obere Fünftel eines der beiden Türme. Und die Meldung aus
New York sagen, dass mindestens ein, möglicherweise zwei kleinere Flugzeuge in
diesen Turm hineingeflogen seien vor ungefähr einer Dreiviertelstunde.
    (Im Bild sind Aufnahmen des World Trade Centers zu sehen, aus dem eine ge-
waltige schwarze Rauchwolke aufsteigt).
    Das ist eine Zeit, zu der normalerweise in diesem Bürogebäude jedenfalls noch
nicht viele Menschen arbeiten. In dieser Sekunde passiert eine weitere Explosion in
dem Gebäude etwa in halber Höhe des World Trade Centers. Eine große Explosi-
onswolke kommt aus dem Gebäude heraus. Wir haben im Moment noch keine Ah-
nung, was die Ursache dieses Unglücks oder dieses Anschlags war. Wir wissen auch
nicht, wie viele Menschen in diesem Gebäude im Moment der ersten Explosionen
waren. Es gibt Vermutungen, dass möglicherweise zumindest auf der Aussichtsplatt-
form des Turmes einige Touristen gefangen sein könnten. Die wären, wenn es so
wäre, allerdings gefangen in einer fürchterlichen Rauchwolke, die im Moment die
Spitzen der beiden Gebäude umgibt. Das heißt, eine Riesenkatastrophe, was auch
immer die Ursache gewesen sein mag".

Darauf folgen in dieser Tagesschau-Ausgabe zwei regulär vorgesehene Berichte.
Einer über eine Entscheidung des Europäischen Gerichtshofes zum Umweltrecht
und einer über den Ausgang der Wahlen in Norwegen. Um 15 Uhr 14 und dreißig Sekunden wird Klaus Kleber zum zweiten Mal telefonisch befragt:

Moderator: Sie haben es gehört: Zwei Flugzeuge sollen auf das World Trade Center
gestürzt sein. Man weiß noch nicht sehr detailliert Bescheid. Wir versuchen jetzt
noch einmal am Telefon Klaus Kleber in Washington zu kriegen. (…) Herr Kleber,
was hat sich inzwischen getan, was ist los am World Trade Center?
    (Der Moderator hat bisher die Bilder nicht bewusst gesehen, die laufende Sen-
dung und permanente Kommandos der Regie machen auch das Lesen von Meldungen schwierig. Deshalb die offenen Fragen an den Korrespondenten. Während die
Frage gestellt wird, laufen erneut die schon einmal gezeigten Bilder, wie eine Maschine von rechts heranfliegt, hinter den Türmen verschwindet und es direkt danach
zu einer Explosion kommt. Die Aufnahmen werden vom Moderator auch dieses Mal
nicht bewusst wahrgenommen. Ein Hinweis aus Regie oder Redaktion erfolgte in
der Aufregung jener Minuten nicht.)
    Kleber: Es gab, seit wir das letzte Mal vor zwei, drei Minuten miteinander spra-
chen, eine weitere Explosion weiter unten im Gebäude. Offensichtlich breitet sich
das Feuer von der Spitze nach unten aus und immer wieder neue Explosionen passieren. Riesige Flammen und Qualmwolken dringen aus dem Gebäude heraus. Wer

auch immer in diesen Stockwerken sein sollte zu dieser Stunde, wo gerade erst der Bürobetrieb beginnen sollte, ist nun wirklich in Lebensgefahr, wenn er überhaupt eine Chance hat, das zu überleben. Es ist nicht mal mehr zu vergleichen mit dem Anschlag auf das World Trade Center vor acht Jahren, bei dem sechs Menschen ums Leben kamen und über eintausend verletzt wurden. Dieses hier, was da im Moment vor unseren Augen sich abspielt, ist eine noch größere Katastrophe.

Moderator: Geht man von einem Unfall aus oder kann es sein, dass es sich um einen Anschlag handelt?

Kleber: Das sieht natürlich sehr verdächtig aus, aber es wäre unverantwortlich da jetzt zu spekulieren. Man kann sich kaum erklären, weshalb ein oder möglicherweise zwei Flugzeuge in diesen weithin sichtbaren Turm geflogen sein sollen ohne Absicht.

Erneut werden die Bilder eingespielt, die das auf die Türme zufliegende Passagierflugzeug zeigen. Erst dieses Mal nimmt der Moderator die Bilder bewusst zur Kenntnis. Er stellt deshalb folgende Nachfrage:

Moderator: Herr Kleber, wir haben gerade in den Bildern gesehen, dass ein Flugzeug hinter dem Turm vorbeiflog und dann begann die Explosion. Hing das damit zusammen oder ist das eine optische Täuschung?

Kleber: Nein, nein, das ist eine optische Täuschung. Das ist sicher eines der Beobachtungsflugzeuge jetzt der Fernseh-Networks. Es gibt keine Bilder von dem Moment, als die erste Explosion passiert ist.

Rückblickend sagt Klaus Kleber (2006) zu dieser Passage: „Ich hatte diese Bilder selbst nicht gesehen. Als sie liefen, blickte ich auf den falschen Monitor. Ich wollte auch nichts Falsches sagen und einen Terroranschlag dieses Ausmaßes konnte ich mir in diesen Minuten einfach nicht vorstellen".

4.7.3.4   Kritik an zögerlichem Vorgehen

Am Ende der „Tagesschau um drei" weist der Moderator auf eine Extra-Ausgabe um 16 Uhr hin. Die ARD zögert, über die 15 Uhr-Tagesschau hinaus weiterzusenden. Noch liegen keine wirklich gesicherten Informationen vor, noch steht keine Bildleitung zum Korrespondenten in Washington, außerdem ist der Wissensstand des Korrespondenten dürftig. „Was sollen wir denn senden?" fragt ein Redakteur. Eine regelgerechte, technisch und inhaltlich den Tagesschau-Ansprüchen genügende Sendung, so befürchtet das Team, ist unter den gegebenen Umständen nicht zu organisieren. Um 15 Uhr 18 läuft deshalb, wie im Programmablauf vorgesehen, eine weitere Folge der Tierserie „Abenteuer Wildnis" an. Um 15 Uhr 32 wird der Tierfilm für eine weitere Extra-Ausgabe der Tagesschau unterbrochen. Um 15 Uhr 29 hatte Reuters (Meld. Nr. 7959) gemeldet:

„Bush – World Trade Center war anscheinend Ziel eines Terroranschlages".

Die Extra-Ausgabe dauert drei Minuten, sie besteht aus einem erneuten Gespräch mit Kleber. Ab 15 Uhr 35 wird das vorgesehene Programm weiter gesendet, denn noch immer ist die Nachrichtenlage nicht ganz klar und noch immer gibt es keine Satelliten-Verbindung nach Washington. Die Einstellung der Redaktion, Sendungen von ARD-aktuell hätten stets perfekt zu sein, stand einem beherzten Durchsenden im Wege. Die Psychologen wissen: Bei der Einstellung „handelt es sich um einen kognitiven Zustand, eine Gewohnheit oder Haltung, die die Qualität und Geschwindigkeit der Wahrnehmung und der Problemlösung unter bestimmten Umständen erhöhen kann. Die gleiche Einstellung kann jedoch auch die Qualität der mentalen Vorgänge in Situationen behindern oder verzerren, in denen alte Denk- und Handlungsweisen nicht zu Ergebnissen führen" (Zimbardo/Gerrig 2003, 302).

4.7.3.5 Improvisierte Sondersendung

Das Team der Tagesthemen – Sende-CvD ist an diesem Tag der US-Amerikaner Jay Tuck – drängt auf eine großflächige Sondersendung und erklärt sich bereit, diese Sendung ohne jede Planung, improvisierend, zu fahren. Die Chefredaktion von ARD-aktuell entscheidet daraufhin: Die regulären Tagesschau-Sendungen zu den ausgedruckten Zeiten produziert das Tagesschau-Team, eine Sonderfläche dazwischen wird von der Tagesthemen-Redaktion bestritten. Um 15 Uhr 48 geht Ulrich Wickert ins Programm. Mit vielen Schaltgesprächen und vielen ausgedruckten Agenturmeldungen, die ihm ins Studio gebracht werden. Aus einem benachbarten Bürogebäude kommt der damalige NDR-Auslandschef und langjährige Nahost-Korrespondent Andreas Cichowicz (2006) und setzt sich mit ins Studio. Er soll mit fachkundigen Einschätzungen Zeit zu überbrücken helfen, wenn zum Beispiel Schaltgespräche nicht zu Stande kommen oder zusammenbrechen.

Der Nachrichtenreaktion „ARD-aktuell" wurde in den Tagen nach dem Anschlag immer wieder vorgeworfen, sie habe zu lange gewartet. Man hätte bereits die „Tagesschau um drei" mit den Ereignissen in New York aufmachen und von da an durchlaufend berichten müssen. Die Redaktion verteidigte sich damit, die Nachrichtenlage sei völlig unklar gewesen. Man habe erst das Ausmaß des Vorfalls zutreffend einschätzen wollen, bevor man auf Sendung ging. Der zur Verteidigung immer wieder zitierte eherne Grundsatz „Genauigkeit geht vor Schnelligkeit" wurde durch den 11. September 2001 relativiert. Die Zeitungen vermerkten, dass n-tv, der private Nachrichtenkanal, bereits um 14 Uhr 56 erste Bilder vom brennenden World Trade Center gezeigt und RTL bereits ab 15 Uhr 15 mit einer mehrstündigen Sondersendung begonnen hatte. „In den ersten Minuten nach dem Anschlag sind die öffentlich-rechtlichen Sender, die sich als die führenden Informationskanäle verstehen, fern vom Geschehen" (Huber 2001, 1).

Die Tatsache, dass im Programm der ARD während der mehrstündigen Sondersendung von 15 Uhr 48 bis 20 Uhr manches drunter und drüber ging, wurde kaum erwähnt. Dass an diesem Tag die Tagesschau um 20 Uhr zum ersten Mal in ihrer Geschichte nicht gelesen, sondern vom Verfasser dieser Arbeit moderiert wurde, ging genauso unter wie der weitgehend chaotische Ablauf dieser 20-Uhr-Ausgabe (vgl. Weichert 2006, 368). Das alles scheint niemanden ernstlich gestört zu haben. Die Einschaltquoten jedenfalls waren beachtlich. Die Tagesschau um 20 Uhr erreichte im Ersten einen Marktanteil von 30,6 Prozent und 10,07 Millionen Zuschauer. Die vorangegangene vier Stunden und 12 Minuten lange Sondersendung war von 5,61 Millionen Menschen gesehen worden, was einem Marktanteil von 25 Prozent entsprach (vgl. GfK 2001). Die ARD verzeichnete damit an diesem Tag „die meisten Zuschauer, gefolgt von RTL und ZDF" (Focus 2001, 308).

4.7.4   ARD als autopoietisches System

Da die ARD wie alle überlebensfähigen Systeme nach der Luhmann'schen Systemtheorie ein autopoietisches System darstellt, ist sie lernfähig, muss sie lernfähig sein. Die Autopoiese ist die Fähigkeit, sich selbst erhalten, wandeln, erneuern zu können. Bei einem autopoietischen System muss „es sich um ein operativ geschlossenes System handeln (…). Auf der Ebene der eigenen Operationen gibt es keinen Durchgriff in die Umwelt, und ebenso wenig können Umweltsysteme an den autopoietischen Prozessen eines operativ geschlossenen Systems mitwirken. (…) Auch für beobachtende Systeme gibt es auf der Ebene ihres Operierens *keinen Umweltkontakt*. Alle Umweltbeobachtung muß im System selbst als interne Aktivität mit Hilfe *eigener* Unterscheidungen (…) durchgeführt werden" (Luhmann 1998, 92). Mit anderen Worten: Niemand hätte von außen die ARD zwingen können, ihr Aktualitätsverständnis zu ändern. Doch die Beobachtung der Systemumwelt – und zu dieser Umwelt zählen insbesondere auch „die anderen Massenkommunikationsmittel" (Rühl 1979, 178) – löste eine interne Diskussion darüber aus. Die Umweltbeobachtung in Form der Lektüre kritischer Zeitungsberichte führte zu internen Aktivitäten mit dem Ziel, in der aktuellen Berichterstattung schneller zu werden.

4.7.5 Gefahr vorschneller Reaktionen

In den ersten Wochen war deshalb bei ARD-aktuell einiges an Sarkasmus zu hören. Ein beliebter Spruch lautete: „Wir haben künftig immer zwei Meldungen exklusiv: Die vorschnelle Falschmeldung und das Dementi hinterher". Diese Befürchtung der Tagesschau-Redaktion schien sich zehn Tage später zu bestätigen. Am Vormittag des 21. September 2001 lief um 11 Uhr 04 die dpa-Eilmeldung, Priorität 3, über den Bildschirm:

> Toulouse (dpa) – Eine sehr starke Explosion hat sich am Freitag nahe einer petrochemischen Fabrik in einem Vorort von Toulouse in Südfrankreich ereignet. Dabei habe es mehrere Verletzte gegeben, berichten Hilfskräfte vor Ort. Der Schaden sei erheblich. Die Ursache ist nach ersten Informationen noch unbekannt. In Toulouse hat auch der europäische Flugzeughersteller Airbus seine größten Werke".

Obwohl über mögliche Opfer und Hintergründe noch keine gesicherten Informationen vorlagen, schaltete sich aus München der damalige Chefredakteur Deutsches Fernsehen ein und drängte auf eine „Tagesschau-Extra" zu diesem Vorfall. Sein Argument: Nach den Terrorschlägen von New York sei ein erneuter Anschlag denkbar. Das bei der Tagesschau sonst übliche, nachrichtenjournalistische Anspruchsniveau wurde daraufhin temporär abgesenkt („Polytelie"), die schnelle Reaktion hatte Vorrang. Die formale Organisation wirkte sich hier direkt auf den Content aus. Auch dieses Mal war der Verfasser dieser Arbeit der diensthabende Tagesschau-Moderator und erlebte die Vorgänge mit.

Der CvD ließ gegen 11 Uhr 15 einen „Crawl" setzen, ein Schriftlaufband, das ins laufende Programm eingeblendet wurde. Darin wurde in aller Kürze über die Explosion informiert und auf eine „Tagesschau-Extra" hingewiesen. Um 11 Uhr 30 wurde der Spielfilm im Ersten unterbrochen und ein Live-Gespräch mit der damaligen Frankreich-Korrespondentin Sonja Mikich in Paris geführt. Mikich fasste die wenigen bis dahin vorliegenden Fakten zusammen und erwähnte, dem Kenntnisstand entsprechend, die Möglichkeit eines terroristischen Hintergrunds.

Kurz nach diesem Schaltgespräch kam dann über die Agenturen (vgl. Deutsche Presseagentur 2001) die Entwarnung: Die Staatsanwaltschaft gehe davon aus, dass es sich um einen Betriebsunfall handelte. In der nächsten regulären Tagesschau-Ausgabe um 15 Uhr wurde noch einmal ausführlicher über den Unfall berichtet, die Terrorbefürchtungen wurden korrigiert. In der Tagesschau um fünf wurde der Vorfall nur noch mit einer Meldung und einer 30 Sekunden langen Nachricht im Film (NIF) erwähnt (vgl. ARD 2001a). Die – im Nachhinein betrachtet – voreilige Reaktion wurde nirgendwo öffentlich kritisiert oder auch nur erwähnt. Die Systemumwelt hatte das neue, stärker auf eine schnelle Reaktion ausgerichtete Vorgehen offenbar akzeptiert.

„Die Tendenz, für höchste Aktualität technische und inhaltliche Standards hintanzustellen, gab es in Ansätzen seitdem es CNN gibt", sagt der Ex-Chefredakteur von ARD-aktuell, Bernhard Wabnitz (2006). „Nach dem 11. September war ein Höchstmaß an Aktualität die neue Linie". Seither gilt es immer wieder, den Widerspruch aufzulösen zwischen der weiterhin bestehenden Tagesschau-Forderung nach präziser nachrichtlicher Bewertung einerseits und möglichst rascher, programmrelevanter Reaktion andererseits. Schon Schlesinger beschrieb dieses Spannungsverhältnis bei der BBC vor rund dreißig Jahren. „Das Zurückhalten einer Geschichte bis zur Bestätigung kann bedeuten, dass die Konkurrenz schneller ist" (Schlesinger 1978, 90). Wie sehr das System einen Aktualitätsvorsprung goutiert, konnte Schlesinger ebenfalls miterleben. Auf Grund eines Hinweises erfuhr die BBC sehr frühzeitig von einem Flugzeugabsturz im Großraum London. Ein BBC-Filmteam machte die ersten Aufnahmen, die Nachricht vom Absturz war zuallererst in den BBC-Nachrichten zu sehen. „Der Chefredakteur schickte ein Glückwunsch-Schreiben in den Redaktionsraum (...). Aus professioneller Sicht wurde dieser Erfolg bei der Berichterstattung als Beweis angesehen für die Konkurrenzfähigkeit" (ebd., 88).

4.7.6   Lehren aus dem 11. September

Das Zeitalter der Filmteams ist inzwischen lange vorbei. Aufnahmen sind häufig zeitgleich für alle verfügbar, es sei denn, sie haben mit der entsprechenden Bildquelle keinen Vertrag. Am 11. September 2001 reagierte die Tagesschau nicht nur zu langsam, sie hatte auch Schwierigkeiten mit der Bebilderung. Die ersten Live-Bilder wurden von CNN ausgestrahlt, doch der ARD war es nicht gestattet, CNN-Material zu verwenden. Sie musste warten, bis Material über die Eurovision eintraf. RTL und n-tv dagegen besaßen die Deutschlandrechte an CNN-Material. Bei ARD-aktuell herrschte deshalb am 11. September erhebliche Unsicherheit. Die Frage war: Verzichtet man auf die sensationellen Bilder oder begeht man einen Rechtsbruch mit finanziell unabsehbaren Folgen. ARD-aktuell entschied sich damals zunächst für den Verzicht. Wenig später wurde ein Vertrag zwischen der ARD und CNN geschlossen (Wabnitz 2006), der allerdings vorsieht, dass CNN-Bilder nicht live, sondern nur zeitversetzt übernommen werden dürfen. Das CNN-Signal würde deshalb in Hamburg auf eine Festplatte gespielt und von dort mit einer Verzögerung von wenigen Sekunden auf den Sender gegeben.

Nicht nur der CNN-Vertrag war eine Folge des 11. September. Bis zu diesem Tag mussten bei aktuellen Entwicklungen dem Moderator oder dem Sprecher ausgedruckte Agenturmeldungen ins Studio gebracht werden. Fortan stand ein Laptop neben dem Moderationstisch, auf das die Nachrichtenagenturen aufgeschaltet waren. Inzwischen wurde für diesen Zweck ein Computermonitor in den Moderationstisch eingepasst. Der 11. September hatte auch gezeigt, dass ein Sendestudio nicht ausreicht, um über Stunden hinweg live senden zu können. Ein Moderatorenwechsel war nur unter großen Schwierigkeiten möglich. Heute gibt es zwei identische Sendestudios bei ARD-aktuell, ein Übergang zwischen Sondersendung und regulären Tagesschau-Ausgaben wäre damit problemlos möglich. Als weitere Folge des 11. September sind mittlerweile Redaktion und Sendetechnik bei ARD-aktuell rund um die Uhr besetzt.

4.7.7 Geiselnahme von Beslan

Fast genau drei Jahre nach den Anschlägen von New York, am 01. September 2004, stürmten Terroristen kurz nach neun Uhr Ortszeit eine Schule in Beslan und nahmen, wie man erst später erfuhr, weit über 1000 Geiseln. Die Aktion endete drei Tage später in einem Blutbad mit hunderten von Toten (vgl. Donath 2004). Auch die Berichterstattung über dieses Ereignis erlebte der Verfasser als Moderator mit. Als die ersten Meldungen aus Beslan kommen, reagiert die Tagesschau, obwohl das ZDF in dieser Woche für den Vormittag zuständig ist, mit einer eigenen „Tagesschau-Extra" um 12 Uhr. Die Sendung beginnt mit dem Text:

> Guten Tag, meine Damen und Herren! In der russischen Republik Nordossetien haben Bewaffnete am Morgen eine Schule gestürmt und mindestens 200 Kinder, Eltern und Lehrer in ihre Gewalt gebracht. Dabei wurden offenbar einige Menschen getötet. Nach Behördenangaben fordern die Geiselnehmer die Freilassung von tschetschenischen Gefangenen und den Abzug der russischen Truppen aus Tschetschenien (…)" (Rychlak 2004).

Das ARD-Studio Moskau liefert einen Beitrag mit dem, was an Bildmaterial zu dieser Stunde vorliegt. Die damalige Russland-Korrespondentin wird für ergänzende Informationen und Einschätzungen aus Moskau live geschaltet. Das Thema zieht sich anschließend durch sämtliche Regelsendungen. Auch am nächsten Tag ist Beslan in allen Sendungen das Thema Nummer 1. Udo Lielischkies ist inzwischen in Beslan eingetroffen. Er berichtet anfangs über Videophone, danach sind Live-Gespräche in gewohnter technischer Qualität möglich. Reuters und die EBU hatten entsprechende Technik nach Beslan gebracht (Lielischkies 2006).

Der zweite Tag verlief ruhig. Doch dann, am dritten Tag, trafen gegen 11 Uhr Eilmeldungen ein, wonach es in der Schule in Beslan Explosionen gegeben haben soll. Die diensthabende Chefin vom Dienst informiert sofort die Chefredaktion und direkt danach die Zentrale Sendeleitung in Frankfurt darüber, dass man so schnell wie möglich ins Programm gehen wolle. Die Programmdirektion in München stimmt zu, um 11 Uhr 36 beginnt eine fast anderthalb Stunden lange Extra-Ausgabe der Tagesschau.

> Guten Tag, meine Damen und Herren! Die Lage in Beslan spitzt sich dramatisch zu. Die Angehörigen vor der von Geiselnehmern besetzten Schule werden immer verzweifelter. Vor etwa einer halben Stunde wurden Schüsse und Explosionen aus dem Gebäude gemeldet, in dem zwischen 500 und 1500 Erwachsene und Kinder festgehalten werden (…)" (Esslinger 2004).

Es folgt zunächst ein Beitrag aus Beslan, dann wird zu Udo Lielischkies vor Ort geschaltet. Der damalige Moskau-Korrespondent steht einige hundert Meter von der Schule entfernt. Die Schule selbst ist im Live-Bild nicht zu sehen. Trotzdem muss die Frage lauten: „Was geschieht in dieser Schule? Welche Informationen haben Sie?" Lielischkies macht deutlich, wie dürftig und wie wenig gesichert sein Wissen ist und angesichts der Umstände auch nur sein kann. Trotzdem wird im Verlauf der Sendung immer wieder nach Beslan geschaltet. Plötzlich hört der Korrespondent neue Schüsse und Explosionen. Dass sich etwas Dramatisches ereignete, bekamen die Zuschauer mit. Was genau geschah, darüber konnte auch Lielischkies nur spekulieren.

Wie man später erfuhr, hatte eine russische Sondereinheit die Schule gestürmt. Bomben der Geiselnehmer gingen dabei hoch. Flüchtende Geiseln wurden erschossen. Hunderte von Menschen fanden dabei den Tod. Doch das alles war während der Sondersendung nicht bekannt. Als aus Beslan erste aktuelle Bilder kamen, wurde diese sofort gezeigt. Dazwischen gab es Schaltgespräche nach Moskau und Berlin und immer wieder Zusammenfassungen der Ereignisse (vgl. ARD 2004). Nach 84 Minuten ging eine Extra-Ausgabe der Tagesschau zu Ende, die ARD-intern anschließend hoch gelobt wurde. Die Quote der fast neunzigminütigen Sondersendung lag mit 17,7 Prozent Markanteil erkennbar über dem, was auf diesem Sendeplatz am Vortag erreicht worden war (vgl. GfK 2004).

4.7.8   Routinen des Unerwarteten

Unter anderem diese Sondersendung zeigte, dass sich nach dem 11. September 2001 eine „Routinisierung des Unerwarteten" herausgebildet hatte, um eine Formulierung von Gaye Tuchman (1973/74) zu verwenden. Die Routinisierung erleichtert nicht nur die operationale Organisation der Berichterstattung in Fällen unerwartet auftretender Ereignisse, sie macht die Berichterstattung zum Teil überhaupt erst möglich. Die Routinisierung umfasst nach den Beobachtungen für diese Arbeit folgenden Vorgehensweisen:

- Die Redaktion wartet mit der Berichterstattung nicht so lange, bis belastbare Fakten und Hintergründe bekannt sind, sondern reagiert auf Grund einer heuristischen Ersteinschätzung so schnell wie möglich. Die unklare Lage wird offen angesprochen. Die Meldungen enthalten relativierende Vokabeln wie „offenbar", „mutmaßlich", „nach ersten Meldungen", „ersten Schätzungen zufolge" und so weiter.

- Die technische Qualität der Berichterstattung spielt in solchen Fällen keine Rolle. Auch eine rauschende Telefonverbindung mit dem Korrespondenten wird akzeptiert. Während er spricht, wird eine Karte vom Ort des Geschehens eingeblendet und/oder ein Foto des Reporters. Solche Korrespondenten-Porträts werden bei ARD-aktuell im Fotoarchiv bereitgehalten.

- Aktuelle Filmaufnahmen vom Ereignis werden „Picture in Picture" sofort gesendet, auch wenn die Bildinhalte manchmal nur dürftig sind. Während eines Live-Schaltgespräches werden die Aufnahmen erst als kleines Bild im Hintergrund eingeblendet und kurz darauf als Vollbild gezeigt. Ist der Korrespondent ebenfalls über Bildleitung zugeschaltet, wird er immer wieder als kleines „Picture in Picture" eingeblendet. Diese Technik ermöglicht es, auch ungeschnittene Live-Signale oder unzusammenhängende Bildsequenzen sofort zu senden.

- Um Zeit zu gewinnen, gerade bei Sendestrecken von einer Stunde und länger, wird ein Fachmann ins Studio geholt oder zugeschaltet. Dieser Experte kann wie im Fall des 11. September (siehe oben) ein fachkundiger Fernsehredakteur sein oder ein Wissenschaftler. ARD-aktuell unterhält eine umfangreiche, kontinuierlich gepflegte Liste mit Fachleuten zu allen gängigen Themen. Gesprächspartner, die in eigenen Interviews oder in Interviews anderer Fernseh- und Hörfunksender als fachkundig und eloquent auffallen, werden in dieser Liste vermerkt und mit allen Kontaktadressen und Telefonnummern registriert. In dieser Liste stehen unter anderem Klima-, Erdbeben- und Konfliktforscher, aber auch Militärexperten, zum Beispiel ehemalige Generäle. Wann immer der Korrespondent vor Ort keine neuen Erkenntnisse liefern kann oder eine Leitung aus technischen Gründen abbricht, kann dieser Fachmann interviewt werden. Er liefert dann Einschätzungen und Hintergrundinformationen.

- Um Zuschauer, die erst während der Sendung einschalten, über den Grund der Sondersendung zu informieren, wird spätestens alle fünfzehn Minuten eine Zusammenfassung gesendet. Liegt bereits ausreichend Bildmaterial vor, kann diese Zusammenfassung ein gestalteter Beitrag sein. Andernfalls referiert der Moderator die bis dahin bekannten Fakten und Informationen. Mit Hilfe von „Picture in Picture" kann der Moderationstext bebildert werden. Solche Zusammenfassungen sind nötig, weil dauernd neue Zuschauer einschalten. Die Nachricht von Extremereignissen verbreitet sich nämlich auch durch Telefonate und persönliche Gespräche wie ein Lauffeuer. Und das Fernsehen wird in solchen Fällen eindeutig präferiert auf der Suche nach weiteren Informationen (vgl. Emmer et al. 2002).

- Im Laufe der Sondersendung werden Schaltgespräche mit anderen Korrespondenten geführt. Der Kollege aus Berlin erläutert die wahrscheinliche oder gerade bekannt gewordene Reaktion der Bundesregierung. Aus Washington kommt die US-amerikanische Sicht, aus Brüssel die der Europäischen Union. Oder die Einschätzung der UNO aus New York. Mit einer Live-Schalte nach Frankfurt zur Börse werden die Auswirkungen auf die internationalen Märkte abgefragt, auf den Ölpreis und die Aktienkurse. Derartige Schaltgespräche mit den ARD-Auslandsstudios lassen sich innerhalb weniger Minuten organisieren (vgl. 3.4.5 ff.).

- Neu eintreffende Agenturmeldungen werden möglichst umgehend verlesen. Der im Moderationstisch installierte Nachrichtenbildschirm erlaubt sofortigen Zugriff. Die Redaktion informiert über Ohrhörer den Moderator, dass neue Informationen vorliegen, der unterbricht dann das laufende Gespräch, eventuell sogar einen Beitrag, und gibt die neuen Informationen weiter.

Die geschilderten Vorgehensweisen weichen von den sonst bei der Tagesschau üblichen Regeln erkennbar ab.

- Bereits die Entscheidung, ins Programm zu gehen, bevor die Tragweite eines Ereignisses abschließend beurteilt werden kann, verstößt gegen den Tagesschau-Standard. „Erst Informationen sammeln und gründlich prüfen, dann verdichten und erst danach senden", beschreibt ein Tagesschau-CvD die geltende Philosophie. Der allgemeinen Einschätzung von wahrem Nachrichtenjournalismus komme allerdings jenes „blitzschnelle Entscheiden samt eines Hauchs von Umsturz" am nächsten, so Schlesinger (1978, 102) im Zusammenhang mit der BBC.

- Die technische Qualität genießt normalerweise einen hohen Stellenwert. Für die Tagesschau werden technisch perfekte Ton- und Bildsignale gefordert.

- Ein Korrespondent, der nur wenig weiß und spekulieren muss, wird zu normalen Zeiten nicht geschaltet. Ergänzende Interviews müssen dem Zuschauer ergänzende Informationen liefern.

- Bildmaterial wird im Normalfall erst gesichtet und bewertet und danach so montiert, dass eine aussagekräftige Sequenz entsteht.
- Interviews werden nicht geführt, um Zeit zu gewinnen, sondern um Inhalte zu transportieren. In den moderierten Regelsendungen der Tagesschau dauert ein Studio- oder ein Schaltgespräch höchstens eine Minute und fünfundvierzig Sekunden, meist sogar nur eine Minute und zwanzig Sekunden. Bei Sondersendungen können es auch schon mal vier bis sechs Minuten sein.
- Gespräche oder Beiträge werden normalerweise nicht unterbrochen. Texte werden nicht aus dem Steigreif vorgetragen, Agenturmeldungen nicht unverändert vorgelesen.

Im Falle nachrichtlich bedingter Sondersendungen wird gegen diese Regeln verstoßen. Die Suspension der Standardregeln ist jedoch formal-organisatorisch legitimiert. Derartig gestaltete Sendungen wurden sowohl von den Chefredakteuren von „ARD-aktuell" als auch in den ARD-Schaltkonferenzen mehrfach ausdrücklich gelobt. Durch die Iteration der Regelverstöße hat sich inzwischen ein organisationales Regelwerk der Devianz etabliert. Es existiert parallel zu den Standardregeln und kann, falls nötig, jederzeit aktiviert werden kann. Diese Parallelregeln sind *Routinen des Unerwarteten*. Mit ihrer Hilfe ist es möglich, auch zwei Stunden und länger ohne Unterbrechung live zu senden. Der Zuschauer wird selbst Zeuge der aktuellen Entwicklung. Er erlebt, wie die anfängliche Intransparenz schwindet und neue Informationen allmählich für Klarheit sorgen. Manche dieser organisationalen Routinen haben inzwischen auch Eingang in die Regelsendungen gefunden, zum Beispiel das Picture in Picture-Verfahren.

4.7.9   Ereignissituationen

Bei der Analyse für diese Arbeit zeigte sich, dass es bei unerwarteten Ereignissen vier verschiedene Ereignissituationen gibt. Je nach Situation fällt die journalistische Reaktion unterschiedlich aus. Die Ereignissituation determiniert die organisationalen Rahmenbedingungen der Berichterstattung.

Ereignissituation I: In solchen Fällen ist der Ereignisrahmen vorhersehbar. Beispiel: Der Irak-Krieg. Er war bereits Wochen zuvor absehbar, die Berichterstattung konnte rechtzeitig organisiert werden. In Bagdad wurden ausreichende Live-Kapazitäten für die Fernsehsender aufgebaut, die Korrespondenten richteten sich ihre eigene Schnitt- und Mischtechnik im Hotelzimmer ein. Telefon- und Internetanschlüsse wurden gelegt, Videophon-Technik für den Notfall bereitgestellt und so weiter. Die strukturell-funktionale Organisation ist in solchen Fällen auf alle Eventualitäten vorbereitet. Kommt es innerhalb eines solchen vorhersehbaren Ereignisrahmens zu einem spektakulären unerwarteten Ereignis, kann darüber sofort berichtet werden. Auch lange Sondersendungen sind bei unerwarteten Ereignissen ersten Grades kein Problem. Die Geiselnahme von Beslan ist ein Beispiel dafür. Wie oben schon beschrieben, reiste ARD-Korrespondent Udo Lielischkies direkt nach Bekanntwerden der Tat nach Beslan. Wegen des weltweiten Interesses waren dort bereits am nächsten Tag Live-Kapazitäten vorhanden. Als das Geiseldrama schließlich eskalierte, war die Berichterstattung operational-organisatorisch kein Problem.

Ereignissituation II: Die Anschläge vom 11. September 2001 fallen in diese Kategorie. Das Ereignis war in keiner Weise abzusehen, nichts deutete auf die Geschehnisse hin. Sie passieren jedoch an Orten, an denen die Medien, allen voran das Fernsehen, grundsätzlich prominent vertreten sind. Eine umfassende strukturell-funktionale Organisation ist damit von vornherein gegeben. In New York zum Beispiel haben alle großen Sender und Nachrichtenagenturen ihre Büros und Studios. Ein Ereignis kann hier innerhalb kürzester Zeit medial aufbereitet werden. SNGs sind sofort verfügbar. Videoaufnahmen werden so schnell wie technisch möglich weltweit verbreitet. Live-Schaltgespräche können im Prinzip innerhalb von Minuten realisiert werden. Die vielen Journalisten am Ort liefern sich einen zum Teil erbitterten Wettstreit um Bilder und Informationen, was das Tempo der Berichterstattung erhöht.

Sondersendungen sind in solchen Fällen mit relativ kurzem Vorlauf möglich. Die operationale Organisation ist allerdings aufwändiger als bei Ereignissituation I. Nicht nur der 11. September 2001, auch die Anschläge auf mehrere Pendlerzüge in Madrid (11. März 2004) oder die Anschläge von London gehören in diese Kategorie. In London explodierten am frühen Vormittag des 07. Juli 2005 in der U-Bahn und in einem Bus mehrere Bomben. Als die ersten Meldungen kamen, unterbrach die ARD um 11 Uhr 37 das laufende Programm und informierte im Rahmen einer knapp zweiminütigen Tagesschau-Extra. Um 12 Uhr 25 folgte eine 35-minütige Sondersendung. Um 14 Uhr wurde eine ganze Stunde am Stück berichtet (vgl. ARD 2005).

Ereignissituation III: Der Vorfall geschieht abseits der großen Medienzentren, der Ereignisort ist jedoch noch verhältnismäßig gut erreichbar. Die Explosion eines Lagers für Feuerwerkskörper im niederländischen Enschede (14. Mai 2000), der Brand der Gletscherbahn am Kitzsteinhorn (11. November 2000) oder das Unglück des Transrapid im Emsland (22. September 2006) können als Beispiele für eine solche Ereignissituation genannt werden. Die strukturell-funktionale Organisation ist wegen der Entfernung zu den Medienzentren am Anfang meist unzureichend. Für eine rasch einsetzende Live-Berichterstattung fehlt die notwendigen SNG, außerdem sind Reporter erst relativ spät vor Ort und wenn sie da sind, dann oft nicht in genügender Zahl.

Ereignissituation IV: Der unerwartete Vorfall geschieht in einer abgelegenen, schwer zugänglichen Gegend. Medienvertreter sind weit und breit nicht vorhanden. Eine für die Fernsehberichterstattung notwendige Infrastruktur existiert nicht. Schwere Erdbeben in der pakistanischen Kaschmir-Region (08. Oktober 2005) oder im iranischen Bam (26. Dezember 2003) sind Beispiele dafür. Bildmaterial trifft erst mit erheblicher Verzögerung ein. Die operationale Organisation für eine Berichterstattung ist aufwändig und teuer. Die Anreise von Journalisten dauert ein, manchmal sogar zwei Tage. Wenn die Medien dann am Ort des Geschehens sind und berichten können, haben nicht selten schon die Aufräumarbeiten begonnen. Ereignissituationen der Kategorie IV führen häufig zu einer Retardation der Berichterstattung. In solchen Fällen werden manchmal selbst von der Tagesschau später veröffentlichte Videoaufnahmen akzeptiert, obwohl in Hamburg eigentlich das Prinzip gilt, nur Bilder vom selben Tag zu senden. Und der Korrespondent wird in solchen Fällen auch dann noch geschaltet, wenn das Ausgangsereignis schon zwei Tage zurückliegt.

Ereignissituationen der Kategorien I und II eignen sich für die Fernseh-Berichterstattung in besonderer Weise, da hier Ereignisse auch live übermittelt werden können. Ein BBC-Mitarbeiter hat Philip Schlesinger (1978, 88) gegenüber die Vorliebe der Fernsehleute für Live-Berichte so formuliert: „Das ist die höchste Form der Berichterstattung. Man kann unmittelbar sehen, was passiert, während es passiert". Die Zuschauer scheinen diese Empfindung zu teilen, denn Live-Sondersendungen haben, wie oben erwähnt, meistens einen überdurchschnittlich guten Publikumszuspruch. Und das, obwohl diese Sendungen häufig gegen Regeln verstoßen, die Nachrichtensendungen normalerweise attraktiv machen: Kurze, prägnante Darstellung, thematische Mischung, gute Bilder.

4.7.10   Kritische Bewertung

Die Entwicklung hin zu einer immer schneller reagierenden Berichterstattung wird durchaus auch kritisch gesehen. Der ehemalige Erste Chefredakteur von ARD-aktuell, Bernhard Wabnitz (2006), sagt: „Die große Gefahr ist, dass die Geschwindigkeit der Berichterstattung immer weiter zunimmt und die Qualität der Information dabei gleichzeitig immer mehr abnimmt. Aber ich bin sicher – das Pendel wird auch wieder zurückschwingen". Ulrich Schmitz (1995, 1) schreibt dagegen direkt bezogen auf die Tagesschau: „Massenmediale Informationen und insbesondere Nachrichten versuchen, den Lauf der Dinge möglichst zeitgleich zu protokollieren und für den Tag festzuhalten. So tragen sie zur weiteren Beschleunigung bei. Denn wo schnelle Information technisch möglich ist, wird sie auch sozial erwartet".

Was das Thema der vorliegenden Arbeit angeht, so zeigt sich, wie sehr die Organisation auch den Content der Tagesschau im Falle unerwarteter Ereignisse beeinflusst. Das beginnt mit der Quantität des Content: Die formale Organisation, vertreten durch die Inhaber zentraler „Führungsrollen" (Luhmann 1999), bestimmt, in welchem Umfang Content generiert und verbreitet werden soll. Konkret: Der „Programmdirektor Deutsches Fernsehen" oder stellvertretend für ihn der „Chefredakteur Deutsches Fernsehen" entscheidet in Absprache mit Vertretern von ARD-aktuell, ob und wie viele Extra-Ausgaben der Tagesschau überhaupt gesendet werden und wenn Sondersendungen stattfinden, wie lang diese sein dürfen. Doch die formale Organisation hat nicht nur Einfluss auf die Quantität, sondern auch auf die Qualität des Content. Das Legitimieren temporärer Regelverstöße wirkt sich sichtbar auf das inhaltliche, akustische und optische Erscheinungsbild der Sendungen aus. Determinierenden Einfluss auf die Qualität des Content haben auch die Faktoren der strukturell-funktionalen und der operationalen Organisation. Sie bestimmen zum Beispiel, ob und wann welche Bilder gesendet werden können. Sie bestimmen, an welcher Stelle welcher Reporter wann zur Verfügung steht und in welcher technischen Qualität er seine Informationen übermitteln kann. Das Organisatorische ist somit von zentraler Bedeutung für den Content auch in solchen Fällen.

4.8   Wirkungen des Organisationalen

4.8.1   Organisation als positive/negative Kraft

Bei der teilnehmenden Beobachtung zeigte sich wiederholt ein Phänomen, das Shoemaker (1991, 23 ff.) unter Bezug auf Lewin (1947b, 145 ff.) beschrieben hat: Die Umkehr der Kräfte-Polarität. Vor und hinter den Selektionsschleusen, durch die eine Nachricht hindurch kommen muss, wirken positive und negative Kräfte. Die Positiven erleichtern das Durchkommen, die Negativen erschweren oder verhindern es. Doch sobald eine Nachricht die erste wichtige Schleuse überwunden hat, ändert sich die Polarität. Aus der negativen Kraft wird jetzt eine positive. Shoemaker (1991, 24) weist darauf hin, dass diese „Theorie der Kräfte noch lange nicht vollständig ausgearbeitet ist". Eine der offenen Fragen sei, warum sich Kräfte nach Überwinden der Selektionsschleuse manchmal in ihrer Polarität ändern und manchmal nicht (vgl. ebd.). Legt man den Einfluss des Organisatorischen zu Grunde, lässt sich eine Regel erkennen. Ist ein Thema von hohem Nachrichtenwert organisatorisch ohne weiteres umzusetzen, so wirken gleich zwei positive Kräfte zusammen, die das Überwinden der journalistischen

Selektionsschleusen erleichtern. Auch hinter den Schleusen bleibt die geballte positive Kraft positiv.

Gelangt ein Thema auf Grund seines Nachrichtenwerts durch die Selektionsschleusen, kann aber hinterher aus operational-organisatorischen Gründen nur unbefriedigend umgesetzt werden, dann kehrt sich die positive in eine negative Kraft um. Das schlecht realisierte Thema wird zu weniger attraktiven Sendezeiten ausgestrahlt, es wird innerhalb der Sendung schlechter platziert, der Bericht wird wahrscheinlich auch nur einmal gesendet (vgl. ebd., 25). Lässt sich die Berichterstattung über ein Ereignis absehbar nur schwer und mit erheblichem Aufwand organisieren, ist das zunächst eine negativ wirkende Kraft, die gegen eine Realisierung spricht. Entscheidet sich die Redaktion aber, die organisatorischen Mühen auf sich zu nehmen, so wandelt sich die anfangs negative Kraft hinter den Schleusen in eine positive. Die positive und negative, aber auch die polaritätswechselnde Kraft des Faktors „Organisation" zeigte sich während der Beobachtungsphase unter anderem an folgenden Beispielen.

Am 20. August 2006 kam es in Kinshasa, der Hauptstadt der Demokratischen Republik Kongo, zu Schießereien zwischen Truppen des amtierenden Präsidenten und Gefolgsleuten eines politischen Rivalen. Da sich in Kinshasa zu diesem Zeitpunkt Bundeswehrsoldaten befanden, um in der Republik Kongo geordnete und demokratische Wahlen zu gewährleisten, war die Tagesschau-Redaktion alarmiert. Eine sofortige Berichterstattung war nicht möglich, da in Kinshasa kein ARD-Korrespondent anwesend war. In der 10 Uhr 30-Sitzung am 22. August wurde deshalb überlegt, eventuell einen Vertreter des dortigen Bundeswehrkontingentes zu befragen. Die Planungsredaktion wurde beauftragt, in der kongolesischen Hauptstadt einen Interviewpartner zu suchen und die technische Umsetzung zu organisieren. Redakteur Torben Lorenzen (2006) nahm daraufhin Kontakt mit der Bundeswehr in Kinshasa auf. Von der Truppe war allerdings niemand bereit, für ein kurzes Tagesschau-Interview durch die unruhige Stadt zu einer Sprechstelle des Südafrikanischen Fernsehens zu fahren. Das Risiko, Opfer eines möglichen Hinterhalts zu werden, wurde als zu groß eingeschätzt.

Bei seinen Telefonaten brachte Lorenzen in Erfahrung, dass es im Feldlager in Kinshasa für Videokonferenzen mit der Heimat ein Videotelefon gab. Die Bundeswehrtechnik war jedoch nicht kompatibel mit der Technik bei ARD-aktuell in Hamburg. „Ich saß an diesem Tag von Mittag an bis 20 Uhr am Telefon", so Lorenzen „dann hatte ich in einem NDR-Depot ein passendes Endgerät für das Bundeswehr-Videophon aufgetrieben. Zu einem solchen Videotelefonat war der Bundeswehr-Kommandeur in Kinshasa bereit".

Das Interview mit dem Flottillenadmiral wurde für die „Tagesschau um fünf" des nächsten Tages (23.08.2006) fest eingeplant. Das Büro Nairobi wurde beauftragt, einen kurzen Bericht zu produzieren, der dem Interview vorangestellt werden sollte. Doch zwischenzeitlich hatte sich die aktuelle Lage in Kinshasa verändert: Die beiden Kontrahenten im Kongo, Präsident Kabila und der ehemalige Rebellenführer Bemba, hatten eine Waffenruhe vereinbart. AP meldete am Mittwochnachmittag: „Nach drei Tagen blutiger Unruhen hat sich die Lage im Kongo wieder entspannt. Anhänger der beiden führenden Präsidentschaftskandidaten patrouillierten am Mittwoch gemeinsam mit Soldaten der EUFOR-Truppe in den Straßen der Hauptstadt Kinshasa" (AP 2006). Der am Vorabend bestellte Bericht, den das zuständige ARD-Studio in Nairobi produzierte, gab in der „Tagesschau um fünf" diese Entwicklung korrekt wieder, allerdings mit einem leicht relativierenden Satz beginnen, um den Anlass der Berichterstattung nicht zu neutralisieren:

> „Nur langsam kehrt Kinshasa zur Normalität zurück. Die Patrouillen der Blauhelme und die massive Aufstockung der europäischen Truppen um 400 Soldaten haben Wirkung gezeigt. In Kinshasa herrscht Waffenstillstand. Ausschlaggebend dafür waren vor allem aber auch die politischen Gespräche, die EU-Chefdiplomat Solana mit den beiden Kontrahenten Joseph Kabila und Jean-Pierre Bemba geführt hat. (…)" (Virnich 2006).

Danach wurde der Kommandeur der deutschen Truppe in Kinshasa gefragt, wie zuversichtlich er sei, dass die Waffenruhe halte und wie die Bundeswehr im Fall von erneut aufflammenden Unruhen vorgehen werde. Unter normalen Umständen wäre der Waffenstillstand in Kinshasa wahrscheinlich nur mit einer Wortmeldung oder einer NiF verzeichnet worden. An einem themenstarken Tag vielleicht auch gar nicht. Doch angesichts der aufwändigen operationalen Organisation im Vorfeld wurde daraus, wie geplant, ein Beitrag mit anschließendem Videophon-Schaltgespräch.

Das Nicht-Vorhandensein eines Korrespondenten und die schwierige technische Umsetzung waren zunächst negativ wirkende Kräfte, die einer Realisation des Themas entgegenstanden. Nachdem sich die Redaktion jedoch entschieden hatte trotz allem zu berichten, fand ein Polaritätswechsel statt. Der anfängliche Negativfaktor „Organisation" wandelte sich zu einem Positivfaktor. Die offenkundige operational-organisatorische Mühe, die notwendig war, um das Schaltgespräch nach Kinshasa zu ermöglichen, machte das Interview intern kostbar. Die Chance, in unruhigen Zeiten im Kongo eine hochrangige Primärquelle interviewen zu können, erhöhte den Wert weiter. Das Thema wurde in der Sendung an vierter Stelle platziert. Der Bericht und das anschließende Interview waren zusammen 213 Sekunden lang (vgl. ARD 2006a).

Wie berichteten andere Medien an diesem Tag? – Auch das ZDF sendete am 23. August in seiner „heute"-Sendung um 19 Uhr einen 100 Sekunden langen

Bericht aus Kinshasa. Es war der dritte Beitrag in der Sendung (ZDF 2006). Ein Redakteur, der an der Vorbereitung dieser „heute"-Ausgabe beteiligt war, sagte auf Nachfrage: „Normalerweise hätten wir nichts gemacht an diesem Tag. Aber unser Korrespondent war in Kinshasa. Und der hatte neue O-Töne". Auch hier beeinflusste ein organisatorischer Grund, nämlich das Vorhandensein eines Korrespondenten, den Content. Ähnliches ließ sich auch bei den Zeitungen beobachten.

Eine Archivrecherche ergab, dass die Süddeutsche Zeitung (2006d) am 24. August über den Waffenstillstand zwei kombinierte Agenturmeldungen (AP/ AFP) auf Seite acht abdruckte und die „Welt" (2006) eine dpa-Meldung auf Seite sechs. Der „Tagesspiegel" dagegen druckte eine Reportage auf Seite drei, in der die Lage in Kinshasa nach dem Waffenstillstand geschildert wurde (Reker et al. 2006, 3). Aus der Autorenzeile ging hervor, dass die Zeitung zu diesem Zeitpunkt eine Mitarbeiterin in Kinshasa hatte. Die FAZ veröffentlichte am 24. August sogar zwei Berichte. Einen aus Kinshasa und einen weiteren aus Berlin über die politischen Reaktionen auf die Vorgänge im Kongo (vgl. FAZ 2006d; 2006e). Die FAZ hatte zu diesem Zeitpunkt ebenfalls einen Korrespondenten vor Ort (Scheen 2006).

Die Anwesenheit eines Reporters oder Korrespondenten ist für die Berichterstattung über ein Ereignis eine stark positiv wirkende Kraft. Das war auch im Zusammenhang mit dem Giftmüllskandal in Abidjan (vgl. 4.4.2.1 und 4.4.2.2) zu beobachten. Von der Elfenbeinküste gab es zunächst, so berichtete eine Planungsredakteurin bei ARD-aktuell, nur Bildmaterial, das drei Tage alt war. Eine Berichterstattung wurde deshalb zunächst abgelehnt, denn die Tagesschau besteht auf tagesaktuellen Aufnahmen. „Ich will in einer aktuellen Nachrichtensendung sehen, wie es heute dort aussieht und nicht wie es gestern oder vor drei Tagen dort aussah", sagt ein Sende-CvD. Das nicht-aktuelle Bildmaterial war eine negative Kraft. Eine weitere war auch hier, dass kein eigener Korrespondent vor Ort war. Die Redaktion hielt das Thema aber für so wichtig, dass die zuständige Korrespondentin Birgit Virnich gebeten wurde, nach Abidjan zu fliegen, um von dort zu berichten. Der Flug von Nairobi über Accra nach Abidjan dauerte zwölf Stunden. Mit dabei waren ein Kameramann und ein Techniker (Virnich 2006a).

Der betriebene Aufwand wirkte nun als positive Kraft, ebenso die Tatsache, dass selbst gedrehte, tagesaktuelle Bilder geliefert werden konnten. Virnich war deshalb am 18. und 19.08.2006 gleich an zwei Tagen hintereinander in der „Tagesschau um fünf" vertreten. Am 18. August mit einem 82 Sekunden langen und am 19. August mit einem 80 Sekunden langen Beitrag. Zum Vergleich: Das ZDF (2006a) sendete am 18. August in der 17-Uhr-Ausgabe von „heute" über den Beginn der Giftmüllentsorgung in Abidjan nur eine 23 Sekunden lange NiF. Am 19. August war Abidjan im ZDF um 17 Uhr gar kein Thema. Die beiden Zeitungen SZ und FAZ reagierten so: Die FAZ (2006f, 7) hatte am Tag nach dem ersten Virnich-Bericht nur eine Kurzmeldung auf Seite sieben im Blatt, die Süddeutsche Zeitung berichtete gar nicht. Am Tag nach dem zweiten Virnich-Bericht fand sich in der Süddeutschen Zeitung (2006e, 9) ein 52 Zeilen langer Zweispalter auf Seite neun über die Festnahme zweier Müllmanager. Die FAZ berichtete nicht. Aus alledem lässt sich schließen:

Wenn die Berichterstattung über ein Ereignis aufwändig organisiert werden muss, bekommt der Faktor „Organisation" einen hohen Stellenwert und relativiert die Ereignis-inhärenten Nachrichtenfaktoren. Die erbrachten organisationalen Vorleistungen beeinflussen in solchen Fällen den Content.

Beim Giftmüll-Skandal in Abidjan und bei den Unruhen im Kongo bewirkte der Faktor „Organisation" eine Berichterstattung, die auf Grund des Polaritätenwechsels über das Ereignisadäquate hinausging. Zuweilen geschieht aber auch das Gegenteil. An einem Tag Ende November 2005 meldete die Nachrichtenagentur AP, in der indonesischen Hauptstadt Jakarta habe sich die Vogelgrippe rasant ausgebreitet. Das Thema war zu diesem Zeitpunkt bereits etabliert und Gegenstand der allgemeinen Berichterstattung. Für das Überwinden der Selektionsschleuse war das eine positive Kraft. Der diensthabende CvD teilte der zuständigen Planungsredakteurin mit, er wolle zu dieser Entwicklung ein Schaltgespräch mit dem Korrespondenten in Singapur machen, der das Berichtsgebiet Indonesien betreut. Wenig später kam die Rückmeldung: Der Korrespondent sei zu Dreharbeiten in Phuket, ein Live-Interview dorthin sei auf die Schnelle nicht möglich. Die Planerin bot alternativ an, die Auslandsredaktion in Hamburg ein entsprechendes Stück fertigen zu lassen. Der NDR unterhält das ARD-Büro in Singapur, die Auslandsredaktion in Hamburg wäre deshalb zuständig gewesen.

Der CvD der Nachmittagausgaben an diesem Tag lehnt den Vorschlag ab. „Wie sieht das denn aus, wenn wir aus Hamburg über Vorgänge in Jakarta berichten". In der Tagesschau um 14 Uhr wird das Thema deshalb nur als 25 Sekunden lange NIF mit Agenturbildern verzeichnet. Ebenso in den Sendungen um 15 und 16 Uhr. „Wir haben in der vergangenen Monaten über Vogelgrippe soviel berichtet. Ich wäre da wirklich gerne größer eingestiegen, aber was soll ich machen?", sagt der CvD am Ende der Schicht. In der Tagesschau um fünf, die von einem anderen Sendeteam und anderen CvDs produziert wird, taucht das Thema Vogelgrippe gar nicht mehr auf. „Ohne Bericht, unrecherchiert und ungeprüft, will ich das nicht an Zuschauer weitergeben", sagt der Chef vom Dienst, der an diesem Tag den Punkt und damit das letzte Wort hatte.

Die organisatorischen Schwierigkeiten bewirkten, dass aus der positiven Kraft des etablierten Themas hinter der Selektionsschleuse eine negative Kraft wurde. Das Organisatorische determinierte auch hier den Content. Hätte das Korrespondenten-Interview zum Thema „Vogelgrippe" geklappt, wäre ein anderes Thema nicht zum Zug gekommen. Das Interview hätte anderthalb Minuten Sendezeit in Anspruch genommen. Anderthalb Minuten, die dann für andere NIFs, Meldungen oder einen Bericht gefehlt hätten. Die Themenmischung und vermutlich auch der Aufbau der Sendungen hätten anders ausgesehen.

Die Absicht der Redaktion, über die Vogelgrippe in Jakarta ausführlicher zu berichten, scheiterte an Organisatorischem. Solche organisationalen Probleme – darauf deuten die Beobachtungen für diese Arbeit hin – sind auch mit dafür verantwortlich sind, dass in den Fernsehnachrichten über große humanitäre Katastrophen in der Dritten Welt kaum berichtet wird. Die „Initiative Nachrichtenaufklärung" nennt acht Gründe, warum Themen vernachlässig oder verschwiegen werden. Unter anderem, weil das Thema zu kompliziert ist für eine kurze Darstellung, weil bestimmte Kreise, etwa die Politik, kein Interesse an einer Veröffentlichung haben oder weil die Medien zunehmend ethnozentriert sind (vgl. Schicha 2005, 18). Der Faktor „Organisation" wird nicht erwähnt. Dabei entscheidet er nicht selten darüber, ob ein Thema eine Chance hat oder nicht.

In manchen Berichtsgebieten führen organisationale Schwierigkeiten dazu, dass ganze Regionen regelrecht ausgeblendet werden. Regionen in Afrika oder Lateinamerika, in denen es kein oder nur ein sehr weitmaschiges Netz aus Agenturen, Zeitungen und Fernsehanstalten gibt. In denen Journalisten nicht ständig präsent sind. In die man nur mit großer Mühe und mit erheblichem Zeitaufwand gelangt. Regionen, die oben unter der Rubrik „Ereignissituation IV" erwähnt wurden. Eine Berichterstattung aus solchen Ländern ist operational-organisatorisch schwer umzusetzen. Das nächste Auslandsstudio, der nächste Korrespondent ist unter Umständen tausende von Kilometern entfernt. Afrika-Korrespondent Zeppenfeld (2006) sagt: „Zirka zwanzig Länder meines Bereichs kommen in der aktuellen Berichterstattung so gut wie nie vor". Dort müsse schon „was ganz Dickes passieren", bevor man davon überhaupt Kenntnis erhalte (vgl. 3.4.5.2).

„Was ganz Dickes" – das sind meist „Krisen und Katastrophen in der Dritten Welt" (Longin/Wilke 1993, 285; Schicha 2005, 18). Und immer wieder kommt es vor, dass die Nachrichtensysteme zwar Kenntnis erhalten, aber trotzdem nicht berichten. Vor allem, wenn es sich um latente Aktualität handelt.

4.8.2   Organisation und latente Aktualität

Unerwartet auftretende Ereignisse mit hohem Nachrichtenwert sind das eine Extrem auf der Skala des TV-Nachrichtenjournalismus, latent aktuelle Ereignisse sind das andere. Latent aktuelle Ereignisse sind solche, die vielleicht von großer Tragweite sind und Konsequenzen für zahlreiche Menschen haben, die aber keinen blitzartigen Ereigniszeitpunkt besitzen, sondern über längere Zeit hinweg virulent sind. Ein besonders tragisches Beispiel für ein solches latent aktuelles Ereignis war der Völkermord in Ruanda, bei dem nach unterschiedlichen Schätzungen zwischen 500.000 und einer Million Menschen getötet wurden. Die Massaker begannen am 07. April 1994. Am Tag zuvor, am 06. April, war das Flugzeug des damals amtierenden ruandischen Staatspräsidenten Habyarima beim Landeanflug auf Kigali abgeschossen worden. Dieses Attentat war offenbar der Zündfunke für ein hundert Tage währendes Morden in dem kleinen zentralafrikanischen Land (vgl. Horn 2006). Eine breite Berichterstattung in den Fernsehnachrichten fand damals nicht statt. Ex-Tagesthemen-Moderator Ulrich Wickert sagt rückblickend: „Der Völkermord (...) in Ruanda hätte verhindert werden können, wenn die Bilder rechtzeitig weltweit ausgestrahlt worden wären" (Leyendecker 2006, 44).

Warum wird über solche Tragödien in den Fernsehnachrichten nicht ausführlich berichtet, obwohl der Nachrichtenwert „Negativismus" außerordentlich hoch ist? Die hierfür mitverantwortlichen operational-organisatorischen Schwierigkeiten beginnen bei der Visualisierung. Die Tagesschau besteht auf tagesaktuellem Bildmaterial. Wenn solches nicht verfügbar ist, lässt die Redaktion „aus Gründen journalistischer Redlichkeit", so ein CvD, das Insert „Archiv" einblenden oder das Entstehungsdatum der Aufnahmen. „Für eine Nachrichtensendung macht es sich aber nicht gut, wenn öfter nicht-aktuelle Bilder gezeigt werden", sagt derselbe CvD.

In weiten Teilen Afrikas zum Beispiel kann die Forderung nach tagesaktuellen Aufnahmen kaum erfüllt werden. Schon die Anreise des Korrespondenten kostet viel Zeit. Überspielungen oder Live-Interviews vor Ort sind oft nur mit großem Aufwand zu organisieren. Bei lange vorhersehbaren Ereignissen mit fixiertem Ereignistermin, wie etwa bei der Wahl im Kongo 2006, ist das kein Problem. Da sich in solchen Fällen viele Sender für das Thema interessieren, schaffen Reuters TV, Globecast oder auch die EBU die nötige Satellitentechnik herbei. „Da haben wir alle Möglichkeiten, aber solche Anlässe gibt es in Afrika höchstens drei Mal im Jahr" (Zeppenfeld 2006). Die aufwändige Übertragungstechnik wird an einem Ereignisort nur vorgehalten, wenn die Dienstleister ausreichendes Interesse und damit auch Geschäft vermuten. Als die Wahlen im Kongo stattfanden, war Fernsehtechnik in Kinshasa üppig vorhanden. Als es dann jedoch während und direkt nach den Wahlen zu keinen blutigen Unruhen kam, wie zunächst befürchtet, zogen die Dienstleister ihre Technik sehr bald ab, die Korrespondenten verließen das Land. Danach unterlag die Kongo-Berichterstattung wieder anderen Regeln – siehe oben.

Bei latenter Aktualität fehlt ein definierter Ereigniszeitpunkt und damit der tagesaktuelle Anlass für eine Berichterstattung. Dadurch ist die Publikumsaktualität nur schwer herstellbar. Selbst an nachrichtenarmen Tagen, an denen die Redaktion händeringend nach Themen sucht, haben Berichte über latent aktuelle Ereignisse in entlegenen Regionen kaum eine Chance. Denn der Korrespondent kann seinen Beitrag meistens nicht schnell genug realisieren, um die aufgetretene Themenlücke innerhalb von Stunden zu füllen. Ex-Afrika-Korrespondent Zeppenfeld (2006): „Bis ins Krisengebiet sind es dann zum Beispiel hin und zurück drei Tage Autofahrt. Plus einen Tag drehen. Das geht einfach nicht auf die Schnelle". Solche operational-organisatorischen Gründe sind in hohem Maße mit dafür verantwortlich, dass Ereignisse und Entwicklungen von zum Teil großer Tragweite in den Fernsehnachrichten nicht oder nur unzureichend verzeichnet werden. Die positive Kraft „operational-organisatorischer Aufwand" kommt in solchen Fällen meistens nicht zum Zuge. Die Redaktion betreibt nämlich den großen Aufwand vor allem bei Themen, die eine ethnische Kontiguität zur Publikumsregion haben. Im Kongo entstand diese Kontiguität durch die dort stationierten deutschen Soldaten, in den Müllskandal an der Elfenbeinküste war eine niederländische Firma verwickelt. Auch Maier et al. (2006, 55) stellten fest, dass die Faktoren kulturelle, politische, wirtschaftliche oder räumliche Nähe bei der Auswahl von Auslandsnachrichten eine wichtige Rolle spielen.

Selbst wenn im Rahmen latent aktueller Entwicklungen etwas punktuell Berichtenswertes passiert, wenn es zu blitzartigen tagesaktuellen Ereignissen kommt, wird nur selten darüber berichtet, weil in aller Regel kein Reporter vor Ort ist. Ist die Lage wirklich aufgeheizt, dann ist die Berichterstattung entweder zu gefährlich oder es dringt kein Journalist bis zum Ort der Krise vor. Kann dann wieder berichtet werden, hat sich die Situation meist entspannt, der aktuelle Anlass ist Vergangenheit. Eine sorgsam vorbereitete Reportage ohne aktuellen Anlass passt aber wiederum nicht in den Rahmen einer Nachrichtensendung. „Das würde", sagt ein CvD „unser Format sprengen".

Nicht nur im deutschen Fernsehen haben solche Berichte kaum noch eine Chance. Das amerikanische Online-Magazin „The Tyndall Report" hat für 2005 die Nachrichteninhalte der drei großen US-Fernsehsender ABC, NBC und CBS täglich ausgewertet. Danach sei bei insgesamt 14.529 Nachrichtenminuten nur ganz acht Minuten über humanitäre Krisen unter anderem in Afrika und Südamerika berichtet worden (vgl. Schenz 2006, 39). Die Geschehnisse im westsudanesischen Darfur sind ein weiteres Beispiel dafür, wie Ereignisse den Selektionsregeln und Routinen des TV-Nachrichtenjournalismus zum Opfer fallen. „Eine Viertelmillion Tote, zwei Millionen Vertriebene und abscheuliche Gewalt gegen Zivilisten – das ist die vorläufige Bilanz im Westen des Sudan", schrieb die Süddeutsche Zeitung am 2. September 2006 (Richter 2006, 4). Und die Frankfurter Zeitung kommentierte die Verhältnisse am selben Tag so: „In der sudanesischen Region Darfur werden seit Jahren Verbrechen begangen, deren Systematik den Tatbestand des Völkermordes erfüllt" (FAZ 2006, 1).

Aktueller Anlass für die Berichterstattung und Kommentierung in den Zeitungen war der Entschluss des UN-Sicherheitsrates gewesen, 20.000 Blauhelm-Soldaten nach Darfur zu entsenden. Die sudanesische Regierung hatte darauf scharf reagiert. Das Regime in Khartum hatte den Plan der Vereinten Nationen als „Invasion" (FAZ 2006a, 1) bezeichnet und Gegenmaßnahmen angekündigt. Auch bei ARD-aktuell wurde eine breitere Darstellung des Themas erwogen, doch es gab kein Bildmaterial aus Darfur. In der 10 Uhr 30-Sitzung am Freitag, dem 1. September 2006, teilte die Vertreterin der Eurovision mit, aktuelle Aufnahmen seien auch mit großer Wahrscheinlichkeit nicht zu bekommen. „Wir haben bei den Agenturen angefragt, ob sie jemanden hinschicken, aber die werden das wohl nicht machen. Die Lage ist zu gefährlich".

Eine Berichterstattung aus Darfur war zu diesem Zeitpunkt nicht nur gefährlich, sondern auch schwierig zu organisieren. „Darfur ist so groß wie Frankreich, eine Infrastruktur kaum vorhanden (...) (Richter 2006, 4). Eine Unterstützung von Seiten der lokalen Behörden war in jenen Tagen auch kaum zu erwarten, denn „im Kampf gegen die Rebellen hat die sudanesische Regierung unvorstellbare Gewaltexzesse zu verantworten (...)" (ebd.). Das Regime war aus diesem Grund weder an Blauhelmsoldaten noch an einer umfassenden Berichterstattung interessiert.

Weltweit gefordert ist bei den TV-Nachrichten eine hohe Publikumsaktualität, also ein erkennbarer aktueller Anlass, und gefordert ist tagesaktuelles Bildmaterial. Das geht nur mit umfassender Überspiel- und Live-Technik. Die wiederum muss eingeflogen und anschließend oft noch über Land transportiert werden. Auf Grund der infrastrukturellen und politischen Verhältnisse ist das nicht oder nur mit erheblichem operational-organisatorischem Aufwand machbar. „Insofern wirken sich die großen strukturellen Schwierigkeiten der Entwicklungsländer auch auf den Informationssektor aus" (Longin/Wilke 1993, 285). Und so kann es passieren, dass selbst ein Genozid, von dem man weiß, kein Gegenstand ausführlicher Berichterstattung wird – zumindest nicht in den Fernsehnachrichten. Das Organisatorische beeinflusst hier auf geradezu tragische Weise den Content.

Der Einfluss des Organisatorischen zeigte sich während der Beobachtungen nicht nur im Großen, bei der thematischen Akzentuierung durch die Präferenz des Vorhersehbaren oder beim Umgang mit spektakulären, unerwarteten Ereignissen. Das Organisationale entfaltet seine bestimmende Kraft auch im ganz Alltäglichen und Kleinen. Oft sind es Minuten oder auch nur Sekunden, die den Content einer Nachrichtensendung verändern.

4.8.3   Das Organisatorische und die Zeit

„In der Berufsmythologie von Nachrichtenleuten taucht die Zeit als das böseste aller bösen Biester auf, gegen das man tagtäglich während der Nachrichtenproduktion kämpfen muss" (Schlesinger 1978, 83). Dieser Kampf beginnt bei der Berichterstattung über unerwartet eintreffende Ereignisse mit dem Bemühen, möglichst als Erster zu berichten (siehe oben). Dieser Kampf hat im Alltag vor allem aber damit zu tun, die Fertigstellung der Beiträge, die Überspielungen, die gebuchten Satellitenleitungen für Live-Gespräche so zu organisieren, dass der intendierte Sendungsablauf realisiert werden kann. In der Praxis ist das auf Grund vieler Unwägbarkeit schwierig und vor allem für den verantwortlichen Sende-CvD mit zum Teil erheblichen Belastungen verbunden. „Diese Sendung hat mich Monate meines Lebens gekostet", so ein CvD in einer Manöverkritik. Die Unwägbarkeiten sind oft technischer Natur. Beispiele während der Beobachtungsphase.

Zwölf Minuten vor Sendungsbeginn meldet sich die bearbeitende Filmredakteurin beim CvD und teilt mit, der Beitrag über die internationale Konferenz in Tunis könne nicht pünktlich überspielt werden. Die Korrespondentin hatte ihren Beitrag bei einer freien Firma geschnitten und vertont, von dort sollte der Bericht auch nach Hamburg überspielt werden, doch das Abspielgerät versagte seinen Dienst. Für die Sendung bedeutete das eine Lücke von 100 Sekunden. Der CvD entschied deshalb, einen bereits vorliegenden Beitrag über ein anderes Thema zu wiederholen. Tunis wurde als Wortmeldung thematisiert, damit aber die „Mischung" innerhalb der Sendung halbwegs stimmte, wurde eine andere, ursprünglich vorgesehene Meldung gestrichen und durch ein neue ersetzt.

An einem anderen Tag macht das Hauptstadtstudio die ursprüngliche Planung zunichte. Die Regierung hatte beschlossen, den Bundesbeamten das Weihnachtsgeld zu kürzen. Der Bericht darüber war als Aufmacher der Tagesschau um fünf an diesem Tag vorgesehen. Zwei Minuten vor Beginn der Sendung muss umgestellt werden. Der Hauptstadtreporter hatte in buchstäblich letzter Minute noch einen Angeordneten zu dieser Entscheidung befragen können, das Interview zog sich etwas hin, Schnitt und Mischung des Beitrags wurde deshalb nicht mehr rechtzeitig fertig. Die Fünf-Uhr-Ausgabe eröffnete deshalb mit der Wahl der Fraktionschefs bei Union und SPD. Das Thema Weihnachtsgeld kam weiter hinten. Ein Schaltgespräch nach Tel Aviv zu einer aktuellen politischen Entwicklung geriet 20 Sekunden zu lang, auch die Börsenschalte wurde länger als vorgesehen, daraufhin wurden zwei Meldungen gestrichen. Die ausgestrahlte Sendung sah deswegen anders aus als die ursprünglich geplante.

Oder: AP meldet, der Mutterkonzern Elektrolux werde 2007 das AEG-Werk in Nürnberg schließen, wovon 1750 Arbeitsplätze betroffen seien. Das Thema war absehbar, beim Werk in Nürnberg steht deshalb eine SNG. Doch in der nächsten Sendung gibt es weder Bilder noch eine Live-Schaltgespräch aus Nürnberg. „Die SNG ist abgeschmiert. Die haben irgendein Problem mit der Elektronik", sagt der zuständige Filmredakteur. Auch die NiF vom Treffen der IG Metall in Frankfurt zur Vorbereitung der nächsten Tarifrunde kommt nicht zu Stande. Der Grund: Die Kamerateams durfte erst eine Viertelstunde später ins Haus der IG Metall als in der Terminmitteilung angegeben. Für die Überspielung der Bilder wurde es dadurch zu spät. Auch diese Sendung veränderte sich wegen der organisationalen Schwierigkeiten in thematischer Mischung und Aufbau erheblich.

Die Zeit spielt auch in anderer Sicht eine große Rolle. Es gilt bei der Tagesschau als „Gebot der Höflichkeit den nachfolgenden Kollegen gegenüber", so ein CvD „pünktlich zu sein". Diese Pünktlichkeit wird regelrecht zelebriert. Der so genannte „Sekundeneinlauf" gilt als Ausweis von Professionalität. Sekundeneinlauf bedeutet, die Schlussfanfare verklingt in der Sekunde, in der die vorgesehene Sendezeit zu Ende ist. Ein oft gehörter Spruch zur Eröffnung der Manöverkritik lautet: „Das war eine gute Sendung – wir waren auf die Sekunde pünktlich!" Die Pünktlichkeit hat zur Folge, dass nicht selten während der Sendung der Ablauf geändert werden muss. Vor allem Live-Gespräche, die zu lang geraten, bringen den Sende-CvD in Zugzwang. Werden ein oder zwei NiFs gestrichen oder Meldungen, so zieht das nicht selten größere Umstellungen nach sich, damit die Sendung thematisch „läuft".

Organisational bedingte Abweichungen vom ursprünglich intendierten Sendeablauf ziehen Umstellungen, Streichungen und Ersatzbeiträge nach sich. Sendungen werden so zum Teil erheblich verändert. Das Organisatorische beeinflusst auch auf dieser Ebene den Content der Tagesschau.

4.9   Diskussion der Ergebnisse

Die Bedeutung organisatorischer Aspekte in der Medienproduktion wurde in verschiedenen Studien zwar erwähnt, doch wie sich das Organisationale konkret auf den Content auswirkt, wurden bisher nicht untersucht. Die vorliegende Arbeit hat sich über Inhaltsanalyse, teilnehmende Beobachtung und mit Hilfe zahlreicher Interviews dem Thema genähert. Angesichts der Komplexität des Gegenstandes war es nur möglich, einen kleinen Ausschnitt aus dem organisationalen Gesamtgeschehen zu beleuchten. Die wichtigsten Ergebnisse dieser Arbeit noch einmal zusammengefasst:

Die *formale Organisation* beeinflusst den Content durch ganz grundsätzliche Determinierungen. So bestimmt die formale Organisation darüber, wie viel Geld für die Nachrichtenproduktion zur Verfügung steht. Das hat zum Teil ganz unmittelbare Folgen für den Content. Bei einem üppigen Etat können zum Beispiel Satellitenleitungen vorsorglich gebucht werden, um bei einem ungewissen Ereigniseintritt in jedem Fall live berichten zu können. Muss dagegen gespart werden, so erlebte es Schlesinger in Jahren hoher Inflation bei der BBC, überlegt sich die Redaktion zwei Mal, ob eine Satellitenleitung sein oder ein Team rausgeschickt werden muss. Agenturmaterial, das ja schon bezahlt ist, gewinnt dagegen an Bedeutung (vgl. Schlesinger 1978, 72).

Auch das Festsetzen der Sendelängen durch die Programmdirektion hat Auswirkungen auf den Inhalt. Einige Themen kommen bei kürzeren Sendungen gar nicht mehr zum Zug. Bei voller Länge wird an themenschwachen Tagen auch über Ereignisse berichtet, die andernfalls keine Veröffentlichungschance gehabt hätten. Auch bei unerwartet auftretenden Themen legen Rollenträger der formalen Organisation fest, wann und in welchem Umfang berichtet werden soll. Auch das hat, wie in Kapitel 4.7 beschrieben wurde, Auswirkungen auf die inhaltliche und technische Umsetzung und damit auf den Content. Der CvD als wichtiger formal-organisatorischer Rollenträger entscheidet im Rahmen der Aktualisierung und bei der Selektion weniger prominenter Themen weitgehend eigenständig über den Content. Persönliche Prädispositionen kommen hier bei nicht-politischen Ereignissen durchaus mit ins Spiel (vgl. auch Shoemaker 1991, 70 ff. und Abschnitt 4.3.3). Sie werden jedoch restringiert durch die organisationalen Zwänge der Produktion.

Die formale Organisation nimmt noch auf eine andere, sehr grundsätzliche Weise Einfluss auf den Content. Dies soll hier kurz angesprochen werden, auch wenn es im Rahmen dieser Arbeit nicht eigens untersucht wurde. Kontinuierliche Auswertungen des Instituts für empirische Medienforschung IFEM zeigen, dass die öffentlich-rechtliche Verfasstheit der ARD als Kern der formalen Organisation erheblichen Einfluss auf den Content hat und zwar in Bezug auf die thematische Orientierung. Die öffentlich-rechtliche ARD und das öffentlich-rechtliche ZDF unterscheiden sich hier erkennbar von den großen privatwirtschaftlich organisierten Sendern in Deutschland.

So bestand der Content der Hauptnachrichtensendungen bei RTL und SAT 1 im Jahr 2005 zu durchschnittlich 11 Prozent aus Berichterstattung über Unfälle und Katastrophen. Bei der ARD-Tagesschau (20 Uhr) lag der Anteil bei sieben, beim ZDF (19 Uhr) bei acht Prozent. Human Interest und Buntes waren bei RTL und SAT 1 zu jeweils 10 Prozent vertreten, bei der Tagesschau betrug der Anteil nur ein Prozent, beim ZDF drei Prozent. Gravierend sind die Unterschiede auch bei der Politikberichterstattung.

Hier liegt im Jahr 2005 die Tagesschau an der Spitze mit einem Anteil von 50 Prozent der Sendezeit, gefolgt vom ZDF mit 39 Prozent. SAT 1 und RTL folgen mit weitem Abstand. Hier betrug der Anteil 26 beziehungsweise 23 Prozent (vgl. IFEM 2006). Legt man die Zahlen für Dezember 2006 zu Grunde, haben sich die Disparitäten eher noch verschärft. Der Themenkategorie Politik widmete die Tagesschau in diesem Monat durchschnittlich 55 Prozent ihrer Sendezeit. Bei SAT 1 waren es 26 Prozent, bei RTL 19 Prozent. Der Anteil der Themenkategorie Human Interest/Buntes lag bei der Tagesschau im Dezember 2006 bei durchschnittlich zwei Prozent der Sendezeit, bei RTL dagegen bei 21 Prozent, bei SAT 1 sogar bei 25 Prozent (vgl. IFEM 2007).

Und noch ein weiterer Aspekt ist zu nennen, wenn es um den Einfluss der formalen Organisation auf den Content geht. Die Rollenträger der formalen Organisation bestimmen darüber, wie die funktional-strukturelle Organisation gestaltet wird. Wie viele Korrespondentenplätze man zum Beispiel einrichtet oder wie die Zulieferredaktionen im Inland personell und technisch ausgestattet werden. Diese Weichenstellungen sind Content-relevant, denn die **strukturell-funktionale Organisation** macht eine Berichterstattung überhaupt erst möglich. Ohne Studio, ohne Reporter, ohne Kamerateams lässt sich kein Content produzieren. Der Einfluss der strukturell-funktionalen Organisation auf den Content ist deshalb am größten. Die strukturell-funktionale Organisation führt, wie in Abschnitt 4.8.1 geschildert, zuweilen sogar ein Eigenleben. Mühsame geschaffene temporäre Berichterstattungsstrukturen werden anschließend genutzt, selbst wenn der Berichtsanlass inzwischen an Nachrichtenwert verloren haben sollte. Ein inzwischen pensionierter Planungsredakteur soll auf die Frage von Sende-CvDs nach der nachrichtlichen Bedeutung mancher fest eingeplanten Live-Schalte geantwortet haben: „Dass wir jetzt einen Korrespondenten dort haben – das ist die Nachricht!"

Auch das Vorhandensein leistungsfähiger, fest installierter Strukturen wirkt sich auf den Content aus. Als der Regierungssitz von Bonn nach Berlin verlegt wurde, richtete die ARD in Berlin ein neues Hauptstadtstudio ein, das personell und technisch außerordentlich komfortabel ausgestattet wurde (vgl. 3.4.11.1). Dieses Studio ist überaus produktiv: In den Tagesschau-Ausgaben am Nachmittag während einer willkürlich herausgegriffenen Sendewoche war das Hauptstadtstudio mit einem Anteil von fast 30 Prozent an der Gesamtberichterstattung vertreten (vgl. ebd.). „Die zweiundzwanzig Hauptstadtkorrespondenten schaffen natürlich ein Angebot, das sich dann auch eine Nachfrage sucht", sagt Tagesschau-Chefredakteur Gniffke. Bei den Beobachtungen für diese Arbeit zeigte sich auch, dass an themenarmen Tagen vor allem das HSB gerne um einen weiteren Bericht oder ein Schaltgespräch gebeten wird, um Content-Lücken zu füllen. Denn das Hauptstadtstudio, so weiß man, kann auf Grund seiner vorteilhaften strukturell-funktionalen Organisation schnell und qualifiziert liefern.

Die *operationale Organisation* bedient sich der vorhandenen strukturell-funktionalen Organisation und sorgt dafür, dass die vorgegeben Sendelängen und Sendezeiten berechenbar mit Content gefüllt werden. Ihr Einfluss auf den Inhalt der Sendungen ist groß, auch wenn das im Alltag kaum registriert wird. Die operationale Organisation – das ist die Arbeit, die von Planungsredaktion und Sendeteam geleistet wird. Ein Sende-CvD sagte auf die Frage nach der Bedeutung organisatorischer Aspekte für seine Arbeit: „Für mich sind sie oft noch wichtiger als die eigentlichen Nachrichtenkriterien. Am Morgen schlage ich die thematischen Pflöcke ein, danach hangele ich mich hier entlang und organisiere mein Programm. Denn jetzt läuft ja eine gewaltige Maschine".

Diese Maschine läuft manchmal völlig störungsfrei, oft aber auch nicht Da werden Autoren aus vielerlei Gründen zu spät mit ihren Stücken fertig, was die geplanten Überspielzeiten in Frage stellt. Die Technik streikt und ein Beitrag kommt gar nicht oder mit verzerrtem Ton in Hamburg an. Eine Satellitenverbindung kommt nicht zu Stande, der Fehler wird erst nach der Sendung entdeckt. Ersatzbeiträge müssen beschafft, Sendeabläufe geändert werden. Und dazu kommt das permanente Wissen, dass jederzeit aus heiterem Himmel etwas Unvorhergesehenes passieren kann, das alle Planungen schlagartig zunichte macht und alle Kräfte bindet. Oder in der Nomenklatur der Chaosforschung: „Im Nachrichtenfluss wechseln sich stabile und kritische Situationen, also Ordnung und Chaos, nach dem Muster von Intermittenzen ab. (…) Intermittenzen sind Einsprengsel von Ordnung im Chaos oder von Chaos in der Ordnung" (Frerichs 2004, 353). Deshalb wohl ist Schlesingers Einschätzung (1978, 86) zutreffend, wonach viele Nachrichtenleute beim Fernsehen ihre Arbeit insgesamt „als fiebriges Drama einschätzen". Nachrichten würden „als zutiefst launenhaft und unberechenbar empfunden". Sendeteam und Planungsredaktion bei der Tagesschau treffen organisatorisch alle Vorkehrungen, damit das unvermeidliche Chaos wenigstens nur zu einer Intermittenz in der Ordnung wird und nicht umgekehrt.

Das Organisationale modifiziert, wie Klimsa beschrieben hat, das Intentionale (vgl. Klimsa/Schneider 2006, 3). Die Redaktion stellt sich bestimmte Themen und Abläufe in einer Sendung vor, doch wie der Content am Ende aussieht, hängt in hohem Maße von Organisatorischem ab. Sehr oft divergieren, wie oben dargestellt, redaktioneller Plan und gesendeter Content auf Grund organisatorischer Einflüsse. Diese Divergenz ist mal größer, mal kleiner. Die Content-relevanten organisationalen Einflüsse gibt es in allen Medien. Schon White

(1950) und Gieber (1956) haben einige davon in ihren frühen Studien bei Zeitungen implizit erwähnt. Beim Fernsehen sind diese Einflüsse allerdings besonders groß wegen der „Abhängigkeit (…) von logistischen Verkehrungen, die eine visuelle Berichterstattung technisch erst ermöglichen" (Sarcinelli 1987, 207 f.).

4.9.1   *Komplementärmodell der Nachrichtenselektion*

Die Beobachtungen für diese Arbeit haben ergeben, dass das Organisatorische mit darüber entscheidet, ob ein Thema akzeptiert wird oder nicht. Ob es prominent oder nachrangig platziert wird. Ob darüber ausführlich oder knapp berichtet wird. Der Faktor „Organisation" steht dabei in einer komplementären Beziehung zu den „klassischen" Ereignis-inhärenten Nachrichtenfaktoren, die den Nachrichtenwert eines Ereignisses ausmachen. Der Faktor „Organisation" umfasst sowohl den zur Verfügung stehenden Sendeplatz als auch die technischen und personellen Gegebenheiten der Berichterstattung. Die komplementäre Beziehung lässt sich in Anlehnung an Shoemaker (1991, 71 ff.) grafisch in Pfeilform darstellen. Beginnen wir mit dem Normalfall.

Ein – meist vorhersehbares – Ereignis von akzeptablem Nachrichtenwert lässt sich operational-organisatorisch für die anstehenden Nachrichtensendungen problemlos umsetzen. In diesem Fall addieren sich der Faktor „Organisation" und der Nachrichtenwert zu einer gemeinsam wirkenden Kraft, welche die Selektionsgates überwindet (Abb. 25).

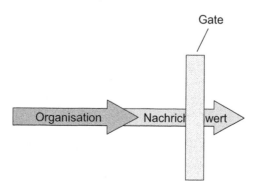

Abbildung 25:   Die Kräfte des Faktors „Organisation" und des Nachrichtenwerts
              wirken zusammen und schieben die Nachricht durch die Gates.

An einem themenschwachen Tag oder weil ein anderer Beitrag nicht zu Stande kommt, ist zusätzlicher Platz in der Sendung vorhanden. In dieser Situation sorgt der Faktor „Organisation" dafür, das auch ein Thema von geringerem Nachrichtenwert, das aber organisatorisch gut zu realisieren ist, die Gates überwindet (Abb. 26).

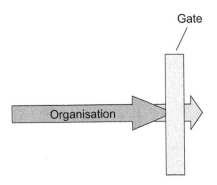

Abbildung 26: Der Faktor „Organisation" dominiert und führt auch bei einer Nachricht von geringerem Nachrichtenwert zur Veröffentlichung.

Wäre die Realisation schwieriger oder der Sendeplatz knapper gewesen, hätte diese Nachricht wahrscheinlich keine Chance gehabt. Ein vergleichbarer Mechanismus wirkt, wenn organisatorisch umfangreiche Vorleistungen erbracht wurden, um eine Berichterstattung zu ermöglichen (siehe 4.8.1). Selbst wenn sich der Nachrichtenwert des Themas inzwischen abgeschwächt haben sollte, wird an der Berichterstattung festgehalten. Der Faktor „Organisation" wird in solchen Fällen zu einer dominierenden Kraft, die dem Thema zum Durchbruch verhilft.

In anderen Fällen wirkt der Faktor „Organisation" negativ. Er drückt von der anderen Seite des Gates gegen das Thema und neutralisiert dessen positive Kraft. Dadurch wird verhindert, dass die Nachricht die Gates durchdringt (Abb. 27).

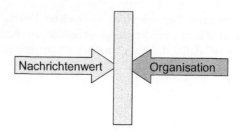

Abbildung 27: Das Organisatorische wirkt als negative Kraft und verhindert, dass eine Nachricht die Selektionsgates überwindet.

Über ein Thema von beträchtlichem Nachrichtenwert wird dann unter Umständen nicht berichtet, weil die Berichterstattung im Moment nicht organisiert werden kann. Weil zum Beispiel kein Korrespondent vor Ort ist oder keine Bilder verfügbar sind. Vor allem bei latenter Aktualität oder bei Themen in schwer zugänglichen Ereignisregionen tritt diese Konstellation auf. Im nachrichtenjournalistischen Alltag ist häufig Platzmangel die entscheidende, gegenläufige Kraft, die eine Berichterstattung verhindert.

Nur in einigen seltenen Fällen verliert der Faktor „Organisation" seine Content-prägende Kraft. Dann nämlich, wenn Ereignisse von außerordentlich hohem Nachrichtenwert bekannt werden. Die Ereignis-inhärenten Nachrichtenfaktoren sind dann so wirkmächtig, dass sie auftretende organisationale Gegenkräfte marginalisieren (Abb. 28).

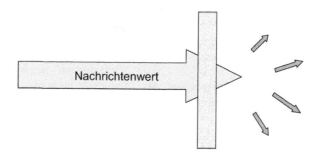

Abbildung 28: Bei Extremereignissen von außerordentlich hohem Nachrichtenwert ist die Bedeutung des Faktors „Organisation" stark reduziert.

Um die Nachricht zu transportieren, werden notfalls einfach nur Meldungen verlesen oder Telefon-Interviews geführt. Der nötige Sendeplatz wird geschaffen. Das Organisatorische ordnet sich in solchen Situationen dem überragenden Nachrichtenwert unter. Es gilt ein Regelwerk der Devianz (vgl. 4.7.8).

Legt man das Komplementärmodell zu Grunde, so muss eine Nachricht einen bestimmten Kraftwert überschreiten, um passagefähig zu werden und die Selektionsschleusen zu überwinden. Dieser Kraftwert kann, wie gerade geschildert, bei einem extrem hohen Nachrichtenwert allein durch die Ereignisinhärenten Nachrichtenfaktoren erzeugt werden. Selbst ein gegenläufig wirkender Faktor „Organisation" spielt in solchen Extremfällen keine Rolle mehr. Im nachrichtlichen Normalfall jedoch müssen der Nachrichtenwert und der Faktor „Organisation" komplementär wirken, um den kritischen Kraftwert zu erreichen.

4.9.2   Relativierung der Nachrichtenwert-Theorie

Der Faktor „Organisation" könnte auch dafür verantwortlich sein, dass die Nachrichtenwert-Theorie, so Kepplinger/Rouwen (2000a, 473), trotz elaborierter Forschungsdesigns bisher keinen befriedigenden prognostischen Gehalt lieferte. Schon Staab (1990, 199) stellte in seiner Dissertation fest, *„daß die redaktionelle Entscheidung, eine Nachricht gut zu plazieren, nicht auf die Nachrichtenfaktoren, die die jeweilige Meldung enthält, zurückgeführt werden kann".* Dieses Phänomen zeigte sich unter anderem bei den Fernsehnachrichten, die er untersuchte. Er überlegte deshalb, ob nicht ein „Finalmodell" herangezogen werden müsse, „das den Aspekt der Intentionalität journalistischen Handelns berücksichtigt und die Nachrichtenfaktoren auch als Folgen von Publikationsentscheidungen ansieht" (ebd., 207). Mit anderen Worten: Es müsse überlegt werden, ob Journalisten vielleicht relativ willkürlich handeln und die durch Inhaltsanalysen herausgefilterten Nachrichtenfaktoren sozusagen nachträglich hineininterpretiert werden. Staab hielt es auch für möglich, dass es *„sich bei dem Zusammenhang zwischen Nachrichtenfaktoren und Umfang bzw. Plazierung von Beiträgen um eine Scheinbeziehung (handelt), die durch weitere, bislang unberücksichtigte Variablen überlagert wird oder auf Zufall beruht"* (ebd., 215).

Bezieht man den Faktor „Organisation" als intervenierende Variable mit ein, lassen sich die Widersprüche, die bei den Output-Analysen zutage treten, mit einem Mal plausibel zu erklären. Die Selektion von Nachrichten und ihre Platzierung innerhalb einer Sendung werden, wie diese Arbeit gezeigt hat, durch organisationale Faktoren beeinflusst. Dieser Einfluss wird jedoch bei einer Output-Analyse nicht erfasst, denn das Organisatorische spielt sich hinter den Kulissen ab, in der von Donsbach (2005, 164) erwähnten „Blackbox". Die Wirkungen des Organisatorischen sind deshalb von außen nicht zu erkennen. Sie sind dem Blick des Rezipienten und damit auch dem Blick des Forschers im Normalfall entzogen. Was von der Redaktion und den Contentproduzenten intendiert wurde, lässt sich anhand des gesendeten Content meistens nicht mehr feststellen.

Der Aufmacher ist möglicherweise in dieser Sendung nur deshalb der Aufmacher, weil der eigentlich vorgesehene Aufmacher-Beitrag vom Reporter nicht rechtzeitig fertig gestellt werden konnte. Deshalb wanderte womöglich ein anderes Thema nach oben, das schon vorlag, das aber vom Nachrichtenwert alles andere als ein Aufmacher war. Der Output-Analytiker bleibt in solchen Fällen ratlos zurück, weil die prominente Platzierung bei diesem Nachrichtenwert keinen nachvollziehbaren Sinn ergibt. Die organisationalen Hintergründe kennt er ja nicht. Licht ins Dunkel bringen könnten nur die von Kepplinger/Rouwen (2000a, 474) für diesen Zweck geforderten Input-Output-Analysen zusammen mit Journalistenbefragungen. Das Ganze am besten kombiniert mit teilnehmender Beobachtung.

5 Conclusio

Das Organisatorische ist die unabdingbare Basis der Nachrichtenproduktion. Es ermöglicht, verhindert und modifiziert die Berichterstattung. Wenn Organisation funktioniert, funktioniert sie geräuschlos und wird selbst von den Beteiligten kaum wahrgenommen. Wenn sie allerdings nicht oder nur teilweise funktioniert, wird sie zum dominierenden Problem. In jedem Fall aber hat das Organisatorische einen umfassenden Einfluss auf den Content. Bei dem, was ausgestrahlt wird, ist nicht mehr zu unterscheiden, was ursprünglich Absicht war und was das Organisationale bewirkt hat. Denn das Organisatorische wirkt im Verborgenen. Diese Arbeit hat die Vorgänge, die sonst im Dunkeln bleiben, beschrieben und analysiert. Als Ergebnis lässt sich festhalten:

> Der Einfluss des Faktors Organisation wurde in der Kommunikationswissenschaft bisher unterschätzt. Das Organisatorische akzentuiert, determiniert und modifiziert den Content von Fernsehnachrichten. Es bewirkt unter anderem, dass vorwiegend über Termineereignisse und etablierte Themen berichtet wird. Das Organisationale exkludiert beziehungsweise privilegiert damit Themen und Akteure. Es ist so an der medialen Konstruktion der Wirklichkeit beteiligt. Das Organisatorische muss als zusätzlicher Nachrichtenfaktor angesehen werden. Der *Ilmenauer Ansatz* nach Klimsa, wonach das Organisatorische den Content beeinflusst, wurde bestätigt.

Dies alles gilt bezogen auf die Nachmittagsausgaben der Tagesschau, die im Rahmen dieser Arbeit untersucht wurden. Inwieweit sich die Ergebnisse auf Fernsehnachrichten generell und auch auf andere Medien übertragen lassen, müssen weitere Forschungsarbeiten zeigen.

An dieser Stelle noch eine Präzisierung: Die Faktoren Technik und Organisation modifizieren, so Klimsa, den Content bei der Medienproduktion (vgl. Krömker/Klimsa 2005, 30). Diese Feststellung bezieht sich auf die mediale Contentproduktion ganz allgemein. Sie gilt für die Herstellung von Kinofilmen genauso wie für die Herstellung von Wissenschaftsmagazinen im Fernsehen. Das Organisatorische ist in diesen Bereichen eine generell wirkende Kraft, die den Content zum Beispiel auf der gestalterischen Ebene beeinflusst. Im Gegensatz dazu entscheidet der Faktor „Organisation" bei der Produktion von Fernsehnachrichten vielfach über die Akzeptanz oder Nicht-Akzeptanz eines Themas, über Aufmachung und Platzierung. Das Organisationale kann deshalb hier als Nachrichtenfaktor betrachtet werden. Und zwar als Medium-inhärenter Nachrichtenfaktor, da er durch organisatorische Zwänge und Abläufe innerhalb des Mediums entsteht. Der Nachrichtenfaktor „Organisation" wird, wie oben beschrieben, durch Ereignis-inhärente Nachrichtenfaktoren wie zum Beispiel Schaden, Überraschung oder Prominenz nach dem Komplementärmodell ergänzt.

Interessant wäre es herauszufinden, welchen Einfluss der Nachrichtenfaktor „Organisation" bei reinen Nachrichtenkanälen hat, die durchgehend senden können und deshalb auf Sendezeiten und Sendeplätze keine Rücksicht zu nehmen brauchen und die deshalb geringere oder zumindest andere organisatorische Zwänge und Abläufe haben. Da die Produktionsprozesse in den verschiedenen Medien sehr unterschiedlich sind (vgl. Krömker/Klimsa 2005), dürfte sich auch das Organisatorische je nach Medium sehr unterschiedlich auf den Content auswirken – beim Hörfunk anders als bei der Zeitung oder bei der crossmedialen Produktion. Hier könnten weitere Studien anschließen. Und auch die Bedeutung des Faktors „Organisation" bei der Content-Generierung der großen, weltweit agierenden Nachrichtenfilmagenturen Reuters TV und APTN wäre ein lohnender Forschungsgegenstand. Aber noch ein Mal zurück zu unserem Studienobjekt – der Tagesschau. In den nächsten Jahren stehen auch dort auf Grund der Digitalisierung gravierende Veränderungen an. Zum Schluss deshalb ein Ausblick.

5.1   Ausblick

5.1.1   Ausgangslage

In einem ARD-Strategiepapier, vorgelegt im Dezember 2006, heißt es: „Spätere Generationen von Kulturhistorikern werden die mit der Digitalisierung verbundenen Entwicklungen seit Ende des 20. Jahrhunderts als Zeitenwende der Informationsgesellschaft deuten" (ARD 2006b, 3). Das gilt auch und insbesondere für den Nachrichtenjournalismus im Fernsehen. Die Zeitenwende findet an beiden Enden des Mediums statt. An jenem Ende, an dem der Content beschafft wird und an jenem, an dem der Content an die Rezipienten verbreitet wird. Was die Distribution der Inhalte anbelangt, so wird „vor allem der Siegeszug des weltweiten Internet und die Entwicklung des Handys zu multifunktionalen Tagesbegleitern und multimedialen Alleskönnern (…) in den nächsten zehn Jahren den Medienkonsum grundlegender (verändern) als dies in den fünf Jahrzehnten der zweiten Hälfte des 20. Jahrhunderts der Fall war" (ebd.). Auch bei der Generierung von Content sorgt das Internet für tief greifende Veränderungen. Hier wird es durch neue Möglichkeiten des File Transfer in den kommenden „zwei bis maximal fünf Jahren einen Quantensprung" (Grommes 2006a) geben, was die Schnelligkeit und Aktualität von TV-Nachrichten angeht.

5.1.2 Crossmediale Newsroom-Modelle

Wie Nachrichtenredaktionen in Zukunft arbeiten werden, lässt sich im Moment besonders gut bei einigen Zeitungsverlagen studieren, die sich schon vor geraumer Zeit multimedial orientierten und die neuen Möglichkeiten des Internets entdeckten. Spiegel Online, um ein Beispiel zu nennen, bietet nicht mehr nur Texte und Fotos im Netz an, sondern immer häufiger auch Videobilder – meist Nachrichtenfilme, die von den großen Agenturen stammen (ebd.). Inzwischen werden auch schon Zeitungsreporter zu Videojournalisten ausgebildet (vgl. Engeser 2006, 77). In fünf Jahren werde Online-Video die Norm für Zeitungen sein, sagen Vorreiter wie der britische Videojournalist David Dunkley Gyrimah (vgl. ebd.).

Wie multimedial ausgerichtete Redaktionen organisiert sind, beschreibt Joachim Blum (2006, 50 ff.) anhand zweier Zeitungen in Dänemark und England. Beide haben Musterstrukturen für crossmediales Publizieren entwickel. Im dänischen Aalborg arbeitet die 250-köpfige Redaktion der „Nordjyske Stiftstidende" in einem tausend Quadratmeter großen Newsroom. Dort werden mehrere Zeitungsausgaben pro Tag produziert, außerdem TV-Nachrichten für einen lokalen Kabelkanal, zwei Radioprogramme, mehrere Websites und 17 Wochenmagazine. Ähnliche Strukturen, wenn auch in einer ganz anderen Dimension, hat der britische „Daily Telegraph" aufgebaut. Hier ist der „medienkonvergente Newsroom" (Blum) 6300 Quadratmeter groß. In ihm arbeiten 450 Redakteure an neun langen Tischen, die um einen „Hub", eine Verteilerstation angeordnet sind. „Am Kopf der Tische sitzen die Ressortleiter direkt am runden ‚Hub', dem Konferenztisch, wo die redaktionellen Entscheidungen getroffen werden" (ebd., 51). Die Redakteure des Daily Telegraph werden so geschult, dass sie „journalistische Produkte für Print, Online mit Audio und Video sowie für mobile Dienste erstellen können" (ebd., 52). Auch der Springer-Verlag in Berlin geht ähnliche Wege (vgl. Berliner Morgenpost 2006, 14). Der Sinn des Ganzen besteht darin, möglichst große Synergieeffekte zu erzielen.

Dass die Trendsetter vor allem aus dem Printbereich kommen, ist kein Zufall. Das Geschäft mit Zeitungen und Zeitschriften, da sind sich Berater und Analysten einig, wird bestenfalls stagnieren. Die Verlagsbranche hatte deshalb große Unternehmensberatungsgesellschaften wie KPMG oder Deloitte Touche Tohmatsu beauftragt, Zukunftsstudien anzufertigen. Diese kommen übereinstimmend zu dem Ergebnis, dass sich die Verlage zu Multimedia-Unternehmen entwickeln müssen mit starker Ausrichtung auf elektronische Medien und das Internet (vgl. Breyer-Mayländer 2006, 20ff.). Erfolgreiche Vorbilder gibt es bereits. „Schon jetzt erreicht die *New York Times* mehr Leute übers Internet als über die gedruckte Ausgabe; die Reichweite von *Spiegel Online* nähert sich derjenigen des Muttermagazins. Parallel dazu wachsen die Werbeerlöse im Online-Geschäft überproportional" (Jakobs 2006, 23).

Multimedial arbeitende Redaktionen sind, fasst man die Berichte (Blum 2006; Mertes 2006; Jakobs 2006) darüber zusammen, nach folgendem Prinzip organisiert: Die einlaufenden Nachrichten werden zentral gesammelt und bewertet. Der Redakteur, der für ein Thema zuständig ist, beschickt die verschiedenen Kanäle der Content-Distribution. Er wird nach dem in den USA mittlerweile gültigen Motto „Online First" (Meier 2006) die Nachricht, den Bericht, die Bilder so schnell wie möglich zuerst ins Internet stellen. Er wird dann verschiedene Fassungen fertigen etwa für das Internet-Fernsehen (IPTV), für den Handy-TV-Dienst oder die Zeitung. Redakteure werden in Zukunft nicht mehr nur schreiben, sondern Texte auch selbst sprechen. Sie werden Beiträge selbst schneiden, sie werden für die verschiedenen Online-Ausgaben Interviews auch vor Mikrophon und Kamera führen (vgl. Berliner Morgenpost 2006, 14). Aus Nachrichtenredakteuren werden multikompetente Nachrichtenjournalisten werden. Diejenigen, die bei Verlagen arbeiten, werden dem herkömmlichen Fernsehen mächtig Konkurrenz machen. Mit welchen Strategien kann vor allem das öffentlich-rechtliche Fernsehen dagegen halten?

Die ARD geht mit ihrem digitalen Spartenkanal „Eins-Extra" bereits in diese Richtung. Wochentags wird dort schon jetzt zwischen 14 und 19 Uhr und „voraussichtlich ab 01. Januar 2008 zwischen 09 und 20 Uhr" (Grammes 2007) ein neuartiges Nachrichtenformat verbreitet, „das an das Konzept der Informationsradios angelehnt ist" (Reim et al. 2006, 64) und im Viertelstundentakt Nachrichten anbietet. Die Sendung heißt „Eins-Extra Aktuell" und wird von einer technikaffinen, jungen Mannschaft unter dem Dach von ARD-aktuell gestaltet. Diese Redaktion wird bei der Tagesschau als „eine Art Exerzierfeld für neue Arbeitsabläufe" (Gniffke 2006a, 62) betrachtet und genutzt. Hier wird bereits in Ansätzen crossmedial produziert. Hier stellen die Redakteure ihre Sendungen papierlos, also ohne ausgedruckte Manuskripte, und ohne Senderegisseur her. Geschnitten wird ohne Cutter am Computer. Der weitgehende Verzicht auf Cutter, Regisseur und Papier soll auch bei der herkömmlichen Tagesschau eingeführt werden (vgl. ebd., 58 ff.).

Eine konsequent crossmediale Arbeitsweise, bei der ein Journalist mit seinem Thema alle Plattformen bedient, hält Tagesschau-Chefredakteur Gniffke allerdings für problematisch. Er sieht darin eine „Gefahr für Qualitätsnachrichten". Wenn ein Redakteur alle Ausspielwege bedient, „bleibt dann noch die Zeit", so fragt er, „mit den Korrespondenten den Inhalt ihrer Beiträge abzustecken und sie den Tag über kritisch zu begleiten? Übergänge zwischen Moderation und Text abzustimmen? Ständig die Agenturmeldungen im Blick zu haben?" (ebd., 62). Beim Zusammenlegen der Aufgaben könnten inhaltliche Fehler auftreten, außerdem wäre es „das Ende des eigenständigen Stils der verschiedenen Formate" (ebd.). Ob es deshalb bei getrennten Redaktionen – Online, Eins-Extra Aktuell und Klassisch – bleibt oder ob die Arbeit in einem künftigen multimedialen Newsroom einfach nur anders verteilt wird, ist offen. Sicher aber ist, dass auch die Tagesschau den neuen Entwicklungen wird Rechnung tragen müssen (Grommes 2006a).

5.1.3 Veränderte Nutzungsgewohnheiten

Jahrzehntelang nahm das Fernsehen unter den Medien eine Monopolstellung ein (vgl. Schlesinger 1978, 80). Die Macht der Bilder machte es zur unangefochtenen Nummer eins. Das Internet sorgt nun dafür, dass die Karten neu gemischt werden. Während die Bevölkerung im Durchschnitt noch täglich 226 Minuten vor dem TV-Gerät verbringt und nur 48 Minuten täglich das Internet nutzt, sieht das Zeitbudget jugendlicher Mediennutzer schon signifikant anders aus: Nur noch 109 Minuten widmen sie im Durchschnitt dem herkömmlichen Fernsehen, 101 Minuten gehören bei den 14- bis 19-jährigen bereits dem Internet (vgl. Eimeren 2006, 50). Hinzukommt, dass Content künftig zunehmend zeit- und ortssouverän genutzt werden wird. Content wird über das Internet dann abgerufen, wenn der Nutzer Lust und Zeit dazu hat. Handy-TV macht es zudem möglich, an fast jedem beliebigen Ort den gewünschten Content zu rezipieren. Anbieter von Inhalten müssen sich auf diese Entwicklung einstellen. Die Tagesschau bietet deshalb zum Beispiel seit Juli 2007 ein für Handy-TV-Zwecke taugliches Kurzformat an (vgl. Grommes 2007).

Und noch ein Trend zeichnet sich ab: Die Rezipienten wollen interaktiv mitmachen. „You Tube", jene Seite, „auf der die Nutzer ihre selbstgedrehten Videos hochladen und sie anderen Nutzern zeigen können, hat die Zahl seiner Besucher zwischen Januar und Oktober um fast 580 Prozent oder 46 Millionen auf 53,8 Millionen erhöht" (Schmidt 2006, 17). You Tube war damit im Jahre 2006 weltweit der größte Gewinner im Internet. Unter anderem dieser Wunsch nach Interaktivität „stellt die Programmmacher vor neue Aufgaben bei der Entwicklung von Inhalten und Formaten" (ARD 2006b, 4). Der US-Nachrichtenkanal CNN regiert mit einer verstärkten Hinwendung zu so genanntem „User

Generated Content". Das sind Videoaufnahmen, die von Amateuren gemacht und einem Sender oder einer Nachrichtenagentur zur Verfügung gestellt werden.

Ein bekanntes Beispiel sind die Bilder vom Absturz der Concorde in Paris, die ein zufällig vorbeikommender Autofahrer gefilmt hatte. Vorläufiger Höhepunkt war das Handyvideo, das die Hinrichtung Saddam Husseins vollständig zeigte und im Internet verbreitet wurde. Die Süddeutsche Zeitung nahm dieses Hinrichtungsvideo zum Anlass, auf die wachsende Bedeutung solcher Amateuraufnahmen hinzuweisen, die in den USA schon dazu beitrügen, Politiker zu stürzen und Showstars zu diskreditieren. „Der öffentliche Hunger nach solchen Videos (...) ist schier unersättlich. Und die Menge solcher Aufnahmen nimmt unaufhörlich zu. Egal ob Polizeigewalt, Entgleisungen eines Politikers oder eines Stars, in jedem Winkel der Welt scheint es nun jemanden zu geben, der den Lauf der Welt auf Video bannt. (...) Wieder einfangen lässt sich die neue digitale Freiheit nicht (Kreye 2007, 11).

Unter anderem CNN sendet User Generated Content dieser Art. Ein US-Fernseh-komiker hatte in einem Comedy Club schwarze Gäste mit rassistischen Flüchen beschimpft. Ein Gast filmte den Vorfall mit seinem Handyvideo. CNN strahlte die Passage aus, danach war es mit der Fernsehkarriere des Komikers vorbei (vgl. ebd.). CNN nutzt User Generated Content auch in anderer Form: Während des Libanon-Krieges zeigte der Nachrichtenkanal Videotagebücher von Israelis und Libanesen. Das Material habe man überprüft und danach als Teil der Berichterstattung eingesetzt, so CNN-Chef Chris Cramer in einem Interview. User Generated Content ist für ihn eine „Ergänzung von unschätzbarem Wert! (...) Sicher, es gibt sehr viel Zeug da draußen, was nicht besonders interessant ist oder gar gefälscht. Darunter verstecken sich aber auch Juwelen. Wir müssen diese Juwelen finden, prüfen, ob sie echt sind, und einen Weg finden, sie unter die Leute zu bringen. Zuschauer und Leser wollen nicht mehr passiv sein. Sie wollen nicht mehr nur Informationen bekommen, sondern auch selber liefern" (Krasser 2006, 75).

Ähnliches gilt für den in den USA zunehmend bedeutsam werdenden „Citizen Journalism". Hier bringen Bürger Nachrichten und Themen in die Medien, die sonst überhaupt nicht vorkämen. Citizen Journalism als „eine Art Brücke zwischen Medium und Gesellschaft", wie es Jan Schaffer ausdrückt, Direktorin des Instituts für Interaktiven Journalismus an der Universität von Maryland (vgl. Schnurr 2006, 80 f.). Bei ARD-aktuell lehnt man derzeit solche Inhalte, vor allem Unser Generated Content, ab. Die Gefahr, einer Fälschung aufzusitzen oder einer falschen Ursprungsangabe, wird für zu groß gehalten (Launer 2006, Gniffke 2006).

5.1.4   Technische Zukunft der Berichterstattung

Die Mitwirkung der Rezipienten wird durch die digitale Technik immer einfacher. Bilder und Videosequenzen können per Handy verschickt werden, Minikameras lassen sich stets mitführen, Bildmaterial kann übers Internet den Redaktionen zur Verfügung gestellt werden. Dieser technische Fortschritt verändert auch die Arbeit der professionellen Reporter und Korrespondenten. Der Schlüsselbegriff lautet, wie oben schon erwähnt, „File Transfer". „Reporter werden mit kleinen digitalen Kameras Videoaufnahmen machen, sie werden diese Aufnahmen an ihrem Laptop schneiden, kommentieren und vom nächsten Internet-Café aus in die Zentrale nach Hamburg überspielen", sagt Kai Gniffke (2006). Ein „Hot Spot" genüge dafür künftig. Und Georg Grommes (2006a) sagt: „Gekoppelt mit spezieller Handytechnik wird man mit dieser Technik schon bald von überall auf dieser Welt in bester Qualität berichten können". SNGs, spezielle Satellitenleitungen und ein mehrköpfiges Team seien dann nicht mehr nötig. Gniffke (2006): „Wir werden damit noch sehr viel aktueller und flexibler werden als heute, wobei man natürlich auf die Qualität der Inhalte achten muss".

5.1.5   Strategien im digitalen Zeitalter

Nachrichten werden also künftig noch erheblich schneller als heute den Rezipienten erreichen und das auf einer Vielzahl von Wegen. Doch welches Nachrichtenangebot wird aus welchen Gründen ausgewählt werden? Wie kann sich ein traditionsreiches Angebot wie die „Tagesschau" in einem Hochwettbewerbsmarkt mit veränderten Nutzergewohnheiten behaupten? Antworten sind schwierig. Die ARD als autopoietisches System ist gefordert. Nur eines ist klar: „Nicht zu reagieren würde bedeuten, sich von der Zukunft nach und nach zu verabschieden" (2006b, 16). Das Ausland zeigt, in welche Richtung die Trends gehen.

Trend I – der Nachrichtenkanal. Die öffentlich-rechtliche BBC hat ihre „BBC 24 News". Das französische Fernsehen betreibt den Nachrichtenkanal „France 24" (vgl. Kläsgen 2006, 15). Al Dschasira ist seit kurzem mit „Al Dschasira International" rund um die Uhr präsent. CNN-Chef Cramer vermutet, dass weltweit rund hundert Nachrichtenkanäle existieren (vgl. Krasser 2006, 74). Der Hauptvorteil eines Nachrichtenkanals besteht darin, dass es keine Zeiten gibt, in denen keine Nachrichten gesendet werden können. Der Nachrichtenkanal ist in der Lage, jederzeit über aktuelle Entwicklungen zu berichten. Da sich die Berichterstattung aus technischen Gründen weiter beschleunigen und das Nutzerverhalten sich weiter individualisieren wird, ist ein solches Angebot für die Wettbewerbsfähigkeit wichtig.

Trend II – User Generated Content und Citizen Journalism werden zunehmend genutzt, um den Wunsch nach Interaktivität zu befriedigen, aber auch, um exklusiven Content bieten zu können.

Trend III – Mit „News Alerts" – Kurzmitteilungen über Handy – werden schon heute in den USA (Meier 2006) interessierte Zuschauer auf aktuelle Entwicklungen aufmerksam gemacht. Man setzt damit einen Einschaltimpuls für die eigenen Nachrichtenprodukte.

Trend IV – die umfassende digitale Präsenz. „Die Zukunft der Medien ist multimedial in einer Weise, wie wir es uns heute nur schwer vorstellen können. (...) Es ist der Anfang vom Ende des Fernsehens, wie wir es kennen. Zentrale Anlaufstelle werden nicht mehr TV-Programme sein, sondern Plattformen, aus deren Offerten sich die Nutzer bedienen werden (...)" (Müller von Blumencron 2006, 12).

Für die ARD ist es nicht leicht bei dieser hochdynamischen Entwicklung im digitalen Bereich mitzuhalten. Im Moment lässt nämlich der Rundfunkstaatsvertrag (NDR 2005, 58) in § 11 Abs. 1 Satz 2 bei der Online-Kommunikation nur „Randnutzungen und Annexdienste" (Hoffmann-Riem 2006, 23) zu, also Mediendienste mit programmbezogenem Inhalt. Wolfgang Hoffmann-Riem, Richter des Bundesverfassungsgerichts, fürchtet, dass sich diese Beschränkung als medienpolitischer Fehler mit unabsehbaren Folgen erweisen könnte. Der öffentlichrechtliche Rundfunk laufe damit „Gefahr, in der multimedialen Welt den Anschluss zu verpassen. Dieses Feld wird vielmehr allein denen überlassen, die dem für sie durchaus legitimen – für die Kommunikationskultur aber zu schmalbrüstigen – Gebot ökonomischen Gewinnstrebens folgen, also sich nicht der Public-Service-Idee verschrieben haben. Diese Weichenstellung kann für den Kulturstaat fatal werden" (ebd.).

5.1.6   Folgen für den Faktor „Organisation"

Was bedeutet die künftige Entwicklung für den Faktor „Organisation"? – Nach Einschätzung des Verfassers wird früher oder später auch bei ARD-aktuell crossmedial gearbeitet werden. Das „heißt Content wird medienübergreifend beziehungsweise medienunabhängig geplant und weit gehend auch medienunspezifisch vorbereitet. Erst die letzte Produktionsphase ist auf ein bestimmtes Medium ausgerichtet" (Klimsa 2006, 615). Das wird absehbar Veränderungen der Redaktionsorganisation mit sich bringen (vgl. Altmeppen 2006, 565 ff.). Darüber hinaus wird sich die Nachrichtenproduktion auf Grund des technischen Fortschritts ein weiteres Mal erheblich beschleunigen.

ARD-aktuell und alle anderen Nachrichtenredaktionen werden auch künftig in großem Umfang planen und organisieren müssen. Denn am aktuellsten aus der Sicht des Publikums wird man auch in Zukunft über vorhersehbare Ereignisse berichten können. Ereignisse, bei denen man weiß, wann etwas geschieht. Ereignisse, auf die man sich organisatorisch gut vorbereiten kann, bei denen auch eine Live-Berichterstattung problemlos möglich ist. Vorhersehbare Ereignisse werden deshalb weiterhin die Fernsehnachrichten dominieren und den Content entsprechend akzentuieren. Die mediale Konvergenz könnte sogar dazu führen, dass vorhersehbare Ereignisse eine noch größere Rolle spielen, weil zum Beispiel für die Online-Angebote Hintergrundberichte vorbereitet oder Chats mit Experten organisiert werden müssen. Für eine solche ergänzende Berichterstattung ist zeitlicher Vorlauf hilfreich und den gewähren vorhersehbare Ereignisse.

Gleichzeitig wird man über unerwartete Ereignisse noch schneller und umfassender berichten als bisher, da man wegen zusätzlich vorhandener Ausspielwege wie Nachrichtenkanal und Internet jederzeit, ohne Rücksicht auf feststehende Sendezeiten, ins Programm gehen kann. Die Ereignissituationen (siehe 4.7.9) werden dabei wegen der Möglichkeiten des File Transfers eine geringere Rolle spielen als heute. Auch wird User Generated Content an Bedeutung gewinnen und der Redaktion schnelle und dennoch gründliche Überprüfungen abverlangen. Insgesamt wird die Nachrichtenflut aus dem In- und Ausland weiter zunehmen (vgl. Brender 2006), eine ausgefeilte Newsroom-Organisation wird diese Flut kanalisieren müssen. Die zentrale organisatorische Herausforderung wird darin bestehen, in der immer kürzer werdenden Kürze der Zeit jene validen Informationen zu beschaffen, die einen qualitativ hochwertigen Nachrichtenjournalismus auszeichnen. Angesichts all dieser Entwicklungen wird es spannend und wissenschaftlich ertragreich sein, die künftigen Wechselwirkungen zwischen Content, Technik und Organisation zu untersuchen.

Stichwortliste

Abbildungen und Tabellen

Abbildungen

Tabellen

Glossar

Beitrag/Bericht: Das sind Nachrichtenfilme in einer Länge von 60 bis 100 Sekunden, wobei die Standardlänge 75 bis 80 Sekunden beträgt. Der Beitrag/Bericht wird von einem Reporter oder Korrespondenten gestaltet.

Feed Point: Wörtlich „Einspeisepunkt". Eine Stelle, von der aus Korrespondenten ihre Beiträge absetzen oder Live-Schaltgespräche führen können. Bei wichtigen Ereignissen baut zum Beispiel die EBU solche Feed Points mit Satellitenverbindung auf.

Fly away: Eine koffergroße Übertragungseinheit, die mit Hilfe eines kleinen Parabolspiegels eine Satellitenverbindung ermöglicht. Über eine Fly away können Beiträge abgesetzt und Live-Schaltgespräche geführt werden. Die Bildqualität ist eingeschränkt (Klemm 2007).

Fließmaz: Eine längere Wortmeldung, die teilweise mit Filmbildern illustriert wird. Der Text wird durchgehend vom Moderator gesprochen.

Hybrid-Netz der ARD (Hybnet): Ein extrem breitbandiges Festnetz, über das alle ARD-Anstalten miteinander verbunden sind. Über dieses Netz wird u.a. telefoniert, es werden Daten ausgetauscht und auch die Signale zu den Sendeantennen transportiert. Über das Hybnet finden außerdem Beitragsüberspielungen oder Schaltgespräche statt (Schmidt 2006).

Live-Schalte/Live-Interview: Interviews, bei denen sich der Gesprächspartner an einem anderen Ort, also nicht im Studio, befindet und über eine Bild- und Tonleitung zugeschaltet ist.

Nachricht im Film (NiF): Hier wird das Ereignis in einer 25 und 40 Sekunden langen Filmsequenz dargestellt, der Text wird vom Off-Sprecher verlesen.

Off-Sprecher: Der Off-Sprecher ist nicht im Bild zu sehen, sondern nur zu hören. Er sitzt während der Sendung in einer gesonderten Sprecherkabine.

Producer: Redakteure, die hinter der Kamera tätig sind. Sie arbeiten journalistisch, haben aber auch organisatorische Aufgaben. Sie buchen SNGs, Satellitenleitungen, Schneidetermine, sprechen Überspiel-Termine ab oder planen einen Einsatz außerhalb des Studios. Producer sind eine Mischung aus Redakteur und Aufnahmeleiter (Buhrow 2007).

SNG ist das Kürzel für Satellite News Gathering. Unter SNG versteht man ein Fahrzeug, das mit einer Satellitenschüssel ausgestattet ist und in bester Qualität Bild- und Tonsignale via Satellit absetzen kann. An Bord einer SNG können auch Beiträge geschnitten und gemischt werden (Klemm 2007).

Stringer: Das sind Kontaktleute eines Studios im Ausland. Der Stringer versorgt den Korrespondenten mit Informationen (Buhrow 2007).

Teleprompter: Ein kameraseitig durchsichtiger Spiegel kombiniert mit einem Monitor. Der Monitor gibt den Moderationstext wieder, über den Spiegel vor dem Kameraobjektiv ist der Text für den Moderator, nicht aber für die Fernsehzuschauer sichtbar.

Videophone: Ein relativ handliches, technisch erweitertes Satellitentelefon, das es erlaubt, in verminderter Bild- und Tonqualität Signale zu übertragen. Die Bilder sind flau, es kommt zu ruckartigen Abläufen (Klemm 2007).

Wortmeldungen: Damit sind Nachrichten gemeint, die vom Moderator vorgetragen werden.

Quellenverzeichnis

Abbott, Eric A. / Brassfield, Lynn T.(1989): Comparing decisions on releases by TV and newspaper gatekeepers. In: Journalism Quarterly Nr. 66, 853-856.

Abold, Brigitte (2006): Leiterin des ARD-Büros Wien. Informationsgespräch am 20. September 2006.

Abold, Brigitte (2007): Leiterin des ARD-Büros Wien. Informationsgespräch am 09. Januar 2007.

Ackermann, Sämi (1999): Prionen, BSE und die neu aufgetretene Krankheit vCJD. Semesterarbeit. Zürich: www.vetvir.unizh.ch.

Adam, Silke/Berkel, Barbara/Pfetsch, Barbara (2005): Public Relations aus Politikwissenschaftlicher Sicht. In: Bentele, Günter et al. (Hrsg.) (2005): Handbuch der Public Relations. Wiesbaden: Verlag für Sozialwissenschaften, 78-89.

Aders, Thomas (2006): Leiter des ARD-Büros in Rio de Janeiro. Informationsgespräch am 04. Juli 2006.

Adorno, Theodor W. (1990): Gesammelte Schriften. Bd. 8: Soziologische Schriften I, 3. Auflage. Frankfurt/Main: Suhrkamp.

AFP (Hrsg.) (2006): Ermittlungen gegen Total-Tochterfirma wegen Explosion mit 30 Toten – 2000 Verletzte bei AZF-Katastrophe am 21. Sept. 2001. Meldung v. 31.05.2006, 16 Uhr 31.

AFP (Hrsg.) (2006a): Unwetter richten schwere Schäden in Mittelhessen an. Meldung v. 18.09.2006, 10 Uhr 26.

AFP (Hrsg.) (2006b): Irakische Demonstranten verbrennen deutsche Fahnen und Papst-Abbild. Meldung v. 18.09.2006, 10 Uhr 20.

AFP (Hrsg.) (2006c): Niederländische Regierung verschwieg Wahrheit zu Giftmüll. Meldung v. 19.09.2006, 14 Uhr 32.

Aktueller Medien-Dienst (1977): Noelle-Neumann: „Die Zahlen liegen auf dem Tisch" – Gespräch mit der IfD-Chefin über die Journalisten-Umfrage. Nr. 8, 25. Februar 1977, 6-11.

Althammer, Peter (2006): Leiter des ARD-Büros Istanbul. Informationsgespräch am 01. September 2006.

Altmeppen, Klaus-Dieter (1999): Redaktionen als Koordinationszentren. Beobachtungen journalistischen Handelns. Opladen/Wiesbaden: Westdeutscher Verlag.

Altmeppen, Klaus-Dieter et. al. (2002): Journalistisches Handeln genauer beobachten – Zur Quantifizierung qualitativer Merkmale in der teilnehmenden Beobachtung. In: M. Karmasin/M. Höhn (Hrsg.): Die Zukunft der empirischen Sozialforschung. Graz: Nausner & Nausner, 105-126.

Altmeppen, Klaus-Dieter (2004): Entscheidungen und Koordinationen. Dimensionen journalistischen Handelns. In: Martin Löffelholz (Hrsg): Theorien des Journalismus. Ein diskursives Handbuch, 2. Auflage. Wiesbaden: Verlag für Sozialwissenschaften, 419-433.

Altmeppen, Klaus-Dieter/Röttger, Ulrike/Bentele, Günter (Hrsg.) (2004): Schwierige Verhältnisse. Interdependenzen zwischen Journalismus und PR. Wiesbaden: Verlag für Sozialwissenschaften.

Altmeppen, Klaus-Dieter/Röttger, Ulrike/Bentele, Günter (2004a): Public Relations und Journalismus: Eine lang andauernde und interessante „Beziehungskiste". In: Altmeppen, Klaus Dieter et. Al. (Hrsg.): Schwierige Verhältnisse. Interdependenzen zwischen Journalismus und PR. Wiesbaden: Verlag für Sozialwissenschaften, 7-15.

Altmeppen, Klaus-Dieter (2006): Ablauforganisation – Formen der journalistischen Aussageproduktion. In: Scholz, Christian (Hrsg.): Handbuch Medienmanagement. Berlin/Heidelberg: Springer, 553-577.

AP (Hrsg.) (1998): Associated Press übernimmt Worldwide Television News und führt neue führende Videonachrichten-Agentur ein. AP-Pressemitteilung v. 21.09.1998. In: www.ap-online.de.

AP (Hrsg.) (2006): Lage in Kinshasa entspannt sich nach dreitägigen Unruhen. Zweite Zusammenfassung. Meldung Nr. 505 v. 23.08.2006, 16 Uhr 38.

AP (Hrsg.) (2006a): Vier Tote bei Anschlag auf kanadische Soldaten in Afghanistan. Zweite Zusammenfassung. Meldung Nr. 364 v. 18.09.2006, 12 Uhr 50.

AP (Hrsg.) (2006b): Mindestens 150 Verletzte bei Zusammenstößen in Budapest. Vierte Zusammenfassung. Meldung Nr. 245/259 v. 19.09.2006, 10 Uhr 17.

AP (Hrsg.) (2006c): 45 Tote bei Explosionen in zwei Bergwerken. Erste Zusammenfassung (weitgehend neu). Meldung Nr. 526/530 v. 20.09.2006, 14 Uhr 31.

ARD (Hrsg.) (2001): Sendemitschnitt des ARD-Programms v. 11. Sept. 2001, 15 Uhr bis 20 Uhr 20.

ARD (Hrsg.) (2001a): Sendungsabläufe: Tagesschau um drei/Tagesschau um fünf v. 21. September 2001.

ARD (Hrsg.) (2001b): Nachträglicher Programmablauf v. 04.10.2001. In: Das Erste online – Pressedienst. München: www.pressedienst.daserste.de.

ARD (Hrsg.) (2001c): Nachträglicher Programmablauf v. 08.10.2001. In: Das Erste online – Pressedienst. München: www.pressedienst.daserste.de.

ARD (Hrsg.) (2002): Sendemitschnitt des ARD-Programms v. 24. April 2002, 15 bis 17 Uhr 15.

ARD (Hrsg.) (2002a): Nachträglicher Programmablauf v. 26.04.2002. In: Das Erste online – Pressedienst. München: www.pressedienst.daserste.de.

ARD (Hrsg.) (2004): Sendemitschnitt des ARD-Programms v. 03. Sept. 2004, 11 Uhr 30 bis 14 Uhr.

ARD (Hrsg.) (2005): Nachträglicher Programmablauf v. 07.07.2005. In: Das Erste online – Pressedienst. München: www.pressedienst.daserste.de

ARD (Hrsg.) (2006): ARD-Korrespondentenwelt. Darstellung des Korrespondentennetzes im Internet unter: www.web.ard.de/korrespondentenwelt/berichtsgebiete/index.html.

ARD (Hrsg.) (2006a): Interner Ablaufplan der Tagesschau um fünf v. 23.08.2006.

ARD (Hrsg.) (2006b): Die ARD in der Digitalen Medienwelt. Unveröffentlichtes Strategiepapier. Stand 13.12.2006.

ARD (Hrsg.) (2006c): ARD-Jahrbuch 2006. 38. Jahrgang.

Ärzte Zeitung (2000): England erarbeitet Notfallpläne für eine vCJK-Epidemie. In: Ärzte Zeitung v. 03.11.2000.

Ärzte Zeitung (2001): BSE-Test ist auch bei jungen Rindern begrenzt verlässlich. In: Ärzte Zeitung v. 15.01.2001.

Aufermann, Jörg/Bohrmann, Hans/Sülzer, Rolf (Hrsg.)(1973): Gesellschaftliche Kommunikation und Information. Forschungsrichtungen und Problemstellungen. Ein Arbeitsbuch zur Massenkommunikation (2 Bände), Frankfurt a. M.: Athenäum.

Baerns, Barbara (1985): Öffentlichkeitsarbeit oder Journalismus? Zum Einfluß im Mediensystem. Köln: Verlag Wissenschaft und Politik.

Baerns, Barbara (1991): Öffentlichkeitsarbeit oder Journalismus? Zum Einfluß im Mediensystem. 2. Auflage. Köln: Verlag Wissenschaft und Politik.

Baerns, Barbara (2000): Nicht sinnfällig, aber spektakulär. Auswirkungen des Zusammenspiels von Öffentlichkeitsarbeit und Journalismus auf die Spielregeln. Ein Versuch zur Transparenz der sogenannten öffentlichen Kommunikation. In: Wermke, Jutta (Hrsg.): Ästhetik und Ökonomie. Wiesbaden: Westdeutscher Verlag, 86-108.

Barth, Henrike/Donsbach, Wolfgang (1992): Aktivität und Passivität von Journalisten gegenüber Public Relations. Fallstudie am Beispiel von Pressekonferenzen zu Umweltthemen. In: Publizistik Jg. 37, 151-165.

Bass, Abraham Z. (1969): Refining the „gatekeeper"concept: a UN radio case study. In: Journalism Quarterly, 46, 69-72.

Bauer, Christine (2006): Planungsredakteurin bei ARD-aktuell. Informationsgespräch am 14.09.2006.

Bauer, Felix/Wilke, Jürgen (1993): Weltagentur auf dem deutschen Nachrichtenmarkt: Reuters. In: Wilke, Jürgen (Hrsg.): Agenturen im Nachrichtenmarkt. Köln/Weimar/Wien: Böhlau, 13-56.

Baum, Achim (1994): Journalistisches Handeln. Eine kommunikationstheoretisch begründete Kritik der Journalismusforschung. Opladen: Westdeutscher Verlag.

Bentele, Günter (1993): Wie wirklich ist die Medienwirklichkeit? Einige Anmerkungen zum Konstruktivismus und Realismus in der Kommunikationswissenschaft. In: Bentele Günter/Rühl, Manfred (Hrsg.): Theorien öffentlicher Kommunikation. München: Ölschläger, 152-171.

Bentele, Günter/Rühl, Manfred (Hrsg.) (1993): Theorien öffentlicher Kommunikation. Problemfelder, Positionen, Perspektiven. München: Ölschläger.

Bentele, Günter (1999): Parasitentum oder Symbiose? Das Intereffikationsmodell in der Diskussion. In: Rolke, Lothar/Wolff, Volker (Hrsg.): Wie die Medien die Wirklichkeit steuern und selber gesteuert werden. Opladen/Wiesbaden: Westdeutscher Verlag, 177-194.

Bentele, Günter/Fröhlich, Romy/Szyszka, Peter (2005) (Hrsg.): Handbuch der Public Relations. Wissenschaftliche Grundlagen und berufliches Handeln. Wiesbaden: Verlag für Sozialwissenschaften.

Bentele, Günter (2005): Intereffikationsmodell. In: Bentele, Günter et al. (Hrsg.): Handbuch der Public Relations. Wiesbaden: Verlag für Sozialwissenschaften, 209-222.

Bentele, Günter (2005a): Rekonstruktiver Ansatz. In: Bentele, Günter et al. (Hrsg.): Handbuch der Public Relations. Wiesbaden: Verlag für Sozialwissenschaften, 147-160.

Berelson, Bernard (1954): Communication and Public Opinion. In: Schramm, W./Roberts D. F. (Hrsg.): The process and effects of mass communication, Urbana, 342-356.

Berliner Morgenpost (Hrsg.) (2006): Das ist Berlins neue Nachrichtenzentrale. In: Berliner Morgenpost v. 18.11.2006, 14.

Bialecki, Martin (2006): Leiter des Bundesbüros der Deutschen Presseagentur dpa in Berlin. Telefonisches Informationsgespräch am 15.09.2006.

Billerbeck, Liane v. (2003): Zehn Minuten Krieg. In: DIE ZEIT v. 06. März 2003, Nr. 11, 10.

Blöbaum, Bernd (2004): Organisationen, Programme und Rollen. Die Struktur des Journalismus in systemtheoretischer Perspektive. In: Martin Löffelholz (Hrsg.): Theorien des Journalismus. Ein diskursives Handbuch (2. Auflage). Wiesbaden: Verlag für Sozialwissenschaften, 201-215.

Blum, Joachim (2006): Newsroom für Teamplayer. In: Medium Magazin 12/2006, 50-52.

BMELV (2006): Fragen und Antworten zu BSE: Allgemein. In: Homepage „Bundesministerium für Ernährung, Landwirtschaft und Verbraucherschutz", www.bmelv.de, 07.03.2006, 1-3.

BMELV (2006a): Anzahl der bestätigten BSE-Fälle in Deutschland. In: Homepage „Bundesministerium für Ernährung, Landwirtschaft und Verbraucherschutz", www.bmelv.de, 10.03.2006, 1-2.

Boecker, Arne (2006): Eine Katastrophe, die keine sein soll. Warum sich die Insel Rügen so vehement gegen Hilfe von außen wehrt. In: Süddeutsche Zeitung v. 20.02.2006, Nr. 42, 2.

Bollwahn, Barbara (2003): Der glückliche Bauer. In: tageszeitung v. 21.11.2003.

Bonfadelli, Heinz/Wyss, Vinzenz (1998): Kommunikator-/Journalismusforschung. In: Bonfadelli, Heinz/Hättenschwiler, Walter (1998) (Hrsg.): Einführung in die Publizistikwissenschaft. Eine Textsammlung. Zürich, 19-50.

Bonfadelli, Heinz (2002): Medieninhaltsforschung. Grundlagen, Methoden, Anwendungen. Konstanz: UKV Verlagsgesellschaft.

Bourdieu, Pierre et al. (2005): Das Elend der Welt. Studienausgabe. Konstanz: UVK-Verlagsgesellschaft.

Braun, Michael (2001): Fehlender Bodenradar als Unfallursache? In: tageszeitung v. 10.10. 2001, Nr. 6570, 14.

Braunberger, Gerald (2006): Kabelsalat im A 380: Die Flugzeugbauer von Airbus haben sich total verheddert. In: Frankfurter Allgemeine Sonntagszeitung Nr. 40 v. 08.10.2006, 40-41.

Breed, Warren (1955): Social Control in the Newsroom: A Functional Analysis.In: Social Forces 33, 326-335.

Breed, Warren (1973): Soziale Kontrolle in der Redaktion: eine funktionale Analyse. In: Aufermann, Jörg/Bohrmann, Hans/Sülzer, Rolf (1973) (Hrsg.): Gesellschaftliche Kommunikation und Information. Forschungsrichtungen und Problemstellungen. Ein Arbeitsbuch zur Massenkommunikation. Band 1, 356-378.

Breed, Warren (1955 a): Newspaper, „Opinion Leaders" and Processes of Standardization. In: Journalism Quarterly 32, 277-284.

Breen, Margret A. (1968): Ten Leading Newspapers Rated for Coverage of 1967 Detroit Riots. In: Journalism Quarterly 45, 544-546.

Brender, Nikolaus (2006): Nichts bleibt wie es ist. Stichwort: TV. In: Medium Magazin 12/2006, 16-18.

Bresser, Klaus (1992): Was nun? Über Fernsehen, Moral und Journalisten. Hamburg u.a.: Luchterhand.

Breyer-Mayländer, Thomas (2006): Die Zukunftsmacher. In: Medium Magazin 12/2006, 20-22.

Britische Botschaft Berlin (2006): Veränderungen der staatlichen BSE-Kontrollen im Vereinigten Königreich. Pressemitteilung des britischen Ministeriums für Umwelt, Ernährung und Ländliche Angelegenheiten. In: www.britischebotschaft.de., 1-3.

Britische Botschaft Berlin (2006a): BSE: Fragen und Antworten. In: www.britischebotschaft.de., 1-4.

Brockhaus, F. A. (Hrsg.) (1991): Brockhaus Deutsche Enzyklopädie. Mannheim: Brockhaus, Bd. 15, 446 (Stichwort: Nervensystem).

Brockhaus, F. A. (Hrsg.) (1993): Brockhaus Deutsche Enzyklopädie. Mannheim: Brockhaus, Bd. 20, 732 (Stichwort: Sputnik).

Brockhaus, F. A. (Hrsg.) (1996): Brockhaus Deutsche Enzyklopädie. Mannheim: Brockhaus, Bd. 16, 58 (Stichwort: NTSC).

Brosius, Hans-Bernd/Eps, Peter (1995): Prototyping through key events: news selection in the case of violence against aliens and asylum seekers in Germany. In: European Journal of Communication Vol. 10 (1995) Nr. 3, 391-412.

Brosius, Hans-Bernd (Hrsg.) (2000): Kommunikation über Grenzen und Kulturen. Konstanz: UVK.

Brosius, Hans-Bernd (2005): Agenda Setting und Framing als Konzepte der Wirkungsforschung. In: Jürgen Wilke (Hrsg.): Die Aktualität der Anfänge. 40 Jahre Publizistikwissenschaft an der Johannes Gutenberg-Universität Mainz. Köln: Halem, 125-143.

Brosius, Hans-Bernd/Koschel, Friederike (2005): Methoden der empirischen Kommunikationsforschung. 3. Aufl., Wiesbaden: Verlag für Sozialwissenschaften.

Brucker, Ute (2006): Leiterin des ARD-Büros Madrid. Informationsgespräche am 08. Februar und am 20. November 2006.

Bucher, Hans-Jürgen (2000): Journalismus als kommunikatives Handeln. Grundlagen einer handlungstheoretischen Journalismustheorie. In: Martin Löffelholz (Hrsg.): Theorien des Journalismus. Ein diskursives Handbuch (2. Auflage). Wiesbaden: Verlag für Sozialwissenschaften, 263-285.

Bucher, Hans-Jürgen/Altmeppen, Klaus-Dieter (Hrsg.) (2003): Journalistische Qualität. Grundlagen, Dimensionen, Praxismodelle. Wiesbaden: Westdeutscher Verlag.

Bücher, Karl (1920): Entstehung der Volkswirtschaft. Vorträge und Aufsätze. Tübingen: Laupp.

Bührke, Thomas (2006): Der Satellit fliegt mit. Die Überwachungssysteme der Nasa können fast alles über einen Wirbelsturm sagen, nur seinen Weg können sie nicht ändern. In: Süddeutsche Zeitung v. 29.08.2006, Nr. 198, 2.

Buhrow, Tom (2007): Moderator der Tagesthemen. Ehemaliger Leiter des ARD Büros Washington. Informationsgespräch am 15. Januar 2007.

Bünz, Tilmann (2006): Leiter des ARD-Büros Stockholm. Informationsgespräch am 05. April 2006.

Burkart, Roland/Hömberg, Walter (Hrsg.) (1992): Kommunikationstheorien. Ein Textbuch zur Einführung. Wien: Braunmüller.

Burkart, Roland (2002): Kommunikationswissenschaft. Grundlagen und Problemfelder. Wien/Köln/Weimar: Böhlau.

Busse, Tanja/Gehrmann, Wolfgang/Grefe, Christiane (2001): Die Wahnsinns-Lobby. Mit dem Rücktritt von Bauernminister Funcke scheint eine Sensation möglich: Die Wende zum Ökolandbau. In: DIE ZEIT, Nr. 3, 11.

Carter, Roy E. (1959): Racial Identification Effects upon the News Story Writer. In: Journalism Quarterly 36, 284-290.

Casey, Ralph D./Copeland jr., Thomas H. (1958): Use of Foreign News by 19 Minnesotas Dailies. In: Journalism Quarterly 35, 87-89.

Champagne, Patrick (2005): Die Sicht der Medien. In: Bourdieu, Pierre et al. (2005): Das Elend der Welt. Studienausgabe. Konstanz: UVK-Verlagsgesellschaft, 60-68.

Cichowicz, Andreas (2006): NDR-Chefredakteur. Informationsgespräch am 21. August 2006.

Collatz, Wolfgang (2006): Landung Space Shuttle. Moderationstext für die Tagesschau um zwölf v. 21.09.2006.

Claßen, Elvira/Leistner, Annegret (1996): Probleme bei der Inhaltsanalyse von Fernsehnachrichtensendungen aus den 40er bis 60er Jahren. CBS Evening News und Tagesschau. In: Schütte, Georg (Hrsg.): Fernsehnachrichten-Sendungen der frühen Jahre. Archive, Materialien, Analysen, Probleme, Befunde. Siegen: Arbeitshefte Bildschirmmedien Nr. 59, 70-84.

Degenhardt, Wolfgang et al. (1996): Europäisches Fernsehen bis 1970. Eine Idee wird zum Laufen gebracht. Eine kleine Geschichte der Europäischen Rundfunkunion und der Eurovision. Siegen: Arbeitshefte Bildschirmmedien 61.

Degenhardt, Wolfgang (1997): Die Eurovision, ein europäisches Regime für den Fernsehprogrammaustausch. In: Schanze, Helmut/Kreuzer, Helmut (Hrsg.): Bausteine IV. Beiträge zur Ästhetik, Pragmatik und Geschichte der Bildschirmmedien. Siegen: Bildschirmmedien 65.

Deupmann, Ulrich et al. (2001): Gleichgewicht der Schwachen. Neue haarsträubende Pannen verstärken den Druck auf die angeschlagenen Minister Karl-Heinz Funcke und Andrea Fischer. In: SPIEGEL Nr. 2, 59.

Deutsche Presseagentur (Hrsg.) (2001): Explosion in Toulouse: Tote und Verletzte-wohl kein Anschlag. Meldung/Basisdienst Nr. 0284 v. 21. September 2001, 12 Uhr 40.

Deutsche Presseagentur (Hrsg.) (2006): Weiterer Verdächtiger wegen Bombenterrors festgenommen. Eilmeldung v. 25.08.2006, 12 Uhr 44.

Deutsche Presseagentur (Hrsg.) (2006a): Vorschau Inland v. 16.09. bis 15.10.2006, 1-16.

Deutsche Presseagentur (Hrsg.) (2006b): Vorschau Wirtschaft v. 16.09 bis 15.10.2006, 1-11.

Deutsche Presseagentur (Hrsg.) (2006c): Vorschau Ausland v. 16.09. bis 15.10.2006, 1-5.

Deutsche Presseagentur (Hrsg.) (2006d): Vorschau Vermischtes/Modernes Leben v. 16.09 bis 15.10.2006, 1-20.

Deutsche Presseagentur (Hrsg.) (2006e): Schwere Vorwürfe um Schiphol-Brand – Zwei Minister treten zurück. Meldung v. 21.09.2006, 14 Uhr 32.

Deutsche Presseagentur (Hrsg.) (2006f): Merkel will Gesundheitsfonds angeblich kippen. Meldung v. 22.09.2006, 10 Uhr 06.

Deutsche Presseagentur (Hrsg.) (2006g): Hinweis von dpa auf ein Statement von Bundeskanzlerin Merkel und SPD-Chef Beck. Meldung v. 22.09.2006, 10 Uhr 10.

Deutsche Presseagentur (Hrsg.) (2006h): SPD-Chef Beck sieht Gesundheitsfonds nicht auf der Kippe. Meldung v. 22.09.2006, 10 Uhr 44.

Deutscher Depeschendienst (Hrsg.) (2006): Mehrere Schwerverletzte nach Gasexplosion in Bayern. Meldung v. 22.09.2006, 8 Uhr 48.

Deutscher Depeschendienst (Hrsg.) (2006a): Transrapid auf Teststrecke im Emsland verunglückt. Meldung v. 22.09.2006, 11 Uhr 26.

Dijk, Jaap/van Loon, Bob (2003): Scanning Our Past from The Netherlands. The Coronation of Queen Elisabeth II and the Early Days of Eurovision. In: Proceedings of the IEEE, Vol. 91, 06. Juni 2003, 976-978.

Doemens, Karl (2000): Nur kurze Zeit Ministerin im Glück. Ihr Verhalten macht die Grüne Andrea Fischer zur Zielscheibe für die öffentlichen Wahnsinnsängste. In: Frankfurter Rundschau, Nr. 299, 3.

Donath, Klaus-Helge (2004): Keine Aufklärung erwünscht. In: tageszeitung v. 06.09.2004, Nr. 7454, 4.

Donsbach, Wolfgang (1979): Aus eigenem Recht. Legitimationsbewußtsein und Legitimationsgründe von Journalisten. In: Hans Mathias Kepplinger (Hrsg.) (1979): Angepaßte Außenseiter. Freiburg. Was Journalisten denken und wie sie arbeiten. Freiburg, München: Alber, 29-48.

Donsbach, Wolfgang (1982): Legitimationsprobleme des Journalismus. Gesellschaftliche Rolle der Massenmedien und berufliche Einstellung von Journalisten. Freiburg, München: Alber.

Donsbach, Wolfgang (1987): Journalismusforschung in der Bundesrepublik Deutschland: Offene Fragen trotz „Forschungsboom". In: Wilke, Jürgen (Hrsg.): Zwischenbilanz der Journalistenausbildung, München: Ölschläger, 105-142.

Donsbach, Wolfgang (2001): Wahrheit in den Medien. Über den Sinn eines methodischen Objektivitätsbegriffs. In: Die politische Meinung. Monatsschrift zu Fragen der Zeit, 381 (8), 65-74.

Donsbach, Wolfgang (2005): International vergleichende Kommunikatorforschung. In: Wilke, Jürgen (Hrsg.): Die Aktualität der Anfänge. Köln: Halem, 158-175.

Dovifat, Emil (1967): Zeitungslehre. Theoretische und rechtliche Grundlagen. Nachricht und Meinung. Sprache und Form. Band 1. Berlin: de Gruyter.

Dudzik, Peter (2006): Ehemaliger ARD-Korrespondent in Tel Aviv. Informationsgespräch am 19. Juni 2006.

Dygutsch-Lorenz, Ilse (1971): Die Rundfunkanstalt als Organisationsproblem. Düsseldorf: Bertelsmann Universitätsverlag.

Dygutsch-Lorenz, Ilse (1973): Journalisten und Rundfunk. Empirische Kommunikations-forschung am Beispiel einer Rundfunkanstalt. Düsseldorf: Bertelsmann Universi-tätsverlag.

EBU (Hrsg.) (2004): 50 Years of Eurovision. In: EBU Dossiers 2004/1. Genf: www.ebu.ch.

EBU (Hrsg.) (2006): The EBU in figures. In: EBU-homepage. Genf: www.ebu.ch, 16.03.2006.

Eckstein, Eckhard (2004): Höchste Erwartungen überstiegen. Die European Broadcast Union (EBU) hat ihre Satelliten-Infrastruktur durch ein Glasfaser-Netzwerk ergänzt. In: Medienbulletin 11/2004, 2-3.

Ehlers, Renate (1997): Organisationsprobleme in Rundfunkanstalten. In: Fünfgeld, Her-mann/Mast, Claudia (Hrsg.): Massenkommunikation. Ergebnisse und Perspektiven. Opladen: Westdeutscher Verlag, 281-294.

Eichinger, Margarete (1975): Die Fernsehnachrichtenredaktion als organisiertes soziales System. Salzburg.

Eilders, Christiane (1997): Nachrichtenfaktoren und Rezeption. Eine empirische Analyse zur Auswahl und Verarbeitung politischer Information. Opladen: Westdeutscher Verlag.

Eilders, Christiane/Wirth, Werner (1999): Die Nachrichtenwertforschung auf dem Weg zum Publikum. Eine experimentelle Überprüfung des Einflusses von Nachrichten-faktoren bei der Rezeption. In: Publizistik, Nr. 44, 35-57.

Eimeren, Birgit van (2006): Die junge Generation zwischen Internet, iPod, Handy und TV. In: ARD-Jahrbuch 2006, 38. Jahrgang, 50.

Emmer, Martin/Kuhlmann, Christoph/Vowe, Gerhard/Wolling, Jens (2002): Der 11. September – Informationsverbreitung, Medienwahl, Anschlusskommunikation. Er-gebnisse einer Repräsentativbefragung mit extremem Nachrichtenwert. In: Media Perspektiven 4/2002, 166-177.

Emmerich, Andreas (1984): Nachrichtenfaktoren: Die Bausteine der Sensationen. Eine empirische Studie zur Theorie der Nachrichtenauswahl, in den Rundfunk- und Zei-tungsredaktionen. Saarbrücken: Verlag der Reihe.

Endriss, Jörg (2004): Meldung Geiselnahme Beslan in der „Tagesschau um 14 Uhr" v. 02.09.2004.

Endriss, Jörg (2004a): Meldung Geiselnahme Beslan in der „Tagesschau-Extra" (11 Uhr 35) v. 03.09.2004.

Engeser, Franz-Martin (2006): Videojournalisten werden gesucht! Videojournalisten sind neuerdings stark gefragt. Dieser Trend wird sich noch verstärken – auch in den Zei-tungshäusern. In: Medium Magazin 12/2006, 76-77.

Engesser, Evelyn (2005): Journalismus in Fiktion und Wirklichkeit. Köln: Halem.

Erson, Ola (2006): Leitungskoordinator im Leitungsbüro des NDR in Lokstedt. Telefoni-sches Informationsgespräch am 29.08.2006.

Esser, Frank (2000): Does Organisation matter? Redaktionsforschung aus internationaler Perspektive. In: Brosius, Hans-Bernd (Hrsg.): Kommunikation über Grenzen und Kulturen. Kontanz: UVK, 111-126.

Esser, Frank (2002): Die Kräfte hinter den Schlagzeilen. Englischer und deutscher Journalismus im Vergleich. Freiburg: Alber.

Esser, Frank (2005): Redaktionsforschung aus internationaler Perspektive. In: Wilke, Jürgen (Hrsg.): Die Aktualität der Anfänge. Köln: Halem, 176-183.

Fahr, Andreas (2001): Katastrophale Nachrichten? – Eine Analyse der Qualität von Fernsehnachrichten. München: Verlag Reinhard Fischer.

FAZ (Hrsg.) (2006): Darfur-Truppe. Leitartikel der Frankfurter Allgemeine Zeitung v. 02.09.2006, Nr. 204, 1.

FAZ (Hrsg.) (2006a): Sudan droht den UN « Wir werden eine Invasion verhindern ». In : Frankfurter Allgemeine Zeitung v. 02.09.2006, Nr. 204, 1.

FAZ (Hrsg.) (2006b): Eine Million gegen Straßburg. In: Frankfurter Allgemeine Zeitung v. 26.09.2006, Nr. 224, 21.

FAZ (Hrsg.) (2006c): Großkundgebung in Budapest abgesagt. In: Frankfurter Allgemeine Zeitung v. 22.09.2006, Nr. 221, 1.

FAZ (Hrsg.) (2006d): Internationale Truppen patrouillieren in Kinshasa. Autorenkürzel: tos für Thomas Scheen. In: FAZ v. 24.08.2006, Nr. 196, 1.

FAZ (Hrsg.) (2006e): „Eufor hat Neutralität bewiesen". In: FAZ v. 24.08.2006, Nr. 196, 2.

FAZ (Hrsg.) (2006f): Bergung von Giftmüll in Abidjan. In: FAZ v. 19.09.2006, Nr. 219, 7.

Feyerabend, Paul (1986): Wider den Methodenzwang. Frankfurt a. Main: Suhrkamp.

Fischer, Heinz-Joachim (2001): Mehr als hundert Tote bei Zusammenstoß zweier Flugzeuge. Die Katastrophe auf dem Mailänder Flughafen Limate wurde vermutlich durch menschliches Versagen verursacht. In: FAZ Nr. 234, 09.Oktober 2001, 13.

Flegel, Ruth C./Chaffee Steven H. (1971): Influences of Editors, Readers, and Personal Opinions on Reporters. In: Journalism Quarterly 48, 645-651.

Focus (Hrsg.) (2001): Als die Spots stehen blieben. Werbefreies Fernsehen: Der Schrecken von New York und Washington sensibilisierte TV-Manager und Wirtschaft. Nr. 38, 15.09.2001, 308.

France Telecom (Hrsg.) (2006): Cité des télécoms. Le Radome – monument historique. In : www.leradome.com, 29.05.2006.

Frankfurter Hefte (Hrsg.) (2000): Das Gespräch. Gespräch mit dem Meinungsforscher Manfred Güllner (Forsa-Institut). In: Frankfurter Hefte 03/2000, www.frankfurterhefte.de.

Frerichs, Stefan (2004): Journalismus als konstruktives Chaos. Grundlagen einer chaostheoretischen Journalismustheorie. In: Löffelholz, Martin (Hrsg.): Theorien des Journalismus. Wiesbaden: Verlag für Sozialwissenschaften, 349-358.

Friederichs, Jürgen/ Lüdtke, Hartmut (1973): Teilnehmende Beobachtung. Einführung in die sozialwissenschaftliche Feldforschung. 2. Auflage, Weinheim/ Basel: Beltz.

Fünfgeld, Hermann/Mast, Claudia (Hrsg.) (1997): Massenkommunikation. Ergebnisse und Perspektiven. Opladen: Westdeutscher Verlag.

Funke, Joachim (2003): Problemlösendes Denken. Stuttgart: Kohlhammer.

Galtung, Johan/Ruge, Mari Holmboe (1965): The structure of foreign news. The presentation of the Congo, Cuba and Cyprus crisis in four foreign newspapers. In: Journal of Peace Research, Vol. 2, 64-91.

Garncarz, Joseph (2005): Von der Bilderschau zur Nachrichtensendung. In: Maurer Quei-po, Isabel/Rissler-Pipka, Nanette (Hrsg.): Spannungswechsel. Mediale Zäsuren zwischen den Medienumbrüchen 1900/2000. Bielefeld: Transcript, 141-154.

Gaschke, Susanne (2005): Die Relativitätstheorie. In: DIE ZEIT v. 08.09.2005, 1.

GfK (Hrsg.) (2001): Fernsehforschung der Gesellschaft für Konsumforschung: Einschaltquoten am 11. September 2001.

GfK (Hrsg.) (2001a): Fernsehforschung der Gesellschaft f. Konsumforschung: Einschaltquoten am 08. + 10. Oktober 2001.

GfK (Hrsg.) (2004): Fernsehforschung der Gesellschaft f. Konsumforschung: Einschaltquoten am 02. + 03. September 2004.

Giddens, Anthony (1984): The constitution of society: outline of the theory of structuration. Berkeley: University of California Press.

Giddens, Anthony (1997): Die Konstitution der Gesellschaft. Grundzüge einer Theorie der Strukturierung (3. Auflage). Frankfurt a. Main/New York: Campus.

Gieber, Walter (1956): Across the Desk: A Study Of 16 Telegraph Editors. In: Journalism Quarterly 33, 423-432.

Gieber, Walter (1960): How the „Gatekeepers" View Local Civil Liberties News. In: Journalism Quarterly 37, 199-205.

Giegel, Hans-Joachim/Schimank, Uwe (Hrsg.) (2003): Beobachter der Moderne. Beiträge zu Niklas Luhmanns „Die Gesellschaft der Gesellschaft". Frankfurt: Suhrkamp.

Girtler, Roland (1992): Methoden der qualitativen Sozialforschung. Anleitung zur Feldarbeit. 3. Aufl., Wien: Böhlau.

Girtler, Roland (2001): Methoden der Feldforschung. 4. Aufl., Wien: Böhlau.

Gitlin, Todd (1980): The Whole World Is Watching. Mass media in the making & unmaking of the new left. Berkeley/Los Angeles/London: University of California Press.

Glasersfeld, Ernst v. (1987): Die Begriffe der Anpassung und Viabilität in einer radikal konstruktivistischen Erkenntnistheorie. In: Glasersfeld, Ernst v. (Hrsg.): Wissen, Sprache und Wirklichkeit. Arbeiten zum radikalen Konstruktivismus. Braunschweig/Wiesbaden: Vieweg, 137-143.

Glasersfeld, Ernst v. (1996): Radikaler Konstruktivismus. Ideen, Ergebnisse, Probleme. Frankfurt a. Main: Suhrkamp.

Glasersfeld, Ernst v. (1997): Wege des Wissens. Konstruktivistische Erkundungen durch unser Denken. Heidelberg: Auer.

Gniffke, Kai (2006): Erster Chefredakteur von ARD-aktuell. Informationsgespräch am 31. Oktober 2006.

Gniffke, Kai (2006a): Eine Revolution bei ARD-aktuell? Von „Digis" und „Klassikern": Digitalisierung in der Praxis. In: ARD-Jahrbuch 2006, 38. Jahrgang, 58-62.

Goldacker, Sibylle (2006): Kontrolle durch Dialog. 50 Jahre ARD-Programmbeirat. In: ARD-Jahrbuch 2006, 38. Jahrgang, 99-104.

Görgen, Joachim (2006): ARD-Korrespondent in Straßburg. Informationsgespräch am 25. September 2006.

Görke, Alexander (2004): Programmierung, Netzwerkbildung, Weltgesellschaft. Perspektiven einer systemtheoretischen Journalismustheorie. In: Martin Löffelholz (Hrsg.): Theorien des Journalismus. Ein diskursives Handbuch (2. Auflage). Wiesbaden: Verlag für Sozialwissenschaften, 233-247.

Görke, Alexander/Kohring, Matthias (1997): Worüber reden wir? Vom Nutzen system-theoretischen Denkens für die Publizistikwissenschaft. In: Medien Journal, 21 (1), 3-14.

Graebert, Jochen (2006): Leiter des ARD-Büros Peking. Informationsgespräch am 27. Juni 2006.

Grätz, Udo (2006): Leiter der Zulieferredaktion ARD-aktuell beim WDR. Informations-gespräch am 24. Oktober 2006.

Greve, Werner/Wentura, Dirk (1997): Wissenschaftliche Beobachtung: eine Einführung. Weinheim: Beltz.

Grommes, Georg (2006): Redaktionsleiter „Eins-Extra Aktuell" und Innovationsbeauf-tragter bei ARD-aktuell. Informationsgespräch am 14. Juni 2006.

Grommes, Georg (2006a): Redaktionsleiter „Eins-Extra Aktuell" und Innovationsbeauf-tragter bei ARD-aktuell. Informationsgespräch am 22. November 2006.

Gürne, Markus (2006): Leiter der Zulieferredaktion ARD-aktuell in Frankfurt. Informati-onsgespräch am 18. Oktober 2006.

Haaren, Marion von (2006): Leiterin des ARD-Büros Paris. Informationsgespräch am 16. Februar 2006.

Hagen, Lutz M. (2005): Konjunktur-Nachrichten, Konjunkturklima und Konjunktur. Wie sich die Wirtschaftsberichterstattung der Massenmedien, Stimmungen der Bevölke-rung und die aktuelle Wirtschaftslage wechselseitig beeinflussen – eine transaktiona-le Analyse. Köln: Halem.

Hahn, Anke (2006): Leiterin der Zulieferredaktion ARD-aktuell beim RBB. Informati-onsgespräch am 23. Oktober 2006.

Hahnen, Andrea (2006): Chefin vom Dienst bei ARD-aktuell/Tagesschau. Diverse per-sönliche Informationsgespräche.

Haller, Martin (1993): Journalistisches Handeln: Vermittlung oder Konstruktion von Wirklichkeit? In: Bentele, Günter/Rühl, Manfred (Hrsg.): Theorien öffentlicher Kommunikation. Problemfelder, Positionen, Perspektiven. München: Ölschläger, 137-151.

Haller, Martin (2004): Die zwei Kulturen. Journalismustheorie und journalistische Praxis. In: Löffelholz, Martin (Hrsg.): Theorien des Journalismus. Ein diskursives Hand-buch (2. Auflage). Wiesbaden: Verlag für Sozialwissenschaften, 129-150.

Hamburger Abendblatt (Hrsg.) (1983): Das sagte Kohl zu Rundfunk und Fernsehen. Quellenangabe: Eigener Bericht/dpa, Bericht v. 29. 09. 1983.

Hampel, Armin-Paul (2006): Leiter des ARD-Büros Neu Delhi. Informationsgespräch am 19. Oktober 2006.

Hansen, Ulrich (2006): Die Schildkröte und der News-Highway. Organisationstheorie am Beispiel der ZDF-Nachrichtenredaktion „heute". Diplomarbeit an der Universität Dortmund, Fachbereich 15: Sprach- und Literaturwissenschaften, Journalistik und Geschichte.

Hapke, Thorsten (2006): Leiter der Zulieferredaktion ARD-aktuell in Hannover. Informa-tionsgespräche am 22. September und 20. November 2006.

Harless, James D. (1974): Mail Call: A Case Study of a Broadcast News Gatekeeper. In: Journalism Quarterly 51, 87-90.

Harrison, Jackie (2000): Terrestrial tv news in Britain. The culture of production. Manchester: Manchester University Press.

Harrison, Jackie (2006): „News". London: Routledge.

Harseim, Christine/Wilke, Jürgen (2000): Nachrichtenproduktion und Nachrichtenangebot der Deutschen Presse-Agentur. In: Wilke, Jürgen (Hrsg.): Von der Agentur zur Redaktion. Wie Nachrichten gemacht, bewertet und verwendet werden. Köln/Wiemar/Wien: Böhlau., 1-122.

Hejl, Peter M. (1987): Konstruktion der sozialen Konstruktion: Grundlinien einer konstruktivistischen Sozialtheorie. In: Schmidt, Siegfried J. (Hrsg.): Der Diskurs des Radikalen Konstruktivismus. Farnkfurt a. Main: Suhrkamp, 303-339.

Henkes, Brigitte (2006): Leiterin der Zulieferredaktion ARD-aktuell beim Saarländischen Rundfunk. Informationsgespräch am 29. September 2006.

Hermes, Sandra (2006): Qualitätsmanagement in Nachrichtenredaktionen. Köln: Halem.

Hess, Stephan (1981): The Washington Reporters. Washington: Brooking Inst.

Hetkämper, Robert (2006): Leiter des ARD-Studios Singapur. Telefonische Information am 20. September 2006.

Heussen, Michael (2006): ARD-Korrespondent in New York. Informationsgespräch am 30. Juni 2006.

Hienzsch, Ulrich (1990): Journalismus als Restgröße. Redaktionelle Rationalisierung und publizistischer Leistungsverlust. Wiesbaden: Deutscher Universitäts-Verlag.

Hoffmann-Riem, Wolfgang (1979): Innere Pressefreiheit als politische Aufgabe. Über die Bedingungen und Möglichkeiten arbeitsteiliger Aufgabenwahrnehmung in der Presse. München: Luchterhand.

Hoffmann-Riem, Wolfgang (2006): Rundfunk als Public Service. Zur Vergangenheit, Gegenwart und Zukunft des öffentlich-rechtlichen Rundfunks. In: ARD-Jahrbuch 2006, 38. Jahrgang, 15-24.

Horn, Helge von (2004): Das „Versagen" der internationalen Staatengemeinschaft. Zum 10. Jahrestag des Beginns des Völkermordes in Ruanda. In: AG Friedensforschung der Uni Kassel, www.uni-kassel.de/fb5/frieden/regionen/Ruanda/10jahre.html.

Huber, Joachim (2001): Breaking News. Die Medien reagieren auf den Terroranschlag mit Sonderprogrammen und Extrablättern. In: Der Tagesspiegel, 12.09.2001, SFB-Pressedokumentation Seite 1.

Hummelmeier, Andreas (2006): Chef vom Dienst bei ARD-aktuell/Tagesschau. Diverse persönliche Informationsgespräche.

Ickstadt, Markus (2006): Head of Sales bei APTN in London. Informationsgespräch am 13. November 2006.

IFEM (Hrsg.) (2006): „Info Monitor Jahresbilanz 2005". Institut für empirische Medienforschung, Köln. Abrufbar unter www.politikerscreen.de/infomonitor.

IFEM (Hrsg.) (2007): „Info Monitor Dezember 2006". Institut für empirische Medienforschung, Köln. Veröffentlicht im Januar 2007. Abrufbar unter www.politikerscreen.de/infomonitor.

Imhoff, Kurt/Eisenegger, Mark (1999): Politische Öffentlichkeit als Inszenierung. Resonanz von „Events" in den Medien. In: Szyszka, Peter (Hrsg.): Öffentlichkeit. Opladen: Westdeutscher Verlag, 185-218.

Imhoff, Kurt (2006): Mediengesellschaft und Medialisierung. In: Medien & Kommunikationswissenschaft Nr. 54, 2006/2, 191-215.

Jacobs, Olav (2001): „Absturz" – Meldung in der „Tagesschau um drei" am 11.09.2001.

Jacobs, Olav (2002): „Erfurt" – Meldung in der „Tagesschau um drei" am 26.04.2002.

Jacobs, Olav (2006): Redakteur bei ARD-aktuell. Informationsgespräch am 31.07.2006.

Jaedicke, Horst (2002): Tatort Tagesschau. Eine Institution wird 50. München: Allitera.

Jakobs, Carmen (2006): Planungsredakteurin bei ARD-aktuell. Informationsgespräch am 18.09.2006.

Jakobs, Hans-Jürgen (2006): Du auch! Der Internetnutzer als „Mensch des Jahres" – wenn der traditionelle Zeitungsjournalismus durch die Nähe zum Netz besser wird. In: Süddeutsche Zeitung Nr. 291 v. 18.12.2006, 23.

Janßen, Gerd (2006): Gruppenleiter des ARD-Leitungsbüros in Hamburg. Informationsgespräch am 26.06.2006.

Jones, Robert L./Troldahl, Verling C./Hvistendahl, J. K. (1961): News selection patterns from a state TTS-wire. In: Journalism Quarterly Nr.38, 303-312

Judd, Robert P. (1961): The newspaper reporter in a suburban city. In: Journalism Quarterly Nr. 38, 35-42.

Junghanns, Kathrin/Hanitzsch, Thomas (2006): Deutsche Auslandskorrespondenten im Profil. In: Medien & Kommunikationswissenschaft, 54/3, 412-429.

Jürgs, Michael (2006): „Im Brennpunkt". Eine verpatzte Premiere mit zu späten Tagesthemen. In: Süddeutsche Zeitung, Nr. 3, 31.

Kaase, Max/Schulz, Winfried (Hrsg.) (1989): Massenkommunikation. Theorien, Methoden, Befunde. Opladen: Westdeutscher Verlag.

Kalisch, Oliver/Wilke, Jürgen (1993): Nachrichtenfilmagenturen: Reuters Television und Worldwide Television News Corporation. In: Wilke, Jürgen (Hrsg.): Agenturen im Nachrichtenmarkt. Köln/Weimar/Wien: Böhlau, 243-281.

Kamps, Klaus/Meckel, Miriam (Hrsg.) (1998): Fernsehnachrichten. Opladen/ Wiesbaden: Westdeutscher Verlag.

Kamps, Klaus/Nieland, Jörg-Uwe (Hrsg.) (2006): Regieren und Kommunikation. Meinungsbildung, Entscheidungsfindung und gouvernementales Kommunikationsmanagement – Trends, Vergleiche, Perspektiven. Köln: Halem.

Kamps, Klaus (2006): Regierung, Partei, Medien. Meinungsfindung in der „Mediengesellschaft". In: Kamps, Klaus/Nieland, Jörg-Uwe (Hrsg.): Regieren und Kommunikation. Köln: Halem, 110-138.

Kant, Immanuel (1992): Kritik der reinen Vernunft. Herausgegeben von Wilhelm Weischedel. Frankfurt: Suhrkamp, Bd. III und IV.

Kellermann, Georg (2006): Korrespondent im ARD-Büro Paris. Informationsgespräch am 09. August 2006.

Kepplinger, Hans Mathias (1979): Angepaßte Außenseiter. Was Journalisten denken und wie sie arbeiten. Freiburg/München: Alber.

Kepplinger, Hans Mathias/Gotto, Klaus/Brosius, Hans-Bernd/Haak, Dietmar (1989): Der Einfluß der Fernsehnachrichten auf die politische Meinungsbildung. Freiburg/München: Alber.

Kepplinger, Hans Mathias (1990): Realität, Realitätsdarstellung und Medienwirkung. In: Wilke, Jürgen (Hrsg.): Fortschritte der Publizistikwissenschaft. Freiburg/München: Alber, 39-67.

Kepplinger, Hans Mathias/Köcher, Renate (1990a): Professionalism in the Media World? In: European Journal of Communication, Nr. 5, 285-311.

Kepplinger, Hans Mathias (1992): Ereignismanagement. Wirklichkeit und Massenmedien. Osnabrück: Fromm.

Kepplinger, Hans Mathias (1993): Erkenntnistheorie und Forschungspraxis des Konstruktivismus. In: Bentele, Günter/Rühl, Manfred (Hrsg.): Theorien öffentlicher Kommunikation. München: Ölschläger, 118-125.

Kepplinger, Hans Mathias/Brosius, Hans-Bernd/Dahlem, Stefan (1994): Wie das Fernsehen Wahlen beeinflusst. Theoretische Modelle und empirische Analysen. München: Verlag Reinhard Fischer.

Kepplinger, Hans Mathias/Habermeier, Johanna (1995): The Impact of Key Events on the Presentation or Realtiy. In: European Journal of Communication Vol. 10 (1995) Nr.3, 371-390.

Kepplinger, Hans Mathias (1998): Die Demontage der Politik in der Informationsgesellschaft. München: Alber.

Kepplinger, Hans Mathias (1999): Medien – Objekte der Begierde. In: Rolke, Lothar/Wolff, Volker (Hrsg.): Wie die Medien die Wirklichkeit steuern und selber gesteuert werden. Opladen/Wiesbaden: Westdeutscher Verlag, 127-140.

Kepplinger, Hans Mathias (2000): Problemdimensionen des Journalismus. Wechselwirkung von Theorie und Empirie. In: Löffelholz, Martin (Hrsg.): Theorien des Journalismus. Ein diskursives Handbuch (2. Auflage). Wiesbaden: Verlag für Sozialwissenschaften, 87-105.

Kepplinger, Hans Mathias/Rouwen, Bastian (2000a): Der prognostische Gehalt der Nachrichtenwert-Theorie. In: Publizistik 45/4, 462-475.

Kepplinger, Hans Mathias (2001): Der Ereignisbegriff in der Publizistikwissenschaft. In: Publizistik 46/2, 117-139

Kepplinger, Hans Mathias (2004): Problemdimensionen des Journalismus. Wechselwirkung von Theorie und Empirie. In: Löffelholz, Martin (Hrsg.): Theorien des Journalismus. Wiesbaden: Verlag für Sozialwissenschaften, 87-105.

Kepplinger, Hans Mathias (2005): Die Mechanismen der Skandalisierung: Die Macht der Medien und die Möglichkeiten der Betroffenen. München: Olzog.

Kerrick, Jean S./Anderson, Thomas E./Swales, Luita B. (1964): Balance and The Writer's Attitude in News Stories and Editorials. In: Journalism Quarterly 41, 207-215

Kieser, Alfred/Walgenbach, Peter (2003): Organisation. 4. überarbeitete und erweiterte Auflage. Stuttgart: Schäffer-Poeschel.

Kläsgen, Michael (2006): Frankreichs Werte. Der Infokanal France 24 startet. In: Süddeutsche Zeitung Nr. 282 v. 07.12.2006, 15.

Klawitter, Nils (2006): Gesteuerte Flut. PR-Strategen und Journalisten kommen sich immer näher. In: SPIEGEL Nr. 40 v. 02.10.2006, 98-99.

Kleber, Klaus (2006): Ehemaliger Washington-Korrespondent der ARD. Informationsgespräch am 03. August 2006.

Klemm, Wulfdieter (2006): Freier Senderegisseur bei ARD-aktuell. Informationsgespräch am 10. Juni 2006.

Klemm, Wulfdieter (2007): Freier Senderegisseur bei ARD-aktuell. Informationsgespräch am 16. Januar 2007.

Klimsa, Paul (2003): Digitale Medien. Neue Qualifikation für neue Berufe? In: Löffelholz, Martin/Quandt, Thorsten (Hrsg.): Die neue Kommunikationswissenschaft. Wiesbaden: Westdeutscher Verlag, 321-334.

Klimsa, Paul/Torsten Konnopasch (2004): Der Einfluss von XML auf die Redaktionsarbeit von Tageszeitungen. In: Diskussionsbeitrag des Instituts für Medien- und Kommunikationswissenschaft der TU Ilmenau. Nr. 14, Oktober 2004.

Klimsa, Paul (2005): Die Technik und Ästhetik des Films. In: Krömker, Heidi/Klimsa, Paul (Hrsg.): Handbuch Medienproduktion. Wiesbaden: Verlag für Sozialwissenschaften, 65-72.

Klimsa, Paul (2006): Produktionssteuerung – Grundlagen der Medienproduktion. In: Scholz, Christian (Hrsg.): Handbuch Medienmanagement. Berlin/Heidelberg: Springer, 601-617.

Klimsa, Paul/Schneider, Anja (2006): State of the Art des Interaktiven TV in Deutschland. Die Sicht der Experten. Ergebnisse einer explorativen Studie. In: Diskussionsbeitrag des Instituts für Medien- und Kommunikationswissenschaft der TU Ilmenau. Nr. 27, Dezember 2006.

Klose, Vera (2006): Planungsredakteurin bei ARD-aktuell. Informationsgespräch am 20.09.2006.

Klug, Richard (2006): Leiter des ARD-Auslandsstudios Johannesburg. Telefonisches Informationsgespräch am 19. Januar 2006.

Knauth, Gerd (2006): Ehemaliger Betriebsingenieur der Erdfunkstelle Raisting. Informationsgespräch am 29. Mai 2006.

Kocks, Klaus (1998): Schöne Neue Medienwelt und hässliche alte Regeln – Plädoyer gegen die Deregulierung der Publizistik. Vortrag vor dem Journalisten-Verband Berlin am 25.05.1998. Manuskript.

Kohler, Friedemann (2004): Orange Revolution. Angst im Apparat. In: www.stern.de, 29.11.2004.

Kohring, Matthias (1997): Die Funktion des Wissenschaftsjournalismus. Ein systemtheoretischer Entwurf. Opladen: Westdeutscher Verlag.

Kohring, Matthias (2004): Journalismus als soziales System. Grundlagen einer Systemtheoretischen Journalismustheorie. In: Löffelholz, Martin (Hrsg.): Theorien des Journalismus. Ein diskursives Handbuch (2. Auflage). Wiesbaden: Verlag für Sozialwissenschaften, 185-200.

Kohring, Matthias (2005): Wissenschaftsjournalismus. Forschungsüberblick und Theorieentwurf. Konstanz: UVK.

Kostorz, Gabi (2006): Stellvertretende Leiterin der Zulieferredaktion ARD-aktuell beim NDR in Hamburg. Informationsgespräch am 23. Oktober 2006.

Krämer, Sybille (Hrsg.) (1998): Medien Computer Realität. Wirklichkeitsvorstellungen und Neue Medien. Frankfurt a. Main: Suhrkamp.

Krämer, Sybille (1998a): Was haben Medien, der Computer und die Realität miteinander zu tun? In: Krämer, Sybille (Hrsg.): Medien Computer Realität. Frankfurt a. Main: Suhrkamp, 9-26.

Krasser, Senta/Tieschky, Claudia (2006): „Alles auf Tom-Time". Interview mit dem neuen Tagesthemen-Moderator Tom Buhrow. In: Süddeutsche Zeitung v. 29.08.2006, Nr. 198, 15.

Krasser, Senta (2006): „Wir müssen die Juwelen finden". CNN-Chef Chris Cramer über das Geschäft mit TV-News. In: Medium Magazin 12/2006, 74-75.

Krause, Rolf-Dieter (2006): Leiter des ARD-Büros Brüssel. Informationsgespräch am 21. November 2006.

Kreutzer, Hans Joachim (1971): Nachwort. In: Prutz, Robert E. (1845/1971): Geschichte des deutschen Journalismus. Göttingen: Vandenhoeck&Ruprecht.

Kreutzmann, Thomas (2006): Redakteur im ARD-Hauptstadtstudio Berlin. Informationsgespräch am 12. Juli 2006.

Kreye, Andrian (2007): Digitale Häme. Handyvideos schaffen die totale Kontrolle von unten. In: Süddeutsche Zeitung Nr. 2 v. 03.01.2007, 11.

Krömker, Heidi/Klimsa, Paul (Hrsg.) (2005): Handbuch Medienproduktion. Produktion von Film, Fernsehen, Hörfunk, Print, Internet, Mobilfunk und Musik. Wiesbaden: Verlag für Sozialwissenschaften.

Kunczik, Michael (1984): Kommunikation und Gesellschaft. Theorien zur Massenkommunikation. Köln/Wien: Böhlau.

Kurp, Matthias (2004): Zwanzig Jahre kommerzielles Free-TV. Artikel v. 02.01.2004. In: www.medienmaerkte.de.

Lamnek, Siegfried (2005): Qualitative Sozialforschung. Lehrbuch. 4. Aufl., Weinheim/Basel: Beltz.

Lange, Edith (2006): Korrespondentin im ARD-Studio Madrid. Informationsgespräch am 20. Januar 2006.

Launer, Ekkehard (2006): Abwesenheitsvertreter und Chef von Dienst der Tagesschau, zuständig für den Bereich „Film". Informationsgespräch am 27. Oktober 2006.

Lautenbach, Robin (2006): Leiter des ARD-Büros Warschau. Informationsgespräch am 28. September 2006.

Lazarsfeld, Paul F./Berelson, Bernard/Gaudet, Hazel (1944/1968): The People's Choice. How the voter makes up his mind in a presidential campign. Duell, Sloan and Pearce. New York: Columbia University Press.

Leclercq, Patrick (2006): Leiter des ARD-Büros Kairo. Informationsgespräch am 17. Februar 2006.

Lehmann, Frank (2006): Leiter der ARD-Börsenredaktion, Frankfurt am Main. Informationsgespräch am 13. März 2006.

Lembeck, Jürgen (2006): Chef vom Dienst und Abwesenheitsvertreter bei ARD-aktuell. Diverse Informationsgespräche.

Lerc, Roland (2006): Telstar. In: www.roland.lerc.nasa.gov, 29. Mai 2006, 1-4.

Lewin, Kurt (1943): Forces behind food habits and methods of chance. In: Bulletin of the National Research Council 1943, Nr.108, 35-65.

Lewin, Kurt (1947a): Frontiers in group dynamics. Concept, method and reality in social science; social equilibria and social change. In: Human Relations 1, 5-41.

Lewin, Kurt (1947b): Frontiers in group dynamics. II. Channels of group life; social planning and action research. In: Human Relations 1, 143-153.

Lewin, Kurt (1951): Field theory in social science. Selected theoretical papers. New York: Harper.

Leyendecker, Hans (2006): Bonsoir, Monsieur Wickert. In: Park Avenue Nr. 1, 2006, 44.

Lielischkies, Udo (2006): Ehemaliger ARD-Korrespondent in Moskau. Informationsgespräch am 22. August 2006.

Lippmann, Walter (1922): Public Opinion. New York

Lippmann, Walter (1990): „Die" öffentliche Meinung: Reprint des Publizistik-Klassikers. Bochum: Universitätsverlag Dr. Brockmeyer.

Löffelholz, Martin (2001): Von Weber zum Web. Journalismusforschung im 21. Jahrhundert: theoretische Konzepte und empirische Befunde im systematischen Überblick. Ilmenau: Institut für Medien und Kommunikationswissenschaft der TU Ilmenau.

Löffelholz, Martin/Quandt, Thorsten (Hrsg.) (2003): Die neue Kommunikationswissenschaft. Theorien, Themen und Berufsfelder im Internet-Zeitalter. Wiesbaden: Westdeutscher Verlag.

Löffelholz, Martin (Hrsg.) (2004): Theorien des Journalismus. Ein diskursives Handbuch (2. aktualisierte, überarbeitete und erweiterte Auflage). Wiesbaden: Verlag für Sozialwissenschaften.

Löffelholz, Martin (2004): Theorien des Journalismus. Eine historische, metatheoretische und synoptische Einführung. In: Löffelholz, Martin (Hrsg.): Theorien des Journalismus. Ein diskursives Handbuch. Wiesbaden: Verlag für Sozialwissenschaften, 17-63.

Löffelholz, Martin (2004a): Ein privilegiertes Verhältnis. Theorien zur Analyse der Inter-Relationen von Journalismus und Öffentlichkeit. In: Löffelholz, Martin (Hrsg.): Theorien des Journalismus. Ein diskursives Handbuch. Wiesbaden: Verlag für Sozialwissenschaften, 471-485.

Lohse, Eckart (2001): Schröder verliert zwei weitere Minister. Nicht nur die Fallstricke der BSE-Krise. In: Frankfurter Allgemeine Zeitung, Nr. 8, 3.

Longin, Christine/Wilke, Jürgen (1993): Nachrichtenagenturen in der Dritten Welt: Beispiel Lateinamerika/Mexiko. In: Wilke, Jürgen (Hrsg.): Agenturen im Nachrichtenmarkt. Köln/Weimar/Wien: Böhlau, 283-309.

Lorenzen, Torben (2006): Planungsredakteur bei ARD-aktuell. Informationsgespräch am 24. August 2006.

Ludes, Peter/Schumacher, Heidemarie/Zimmermann, Peter (Hrsg.) (1994): Informations- und Dokumentarsendungen. Geschichte des Fernsehens in der Bundesrepublik Deutschland. Bd. 3. München: Fink.

Ludes, Peter (1994): Vom neuen Stichwortgeber zum überforderten Welterklärer und Synchron-Regisseur: Nachrichtensendungen. In: Ludes, Peter et al. (Hrsg.): Informations- und Dokumentarsendungen. Geschichte des Fernsehens in der Bundesrepublik Deutschland. Bd. 3. München: Fink, 17-90.

Ludes, Peter/Schanze, Helmut (Hrsg.) (1999): Medienwissenschaften und Medienbewertung. Opladen: Westdeutscher Verlag.

Lugert, Alfred C. (1974): Auslandskorrespondenten im internationalen Kommunikationssystem. Eine Kommunikator-Studie. Pullach bei München: Verlag Dokumentation.

Luhmann, Niklas (1964/1999): Funktionen und Folgen formaler Organisation. 5. Auflage. Berlin: Duncker & Humblot.

Luhmann, Niklas (1975): Veränderungen im System gesellschaftlicher Kommunikation und die Massenmedien. In: Schatz, Oskar (Hrsg.): Die elektronische Revolution. Wie gefährlich sind die Massenmedien? Graz: Styria, 13-30.

Luhmann, Niklas (1986): Einführende Bemerkungen zu einer Theorie symbolisch generalisierter Kommunikationsmedien. In: Luhmann, Niklas (Hrsg.): Soziologische Aufklärung 2. Aufsätze zur Theorie der Gesellschaft (3. Auflage). Opladen: Westdeutscher Verlag, 170-192.

Luhmann, Niklas (1987): Soziale Systeme. Grundriß einer allgemeinen Theorie. Frankfurt a.M.: Suhrkamp.

Luhmann, Niklas (1991): Veränderungen im System gesellschaftlicher Kommunikation und die Massenmedien. In: Luhmann, Niklas (Hrsg.): Soziologische Aufklärung 3. Soziales System, Gesellschaft, Organisation (2. Auflage). Opladen: Westdeutscher Verlag, 309-320.

Luhmann, Niklas (1996): Die Realität der Massenmedien (2., erw. Auflage). Opladen: Westdeutscher Verlag.

Luhmann, Niklas (1998): Die Gesellschaft der Gesellschaft. Frankfurt: Suhrkamp. Bd. I u. II.

Luhmann, Niklas (2000): Organisation und Entscheidung. Opladen: Westdeutscher Verlag.

Madoeuf, Franck/Beaujouin, Dominique (2006): AZF: Grande Paroisse (Total) Mise en examen, „premier pas" pour les victims. In: AFP v. 31. Mai 2006.

Maier, Michaela/Ruhrmann, Georg/Klietsch, Kathrin (2006): Der Wert von Nachrichten im deutschen Fernsehen. Ergebnisse einer Inhaltsanalyse 1992-2004. Köln: Landesanstalt für Medien Nordrhein-Westfalen. Nur abrufbar als Download über www.lfm-nrw.de.

Mandlik, Michael (2006): Ehemaliger Leiter des ARD-Büros Rom und Vatikanischer Sonderkorrespondent. Informationsgespräch am 07. August 2006.

Manz, Klaus/Albrecht, Bernd/Müller, Frank (1994): Organisationstheorie. Kompaktstudium Wirtschaftswissenschaften, Bd. 9, München: Vahlen.

Marcinkowski, Frank (1993): Publizistik als autopoietisches System. Politik und Massenmedien. Eine systemtheoretische Analyse. Opladen: Westdeutscher Verlag.

Marcinkowski, Frank/Bruns, Thomas (2004): Autopoiesis und strukturelle Kopplung. Theorien zur Analyse der Beziehungen zum Journalismus. In: Löffelholz, Martin (Hrsg.): Theorie des Journalismus. Ein diskursives Handbuch (2. Auflage). Wiesbaden: Verlag für Sozialwissenschaften, 487-501.

Marten, Eckhard (1987): Zwischen Skepsis und Bewunderung. Zum Tätigkeitsprofil, Selbstverständnis und Deutschlandbild amerikanischer Auslandskorrespondenten in der Bundesrepublik Deutschland. In: Publizistik 32/1, 23-33.

Maturana, Humberto R. (1982): Erkennen: Die Organisation und Verkörperung von Wirklichkeit. Braunschweig/Wiesbaden: Vieweg.

Maturana, Humberto R. (1987): Biologie der Sozialität. In: Schmidt, Siegfried J. (Hrsg.): Der Diskurs des Radikalen Konstruktivismus. Frankfurt a. Main: Suhrkamp, 287-302.

Maurer Queipo, Isabel/Rissler-Pipka, Nanette (Hrsg.) (2005): Spanungswechsel. Mediale Zäsuren zwischen den Medienumbrüchen 1900/2000. Bielefeld: transcript.

Mayntz, Renate (1968): Soziologie der Organisation. In: Rowohlts Deutsche Enzyklopädie, Bd. 166. Reinbek: Rowohlt.

McCracken, Thomas O. (Hrsg.) (2000): Der 3 D Anatomie Atlas. Augsburg: Weltbild.

McNelly, John T. (1959): Intermediary communicators in the international flow of news. In: Journalism Quarterly, 36, 23-26.

Meier, Christiane (2006): Leiterin des ARD-Büros Washington. Informationsgespräch am 24. Oktober 2006.

Meier, Chrstiane (2006a): Leiterin des ARD-Büros Washington. Informationsgespräch am 12. Dezember 2006.

Meier, Klaus (2002): Ressort, Sparte, Team. Wahrnehmungsstrukturen und Redaktionsorganisation im Zeitungsjournalismus. Konstanz: UVK.

Merten, Klaus (1977): Kommunikation. Opladen: Westdeutscher Verlag

Merten, Klaus/Teipen, Petra (1991): Empirische Kommunikationsforschung. Darstellung, Kritik, Evaluation. München.

Merten, Klaus (2005): Konstruktivistischer Ansatz. In: Bentele, Günter/Fröhlich, Romy/Szyszka, Peter (Hrsg.): Handbuch der Public Relations. Wissenschaftliche Grundlagen und berufliches Handeln. Wiesbaden: Verlag für Sozialwissenschaften, 136-146.

Mertes, Andrea (2006): Jetzt gilt „Online first". Für die „Welt"-Gruppe in Berlin wurde der größte integrierte Newsroom Deutschlands geschaffen. Wie funktioniert das Modell? In: Medium Magazin 12/2006, 46-49.

Mertz, Rüdiger (2006): Leiter der Zulieferredaktion ARD-aktuell beim SWR in Stuttgart. Informationsgespräch am 20. Oktober 2006.

Merz, Charles (1925): What makes a first-page story? A theory based on the ten big news stories of 1925. In: New Republic (30.Dezember 1925), 156-158.

Metze, Klaus-Rüdiger (2006): Leiter des ARD-Büros Prag. Informationsgespräch am 16. Februar 2006.

Mezger, Peter (2006): ARD-Korrespondent in Teheran. Informationsgespräch am 29. August 2006.

Mintzberg, Henry (1991): Mintzberg über Management. Wiesbaden: Gabler.

Miroschnikoff, Peter (2006): Ehemaliger Leiter des ARD-Büros Wien. Informationsgespräch am 29. Juni 2006.

Möller, Karl-Dieter (2006): Leiter der ARD-Rechtsredaktion beim SWR Karlsruhe. Informationsgespräch am 29. August 2006.

Müller-Jentsch, Walther (2003): Organisationssoziologie. Eine Einführung. Frankfurt a. Main: Campus.

Müller von Blumencron, Mathias (2006): Nicht bleibt wie es ist. Stichwort: Internet. In: Medium Magazin 12/2006, 12-14.

Myers, David G. (2005): Psychologie. Heidelberg: Springer Medizin Verlag.

Nassehi, Armin (2003): Die Differenz der Kommunikation und die Kommunikation der Differenz. Über die kommunikationstheoretischen Grundlagen von Luhmanns Gesellschaftstheorie. In: Giegel, Hans Joachim/Schimank, Uwe (Hrsg.): Beobachter der Moderne. Frankfurt: Suhrkamp, 21-41.

NDR (Hrsg.) (2005): NDR-Staatsvertrag. Stand 08/2005.

NDR (Hrsg.) (2005a): Staatsvertrag über den Norddeutschen Rundfunk (NDR). Fassung v. 04/1992. In: Handbuch Organisation A 1, 1-28.

NDR (Hrsg.) (2005b): Verwaltungsvereinbarung der Landesrundfunkanstalten über die Zusammenarbeit auf dem Gebiet des Fernsehens (ARD-Fernsehvertrag), Fassung v. 25.06.1996. In: Handbuch Organisation C 1.1., 1-4.

NDR (Hrsg.) (2005c): Verwaltungsvereinbarung ARD-aktuell, Fassung v. 13./14.09.2004. In: Handbuch Organisation C 1.5, 1-5.

NDR (Hrsg.) (2005d): Verwaltungsvereinbarung ARD-Hauptstadtstudio Berlin. Fassung v. 01.04.2003. In: Handbuch Organisation C 1.12, 1-6.

Neu, Gerd-Rainer (2006): Ressortleiter Politik international bei der Deutschen Presseagentur dpa. Telefonisches Informationsgespräch am 15.09.2006.

Neuberger, Christoph (2004): Journalismus als systembezogene Akteurkonstellation. Grundlagen einer integrativen Journalismustheorie. In: Löffelholz, Martin (Hrsg.): Theorien des Journalismus. Ein diskursives Handbuch (2. Auflage). Wiesbaden: Verlag für Sozialwissenschaften, 287-303.

Neue Züricher Zeitung (1997): Neue Variante der Creutzfeldt-Jakob-Krankheit. In: NZZ, Nr. 245.

Neumann, Holger (2006): Zuständiger Redakteur für die Zulieferung ARD-aktuell beim NDR in Schwerin. Informationsgespräch am 21. November 2006.

Newcomb, Theodore M. (1953): An approach to the study of communicative acts. In: Psychological Review, 60, 393-404.

Niesert, Julia (2006): ARD Hauptstadtstudio. Werbefaltblatt.

Nisbett, Richard E. (1980): Human inference: strategies and shortcomings of social judgment. Englewood Cliffs, New York: Prentice-Hall.

Noelle-Neumann, Elisabeth (1980): Wahlentscheidung in der Fernsehdemokratie. Freiburg/Würzburg: Ploetz.

Noelle-Neumann, Elisabeth (1980 a): Die Schweigespriale. Öffentliche Meinung, unsere soziale Haut. München: Piper.

Noelle-Neumann, Elisabeth (1980 b): Viele Abzeichen machen eine Meinung. Wie Wahlsiege entstehen – eine Theorie der öffentlichen Meinung. In: Rheinischer Merkur, Nr. 8, Seite 3.

Noyes, Newbold (1971): Extract from speech to the American Society of Newspaper Editors, Washington D.C., 14.04.1971.

Nuhn, Jochen (2006): Leiter des ARD-Büros Genf. Informationsgespräch am 26. September 2006.

Ohlendorf, Wolfgang (2006): Chef vom Dienst bei der BR-Zulieferredaktion. Informationsgespräch am 29. September 2006.

Onmeda (Hrsg.) (2006): Traberkrankheit (Scrapie). In: Onmeda: Medizin und Gesundheit, www.onmeda.de, 05. März 2006, 1.

Ordloff, Martin (2005): Fernsehjournalismus. Praktischer Journalismus. Band 62. Konstanz: UVK-Verlagsgesellschaft.

Ortmann, Günther/Sydow, Jörg/Windeler, Arnold (1997): Organisation als reflexive Strukturation. In: Ortmann, Günther/Sydow, Jörg/Türk, Klaus (Hrsg.): Theorien der Organisation. Die Rückkehr der Gesellschaft. Opladen: Westdeutscher Verlag, 315-354.

Östgaard, Einar (1965): Factors influencing the flow of news. In: Journal of peace research, Vol. 2, 39-63.

Peterson, Sophia (1979): Foreign news gatekeepers and criteria of newsworthiness. In: Journalism Quarterly, Nr. 56, 116-125.

Pörksen, Bernhard (2000): Journalismus als Wirklichkeitskonstruktion. Grundlagen einer konstruktivistischen Journalismustheorie. In: Löffelholz, Martin (Hrsg.): Theorien des Journalismus. Ein diskursives Handbuch (2. Auflage). Wiesbaden: Verlag für Sozialwissenschaften, 335-347.

Pöttker, Horst (1999): „Initiative Nachrichtenaufklärung: Zwölf Thesen über das öffentliche (Ver-)Schweigen". In: Ludes, Peter/Schanze, Helmut (Hrsg.): Medienwissenschaften und Medienbewertung. Opladen: Westdeutscher Verlag, 161-170.

Prutz, Robert E. (1845/1971): Geschichte des deutschen Journalismus. Faksimiledruck nach der 1. Auflage von 1845. Göttingen: Vandenhoeck&Ruprecht.

Pürer, Heinz (2003): Publizistik und Kommunikationswissenschaft. Ein Handbuch. Konstanz: UKV Verlagsgesellschaft.

Quandt, Thorsten (2005): Journalisten im Netz. Eine Untersuchung journalistischen Handelns in Online-Redaktionen. Wiesbaden: Verlag für Sozialwissenschaften.

Raabe, Johannes (2000): Theoriebildung und empirische Analyse. Überlegungen zu einer hinreichend theorieoffenen, empirischen Journalismusforschung. In: Löffelholz, Martin (Hrsg.): Theorie des Journalismus. Ein diskursives Handbuch (2. Auflage). Wiesbaden: Verlag für Sozialwissenschaften, 107-127.

Raabe, Johannes (2003): Die Soziologie Pierre Bourdieus und die Journalismusforschung. Auftakt oder Abgesang. In: Publizistik, 48 (4), 470-474.

Raabe, Johannes (2004): Journalismus und seine Akteure. Empirische Journalismusforschung jenseits des Personen- und Systemparadigmas. Opladen: Verlag für Sozialwissenschaften.

Radunski, Peter (1980): Wahlkämpfe. Moderne Wahlkampfführung als politische Kommunikation. München: Olzog.

Raupp, Juliana (2005): Determinationsthese. In: Bentele, Günter et al. (Hrsg.) (2005): Handbuch der Public Relations. Wiesbaden: Verlag für Sozialwissenschaften, 192-208.

Reifenberg, Sabine (2006): Ehemalige Leiterin des ARD-Büros London. Informationsgespräch am 09. August 2006.

Reim, Dagmar/Herres, Volker/Spitra, Helfried/Felgenträger, Ingrid (2006): Neue Farben im Bouquet. EinsExtra, EinsFestival und EinsPlus mit neuen Programmprofilen. In: ARD-Jahrbuch 2006, 38. Jahrgang, 63-69.

Reimers, Ariane (2006): Freie Korrespondentin im ARD-Büro Singapur. Informationsgespräch am 25. Oktober 2006.

Reinhardt, Albrecht (2006): Leiter des ARD-Büros Moskau. Informationsgespräch am 12. April 2006.

Reker, Judith/Monath, Hans/Vornbäumen, Axel (2006): Deutungskämpfe nach dem Gefecht. In: Tagesspiegel Nr. 19290 v. 24.08.2006, 3.

Reuters (Hrsg.) (2006): Mindestens elf Tote bei Grubenunglück in der Ukraine. Meldung v. 20.09.2006, 10 Uhr 17.

Richter, Nicolas (2006): Kleine Hoffnung für den Sudan. Es ist höchste Zeit für einen UN-Einsatz im Konfliktgebiet – die Gefahren sind allerdings gewaltig. In: Süddeutsche Zeitung v. 02./03.09.2006, Nr. 202, 4.

Riepe, Manfred/Niederstadt, Jenny (2001): Fernsehen an der Kapazitätsgrenze.Wie die Sender auf die Terroranschläge reagieren: Reflexion nur zum Preis, nicht mehr aktuell zu sein. In: Frankfurter Rundschau Nr. 213, 13.09.2001, 23.

Robinson, Gertrude Joch (1973): 25 Jahre „Gatekeeper"-Forschung. Eine kritische Rückschau und Bewertung. In: Aufermann, Jörg/Bohrmann, Hans/Sülzer, Rolf (Hrsg.): Gesellschaftliche Kommunikation und Information. Forschungsrichtungen und Problemstellungen. Ein Arbeitsbuch zur Massenkommunikation, Bd. 1. Frankfurt a.Main: Athenäum, 344-355.

Rocker, Stefan (2006): Leiter des ARD-Büros in New Mexiko. Informationsgespräch am 20. Oktober 2006.

Rolisat (Hrsg.) (2006): Satelliten – unsere Freunde im All. In: www.rolisat.de, 1-2.

Rolke, Lothar/Wolff, Volker (Hrsg.) (1999): Wie die Medien die Wirklichkeit steuern und selber gesteuert werden. Opladen/Wiesbaden: Westdeutscher Verlag.

Ronneberger, Franz (Hrsg.) (1971): Sozialisation durch Massenkommunikation. Der Mensch als soziales und personales Wesen. Bd. IV. Stuttgart: Enke.

Rössler, Patrick (2005): Themen der Öffentlichkeit und Issues Management. In: Bentele, Günter et al. (Hrsg.): Handbuch der Public Relations. Wiesbaden: Verlag für Sozialwissenschaften, 361-376.

Roth, Gerhard (1987): Erkenntnis und Realität: Das reale Gehirn und seine Wirklichkeit. In: Schmidt, Siegfried J. (Hrsg.): Der Diskurs des Radikalen Konstruktivismus. Frankfurt a. Main: Suhrkamp, 229-255.

Roth, Heribert (2006): Ehemaliger New York-Korrespondent. Informationsgespräch am 03. August 2006.

Roth, Thomas (2006): Chefredakteur und Leiter des ARD-Hauptstadtstudios Berlin. Informationsgespräch am 12. Juli 2006.

Rowley, Karen M./Kurpius, David D. (2005): There's a new gatekeeper in town: How statewide public affairs television creates the potential for an altered Media model. In: Journalism & MassCommunication Quartely 82/1, 167-180.

Rühl, Manfred (1969): Die Zeitungsredaktion als organisiertes soziales System. Bielefeld: Bertelsmann Universitätsverlag.

Rühl, Manfred (1979): Die Zeitungsredaktion als organisiertes soziales System. 2. Aufl., Freiburg (Schweiz): Universitätsverlag.

Rühl, Manfred (1980): Journalismus und Gesellschaft. Bestandsaufnahme und Theorieentwurf. Mainz: von Hase & Koehler.

Rühl, Manfred (1989): Organisatorischer Journalismus. Tendenzen der Redaktionsforschung. In: Kaase, Max/Schulz, Winfried (Hrsg.): Massenkommunikation. Theorien, Methoden, Befunde. Opladen: Westdeutscher Verlag, 253-269.

Rühl, Manfred (1992): Theorie des Journalismus. In: Burkart, Roland/Hömberg, Walter (Hrsg.): Kommunikationstheorien. Ein Textbuch zur Einführung. Wien: Braunmüller, 117-133.

Rühl, Manfred (2004): Des Journalismus vergangene Zukunft. Zur Emergenz der Journalistik. In: Löffelholz, Martin (Hrsg.): Theorie des Journalismus. Ein diskursives Handbuch (2. Auflage). Wiesbaden: Verlag für Sozialwissenschaften, 69-85.

Rühl, Manfred (2005): Systemtheoretisch-gesellschaftsorientierte Ansätze. In: Bentele, Günter/Fröhlich, Romy/Szyszka, Peter (Hrsg.): Handbuch der Public Relations. Wissenschaftliche Grundlagen und berufliches Handeln. Wiesbaden: Verlag für Sozialwissenschaften, 125-135.

Rühl, Manfred (2006): Globalisierung der Kommunikationswissenschaft. Denkprämissen – Schlüsselbegriffe – Theorienarchitektur. In: Publizistik, 51/3, 349-369.

Ruhrmann, Georg/Woelke, Jens/Maier, Michaela/Diehlmann, Nicole (2003): Der Wert von Nachrichten im deutschen Fernsehen. Ein Modell zur Validierung von Nachrichtenfaktoren. Opladen: Leske & Budrich.

Ruß-Mohl, Stephan (1999): Spoonfeeding, Spinning, Whistleblowing. Beispiel USA: Wie sich die Machtbalance zwischen PR und Journalismus verschiebt. In: Rolke, Lothar/Wolff, Volker (Hrsg.): Wie die Medien die Wirklichkeit steuern und selber gesteuert werden. Opladen/Wiesbaden: Westdeutscher Verlag, 163-176.

Rychlak, Stefan (2004): Geiselnahme – Moderationstext in der „Tagesschau um zwölf" v. 01.09.2004.

Sandig, Klaus (2005): Fernsehtechnik Gestern und Heute. In: Krömker, Heidi/Klimsa, Paul (Hrsg.): Handbuch Medienproduktion. Produktion von Film, Fernsehen, Hörfunk, Print, Internet, Mobilfunk und Musik. Wiesbaden: Verlag für Sozialwissenschaften, 109-126.

Sarcinelli, Ulrich (1987): Symbolische Politik. Zur Bedeutung symbolischen Handelns in der Wahlkampfkommunikation der Bundesrepublik Deutschland.Opladen: Westdeutscher Verlag.

Sarcinelli, Ulrich (Hrsg.) (1998): Politikvermittlung und Demokratie in der Mediengesellschaft. Beiträge zur politischen Kommunikationskultur. Opladen/Wiesbaden: Westdeutscher Verlag.

Sasser, Emery L./Russell, John T. (1972): The fallacy of news judgment. In: Journalism Quarterly, Nr 49, 280-284.

Schantel, Alexandra (2000): Determination oder Intereffikation? Eine Metaanalyse der Hypothesen zur PR-Journalismus-Beziehung. In: Publizistik, 45/1, 70-88.

Scharlau, Winfried (1989): Zwischen Anpassung und Widerstand. Auslandskorrespondenten im Geflecht der Weltmedienordnung. In: Media Perspektiven 2/89, 57-61.

Schatz, Oskar (Hrsg.) (1975): Die elektronische Revolution. Wie gefährlich sind die Massenmedien? Graz: Styria.

Scheen, Thomas (2006): Das Ende des Kongo-Traums? Die Präsidentengarde Kabilas wollte offenbar mit allen Mitteln dessen Herausforderer Bemba töten. In: FAZ v. 23.08.2006, 3.

Scheen, Thomas (2006a): Afrika-Korrespondent der FAZ. Informationsgespräch am 24.11.2006.

Schenz, Viola (2006): Katastrophe Kongo. In: Süddeutsche Zeitung, Nr. 21, 39.

Schicha, Christian (2005): Umfassende Berichterstattung oder öffentliches Verschweigen? In: Medienimpulse Heft Nr. 51/März 2005, 17-24.

Schimank, Uwe (2002): Handeln und Strukturen. Einführung in die akteurtheoretische Soziologie. Weinheim/München: Juventa.

Schimank, Uwe (2003): Einleitung. In: Giegel, Hans-Joachim/Schimank, Uwe (Hrsg.): Beobachter der Moderne. Beiträge zu Niklas Luhmanns „Die Gesellschaft der Gesellschaft". Frankfurt a. Main: Suhrkamp, 7-18.

Schlesinger, Philip (1978): Putting ‚reality' together. BBC news. London: Constable.

Schmid, Michael (2003): Evolution. Bemerkungen zu einer Theorie von Niklas Luhmann. In: Giegel, Hans-Joachim/Schimank, Uwe (Hrsg.): Beobachter der Moderne. Frankfurt: Suhrkamp, 117-153.

Schmidberger, Vera (2006): Leiterin der Zulieferredaktion ARD-aktuell beim SWR Mainz. Informationsgespräch am 15. September 2006.

Schmidt, Holger (2006): Youtube ist Aufsteiger des Jahres. In: Frankfurter Allgemeine Zeitung Nr. 300 v. 27.12.2006, 17.

Schmidt, Mario (2006): Leiter des ARD-Büros Südostasien mit Sitz in Tokio. Informationsgespräch am 12. Juni 2006.

Schmidt, Siegfried J. (Hrsg.) (1987): Der Diskurs des Radikalen Konstruktivismus. Frankfurt a. Main: Suhrkamp.

Schmidt, Siegfried J. (1987a): Der Radikale Konstruktivismus: Ein neues Paradigma im interdisziplinären Diskurs. In: Schmidt, Siegfried J. (Hrsg.): Der Diskurs des Radikalen Konstruktivismus. Frankfurt a. Main: Suhrkamp.

Schmidt, Siegfried J. (1998): Medien: Die Kopplung von Kommunikation und Kognition. In: Krämer, Sybille (Hrsg.): Medien Computer Realität. Wirklichkeitsvorstellungen und Neue Medien. Frankfurt a. Main: Suhrkamp, 55-72.

Schmidt, Siegfried J. (2003): Kognitive Autonomie und soziale Orientierung. Konstruktivistische Bemerkungen zum Zusammenhang von Kognition, Kommunikation, Medien und Kultur. 3. Auflage. Münster: Lit.

Schmidt, Tino (2006): Produktionsingenieur im NDR-Hauptschaltraum. Informationsgespräch am 12. Juni 2006.

Schmitz, Ulrich (1995): Rezension: Ein sprachliches Monument in hektischer Lebenswelt: Die „Tagesschau". In: Das Wort. Germanistisches Jahrbuch. Moskau: DAAD, 63-81. Hier benutzt die Internetfassung: www.linse.uni-essen.de, 1-14.

Schneider, Richard C. (2006): Leiter des ARD-Büros Tel Aviv. Informationsgespräch am 01. Juni 2006.

Schnurr, Eva-Maria (2006): Zurück in die Zukunft. Das Institute for Interactive Journalism an der Universität von Maryland zeigt, welche Bandbreite Online-Journalismus haben kann. In: Medium Magazin 12/2006, 80-81.

Scholl, Armin/Weischenberg, Siegfried (1998): Journalismus in der Gesellschaft. Theorie, Methodologie und Empirie. Opladen: Westdeutscher Verlag.

Scholz, Christian (Hrsg.) (2006): Handbuch Medienmanagement. Berlin/Heidelberg: Springer.

Schulz, Winfried (1976): Die Konstruktion von Realität in den Nachrichtenmedien. Analyse der aktuellen Berichterstattung. Freiburg/München: Alber.

Schulz, Winfried (1994): Wird die Wahl im Fernsehen entscheiden? Der „getarnte Elefant" im Lichte der neueren Forschung. In: Media Perspektiven, Nr. 7, 318-327.

Schulz, Winfried (1998): Wahlkampf unter Vielkanalbedingungen. Kampagnenmanagement, Informationsnutzung und Wählerverhalten. In: Media Perspektiven, Nr. 8, 378-391.

Schulz, Winfried (2005): Nachrichtenanalysen und Nachrichtenwerttheorie. In: Wilke, Jürgen (Hrsg.): Die Aktualität der Anfänge. Köln: Halem, 41-61.

Schütte, Georg (Hrsg.) (1996): Fernsehnachrichtensendungen der frühen Jahre. Archive, Materialien, Analysen, Probleme, Befunden. Siegen: Arbeitshefte Bildschirmmedien Nr. 59.

Schützeichel, Rainer (2004): Soziologische Kommunikationstheorien. Konstanz: UVK.

Schwering, Uwe (2006): Leiter des ARD-Büros London. Informationsgespräch am 07. Februar 2006.

Scott, William Richard (1986): Grundlagen der Organisationstheorie. Frankfurt/Main: Campus.

Sentker, Andreas (1996): „Damit haben doch alle gerechnet". Eine neue Studie legt eine BSE-Übertragung auf den Menschen nahe. In: DIE ZEIT, Nr. 45.

Severin, Werner Joseph/Tankard, James W. jr. (1988): Communication Theories. Origins, Methods and Uses in the Mass Media, 2. Edition, New York/London: Longman.

Shoemaker, Pamela J. (1991): Gatekeeping. 1. Edition, Newbury Park/Sage Publications.

Shoemaker, Pamela J./Reese, Stefan D. (1991): Mediating the message: Theories of influences on mass media content. New York: Longman.

Shoemaker, Pamela J./Brenn, Michael/Stamper, Marjorie (2000): Fear of social isolation: Testing an assumption from the spiral of silence. In: Irish communication review, Vol. 8, 65-78.

Shoemaker, Pamela J./Eichholz, Martin/Kim, Eunyi/Wrigley, Brenda (2001): Individual and routine forces in gatekeeping. In: Journalism & MassCommunication Quarterly, 233-246.

Smith, Raymond F. (1971): U.S. News and Sino-Indian Relations: An extra media study. In: Journalism Quarterly Nr. 48, 447-458, 501.

Snider, Paul B. (1967): „Mr. Gates" Revisited: A 1966 Version of the 1949 Case Study. In: Journalism Quarterly 44, 419-427.

Snodgrass, Joan Gay/Levy-Berger Gail/Haydon Martin (1985): Human experimental psychology. New York: Oxford University Press.

Sotschek, Ralf (1998): Rinderknochen bald im Angebot. In: Tageszeitung v. 03.11.1998.

SPIEGEL (Hrsg.) (1982): Kabelfernsehen: „Volle Fahrt nach vorn". Bonn gibt den Weg frei für die Verkabelung der Republik und für private Sender. In: Spiegel Nr. 43, 38-69.

SPIEGEL (Hrsg.) (1996): Zurück an Absender. Das Importverbot für britisches Rindfleisch wird kaum zu halten sein, die Brüsseler Kommission will dagegen klagen. In: Spiegel Nr. 7, 88.

Staab, Joachim Friedrich (1990): Nachrichtenwert-Theorie. Formale Struktur und empirischer Gehalt. Freiburg/München: Alber.

Steffen, Stephanie (2006): Planungsredakteurin bei ARD-aktuell. Informationsgespräch am 14.09.2006.

Steinwärder, Philipp (1998): Die Arbeitsgemeinschaft der öffentlich-rechtlichen Rundfunkanstalten der Bundesrepublik Deutschland. Entstehung, Tätigkeitsfelder und Rechtsnatur. Eine rechtswissenschaftliche Untersuchung zur Entwicklung, den Aufgaben und der Organisation der ARD. Baden-Baden/Hamburg: Nomos.

Stille, Rainer (2006): Leiter der Zulieferung ARD-aktuell beim NDR in Kiel. Informationsgespräch am 22. November 2006.

Stockelbusch, Claus (2006): Produktionsingenieur in der Tagesschau-Aufzeichnungs-Zentrale (TAZ). Informationsgespräch am 05. Juli 2006.

Stollorz, Volker (2006): Vom Umgang mit dem Risiko. In: Frankfurter Allgemeine Sonntagszeitung v. 19.02.2006, Nr. 7, 65-66.

Straßner, Erich (1982): Fernsehnachrichten. Eine Produktions-, Produkt- und Rezeptionsanalyse. Tübingen: Niemeyer.

Strempel, Michael (2006): Korrespondent im ARD-Büro Brüssel. Informationsgespräch am 04. August 2006.

Süddeutsche Zeitung (Hrsg.) (2006): BSE – für Entwarnung noch zu früh. Forscher raten angesichts weiterer Fälle bei Kühen zur Vorsicht. In: SZ, Nr. 59, 22.

Süddeutsche Zeitung (Hrsg.) (2006a): Viel Rauch, noch mehr Feuer. In: SZ, Nr. 182, 15.

Süddeutsche Zeitung (Hrsg.) (2006b): „Gyurcsany ist das Problem". Ungarns Opposition lehnt Gespräch mit dem Premier ab. In: SZ v. 22.09.2006, Nr. 219, 7.

Süddeutsche Zeitung (Hrsg.) (2006c): Nichts verbieten. Stoiber fordert integrierte deutsche Medienunternehmen. In: SZ Nr. 270 v. 23.11.2006, 17.

Süddeutsche Zeitung (Hrsg.) (2006d): Lage im Kongo wieder ruhig. In: SZ v. 24.08.2006, 8.

Süddeutsche Zeitung (Hrsg.) (2006e): Zwei Franzosen verhaftet. Elfenbeinküste geht gegen Giftmüll-Transporteure vor. In: SZ v. 20.09.2006, Nr. 217, 9.

Svoboda, Martin S. (1953): Brief an NWDR-Intendant Werner Pleister v. 16.01.1953, 2. In: Deutsches Rundfunkarchiv Ffm. ARD-Reg. 6, 541.

Thiele, Tanja (2006): Sprecherin des Bundesministeriums für Ernährung, Landwirtschaft und Verbraucherschutz. Informationstelefonat am 09.03.2006.

Thomas, William I./Thomas, Dorothy S. (1928): The child in America. Behaviour problems and programs. New York: Knopf.

TSB-Satellite (Hrsg.) (2006): Telstar 1 – General & Technical Data. In: www.tbs-satellite.com, 1-2.

Tuchman, Gaye (1971/72): Objectivity as Strategic Ritual: An Examination of Newsmen's Notions of Objectivity. In: American Journal of Sociology, Vol. 77, 660-679.

Tuchman, Gaye (1973/74): Making News by Doing Work: Routinizing the Unexpected. In: American Journal of Sociology, Vol. 79, 110-131.

Tuchman, Gaye (1978): Making News. A Study in the Construction of Reality. New York: Free Press.

Tversky, Amos/Kahnemann, Daniel (1974): Judgment under uncertainty: heuristics and biases. In: Science Nr. 85, 1124-1131.

Uhlitzsch, Robert (2006): Leiter der Erdfunkstation Raisting v. 1963-69. Telefonisches Informationsgespräch am 29. Mai 2006.

Ulrich, Bernd (2006): Verstehen oder verachten. Selten prallten Medien und Politik so heftig aufeinander wie im vorigen Bundestagswahlkampf. In: DIE ZEIT, Nr. 5, 59.

Ulrich, Stefan (2006): Gespaltenes Italien. In: Süddeutsche Zeitung, Nr. 86, 12. April 2006.

Urbach, Matthias (1998): Pfanne frei für Briten-Beef trotz immer neuer BSE-Fälle. In: tageszeitung v. 05.11.1998.

Vahlefeld, Hans-Wilhelm (2006): Redakteur der Tagesschau ab 1955, erster offizieller ARD-Korrespondent in Tokio. Telefonisches Informationsgespräch am 06. Juni 2006.

Virnich, Birgit (2006): Waffenruhe in Kinshasa. „Tagesschau um fünf"-Beitrag v. 23.08.2006.

Virnich, Birgit (2006a): Korrespondentin im ARD-Studio Nairobi. Informationsgespräch am 28. September 2006.

Vonderwolke, Silvia (2006): Produktionsassistentin im ARD-Hauptstadtstudio Berlin. Persönliches Informationsgespräch am 12. Juli 2006.

Wabnitz, Bernhard (2006): Leiter des ARD-Studios Rom und ehemaliger Erster Chefredakteur von ARD-aktuell. Informationsgespräch am 22. Juni 2006.

Weber, Stefan (2004): Gemeinsamkeiten statt Unterschiede zwischen Journalismus und PR. In: Altmeppen, Klaus-Dieter/Röttger, Ulrike/Bentele, Günter (Hrsg.): Schwierige Verhältnisse. Interdependenzen zwischen Journalismus und PR. Wiesbaden: Verlag für Sozialwissenschaften, 53-66.

Wegener, Michael (2006): Leiter der Redaktion „Eurovision" bei ARD-aktuell in Hamburg. Informationsgespräche am 08. März 2006.

Weichert, Stephan A. (2006): Die Krise als Medienereignis. Über den 11. September im deutschen Fernsehen. Köln: Halem.

Weidrich, Dirk (2006): Redakteur bei ARD-aktuell. Informationsgespräch am 27. Juli 2006.

Weischenberg, Siegfried (1995): Konstruktivismus und Journalismusforschung. Probleme und Potentiale einer neuen Erkenntnistheorie. In: Medien Journal. Zeitschrift für Kommunikationskultur, 19 (4), 47-56.

Weischenberg, Siegfried (1998): Die Wahr-Sager: Wirklichkeiten des Nachrichtenjournalismus im Fernsehen. In: Kamps, Klaus/Meckel, Miriam (Hrsg.): Fernsehnachrichten. Prozesse, Strukturen, Funktionen. Opladen/Wiesbaden: Westdeutscher Verlag, 137-146.

Weischenberg, Siegfried (2002a): Journalistik. Theorie und Praxis aktueller Medienkommunikation. Band 1: Mediensysteme, Medienethik, Medieninstitutionen. Wiesbaden: Westdeutscher Verlag.

Weischenberg, Siegfried (2002b): Journalistik. Medienkommunikation: Theorie und Praxis. Band 2: Medientechnik, Medienfunktionen, Medienakteure. Wiesbaden: Westdeutscher Verlag.

Weischenberg, Siegfried (2004): Journalistik. Medienkommunikation: Theorie und Praxis. Band 1: Mediensysteme, Medienethik, Medieninstitutionen. 3. Auflage. Wiesbaden: Verlag für Sozialwissenschaften.

Weischenberg, Siegfried/Scholl, Armin/Malik, Maja (2006): Die Souffleure der Mediengesellschaft. Report über die Journalisten in Deutschland. Konstanz: UVK.

Welt (Hrsg.) (2006): Lage im Kongo hat sich nach Waffenstillstand beruhigt. In: Die Welt v. 24.08.2006, 6.

Wermke, Jutta (Hrsg.) (2000): Ästhetik und Ökonomie. Beiträge zur interdisziplinären Diskussion von Medien-Kultur. Wiesbaden: Westdeutscher Verlag.

Wessel, Kai (2006): Chef vom Dienst in der Planungsredaktion von ARD-aktuell. Informationsgespräch am 14. September 2006.

Westley, Bruce H./MacLean, Malcolm S. (1957): A Conceptual Model for Communication Research. In: Journalism Quarterly Nr. 34, 31-38.

White, David Manning (1950): A case study in the selection of news. In: Journalism Quarterly 27 (1950), 383-390.

Wicke, Wilfried (2005): Das Sendezentrum für Das Erste. Die Zentrale Sendeabwicklung beim ARD-Sternpunkt in Frankfurt am Main. In: ARD Jahrbuch 05, 100-103.

Wiedrich, Holm (2006): Chef vom Dienst bei ARD-aktuell/Tagesschau. Diverse persönliche Informationsgespräche.

Wiegand, Ralf (2006): Ein schönes Bild von Dachs, Nerz und Hyäne. Die deutsche Marine verabschiedet sich mit einer sorgfältigen Inszenierung zu ihrem heiklen Einsatz Richtung Libanon. In: Süddeutsche Zeitung Nr. 219 v. 22.09.2006, 3.

Wiener Zeitung (2003): Ein Wissenschaftler muss Neuland betreten. Ein Gespräch mit der Meinungsforscherin Elisabeth Noelle-Neumann über ihren Werdegang, über Umfragen, Medien und Schweigespirale. Auszug aus dem offiziellen Protokoll der Academy of Life. Veröffentlich am 17. April 2003, Internetfassung unter www.philosophische-praxis.at.

Wilke, Jürgen (1984): Nachrichtenauswahl und Medienrealität in vier Jahrhunderten. Eine Modellstudie zur Verbindung von historischer und empirischer Publizistikwissenschaft. Berlin/New York: de Gruyter.

Wilke, Jürgen (Hrsg.) (1987): Zwischenbilanz der Journalistenausbildung. München: Ölschläger.

Wilke, Jürgen (Hrsg.) (1990): Fortschritte der Publizistikwissenschaft. Freiburg/ München: Alber.

Wilke, Jürgen/Rosenberger, Berhard (1991): Die Nachrichtenmacher. Zu Strukturen und Arbeitsweisen von Nachrichtenagenturen am Beispiel von AP und dpa. Köln/Weimar/Wien: Böhlau.

Wilke, Jürgen (Hrsg.) (1993): Agenturen im Nachrichtenmarkt. Reuters, AFP, VWD/dpa, dpa-fwt, KNA, Reuters Television, World Wide Television News, Dritte-Welt-Agenturen. Köln/Weimar/Wien: Böhlau.

Wilke, Jürgen (1996): Ethik der Massemedien. Wien: Braunmüller.

Wilke, Jürgen (Hrsg.) (1998): Nachrichtenproduktion im Mediensystem. Von den Sport- und Bilderdiensten bis zum Internet. Köln/Weimar/Wien: Böhlau.

Wilke, Jürgen (2000): Grundzüge der Medien- und Kommunikationsgeschichte. Von den Anfängen bis ins 20. Jahrhundert. Köln/Weimar/Wien: Böhlau.

Wilke, Jürgen (Hrsg.) (2000a): Von der Agentur zur Redaktion. Wie Nachrichten gemacht, bewertet und verwendet werden. Köln/Weimar/Wien: Böhlau.

Wilke, Jürgen (Hrsg.) (2005): Die Aktualität der Anfänge. 40 Jahre Publizistikwissenschaft an der Johannes-Gutenberg-Universität Mainz. Köln: Halem.

Windeler, Arnold (2001): Unternehmensnetzwerke. Konstitution und Strukturation. Wiesbaden: Westdeutscher Verlag.

Winter, Edward (2006): Assistant to the Director EBU Legal Department. Telefonisches Informationsgespräch am 16. März 2006.

Wodtke, Wolfgang (2006): Redakteur Zulieferung ARD-aktuell bei Radio Bremen. Informationsgespräch am 23. Oktober 2006.

Wyss, Vinzenz (2004): Journalismus als duale Struktur. Grundlagen einer strukturationstheoretischen Journalismustheorie. In: Löffelholz, Martin (Hrsg.): Theorien des Journalismus. Ein diskursives Handbuch. Wiesbaden: Verlag für Sozialwissenschaften, 305-320.

ZDF (Hrsg.) (2006): Interner Ablaufplan der „heute"-Sendung v. 23.08.2006, 19 Uhr. Mündlich übermittelt am 24.11.2006.

ZDF (Hrsg.) (2006a): „heute"-Sendung v. 18.08.2006, 17 Uhr – Sendemitschnitt.

Zeppenfeld, Werner (2006): Leiter des ARD-Studios Nairobi. Telefonisches Informationsgespräch am 10. Januar 2006.

Zimbardo, Philip G./Gerrig, Richard J. (2003): Psychologie. Berlin/Heidelberg/ New York: Springer.

Zimmer, Jochen (1993): Ware Nachrichten. Fernsehnachrichtenkanäle und Veränderungen im Nachrichtenmarkt. In: Media Perspektiven Nr. 6, 1993, 278-289.

ZMP (2005): Deutschland: Rind und Kalb. Schlachtungen von Rindern und Kälbern in- und ausländischer Herkunft. In: Zentrale Markt- und Preisberichtsstelle f. Erzeugnisse der Land-, Forst und Ernährungswirtschaft, Marktbilanz Vieh und Fleisch 2005, Tabelle 15.

ZMP (2006): Verbrauch von Kalb- und Rindfleisch pro Kopf. In: Zentrale Markt- und Preisberichtsstelle f. Erzeugnisse d. Land-, Forst- und Ernährungswirtschaft: Agrarmärkte in Zahlen Europäische Union 2006.

Kommunikationswissenschaft

Hans-Bernd Brosius / Alexander Haas /
Friederike Koschel

**Methoden der empirischen
Kommunikationsforschung**
Eine Einführung
4., überarb. und erw. Aufl. 2007. ca. 230 S.
(Studienbücher zur Kommunikations- und
Medienwissenschaft) Br. ca. EUR 19,90
ISBN 978-3-531-15390-2

Johanna Dorer / Brigitte Geiger /
Regina Köpl (Hrsg.)

Medien – Politik – Geschlecht
Feministische Befunde zur politischen
Kommunikationsforschung
2007. ca. 280 S. (Medien – Kultur –
Kommunikation) Br. ca. EUR 28,90
ISBN 978-3-531-15419-0

Michael Jäckel

Medienwirkungen
Ein Studienbuch zur Einführung
4., überarb. und erw. Aufl. 2007. ca. 330 S.
(Studienbücher zur Kommunikations- und
Medienwissenschaft) Br. ca. EUR 24,90
ISBN 978-3-531-15391-9

Hans J. Kleinsteuber

Radio
Eine Einführung
2007. ca. 280 S. Br. ca. EUR 22,90
ISBN 978-3-531-15326-1

Marcus Maurer / Carsten Reinemann /
Jürgen Maier / Michaela Maier

Schröder gegen Merkel
Wahrnehmung und Wirkung des TV-Duells
2005 im Ost-West-Vergleich
2007. 258 S. Br. EUR 24,90
ISBN 978-3-531-15137-3

Gabriele Melischek / Josef Seethaler /
Jürgen Wilke (Hrsg.)

**Medien & Kommunikations-
forschung im Vergleich**
2007. ca. 400 S. Br. ca. EUR 34,90
ISBN 978-3-531-15482-4

Barbara Pfetsch / Silke Adam (Hrsg.)

**Massenmedien als Akteure
im politischen Prozess**
Konzepte und Analysen
2007. ca. 270 S. Br. ca. EUR 29,90
ISBN 978-3-531-15473-2

Erhältlich im Buchhandel oder beim Verlag.
Änderungen vorbehalten. Stand: Juli 2007.

www.vs-verlag.de

VS VERLAG FÜR SOZIALWISSENSCHAFTEN

Abraham-Lincoln-Straße 46
65189 Wiesbaden
Tel. 0611.7878 - 722
Fax 0611.7878 - 400

Journalismus

Bernd Blöbaum / Rudi Renger /
Armin Scholl (Hrsg.)
Journalismus und Unterhaltung
Theoretische Ansätze und
empirische Befunde
2007. ca. 200 S. Br. ca. EUR 29,90
ISBN 978-3-531-15291-2

Claus-Erich Boetzkes
**Organisation
als Nachrichtenfaktor**
Wie das Organisatorische den Content
von Fernsehnachrichten beeinflusst
2007. ca. 350 S. Br. ca. EUR 34,90
ISBN 978-3-531-15489-3

Carsten Brosda
Diskursiver Journalismus
Journalistisches Handeln
zwischen kommunikativer Vernunft
und mediensystemischem Zwang
2007. ca. 450 S. Br. ca. EUR 49,90
ISBN 978-3-531-15627-9

Hans J. Kleinsteuber / Tanja Thimm
Reisejournalismus
Eine Einführung
2. Aufl. 2007. ca. 300 S. Br. ca. EUR 24,90
ISBN 978-3-531-33049-5

Barbara Korte / Horst Tonn (Hrsg.)
Kriegskorrespondenten
Deutungsinstanzen
in der Mediengesellschaft
2007. 383 S. Br. EUR 39,90
ISBN 978-3-531-15091-8

Thomas Morawski / Martin Weiss
Trainingsbuch Fernsehreportage
Reporterglück und wie man es macht –
Regeln, Tipps und Tricks
2007. 245 S. Br. ca. EUR 17,90
ISBN 978-3-531-15250-9

Erhältlich im Buchhandel oder beim Verlag.
Änderungen vorbehalten. Stand: Juli 2007.

www.vs-verlag.de

VS VERLAG FÜR SOZIALWISSENSCHAFTEN

Abraham-Lincoln-Straße 46
65189 Wiesbaden
Tel. 0611.7878 - 722
Fax 0611.7878 - 400

Printed by Books on Demand, Germany